THE NEW INTERPRETER'S™ BIBLE
COMMENTARY

갈라디아서

RICHARD B. HAYS (리차드 B. 헤이스)
안영혁 · 이성하 공역

This edition has translated and used the "Galatians" section from *The New Interpreter's Bible*, Volume 11
originally published in English by Abingdon Press, Nashville, NT, USA.

This Korean edition is published by arrangement of Abingdon Press through rMaeng2, Seoul, Republic of Korea.

전문적이면서
친절한 설명과 주해를 통해,
갈라디아서를 보다 더 잘 이해할 수 있도록
돕는 책입니다.
또한 번역이 수려하여
독자들이 원서의 내용을 번역서를 통해서도
잘 이해하게 되리라 생각합니다.

박형대 교수(총신대학신학대학원 · 신약학)

차 례

서 론

- 바울은 왜 이 편지를 썼나?
- 신학적 주제들
- 편지로서의 구조와 수사적 구조 및 설교로서의 구조
- 성경의 해석
- 초기 기독교의 고백 전승들
- 역사적 문제
- 성경으로서의 갈라디아서

서 론

갈라디아서는 바울이 격노하여 갈라디아에 보낸 편지다. 이 편지는 고대 지중해 세계의 이방 공동체에서 있었던 기독교의 확장을 둘러싼 논쟁을 가늠케 한다. 새로 설립된 선교적 교회의 정체성은 열려 있었다. 그렇다면 이 교회들은 유대교의 한 지류로 이해되었을까, 아니면 유대인도 이방인도 아닌 새롭고 특별한 공동체에 속한 것으로 이해되었을까? 이방인 개종자들은 유대인들의 관습과 가치를 받아들여야 했을까? 그들은 어떻게 해서 이전 생활 방식을 버리게 되었을까? 1세기 중반쯤에 이러한 문제들에 대한 몸부림이 실제로 갈등이 되어 터져 나왔다. 바울은 갈라디아 교회가 정체성 형성을 위해 벌였던 투쟁을 생생한 이미지로 보여준다. 즉, 바울은 자신의 가르침으로 이 공동체들을 탄생시킨 사도였기 때문에, 그 교회들이 그리스도의 형상을 따라 완전히 형성되기까지는 그는 산고를 겪는 어머니와 같았다(갈 4:19).

갈라디아서는 형성기의 기독교를 재현해내기 위한 일차 자료로서만이 아니라, 그 신학적인 교훈 면에서도 중요하다. 바울은 갈라디아에 위기를 몰고 온 현안들에 대하여 정곡을 꿰뚫는 신학적 분석으로 대응했다. 이 분석과 이 분석으로부터 끌어낸 복음의 선포는 후대의 신학과 가르침에 강력한 영향을 끼쳤다. 예를 들어 아우구스티누스와 마틴 루터는 율법적 행위 너머의 근본적인 은혜에 대한 바울의 교훈에 영향을 받았다. 그리하여 갈라디아서는 믿음에 의한 칭의, 십자가, 성령의 능력, 기독교가 말하는 자유의 의미 등에 대한 신학적 성찰의 원천이 되었다. 갈라디아서가 교회에서 보존되고 귀히 여김을 받게 된 것은 이 편지가 공동체가 직면한 도전들에 대하여 신학적 사유를 하는 방법을 제공하는 설득력 있는 모범이기 때문이다.

이 편지를 읽어보면, 우리는 이미 진행 중인 논쟁 속에 들어와 있다는 것을 알게 된다. 갈라디아서는 일반적인 신학 논문 같은 것이 아니다. 오히려 위기를 맞은 구체적인 교회들을 위해 저술된 긴박한 목회 문서이다. 따라서 이 편지에는 원래의 독자들에게는 설명할 필요도 없이 잘 알려진 사람들과 사건들과 문제들에 대한 언급들로 가득하다. 그래서 이 편지를 해석하기 위해서는 바울이 언급하고 있는 상황들을 어느 정도 추측해서 재구성을 할 수밖에 없다.

바울은 왜 이 편지를 썼나?

바울은 갈 2:1-10 이하에 기록된 예루살렘 회의 얼마 뒤 소아시아 선교여행 동안에 갈라디아에 있는 교회들을 세웠다. 이 편지의 모든 내용은 바울의 갈라디아 개종자들이 이전에 이방인이었다는 것을 시사한다(4:8-9). 바울은 모종의 개인적인 고난으로 인해 예기치 않게 갈라디아 사람들에게 당도하여(4:13-14), "이 악한 세대"(1:4)에서 인류를 구원하시려는 하나님의 변혁적인 행위인 "십자가에 못 박히신 예수 그리스도"(3:1)에 대한 메시지를 그들에게 전파했다. 갈라디아 사람들은 기쁘게 그 교훈을 받아들였고(4:14-15), 세례를 받았으며(3:26-28), 성령의 극적인 현상들을 경험하였다(3:2-5; 4:6). 우리는 이 때 바울이 갈라디아에 얼마나 머물렀는지 알지 못하지만, 바울은 그곳을 떠나서도 자신의 신생 교회들이 그곳에서 "달음질을 잘하고"(갈 5:7) 있다고 믿고 있었다.

그러나 이 편지를 쓰던 당시에 바울은 갈라디아에서 자신이 사도로서 행했던 사역이 훼손당하고 있다는 말을 들었다. 그 일을 벌인 사람들은 그곳으로 들어와서 "다른 복음"(1:6)을 전할 뿐 아니라 이방 갈라디아 사람들을 설득하여 할례를 받게 하려는 유대 기독교 선교사들이었다. 갈라디아인들에게 자신들이 새로 발견한 기독교 신앙을 포기시키려고 한 이 선교사들이 비기독교인 유대인이 아니었다는 것을 인식하는 것이 중요하다. 바울의 편지에 묘사된 갈등은 말하자면 기독교 내의 논란이었다. 갈라디아에 새로 도착한 선교사들은 예수 그리스도를 이미 믿게 된 이방 기독교인들이 이제 할례를 받음으로써 완전한 언약 백성으로서의 다음 단계로 나가야 한다고 주장하였다. 이 유대 기독교인 교사들은 틀림없이 갈라디아 사람들에게 바울이 하나님의 율법 체계 안에서 가르치는 것에 실패했다고 말했을 것이고, 또한 그 갈라디아 사람들 사이에서 자신들의 말을 수용하는 청중이 있는 것을 발견했을 것이다(1:6; 3:1; 4:21; 5:4; 5:7). 그런 청중들은 이미 최소한 유대 율법 중 일부를 준수하는 사람들이었을 것이다(4:10-11). 이러한 사태의 전개에 대하여 바울은 격노하면서 갈라디아 교회들이 이 수정된 복음을 받아들여서는 안 된다고 열변을 토하였다. 바울은 이것을 복음을 왜곡하는 것이라고 말한다(1:7).

그 반대파 선교사들이 어떤 사람들인지는 밝혀져 있지 않다. 바울은 그들의 이름을 들먹이지 않았으며(이것은 바울이 심사숙고한 수사적 기법으로 보인다.), 우리는 그들의 활동이나 주장들에 관하여 다른 어떤 자료도 얻을 수 없다. 그래서 우리는 바울의 반론이 제공해주는 증거들로부터 그들의 주장을 재구성해 볼 수밖에 없다. 소수의 신약학자들은 이 바울의 대적자들이 영지주의자이거나 갈라디아 교회 출신의 이방인 지도자들일 것으로 추측하지만, 그런 이론들은 설득력 있는 것으로 입증되지 못했다. 증거는 바울에게 적대적인 그 선교사들이 유대 기독교인이라는 것을 압도적으로 가리키고 있고, 최근의 전문적인 주석들이 보여주는 것도 그와 일치한다.

"유대주의자"라는 말은 한때는 이러한 선교사들을 지칭하기 위해 사용되어왔으나, 최근에는 두 가지 이유로 인기가 떨어졌다. 첫째는 이 말이 갈라디아에서의 갈등이 마치 유대와 반유대 파벌 사이에 존재한 것처럼 보이게 하는데 그렇지 않다는 것이다. 실상은 바울 자신이 한 명의 유대 기독교인 사도이며, 이 편지의 논쟁은 복음에 대한 유대 기독교인의 두 가지 서로 다른 해석 사이에서 벌어진 것이다. 둘째는 2:14에 나오는 "유대화시키다(ἰουδαΐζω 유다이조)라는 동사는 "어떤 사람을 유대인이 되게 하다"라는 뜻이 아니다. 오히려 "유대인의 관습을 취하다"라는 뜻이다. 따라서 "유대주의자"라는 명칭은 아마도 할례의 복음을 받아들인 이방인들에게 적용하는 것은 타당했겠지만, 바울의 경쟁 선교사들을 묘사하는 말은 아니었을 것이다. 그래서 최근에 학자들은 다른 용어들을 찾고 있다. 바울이 자신을 반대하는 사람들을 경멸조로 규정하여 부른 것에 근거를 둔 "선동자"(agitator)라는 말이(1:7; 5:10, 12) 널리 받아들여졌지만, 이것도 또한 그들의 동기에 공감하지 못하는 해석이므로 우리의 인식을 곧바로 왜곡시킨다. 확실히 그들은 스스로 선동자들이라고 생각하지 않았을 것이다. 무엇보다도 그들은 자신들을 바울을 반대하는자들이라고 규정하지 않았을 것이다. 그들은 스스로 복음의 교사이자 율법의 옹호자들이라 생각하였다. 우리가 너무 성급하게 이들을 문제 인물들로 만들어 버려서는 안 되겠다는 입장을 선택한다면, 우리는 상황을 훨씬 더 깊이 그리고 공감적으로 읽어낼 수 있게 될 것이다. 루이스 마틴(J. Louis Martin)은 그들을 "교사들"[1)]라고 불렀으며, 던(J. D. G. Dunn)은 그들을 자신의 주석에서 "선교사들"[2)]로 불렀다. 후자가 그들의 활동을 묘사하는 데는 훨씬 더 명쾌해 보이며, 그래서 이 주석에서는 이 명칭을 채택하려고 한다.

이 선교사들의 교훈이 가진 기본적 요소들은 논리적으로 분명하다: 그들은 예수님이 이스라엘의 메시아임을 믿었으며, 자신들이 시내산에서 모세에게 계시된 율법에 복종시키기 위해 예수의 이름으로 이방인들을 불러 모으고 있다고 보았다. 그들은 아마도 예수님을 권위 있는 율법 해석자로 여긴 것 같다. 바울이 이들에 대한 반론을 구성하는 방식을 볼 때(3:1-5:1), 우리는 어느 정도 확신을 갖고 다음과 같이 추론 할 수 있다.

(1) 이 선교사들은 이스라엘 하나님과의 언약 관계로 들어가는 도구로서 할례가 필요하다고 가르쳤다.

---

1) J. L. Martyn, *Galatians*, AB 33A(New York: Doubleday, 1997) 117-26. 그들의 가르침에 대한 마틴의 재구성은 그 뒤에 나오는 설명을 위한 기초가 된다.

2) J. D. G. Dunn, *The Epistle to the Galatians*, Black's NT Commentary (Peabody, Mass: Hendrickson, 1993) 11.

(2) 이들은 또 유대인들의 안식일과 절기 준수를 요구했고(4:8-11), 아마도 율법에 기록되어 있는 모든 것에 대하여 복종할 것을 주장했을 것이며(3:10), 계명을 지키는 자들은 생명을 얻을 것이라고 약속했을 것이다(3:12).

(3) 그들은 모세의 율법이 도덕 질서를 제공하고 인간의 육체적인 충동을 억제하기 위해서 하나님께서 주신 것이라고 가르쳤다(5:16, 24).

(4) 그들은 예루살렘에 있는 "어머니" 교회의 가르침을 자신들이 바울보다 더 충실하게 대변한다고 주장했다.

(5) 이들은 자신들의 교훈을 성경에 기초하였으며, 특히 아브라함 이야기와 하나님께서 세우신 제도인 할례 언약에 기초하였다(창 17장). 유대인들의 전통에 따라 아브라함을 개종자들의 조상으로 여겼으며, 갈라디아 사람들에게도 아브라함의 모범을 따라 할례를 받도록 종용하였다. 우리가 추론할 수 있는 것은, 신 27:26과 레 18:5 말씀도 그들의 설교에서 상당히 중요한 역할을 했으리라는 것이다(3:10-14에 대한 주석을 보라).

요컨대 그들은 율법 준수를 요구하는 유대인들의 가르침의 전통적인 형태를 취하면서, 예수의 이름으로 이방인들을 향하여 하나님의 율법에 대한 복된 소식을 전파하려 하였다.

그렇다면 왜 바울은 이 메시지에 그렇게 격렬하게 반대한 것인가? 바울은 왜 그들을 다수의 초기 기독교 운동들 가운데 하나로 봐주고, 그들의 가르침을 복음의 한 변용으로 용인하여 줄 수 없었던 것인가?[3] 이 질문에 대한 답은 갈라디아서를 면밀히 읽어야 얻을 수 있겠지만, 예비 작업으로서 바울 사상의 본줄기를 요약해보고자 한다.

바울의 진단에 따르면, 이 선교사들은 비록 기독교적인 언어를 사용하고는 있지만 잘못된 복음을 전하고 있었다. 이제 이들의 교훈에 대한 바울의 강력한 비판에 들어 있는 4가지 서로 연관된 주제를 확인해 보자.

---

3) 참조. 롬 14:1-15:13에서 바울은 차이에 대하여 관용해 줄 것을 호소한다.

(1) 이 선교사들이 언약 백성이 되기 위한 *조건으로* 할례와 율법 준수를 강조하는 것은 우리를 위한 예수님의 죽음을 통하여 드러난 하나님 은혜(갈 2:20-21)의 충분성을 부인하는 것이다. 율법이 아니라 십자가가 하나님과의 관계에서 기초이다. 요컨대 이 선교사들은 불충분한 기독론을 가진 것이다.

(2) 이 선교사들은 신앙공동체의 삶을 활성화하고 인도하는 성령의 능력을 폄하한다. 바울은 교회에 하나님의 영이 부어지면 공동체를 감독하고 제한하는 기록된 율법의 규정이 더는 필요하지 않다고 주장한다. 우리는 오직 육체의 욕심을 제어하고 생명을 주시는 성령을 따르기만 하면 된다(5:16-26). 요컨대 이 선교사들은 불충분한 성령론을 가진 것이다.

(3) 이 선교사들은 그리스도 안에서의 유대인과 이방인의 통일성을 훼손함으로써 "복음의 진리"(2:5, 14)를 부인한다. 하나님의 화목하게 하시는 능력은 단지 이방인들을 유대인이 되게 함으로써 나타나는 것이 아니라, 할례자와 무할례자를 한 식탁에 불러 모음으로써 나타난다. 따라서 복음이 확장되기 위해서는 이방인들을 향한 율법에서 자유로운 선교가 요청된다. 요컨대 이 선교사들은 불충분한 교회론을 가진 것이다.

(4) 이 선교사들은 마치 예수님의 십자가 죽음이 세계를 돌이킬 수 없이 바꾸어 놓은 것은 아니라는 듯이 행동한다. 이들은 율법이 하나님의 백성의 정체성에 대한 근본적인 구조를 제공하고 있기 때문에, 이전과 똑같이 하면 된다고 생각한다. 그러나 실상 복음은 세상을 회복시키고 변화시킨 하나님의 묵시적 행동의 계시이다(6:14-15). 요컨대 이 선교사들은 불충분한 종말론을 가진 것이다.

전체적으로 이 네 가지의 불충분성은 바울이 보기에는 근본적으로 복음에 대한 배반이며, 그리스도께서 우리에게 와서 우리를 자유롭게 하기 전 율법 아래 있던 생활로 되돌아가게 하는 것이다. 그래서 바울은 이 선교사들의 제안을 거절하도록 갈라디아 사람들을 설득하기 위해 그렇게 맹렬하게 노력한 것이다.

신학적 주제들

이 선교사들의 교훈에 대한 건설적 대안으로서 바울은 자신의 은혜의 교리를 재확인한다. 복음의 중심주제들은 다음과 같이 간략하게 요약할 수 있다.

1. 인간은 (하나님과 바른 관계에 놓이면) "변화될" 수 있는데, 이것은 율법에 순종함으로써가 아니라 우리에게 자신을 내어준(2:20) 예수 그리스도의 신실함을(2:16주석을 보라) 통하여서이다. 다른 은유를 사용해서 바울은 우리가 행한 일이나 할 수 있는 일 때문이 아니라, 오직 예수 그리스도의 대속적 죽음을 통하여(4:4-7) 하나님의 자녀로 입양된 것이라고 선언한다. 이런 예가 보여주는 것처럼 바울은 하나님의 구원하시는 행위를 기술하기 위하여 여러 가지 이미지를 사용하지만, 그 가르침은 동일하다. 즉, 우리는 오직 그리스도 안에서 우리를 위해 행하시는 하나님의 은혜를 통해서만 하나님의 언약백성("하나님의 이스라엘," 6:16)에 들어갈 수 있다는 것이다.

2. 바울의 선포는 해방시키는 사건인 십자가에 초점을 맞춘다(2:20-21; 3:1, 13-14; 6:14-15). 갈라디아서에서 십자가는 가장 먼저 죄 용서를 위한 속죄의 희생으로 해석되는 것이 아니라, 인류를 사로잡은 세력의 힘을 깨뜨리고, 옛 시대를 종식시키고, 새로운 창조를 시작한 대격변적인 사건으로 해석된다. 이 편지 전체를 통하여, 바울은 우리를 노예 상태에서 구출하기 위해 스스로를 내어주신 예수님의 사랑 이야기를 되새기고 있다(1:3-4).

3. 예수 그리스도가 십자가에서 죽으신 결과로, 그리스도 안에 있는 모든 사람에게 성령이 주어진다(3:13-14). 성령은 우리에게 생명을 주고(5:25), 하나님의 자녀로서의 우리의 신분을 확증해주며(4:6-7), 우리의 공동체 생활의 성격을 변화시킴으로써 하나님을 기쁘시게 하는 열매를 맺게 한다(5:22-25). 성령의 변화시키는 능력으로 인하여 복음과 "윤리" 사이에 어떠한 인위적 분리도 존재할 수 없게 된다. 하나님의 구속 사역은 필연적으로 공동체의 더불어 사는 삶을 새롭게 한다.

4. 성령으로 새롭게 창조된 공동체에서는 한때 유대인들을 이방인들로부터 분리시켰던 표지들이 무효가 되고 만다—혹은 더 정확하게 말하자면, 완전히 사라지고 만다. 하나님의 목적은 믿음과 사랑으로 결속되어 "그리스도 안에서 하나"인 단 하나의 새로운 백성을 창조하는 것이다.

5. 그리스도 안에서 하나님의 구원하시는 사역을 인식하고 성령의 능력 안에서 사는 사람들은 자유를 경험한다. 이들은 더는 강요당하거나 속박되지 않으며 서로에게서 분리되지 않는다. 그리하여 이 편지의 가장 결정적인 권고는 갈라디아 사람들이 그리스도께서 그들에게 주신 자유 안에 견고히 서라는 것이다(5:1).

편지로서의 구조와 수사적 구조 및 설교로서의 구조

1. 편지로서의 갈라디아서. 갈라디아서는 진짜 편지다. 서간문 형태를 취하여 창작 문학으로 생성된 논고나 글월(essay)같은 것이 아니다. 형태적으로 갈라디아서는 당대 헬레니즘식 서간문들의 전형적 특징들을 갖고 있다.[4] 이러한 양식상의 전형적인 특징 대부분은 우리가 본문을 해석하는 데 있어 상대적으로 그다지 중요하지 않다. 오히려 훨씬 중요한 것은 갈라디아서의 구조와 바울 사도의 다른 편지들의 구조를 비교하는 것이다. 이 편지들은 보통 다음과 같은 요소들로 되어 있다: 여는 인사말, 감사 또는 찬송, 본체, 윤리적 권고, 닫는 말(인사, 송영, 축복). 갈라디아서에 이 중 2가지 요소가 없는 게 눈에 띈다. 감사와 편지를 받게 될 개인적 수신자에게 하는 마지막 인사가 그것이다. 이 놀라운 생략은 바울과 갈라디아 교회 사이의 긴장된 관계를 나타낸다.

이 편지는 전 갈라디아의 교회 회중들 앞에서 큰소리로 읽히도록 작성되었다. 이 편지 자체에는 이 편지를 전달받고 읽을 권한이 있는 사람의 신원

---

4) 그러한 요소들에 대하여 더 많은 목록을 보기 원한다면 다음을 보라: Richard N. Longenecker, *Galatians*, WBC41(Dallas:Word, 1990). CV-CIX.

에 대한 표시가 없다. 이 편지는 바울이 직접 방문하는 것을 대신하고 갈라디아 공동체에서 바울의 권위를 회복하기 위해 작성한 것이다. 그러나 이것은 바울로서는 실망스럽게도 적절치 않았던 대체물이었다(4:20).

2. 심의적 수사학으로서의 갈라디아서. 이 갈라디아서는 공중 앞에서 읽도록 작성된 것으로, 헬레니즘 세계에서 가르치고 실행해 온 수사법의 형식들과 일치하는 많은 구조적 문체적 특징들을 가지고 있다. 고대 헬레니즘 세계에서 교육받은 사람이라면 누구라도 연설을 어떻게 구성하고 또 청중에게 영향을 끼칠 수 있는지에 대하여 훈련을 받았을 것이다. 또한 바울의 편지는 그가 이런 점에 숙달되어 있었음을 보여준다.

1979년 한스 디이터 베츠(Hans Dieter Betz)는 우리가 갈라디아서를 이해하는 데 중대한 기여를 하였다. 그는 학문적이고 비판적인 주석을 출판하였는데, 그것은 갈라디아서가 고대 법정적 수사학의 관례에 맞게 작성한 "변증적 편지"였다는 주장을 담고 있다.[5] 즉 바울은 마치 배심원단 앞에서 재판을 받는 것처럼 편지를 썼는데, 자신을 변호하고 또 성령을 변호하고 있다는 것이다. 이 주석에서는 베츠의 주장 중에서 특별히 탁월한 부분들을 강조할 것이다. 그다음 세대의 비평가들이나 주석가들은 베츠가 주장한 것처럼 갈라디아서가 변증적 편지라는 장르에 잘 들어맞지 않는다는 것을 지적했다.[6] 그렇기는 하지만 베츠의 연구는 바울의 편지에 들어 있는 수사적 전략에 대한 수많은 다른 연구들을 촉진시켰다.[7]

이런 연구들을 보면, 갈라디아서의 수사적 장르는 일차적으로 법정적 수사학이 아니라 *심의적* 수사학이라는 새로운 합의가 있다. 즉 수사학 범주로 말

---

5) H. D. Betz, *Galatians: A Commentary on Paul's Letter to the Churches in Galatia*, Hermeneia (Philadelphia: Fortress, 1979).

6) 특별히 언급할 사실은, 베츠가 권고(*exhortatio*)라고 지칭한 5:1-6:10은 실제 변증 연설이나 그런 연설을 작성하는 방법을 알려주는 수사학 교과서에 나오는 지침 속에서 유사한 사례를 찾아 볼 수 없다는 것이다.

7) 최근의 갈라디아서 주석들 중에서 특히 다음의 예들을 보라. Longenecker, *Galatians*; Ben Witherington Ⅲ, *Grace* in *Galatians: A Commentary on St. Paul's Letter to the Galatians* (Grand Rapids: Eerdmans, 1998).

하자면 갈라디아서의 목적은 청중들을 설득하여 일련의 행위들을 하게 하는데 있었다.[8] 갈라디아서의 경우, 설득이 일단 부정적인 성격을 띠고 있다. 바울은 그의 갈라디아서 독자들에게 할례를 받지 말며 율법 준수자가 되지도 말 것을 설득하고 있다. (독자는 이 편지에서 바울이 행동을 촉구하는 적극적인 진술도 볼 수 있다. 갈라디아인들은 바울을 본받아 율법 준수를 중단하고[4:12], 선교사들을 내쫓고[4:30], 그들이 얻은 자유에 굳게 서야 한다[5:1]는 것이다.) 바울은 수사학 교과서에 나오는 심의적인 연설을 작성하는 방법을 맹목적으로 따르지 않고, 그의 문화 속에서 이미 잘 알려진 수사학적 전략을 채용한 것이었다. 그러한 전략이 어떻게 작용하는지를 알면 경우에 따라 논증이 구성되는 방식을 이해하는데 도움이 될 수도 있다. 예를 들어 수사학자들은 설득력 있는 연설을 하려고 한다면 *에토스*(말하는 사람의 신뢰성)와 *파토스*(청중에게 끼치는 정서적 영향)와 *로고스*(논리화된 주장) 모두에 호소하는 주장을 해야 한다고 가르쳤다.[9]

우리는 바울이 이러한 권유를 존중하는 방식으로 글을 배열한 것을 보게 된다. 예를 들어 1장과 2장에 나오는 그 자신의 사도 자격에 대한 입장은 에토스의 주장이고, 3:6-29에 나오는 장황한 주해적인 토론은 명백히 로고스의 주장이며, 이와는 달리 4:12-20에서 관계에 호소하는 당혹스러운 전환은 파토스의 주장을 담은 전형적인 사례이다.[10]

아마도 수사학적 분석의 가장 중요한 기능은 바울의 본래 독자와 청중이 수사학적 행위를 권장하고 칭송하는 문화의 영향을 받았다는 것을 상기시켜 주는 것으로 보인다. 청중들은 당시에 널리 알려졌던 웅변기술을 통해 듣고

---

8) G. A. Kennedy, *New Testament Interpretation Through Rhetorical Criticism* (Chapel Hill: University of North Carolina Press, 1984) 144-52; Witherington, *Grace in Galatia*, 25-36; Longenecker의 분석은 훨씬 복잡하다. 그는 갈라디아서가 복합적인 유형으로서 법정적이고 심의적인 특성을 모두 가진 것으로 본다. Martyn은 이러한 합의에 반대한다; 이어지는 "설교로서의 갈라디아서"를 보라.

9) Aristotle, *Rhetoric* 1.2.

10) 이 수사학적 양식들에 대한 더 많은 논의는 다음을 보라, Longenecker, *Galatians*, CXIV-CXIX.

판단하는 방법을 몸에 익혔다 – 이 사실은 고린도에서는 바울에게 하나의 문제 거리였는데, 거기서 그의 적대자들과 개종자들은 그가 수사학적 기술이 부족하다고 생각했다(고후 10:10; 참조. 고전 1:18-2:5).[11] 따라서 바울이 갈라디아서에서 수사학적으로 최선의 노력을 다하는 것을 볼 때, 우리는 바울이 자신이 전한 복음을 청중들이 굳게 붙잡도록 설득하기 위해서이긴 하지만, 바울이 당시에 관습적이면서 필요불가결한 방법으로 논쟁하고 있는 것으로 이해해야 한다.

3. 설교로서의 갈라디아서. 마틴은 편지를 분석하는 방법이나 수사학적 분석 방법을 배제하지 않으면서 갈라디아서를 들여다보는 또 다른 중요한 방법을 강조한다. 갈라디아서는 무엇보다도 "법정에서 사용하기 위해 수사학자가 만든 연설이 아니라, 예배드릴 때, 즉 하나님의 임재를 인식하는 현장에서" 전달하기 위해 작성한 "논쟁적인 설교"라는 것이다.[12] 마틴이 주장하는 대로 이 편지의 목적은 "복음의 재선포"이다. 그리고 바로 그렇기 때문에 갈라디아서는 논쟁이라기보다는 일종의 *선언*인 것이다.[13] 바울은 단지 갈라디아 사람들이 자신의 의견에 동의하도록 설득하려는 것이 아니다. 오히려 그는 갈라디아 교회 한 가운데 다시 한 번 복음의 능력을 불붙이려는 것이다. 이 편지의 영향력은 궁극적으로는 바울의 문학적 수사학적 기술이 아니라 갈라디아 교회에 편지가 읽히고 들릴 그때 성령의 역사에 달린 것이다.

성경의 해석

알려진 바대로 저 선교사들의 설교는 부분적으로 성경 본문에, 특히 아브라함의 이야기에 근거하였다. 바울의 전략에서 중요한 한 가지는 그들의 해

---

11) D. A. Litfin, *St. Paul's Theology of Proclamation: 1 Corinthians 1:1-4 and Greco-Roman Rhetoric*, SNTSMS 79 (Cambridge: Cambridge University Press, 1994).

12) Martyn, *Galatians*, 21.

13) Martyn, *Galatians*, 22-23.

석들을 반박하고 성경의 이야기(즉 구약성경)를 복음의 증인으로 되돌리는 것이었다. 성경을 율법 준수를 주장하는 선교사들의 손에 넘겨주지 않으려는 바울의 굳센 결의는 궁극적으로 구약성경을 교회의 성경으로 남겨 놓기 위한 중요한 전략적 결심이었다. 바울의 해석에 의하면, 율법을 실제로 들어 본 사람은 율법이 바울의 대적자들의 주장이 아니라, 바울의 선언을 지지한다는 것을 알게 된다는 것이다(예를 들어, 4:21).[14] 실로 바울이 주장하는 것은 성경이 아브라함에게 "먼저 복음을 선포하였다"는 것이다. 모든 나라가(즉 이방인들이) 아브라함으로 인하여 복을 받을 것이라는 선포는 그런 뜻을 담았다는 것이다(3:8). 이 사실이 보여주는 것은 무엇보다도 바울이 성경을 오직 예수를 구세주로 입증하는 문서의 저장고로만이 아니라 통일된 하나의 이야기로 – 모든 민족에게 복을 주시고 구원하시는 하나님의 언약에 초점을 맞춘 *이야기*로 – 보고 있다는 것이다.[15]

성경을 살아서 말씀하는 주체로 보는 바울의 묘사는 그의 주장에서 중요한 역할을 한다. 그것은 3:6-9에서만이 아니라 성경이 어떻게 "모든 것을 죄 아래에 가두었"는 지에(3:22) 대한 바울의 설명과 또한 성경이 갈라디아 사람들에게 저 선교사들을 쫓아내도록(4:30) 명령한다는 주장에서도 중요한 역할을 한다. 바울은 성경이 살아 있는 목소리로서 이를 통하여 하나님께서 교회에 말씀하신다고 믿었기 때문에, 과감하게 사라와 하갈 이야기(4:21-5:1)를 알레고리적으로 해석해서 율법을 준수하는 유대 기독교인이 아니라 이방인 신자들이 아브라함에게 약속한 진짜 자녀라고 주장하는 등 깜짝 놀랄만한 새로운 해석을 제안한다. 이 대담한 수정 독법은 이 편지의 핵심 주장이 나오는

14) 바울은 창세기 17장에 나오는 아브라함의 할례에 관한 기사를 무시하여야 이 입장을 유지할 수 있다. 만약 바울이 이 본문을 다루도록 압박을 받았다면 그는 과연 어떻게 할 수 있었을까? 나중에 로마서 4장에서 아브라함 문제를 다룬 것이 어느 정도 실마리를 제공한다. 특히 롬 4:9-12을 보라.

15) 바울의 해석학적 전략에 대해서는, 다음을 보라: Richard B. Hays, *Echoes of Scripture in the Letters of Paul* (New Haven: Yale University Press, 1989), "The Conversion of the Imagination: Scripture and Eschatology in 1 Corinthians," *NTS* 45(1999) 391-412.

부분의 절정에서 그 모습을 드러낸다.

아브라함 이야기들이 갈라디아서에서 가장 두드러진 성경 본문이지만, 처음부터 끝까지 바울의 말에는 성경적 인상과 암시가 배어 있다. 예를 들면 그가 부르심을 받는 장면에 대한 기록은 선지자의 부르심을 떠올리게 하며(1:15), 3:10-14에서는 신명기, 레위기, 그리고 하박국을 인용하고, 4:27에서는 사 54:1을 정교하게 본문 속에 결합해 넣고, 레 19:18에 나오는 사랑의 명령에 호소하고(갈 5:14), 이사야에 나오는 "새 창조" 이미지를 반영하기도 한다(갈 6:15). 이 편지를 주의 깊게 읽으면, 필연적으로 바울이 자신의 주장 전체에 걸쳐 성경을 사용하고 있다는 사실에 이르게 된다. 그는 복음을 설교하기 위해서 본문을 재해석하는 창의적인 독법을 제시한다. 그러나 동시에 그는 오직 복음만이 진실로 그리스도의 오심 이전의 본문들에 숨어 있는 의미를 드러낼 수 있다고 아주 진지하게 주장한다.

초기 기독교의 고백 전승들

바울은 성경 인용이나 암시뿐 아니라, 초기 기독교의 신앙고백과 예배 전승 중에서 몇 가지를 자신의 논증에 끼워 넣는다.[16] 이 전승들 가운데 가장 널리 알려진 것은 세례식에서 선언하는 그리스도 안에서의 교회의 일치이다(3:27-28). 다른 많은 단락들도 초기 기독론적 고백에서 유래한 것으로 보인다(예를 들어, 1:3-4; 2:16, 20; 3:13-14; 4:4-5). 이러한 인용들은 바울의 주장을 초기 기독교 전승에 깊숙이 뿌리 내리게 해주는데, 이 전승은 갈라디아인만이 아니라 바울과 대립하는 선교사들도 권위 있는 것으로 인정하는 것이었다. 만약에 이 고백적 진술이 바울과 다투고 있는 율법 준수자들의 반복음(anti-gospel)이 아니라 바울의 복음을 어떻게 뒷받침하는지를 보여줄 수 있다면, 바울의 주장은 더욱 설득력이 있게 될 것이다. 그렇게 되면 바울은 실로 매우 견고한 기반 위에 서는 것이다. 왜냐하면 이 초기 고백들은 인류를 구원하는

---

16) 자세한 목록이 필요하다면, 다음을 보라: Betz, *Galatians*, 26-28.

데 있어서 일관되게 하나님 혹은 그리스도의 주도권을 이야기하고 있기 때문이다. 그리하여 고백들의 서사 구조가 지지하는 바는 바르게 되는 것은 율법이 아니라 바로 그리스도의 은혜라는 바울의 주장이다. 바울이 이 전승 자료들을 능숙하게 사용한 것에 우리가 더 깊이 관심을 기울인다면, 이 편지에 대한 우리의 해석은 한결 풍성하여질 것이다.

따라서 우리는 바울의 갈라디아서가 복합적이고 수사학적으로 세련된 작품이라는 것을 알 수 있다. 바울은 갈라디아 사람들의 성령 체험을 성경과 초기 기독교 전승에 근거하여 확장된 논점들과 연결시킴으로써 자신의 복음을 뒷받침하는 강력한 논거를 만들어낸다. 훌륭한 웅변가가 그러하듯이, 바울도 갈라디아 교회의 공감을 이끌어내고 바울이 복음의 권위있는 해석자라는 그들의 신뢰를 더 굳건하게 하려고 한다.

역사적 문제

갈라디아 교회들의 위치는 어디였을까? 이 질문은 의외로 대답하기가 어렵다. 바울 당대의 로마 속령 갈라디아주는 중앙 소아시아(현재의 터키)의 넓은 영역을 포함하고 있었다. 이 지방명은 갈라디아인이라는 부족명에서 온 것인데, 이들은 3세기에 유럽으로부터 이주한 켈트족에서 기원한 부족으로서 앙키라(현재의 앙카라)를 둘러싼 지역인 아나톨리아의 중앙 고지대들에 정주하여 살았다. 주전 25년 아우구스투스는 *갈라디아주*(Provincia Galatia)를 새로 세웠는데, 전통적인 갈라디아 지역만이 아니라, 남쪽으로 뻗어나가서 이고니온이라는 도시와 루스드라와 더베의 마을들까지 포함했다. 이 지역들은 바울과 바나바가 선교 활동을 했던 곳으로 사도행전에도 언급되었다(행 14:1-23).

바울은 갈라디아서에서 특정한 마을이나 도시를 전혀 말하지 않았기 때문에, "갈라디아 여러 교회들"(1:2)이 갈라디아 민족명을 따른 전통적 지역("북 갈라디아")인지 혹은 사도행전 14장에서 언급된 로마 속령 갈라디아("남 갈라디아")인지 밝히는 것은 불가능하다. 마찬가지로 우리는 "갈라디아 교회들"의 숫자가 얼마나 되었는지 전혀 알 수 없다.

역사적 연구가 흔히 그렇듯이, 학술적 논쟁은 증거가 제일 적은 문제들에 집중되는 경향이 있다. 그래서 북 갈라디아/남 갈라디아 문제를 따지는 2차 문헌이 엄청나게 많다. 이 논쟁은 아직 결론에 이르지 못하고 있지만, 바울의 편지를 해석하는 데에는 거의 아무런 문제가 되지 않는다.

이 논쟁의 성패를 가르는 문제는 기본적으로 바울이 쓴 이 갈라디아서를 사도행전에 나오는 누가의 기사에 어떻게 결부시키고 또 그 작성 시기를 언제로 보는가하는 것이다. 바울이 "갈라디아 교회들"에게 편지를 썼을 때, 그가 누가의 도식대로(행 13-14장) "제1차 선교여행" 동안에 세운 "남 갈라디아"교회들에게 호소하고 있는 것일까? 아니면 "제2차 선교여행"(행 16:6) 동안 "북 갈라디아"에 세웠고 나중에 다시 방문한(행 18:23) 교회에 편지하고 있는 것일까? 누가의 기록은 극히 도식화되어 있고, 바울의 사역을 포괄적으로 기록한 것은 아니기 때문에 (예를 들어 사도행전은 바울이 그의 교회들에게 편지를 썼다는 사실을 결코 언급하지 않는다), 이 물음은 풀리지 않은 채로 남아 있다.

바울이 자신의 독자들에게 로마 속주인 "남 갈라디아" 거주자들보다는 민족명으로서의 갈라디아인에게 더 자연스럽게 어울리는 표시법인 "갈라디아인들"(3:1)이라는 말을 사용하여 편지를 보냈다는 사실은 북 갈라디아 이론을 지지한다. 더욱이나 남 갈라디아 사람들은 자신들을 그렇게 부른 적이 없다. 또한 누가가 사도행전 13-14장에 언급된 지역들을 일컫기 위해 "갈라디아"라는 말을 사용한 적이 없다는 것도 주목해야 한다. 그는 오직 행 16:6과 18:23에서만 이 말을 사용했다. 그래서 교부시대로부터 현대에까지 이르는 갈라디아서 해석사에서는 거의 일관되게 바울이 켈트족의 후예들로 이루어진 중앙 소아시아의 교회들에게 편지한 것으로 받아들여졌다.[17)]

한편 남 갈라디아 이론을 지지하는 사실은 다음과 같은 것이다. 즉 그것이 갈라디아서 2장과 사도행전 15장 사이의 충돌을 줄여주어서 바울 사역의 재구성을 가능하게 한다는 것이다(아래의 작성 시기에 관한 부분을 보라). 그러나

---

17) 다음을 보라. Longenecker, *Galatians*, lxiii-lxiv. Longenecker는 그럼에도 불구하고 남 갈라디아 가설을 지지한다.

이미 언급했듯이, 초기 기독교 선교 확장에 대한 누가의 서사시 같은 이야기는 그 성격상 세부 사항에 대해 정확성을 요구해서는 안 된다. (예를 들어 행 9:26-30에서 바울은 그의 회심 체험 직후 바나바를 통하여 예루살렘 교회에 소개를 받았으며 거기서 공적으로 설교도 하였다. 그러나 대조적으로 갈 1:18-24에서 바울은 자신이 첫 부르심 후 적어도 14년이 지날 때까지" 유대의 교회들이 나를 얼굴로는 알지 못하였다"고 강하게 주장한다). 따라서 사도행전과 갈 2:1 사이의 충돌을 피하는 것이 바울의 이 편지의 수신지와 작성 시기를 결정하는 결정적인 요소가 되어서는 안 된다.

만일 사도행전이 바울 생애의 정확한 연대기를 제공하는 것도 아니고, 갈라디아 교회들의 위치도 확실하게 결정할 수 없다면, 이 편지의 명확한 작성 시기를 확정하기는 어렵다. 바울이 예루살렘 교회 지도자들과 만나기까지는 상당한 정도의 시간이 걸릴 수밖에 없는데(2:1-10), 그렇다면 그 연대는 약 48년에서 49년 정도가 될 것이다. 우리는 예루살렘 회의 후에 다음과 같은 일들이 뒤따라 일어난 시간을 염두에 두어야 한다: 안디옥에서 있었던 대립과 바울이 안디옥 교회와 사이가 틀어진 일(2:11-20); 바울이 갈라디아에 복음을 전하고 그들이 복음을 받아들인 일; 그리고 떠남; 바울과 맞서는 선교사들의 갈라디아 도착; 바울이 변화된 상황에 대한 보고를 받은 일. 어떤 주석가들은 갈라디아서의 연대를 이르게 잡아서 49년으로 보고, 또 다른 주석가들은 로마서 기록 연대와 아주 가까운 56년까지 늦추어서 본다. 갈라디아서와 로마서가 주제상 비슷하다는 것이 늦은 연대를 선호하게 하는 것 같지만, 몇몇 최근 주석가들은 더 이르게 잡아서 50-51년을 주장한다.[18] 이렇게 이른 시기를 취하는 것의 이점은 갈라디아서와 로마서 사이에 율법과 이스라엘의 운명에 관한 바울의 입장을 정리하는 데 필요한 시간을 좀 더 허락한다는 것이다.

실바(Moises Silva)가 지적한 대로 남 갈라디아 가설을 선호하는 사람들은 이 편지에 더 이른 연대를 매기는 경향이 있지만, 이 이론에서 말하는 지리

---

18) 예를 들어 Dunn, *The Epistle to the Galatians*, 19, 50-51년 주장; Martyn, *Galatians*, 19-20, 50년 주장.

적 수신지와 연대에 사이에는 필연적인 논리적 연관성이 없다. 만약 사도행전의 역사적 신뢰성을 받아들인다면, 북 갈라디아 가설은 사도행전에 나오는 예루살렘 공의회가 끝난 후로 연대를 매길 필요가 있다. 왜냐하면, 바울이 갈라디아로 간 것은 그 이후이기 때문이다(행 16:6). 한편 남 갈라디아 가설을 받아들이기로 한다면, 바울이 갈라디아를 처음 방문하여 교회를 세운 이후의 어느 시점에 그 편지가 작성된 것으로 볼 수 있다.[19] 결정적인 증거가 부족하다는 관점에서 볼 때, 갈라디아서는 50-56년 사이 어느 시점에 기록되었다고 말하는 것이 최선이다.[20]

갈라디아서 2장과 사도행전 15장 사이의 관계와 관련해서 설명해야 할 한 가지 결정적인 질문이 있다. 사도행전 15장은 갈라디아서 2장에서 바울이 말하는 바로 그 회의를 말하고 있는 것인가? 이 두 장면 사이의 유사성 때문에 그것들이 같은 사건에 대한 두 가지 변용된 기록이라는 것이 거의 확실해 보인다. 두 본문 모두에서 바울과 바나바는 교회의 지도자들을 만나 이방인 개종자들이 반드시 할례를 받아야 하는지 토의하기 위해 예루살렘으로 간다(2:1-10의 주석을 보라). 그러나 이 두 설명 사이에 2개의 중요한 불일치가 보인다:

(1) 누가는 이 공의회를 교회의 모든 사도들과 장로들을 아우르는 공적 총회로서 기록한 것으로 보인다. 반면 바울은 자신이 몇 안 되는 예루살렘 지도자들을 개인적으로 만난 것으로 언급한다;

(2) 누가의 기록대로라면 그 공의회는 이방인들을 허락하지만, 그들에게 "우상의 제물과 피와 목매어 죽인 것과 음행을 멀리할"(행 15:29) 것을 요청

---

19) Moises Silva, *Exploration in Exegetical Method: Galatians as a Test Case* (Grand Rapids: Baker, 1996) 129-39. 만약 바울의 갈라디아 선교와 이 편지를 쓴 시기 사이에 더 긴 간격을 상정한다면, 바울이 갈라디아 사람들이 "매우 속히" 복음을 떠났다고 말한 것(1:6)을 설명해야 한다.

20) Betz, *Galatians*, 12, 여기서는 50년과 55년 사이를 서신이 작성된 기간으로 보는 게 "합리적인 추측"이라고 본다.

하는 결정을 하였다. 이 후자의 요구는 무할례자들에게 율법에서 자유로운 복음에 대해 가난한 자들을 돌아보도록 당부하는 것 외에는 예루살렘의 지도자들이 아무것도 더 부가하지 않았다고 하는 바울의 주장과 긴장 관계에 있는 것으로 보인다(갈 2:6-10). 전자의 불일치는 큰 어려움을 주지는 않는다; 바울은 더 큰 공적인 회의의 맥락 속에서 야고보와 게바와 요한을 막후에 만난 것을 언급한 것일 수 있다. 두 번째 불일치는 훨씬 당혹스럽다.

만약 이 "기둥 같은" 사도들이 이방인 개종자들은 할례를 받지 않아도 된다는 공적 교의를 결정했다면, 왜 바울은 갈라디아서에서 자신이 주장하는 것을 옹호하기 위해 이것을 말하지 않는가? 그리고 바울은 왜 갈라디아 사람들에게 이방인들이 사도적 교의의 제한조치를 제외하고는 율법을 지킬 필요가 없다는 사실에 사도들이 동의한 것을 알리지 않는가?(행 15:23-29)[21]

여러 가지 가능한 설명들이 있으나, 가장 적절해 보이는 것은 바울이 사도공의회의 그러한 선언 중에 어느 것도 알고 있지 못했다는 것이다; 그의 편지들 그 어디에서도 그러한 동의가 존재한다는 증거가 보이지 않는다. 누가는 사건들을 끼워 넣은 것으로 보이는데, 즉 초기 기독교 발전 단계에서 얼마 후에 나타나게 될 합의가 이 회의까지 거슬러 올라가서 있었던 것으로 기록한 것으로 보인다.[22] 따라서 이 주석은 갈라디아서 2장과 사도행전 15장이 예루살렘에서 열린 같은 회의를 언급하는 것이며, 따라서 갈라디아 교회에 보내는 바울의 편지는 그 회의 후 어느 시점에서 기록한 것으로 볼 것이다.

---

21) 이 제한조치는 단지 이스라엘에 대해서만이 아니라 이스라엘의 거주 외국인으로서 이스라엘인이 아닌 사람들에게도 적용되는 성결법전(레위기 18-20장)이 요구하는 바에 근거한 것이다.

22) 갈라디아서 2장과 사도행전 15장 사이의 관계를 묻는 질문에 대하여는 특히 다음을 보라. Craig C. Hill, *Hellenists and Hebrews: Reappraising Division in the Earliest Church* (Philadelphia: Fortress, 1991) 103-47.

성경으로서의 갈라디아서

바울은 성경을(바울은 이 말로 나중에 기독교인들이 구약성경이라고 부른 문헌들의 모음집을 지칭했다) 자기 시대 교회를 향하여 말씀하는 능력이 있는 살아 있는 음성으로 여겼다(4:30). 이렇게 함으로써 바울은 하나님의 말씀을 듣겠다는 기대감으로 귀를 기울이는 기독교인들에게 성경에 어떻게 접근해야 하는지 가르쳐준 선례를 남겼다. 그렇다면 바로 이 갈라디아서가 믿음의 공동체들이 성경이라고 믿는 정경 본문들에 편입되면 어떻게 되는 것일까? 마치 창세기와 이사야가 바울의 상황에 대하여 말씀하셨던 것처럼, 우리는 갈라디아서에서 우리 시대에 대하여 말씀하는 살아 계신 음성 듣기를 기대할 수 있을까?

마틴 루터의 갈라디아서 해석이 한 고전적인 예를 보여준다. 루터는 토라 준수 선교사들에 대한 바울의 격론을 자기 시대 로마 교회의 만행에 대한 공격으로 읽어냈다. 그는 로마 교회가 행위로 얻는 칭의를 가르치는 것을 바울의 대적자들이 복음을 파괴하는 것과 같은 것으로 보았다. 물론 루터는 고대 유대 기독교의 할례 전도자와 1,500년 후의 유럽 면벌부 판매자 사이에 차이가 있다는 것은 알았지만, 상황 사이의 유비는 매우 강하여서 갈라디아서 본문은 루터에게는 자신이 직면한 투쟁에 대하여 하나님께서 직접 말씀하시는 것을 듣는 매체가 되었다.[23)]

오늘날 교회를 겨냥한 비슷한 말씀으로서 갈라디아서에 귀 기울인다는 것은 우리에게 어떤 뜻이 있을까? 이런 질문은 본 주석 내내 신학적 묵상(Reflection) 부분에 놓이게 되겠지만, 우리가 이 본문이 우리 시대를 향하여 말하는 것을 들으려 할 때마다 거듭 떠오르는 핵심 주제들을 미리 요약해보는 것이 도움이 될 것이다.

1. 예수 그리스도의 신실하심을 통한 바르게 됨(Rectification). 기독교의

---

23) Martin Luther, *Lectures on Galatians(1535)*. Jaroslav Pelikan이 *Luther's Works*, vols. 26-27 (Saint Louis: Concordia, 1963-64)에서 번역함.

많은 설교가, 특히 일부 개신교 전통에서는, 마치 종교적 경험 그 자체가 목표가 되거나, 또는 우리가 우리 믿음의 도구들을 사용하여 하나님의 용서를 어느 정도 확보할 수 있는 것처럼, 개인들의 주관적 신앙 체험의 과시라는 함정으로 빠져들곤 한다. 실제로 갈라디아서는 바로 그런 주장을 옹호하는 증거 본문으로서 자주 오용되어왔다. 그러나 이 본문을 주의 깊게 읽는다면, 바울의 갈라디아서야말로 그와 같은 자기를 과시하는 식의 구원론에 대한 강력한 공격임을 보게 될 것이다.

처음부터 끝까지 바울이 선포하는 바는 하나님께서 세상을 바르게 하고 우리를 인간적 종교 관습의 노예 상태로부터 구출하시기 위해 일하신다는 것이다. 하나님께서는 개인의 마음 가운데 일어나는 어떤 신비한 감정의 변화를 통하여 이 일을 하시는 것이 아니라 예수 그리스도의 신실하심을 통하여 이 일을 하신다. 그리스도의 사랑과 신실하심은 우리를 위하여 십자가에 자신의 목숨을 내놓은 것에서 절정에 달한다. 그를 향한 우리의 신뢰는 이 구원의 행위에 대한 반응이다. 이 근본적인 통찰의 관점에서 갈라디아서를 읽으면, 우리는 "믿음"과 "칭의"의 의미를 다시 생각하게 될 것이다. 또한 우리는 교회의 "믿음"에 대한 대화를 휘감고 있는 개인적 감상주의를 비판적으로 점검하게 될 것이다.

2. 복음과 유대교. 갈라디아서는 반 유대교 문헌이 아니다. 오히려 그리스도를 율법에 종속시키고자 하는 기독교 설교자들이 몰고 온 복음의 왜곡에 반대하는 선언이다. 유대인 대학살 이후의 갈라디아서 읽기는 우리에게 바울의 복음을 우리가 어떻게 뒤틀어 폭력의 구실을 삼았는가를 다시 생각하도록 촉구한다. "하나님의 이스라엘"로서(6:16), 또 아브라함의 자손들로서, 기독교 공동체는 율법에 대한 애매한 평가에도 불구하고, 왜 바울이 심오한 유대 사상가였는지를 재발견해야 한다. 이러한 질문을 충분히 고찰해보기 위해서 우리는 갈라디아서를 넘어 바울이 로마서 9-11장에서 필연적으로 던질 수밖에 없었던 문제들에 도달하게 될 것이다. 기독교 정경의 한 부분이기 때문에 갈라디아서는 결코 이스라엘의 궁극적 구원에 대한 바울의 더 심층적인 반성과 무관하게 읽어서는 안 된다.

3. 하나의 식탁에서 하나 된 교회. 바울은 그리스도 안에서 모두가 하나인 신앙공동체에 대한 전망을 제시했다(2:11-21; 3:26-29). 이것은 단지 갈 3:28에 있는 독립적인 구호의 문제가 아니다. 그것은 갈라디아서 전체의 중심주제이다. 유대인과 이방인은 더이상 분리되지 않는다. 왜냐하면, 그리스도의 죽음이 우리를 하나로 만들었기 때문이다. 그러므로 인종적 민족적 분열을 나타내는 모든 표현은 "복음의 진리"에 대한 배신이다. 갈라디아서는 복음에 근거하지 않은 기준을 따라 누군가를 교제에서 소외시키는 문화적 제국주의에 반대하는 정경의 가장 힘찬 증언 중 하나이다.

4. 자율이 아닌 자유. 우리는 개인적 자유에 도취된 시대를 살고 있다. 이런 시대에는 바울이 선포한 자유(5:1)를 개인적 욕망과 흥미의 탐닉에 대한 면허로 여기기 십상이다. 그러나 오히려 반대로 갈라디아서가 교훈하는 것은 그리스도께서 우리에게 주신 자유는 사랑 안에서 서로를 섬기는 자유라는 것이다(5:6, 13-14). 바울이 말하는 자유는 자율이 아니다. 그가 말하는 것은 하나님 아래에서 공동체 안에 함께 사는 삶을 위한 자유이다(6:1-10).

5. 십자가에 못 박힌 세계와 새 창조. 갈라디아서는 묵시적 복음을 선언한다. 그리스도께서는 우리를 사로잡아 억압하는 권세를 쳐부수고 "이 악한 세대에서 우리를 건지려고"(1:4) 오셨다. 바울은 이 고백의 의미를 설명하면서, 한때 자신이 열정적으로 지키려 했던 질서정연한 종교적 규정들이 다스리는 모든 세계가 "십자가에 못 박혔다"(6:14)는 것을 독자들에게 고백한다. 그것들은 이제 더 이상 그에게 아무런 요구도 할 수 없다. 우리가 지금 살아가는 진정한 세계는 그리스도께서 주신 "새로운 창조"인데, 우리는 그 안에서 새로운 생명을 얻고 성령의 인도하심을 받는다. 그렇기 때문에 교회가 갈라디아서를 읽을 때, 우리는 종교적인 상거래를 포함해서 통상적인 상거래의 지혜를 거절하고 십자가로 새롭게 규정된 실체를 보도록 끊임없이 도전 받는다. 이런 법칙에 따라 사는 사람들은 더 이상 안전과 체면이라는 대중문화의 이미지들에 좌우되지 않을 것이다. 오히려 우리는 성령의 열매를 나타내며 살고, 또한 우리의 삶이 다가오는 세계의 표지가 될 것이다.

참고문헌

주석류:

Betz, Hans Dieter. *Galatians: A Commentary on Paul's Letter to the Churches in Galatia*. Hermeneia. Philadelphia: Fortress, 1979; 한국신학연구소 번역실 역, 갈라디아서 (천안: 한국신학연구소, 1987).이 기념비적 주석은 서신 구조를 그리스 로마 수사학의 견지에서 분석하고, 헬레니즘 문학과 철학 문헌들로부터 수많은 병행문을 제공해준다.

Bruce, F. F. *The Epistle to the Galatians: A Commentary on the Greek Text*. NIGTC. Grans Rapids: Eerdmans, 1982. 전통적인 개신교 패러다임을 따른 신중하고 언어학적으로 명확한 해석.

Cousar, Charles B. *Galatians*. Interpretation. Atlanta: John Knox, 1982; 천방욱 역, 갈라디아서: 목회자와 설교자를 위한 주석, 현대성서주석 총서 (서울: 한국장로교출판사, 2004), 교사와 설교자들을 위한 해설 주석으로, 본문 각 단락에 대하여 수준 높은 신학적 고찰을 제공한다.

Dunn, James D. G. *The Epistle to the Galatians*. Black's NT Commentary. Peabody, Mass.: Hendrickson, 1993. 던이 주장하는 "바울에 대한 새 관점" 관점에 입각한 갈라디아서 해석. 던은 바울이 유대교를 반대한 것이 아니라 할례와 음식법을 언약 공동체의 배타적 경계 표지로 잘못 사용하는 것을 반대한 것이라 보고 있다. 던은 고대의 유대 문헌들로부터 풍부한 병행문을 제공한다.

Edwards, Mark J., ed. *Galatians, Ephesians, Philippians*. Ancient Christian Commentary on Scripture. Volume 8. Downers Grove, Ⅲ: InterVarsity, 1999; 이혜정, 하성수 역, 갈라티아서, 에페소서, 필리피서, 교부들의 성경 주해., 신약성경; 10 (경북 칠곡: 분도출판사, 2019). 교부 주석(제롬, 존 크리소스톰, 어거스틴 등)에서 뽑은 짧은 발췌 선집.

Longenecker, Richard N. *Galatians*. WBC 41. Dallas: Word, 1990; 이덕신 역, 갈라디아서, WBC 성서주석 41 (서울: 솔로몬, 2003). 철저한 그리스어 비평 주석으로 고대 헬레니즘 수사학과 유대 주석 전통 양쪽 모두에 관심을 기울였다.

Martyn, J. Louis. *Galatians*. AB 33A. New York: Doubleday, 1997; 김병모 역, 갈라디아서 (서울: 기독교문서선교회, 2018).갈라디아서를 초지일관 묵시적 복음에 대한 바울의 선포라는 신학적 입장으로 해석한 주석. 마틴은 갈라디아의 상황과 바울에 맞서는 유대 기독교 선교사들의 주장을 세세하게 재구성하여 제시한다. 갈라디아서를 놀랍도록 응집력 있게 해석한 저술로서, 본 주석은 이 주석에 많이 의존하였다.

Matera, Frank J. *Galatians.* Sacra Pagina 9. Collegeville, Minn.: Liturgical, 1992. 로마 가톨릭 주석 시리즈에서 나온 명쾌하고 신중한 주석으로서 비평적 분석과 종교적 의미에 대한 감각을 결합하려고 노력한 책. 마테라는 "예수 그리스도의 믿음"(갈 2:16)을 옹호하고, 던을 따라서 "율법의 행위"를 유대인 정체성의 상징으로 해석한다.

Williams, Sam K. *Galatians*. ANTC. Nashville: Abingdon, 1997. 신학생용 모범 주석을 목표로 한 시리즈 주석 중 하나로서, 윌리암스는 본문을 신학적으로 해명하는 맛깔스런 에세이 문체를 사용하여 서신의 주장을 열어 보인다.

Witherington, Ben Ⅲ. *Grace in Galatia: A Commentary on St. Paul's Letter to the Galatians*. Grand Rapids: Eerdmans, 1998. "사회 수사학적" 접근을 사용해서, 위더링턴은 갈라디아서를 독자들을 할례로부터 돌아서도록 설득하려고 하는 설득의 수사학으로 해석해야 한다고 주장한다. 갈라디아서에 대한 최근의 학문적 논의를 소개하고 있어서 유익하다.

전문 연구서:

Baker, Mark D. *Religious No More: Building Communities of Grace and Freedom*, Downers Grove, Ⅲ,: InterVarsity, 1999. 온두라스 복음주의 개신교 교회들이 바울의 복음을 어떻게 해석하고 오해했는지를 보여주는 매력적인 연구. 갈라디아서에 대한 신중한 해석이 스페인어를 사용하는 거주지역에 사는 기독교인들에게 어떻게 해방의 교훈을 주게 되는지를 보여준다.

Barclay, John M. G. *Obeying the Truth: A Study of Paul's Ethics in Galatians*. Studies of New Testament and Its World. Edinburgh: T.&T. Clark, ; 이성하 역, 진리에 대한 복종 (서울: 감은사, 2020)이 세련된 갈라디아서 5-6장 연구는 이 장들의 내적 논리와 서신 전체 주장 안에서의 위치를 밝혀준다.

Bassler, Jouette, ed. *Pauline Theology*, Vol. 1: *Thessalonians, Philippians, Galatians, Philemon*. Minneapolis: Fortress, 1991. 성경학회(Society of Biblical Literature) 바울 신학 분과의 논문 모음집. 갈라디아서 및 바울 신학 전체에 관련한 중요 논문들을 수록하고 있다.

Beker, J. Christiaan. *Paul the Apostle: The Triumph of God in Life and Thought*. Fortress, 1980; 장 상 역, 사도 바울 : 바울의 생애와 사상에서의 하나님의 승

리 (천안: 한국신학연구소, 1991). 바울 신학에 대한 중요한 연구. 하나님의 승리라고 하는 묵시적 메시지가 당면한 목회적 문제들에 대한 바울의 다양한 반응들 안에서 바울 사상의 일관성을 뒷받침한다고 주장한다.

Boyarin, Daniel. *A Radical Jew: Paul and Politics of Identity*, Contraversions Critical Studies in Jewish Literature, Culture and Society 1. Berkeley: University of California Press, 1994. 보야린은 랍비 유대교를 자신의 주요한 전문 연구 분야로 하는 학자로서 창의적이고 도전적인 해석을 제시한다. 바울은 유대 문화 비평가로서 한 분 하나님의 보편적 통치와 유대인의 선택 및 민족적 차별성 사이의 긴장감을 두고 씨름하였다는 것이다.

Cousar, Charles B. *A Theology of Cross: The Death of Jesus in the Pauline Letters*. OBT. Minneapolis: Fortress, 1990. 바울의 십자가 해석을 설명하는 최근에 발표된 연구를 보여주는 잘 다듬어진 연구.

Dahl, Nils A. *Studies in Paul: Theology for the Early Christian Mission*. Minneapolis: Augsburg, 1977. 달의 바울 관련 명작 논문 모음집.

Donaldson, Terence L. *Paul and the Gentiles: Remapping the Apostle's Convictional World*. Minneapolis: Fortress, 1997. 바울의 이방인 선교 이해에 관한 중요한 연구.

Dunn, James D. G. *The Theology of Paul's Letter to the Galatians*. New Testament Theology. Cambridge: Cambridge University Press, 1993. 갈라디아서 신학에 대한 간결한 요약; 던의 주석을 보완해줌.

Hays, Richard B. *The Faith of Jesus Christ: An Investigation of the Narrative Structure of Galatians 3:1-4:11*. SBLDS 56. Chico, Calif.: Scholars Press, 1983; 최현만 역, 예수 그리스도의 믿음: 갈라디아서 3:1-4:11의 내러티브 하부구조 (평택: 에클레시아북스, 2013). "예수 그리스도의 믿음"이 갈라디아서에 나타난 바울의 주장을 받쳐주는 복음 서사의 필수적인 요소라고 주장한다.

_____, *Echoes of Scripture in the Letters of Paul*. New Haven: Yale University Press, 1989; 이영욱 역, 바울서신에 나타난 구약의 반향 (서울: 여수룬, 2017). 바울의 구약 성경 해석과 암시들에 대한 연구.

Hill, Craig C. *Hellenists and Hebrews: Reappraising Division Within the Earliest Church*. Minneapolis: Fortress, 1991. 예루살렘 교회와 헬라 세계에서 시작되던 이방인 선교 사이의 관계에 대한 미묘한 쟁점들을 알려주는 중요한 역사적

연구; 특히 예루살렘 공의회(갈2:1-10)와 안디옥의 갈등(갈2:11-21)을 이해하는 데 유용하다.

Käsemann, Ernst. *New Testament Questions of Today*, Translated by W. J. Montague. Philadelphia: Fortress, 1969. 케제만의 기념비적인 논문인 "바울에게 있어서의 하나님의 의"가 실려 있다.

____. *Perspectives on Paul*. Translated by Margaret Kohl. Philadelphia: Westminster, 1971. 논문집. 케제만은 지속적으로 바울 신학 연구 분야에서 논의되는 수많은 주제들의 설명하는 연구를 한다.

Martyn, J. Louis. *Theological Issues in the Letters of Paul*. Nashville: Abingdon, 1997. 마틴의 논문집. 자신의 주석과 겹치거나 보완하는 내용들이다.

Sanders, E. P. *Paul and Palestinian Judaism: A Comparison of Patterns of Religion*. Philadelphia: Fortress, 1977; 박규태 역, 바울과 팔레스타인 유대교 (서울 : 알맹e, 2018). 고대 유대교에 대하여 널리 통용되던 기독교식 평가에 대해 설명하고 그런 평가를 배척하는 획기적인 연구.유대교의 "언약적 율법주의"와 '그리스도 안에 참여함을 통한 구원'에 대한 바울의 믿음에 대한 충실한 연구이다.

_____. *Paul, the Law, and Jewish People*. Philadelphia: Fortress, 1983; 김진영 역, 바울, 율법, 유대인 (서울 : 크리스챤다이제스트, 1994). *Paul and Palestinian Judaism*에 있는 바울 사상에 대한 설명을 확장하고 세부적인 사항을 설명했다.

Segal, Alan F. *Paul the Convert: The Apostolate and Apostasy of Saul the Pharisee*. New Haven. Yale University Press, 1990.부분적으로 스텐달(아래를 보라)의 주장에 대한 반대인데, 시걸은 바울의 토라 준수 포기가 결국 바울이 유대교의 유산과 결별로 이어지는 것을 살펴본다. 바울의 율법에 대한진술을 해석하는데 도움이 된다.

Silva, Moises. *Explorations in Exegetical Method: Galatians as a Test Case*. Grand Rapids: Baker, 1996. 학생들에게 적절한 주석 방법론을 소개하기 위해 기획된 책인데, 갈라디아서를 시험대상으로 주석들을 조사한 친절한 책이다. 서신의 연대와 수신자들에 대한 좋은 토론들을 담고 있다.

Stendahl, Krister. *Paul Among Jews and Gentiles and Other Essays*. Philadelphia: Fortress, 1976; 강혜란 역, 『유대인과 이방인의 사도』 (군포: 순신대학교출판부, 1995) 스텐달의 명작 논문 "The Apostle Paul and the Introspective Conscience of the West"와 바울에 대한 전통적 루터파의 독법에 도전하는 다른 논문들을 수록하고 있는데, 교회가 이방인들을 받아들인 것이 바울이 칭의를 주장하게 한 핵심적인 문제였다는 것을 강조한다.

Tamez, Elsa. *The Amnesty of Grace: Justification by Faith from a Latin American Perspective*. Nashville: Abingdon, 1993. 바울 칭의사상에 대한 해방신학적 해석을 전개한다.

Westerholm, Stephen. *Israel's Law and Church's Faith*. Grand Rapids: Eerdmans, 1988. 바울 칭의사상에 대한 전통 개신교 해석(스텐달, 샌더스, 던)에 대한 최근에 나온 가장 확실한 방어. 20세기 바울 연구의 주된 발전에 대한 유용한 요약들도 담고 있다.

Witherington, Ben Ⅲ. *Paul's Narrative Thought World: The Tapestry of Tragedy and Triumph*. Louisville: Westminster/John Knox, 1994. 바울 복음의 거대한 극적인 주제들에 대한 폭넓은 설명.

Wright, N. T. *The Climax of the Covenant: Christ and the Law in Pauline Theology*. Edinburgh: T. & T. Clark, 1991. 주해 논문집. 특히 갈라디아서 3장 "저주" 주제의 해석과 관련하여 가치 있다.

I

갈라디아서 1:1-10

들어가는 말

Ⅰ. 갈라디아서 1:1-10, 들어가는 말

A. 1:1-5, 인사말

B. 1:6-10, 책망과 저주

Ⅱ. 갈라디아서 1:11-2:21, 바울 복음의 서사적 변호

Ⅲ. 갈라디아서 3:1-5:1, 경쟁 선교사들에 대한 반론들

Ⅳ. 갈라디아서 5:2-6:10 갈라디아 교회 목회 상담

Ⅴ. 갈라디아서 6:11-18 추신: 십자가와 새 창조

갈라디아서 1:1-10
들어가는 말

A. 갈라디아서 1:1-5
인사말
주석

1:1 바울이 갈라디아서의 첫마디로 내놓은 강력한 주장은 하나님께서 바울의 사역과 그 말씀을 인정하셨다는 것이다. 그는 자신을 "사도"(ἀπόστολος아포스톨로스)로 소개하는데, 이는 보냄을 받은 자라는 뜻이다. 그리고 바울은 자신을 보낸 분은 그 어떤 사람이나 기관이 아니고 "예수 그리스도와 그를 죽은 자 가운데서 살리신 하나님 아버지"(1b절)시라고 힘주어 주장한다. 그리하여 첫 마디에서부터 갈라디아서는 복음을 선포하며 하나님 편에 서서 말하는 바울의 권위를 주장한다.

바울의 인사말은 항상 그리스 로마 편지에서 볼 수 있는 서신 인사말의 표준 양식을 따른다: 발신자와 수신자, 인사말.[1] 바울은 특징적으로 인사말 구성을 확장하여 감사 단락을 붙이거나(예를 들어, 롬 1:8-15; 고전 1:4-9; 빌 1:3-11; 골 1:3-14; 살전 1:2-10; 살후 1:3-12; 몬 4-7; 참조. 딤후 1:3-5) 찬송의 기도를 덧붙였다(고후 1:3-7; 참조. 엡 1:3-14).[2] 이 인사와 감사 부분은 자주 바울이 편

1) 바울 시대 편지의 형식적 구조에 대하여는 다음을 보라. S. K. Stowers, *Letter Writing in Greco-Roman Antiquity* (Philadelphia: Westminster, 1986).

2) 이 주석에서 상호참조를 할 때는 골로새서를 전형적인 바울의 편지로 보는 반면, 에베소서나 목회서신은 후대의 바울 학파의 산물로 본다.

지의 본론에서 전개할 관심사를 미리 내어 비춘다. (예를 들면, 고린도전서의 서론은 고린도인들이 "그리스도 안에서 거룩하여 진 것"을 강조하고 그들의 풍부한 언변과 지식을 감사하고 또한 그들이 그리스도와의 교제[κοινωνία코이노니아]에로 부름받았다는 것을 그들에게 상기시킨다[고전 1:1-9]. 편지를 펼쳤을 때, 우리는 이 주제들이 바울이 고린도인들과 토론하기 원했던 문제들 중에 중요한 주제들이라는 것을 발견하게 된다. 거룩에로의 부르심, 지식과 영적 은사들의 올바른 사용, 그리고 공동체 안에서 사랑의 중요성 등.)[3] 표준적인 서신 구성이 비교를 위한 틀을 제공하기 때문에, 갈라디아서에 있는 바울의 인사말의 독특한 특징이 뚜렷하게 드러난다.

다른 곳에서도 바울은 자신을 사도라고 하면서 편지를 시작하지만(롬 1:1; 고전 1:1; 고후 1:1; 골 1:1; 참조. 엡 1:1; 딤전 1:1; 딤후 1:1; 딛 1:1), 다른 어디에서도 갈라디아서에서 처럼 자신의 권위의 원천에 대한 잘못된 개념에 반대하면서 자신을 소개하지는 않는다: "사람들에게서 난 것도 아니요 사람으로 말미암은 것도 아니요"(NIV; NRSV의 "사람들의 위원회가 보낸 것도 아니요, 권위 있는 사람들이 보낸 것도 아니요"라는 번역은 의역이다.). 이것은 곧바로 갈라디아서에서 바울이 의문이나 비난에 맞서 자신의 사도직을 방어하고 있다는 것을 시사한다(1:11-12의 주석을 보라). 바울은 자신의 사도직은 인간의 뜻으로 된 것이 아니라, 하나님의 능력, 즉 예수를 죽음에서 살리신 능력이라는 권위에 근거한 신성한 임무라고 주장한다. 그런데 이것이 갈라디아서에 있는 예수의 부활에 대한 유일하고 명백한 언급이다.

1:2 바울의 다른 편지들은 공동발신자의 이름을 밝히고 있는 반면(예를 들어 고전 1:1의 소스데네스; 고후 1:1, 빌 1:1, 골 1:1의 디모데; 살전 1:1, 살후 1:1의 실루아노와 디모데) 갈라디아서는 바울과 이름을 밝히지 않은 어떤 협력자들이 보낸 것으로 언급된다; "나와 함께 하는 모든 형제들"(NIV). NRSV는 포괄적인 용어에 대한 관심 때문에 ἀδελφοί아델포이를 "하나님 가족의 지체들(members of God's family)"이라고 바꾸어 놓았다. 확실히 바울이 교회의 지

---

3) 다음을 보라. Richard B. Hays, *First Corinthians*, Interpretation (Louisville: John Knox, 1997) 15-21.

체들을 '아델포이'라고 부르는 습관은 공동체의 남녀 모두를 포함하기 위한 것이다(갈 3:28 참조). 여기 사용된 어구(語句)는 바울이 이 편지를 쓴 (알려지지 않은) 지역의 모든 그리스도인을 일컫는 것은 아니며, 특별히 바울 선교의 동역자를(빌 4:21 참조) 가리키는 것인데, 거기에는 일부 여성도 포함된다(롬 16:1-7; 빌 4:2-3). 아마도 이 동역자들은 갈라디아 교회에 개인적으로 알려져 있지 않았을 것이다. 만약 그들이 알려져 있었다면, 틀림없이 바울이 그 이름들을 말했을 것이다. 왜냐하면, 그들의 이름을 말하는 것이 바울이 하는 말에 권위의 무게를 더했을 것이기 때문이다. 공동발신자 그룹을 언급하는 수사학적 효과는 바울이 고립된 교사가 아니라 그의 사역이 다른 사람들의 지지를 받고 있다는 것을 암시하는 것이다.

바울의 다른 서신들은 각각 특정한 도시에 있는 교회가 수신자가 된다(예를 들면, 로마, 고린도, 빌립보, 데살로니가; 빌레몬서는 한 개인의 가족과 그들의 집에서 모이는 교회 앞으로 보내졌다). 갈라디아서는 더 광범위한 지리적 영역 혹은 행정 영역에 있는 교회들에 보내졌다는 점에서 특별하다(그러나 고후 1:1을 보라; "갈라디아"라는 명칭에 대한 해석과 이 교회들의 위치에 대하여는 서론을 보라). 확실히 이 편지는 여러 교회에서 읽히도록 회람용으로 작성되었다. 이것은 의외로 편지의 말미에 사람들에게 하는 인사가 없는 사실을 설명해주는 것으로 보인다. 우리는 단 한 명의 갈라디아 교회 신자의 이름도 모른다. 바울이 갈라디아 교회에게 그 어떠한 찬사도 하지 않는다는 사실도 눈에 띈다. 이것은 독자들을 "성도"로 부르는 다른 편지들과 대조된다.

1:3 바울은 특이하게 헬라식 편지의 표준적 인사("인사," χαίρειν카이레인)를 은혜와 평화에 대한 기원으로 표현한다 – 하나님 우리 아버지와 주 예수 그리스도로부터 오는 은혜(χάρις카리스)와 평화(εἰρήνη에이레네, 히브리어 שָׁלוֹם샬롬 참조). 이것은 독자들을 위한 하나의 기도로, 혹은 실제로 그들에게 하나님의 은혜를 가져다주는 수행적 발화(performative utterance)로 이해할 수 있다. 그 어느 쪽이든 그것은 바울의 복음에서 토대가 되는 진리를 강조한다. 하나님은 감사하게도 주도적으로 평화와 화해를 이루어내신다. "은혜와 평화"

라는 관용어구는 이처럼 엄중한 편지의 시작부분에서도 이 진리를 상기시키는 역할을 한다.

1:4 그러나 갈라디아서에서만 바울이 선포한 복음의 간결한 서사적 요약을 통해 "은혜와 평화"의 의미를 설명하는 고백적 전통이 추가됨으로써 이 관용어구가 확장된다. 주 예수 그리스도께서는 "이 악한 세대에서 우리를 건지시려고 우리 죄를 대속하기 위하여 자기 몸을 주셨다"(4절; J. 루이스 마틴은 다음과 같이 생생하게 번역하였다. "우리를 이 악한 세대의 손아귀에서 빼내기 위하여").[4] 바울은 왜 은혜와 평화 관용어구에 이런 설명을 추가하는 것일까? 그가 분명히 쓸데없는 말을 하는 것 같지는 않다. 이 편지의 시작에서부터 바울은 근본적으로 중요한 두 주제를 강조하려고 한다: 복음은 우리를 위하여(2:20 참조) *예수 그리스도께서 은혜로 자기를 내어주시는 것*(즉, 그의 죽음)이며, 그리고 자기를 내어줌은 하나의 묵시적인 구속 사역으로 이해되어야만 한다. 바울의 복음은 새로운 인간의 "종교적" 가능성 따위가 아니라, 하나님의 은혜가 이 세상에 침략해 들어왔음을 선포한다. "이 악한 세대"라는 표현은 바울이 묵시적인 구조를 생각하고 있음을 보여준다. 유대교의 묵시 전통에서 세계 역사는 두 세대로 나뉜다: 타락한 이 세대와 하나님의 정의가 마침내 세워지는 오는 세대이다(예를 들어 다음을 보라: 사 60:1; 65:17 25; 에스드라2서 7:50, 113; 에녹1서 91:15-17; 바룩묵시록2서 15:8; 44:8-15). 바울은 그리스도의 죽음으로 인해 우리가 이미 알고 있는 세상의 멸망시키는 힘으로부터 해방되었다고 선포한다. 이러한 신념들을 근거로 바울은 갈라디아의 문제들에 대답한다.

예수께서는 "하나님 곧 우리 아버지의 뜻을 따라" 그의 구속 사역을 행하신다. 이 편지의 여는 단락에서 바울은 하나님을 "아버지"(1, 3-4절)로 묘사하는 데 큰 비중을 둔다. 왜 그럴까? 우리는 여기서 후에 바울의 주장에서 아주 중요한 역할을 하는 한 주제의 전조를 본다. 예수를 통해 구원 받은 자들에

---

4) Martyn, *Galatians*, 90.

게 성령을 주셔서 하나님의 자녀 삼아주시는데, 그래서 그들은 하나님을 "아빠, 아버지"라 부른다는 것이다(4:4-7). 바울은 갈라디아 교회에게 그리스도 안에서 그들이 이미 하나님의 자녀라는 것을 확신시켜주고자 했다; 그렇기 때문에 그들은 아브라함의 자손이 되기 위하여 할례를 받지 않아도 되는 것이었다. (하나님을 "아버지"로 부르는 문제에 대하여는 4:4-7의 신학적 묵상[Reflections]을 보라). 인사말에서 하나님을 아버지라고 세 번이나 부르는 것은 독자들과 하나님과의 관계에 대한 이 진리를 더욱 부각시킨다.

4절에서 바울은 아마 초기 유대기독교의 기독론적 고백, 즉 70인역 사 53:12에 근거한 고백을 인용하고 있는 것으로 보인다. "그리고 그가 많은 사람의 죄를 담당하고, 그들의 죄 때문에 그가 넘겨졌다." 4절에서 예수님의 죽음이 죄들(복수)을 위한 속죄 제물로 암시되고 있는데, 종종 이것이 바울 이전의 공식적인 표현에서 온 것이라는 표시로 받아들여지기도 했다. 왜냐하면, 바울은 율법에 대한 개별적인 범죄에 집중하기보다는 단수인 죄로 표현되는 억압하는 세력에 대해 생각하는 경향이 있기 때문이다(예를 들면, 롬 3:9, 6:12-14; 롬 3:25-26은 똑 같이 예수님의 죽음을 "전에 지은 죄"를 위한 속죄의 희생으로 보는데, 이 구절들도 일반적으로 바울이 유사한 전승으로부터 인용한 것으로 본다; 롬 4:25; 5:8; 8:3; 고후 5:21도 보라).

만약 "우리의 죄들을 위한"(4a절) 예수님의 죽음에 대한 언급이 전승에서 온 것이라면, 4b절에 있는 이 죽음의 결과에 대한 바울의 입장은 이 전승에 대한 바울 자신의 더 진전된 해석을 보여주는 것이다; 예수님의 죽음은 옛 시대의 능력이 끝났음을 의미한다(6:14-15 참조). 이 해석을 유대기독교의 속죄 전승에 대한 거부로 보는 것은 잘못이다. 롬 3:21-26에서처럼 여기서 바울은 예수님의 죽음을 속죄의 희생으로 보는 관점을 수용하고 또 지지하지만, 동시에 그는 이 사건이 시대의 전환점이라는 것을 보여주기 위해서 이 사건의 의미를 정의해야 한다고 주장한다. 예수님의 죽음은 그저 죄의 용서를 얻어내는 것 이상이다. 그것은 우리를 "이 악한 세대"의 힘으로부터 해방함으로써 우리를 완전히 새로운 현실로 가져다 놓는다.

1:5 바울의 편지들 가운데 오직 갈라디아서만이 영광송(5절)으로 인사말을 마무리 한다. 마틴은 이 영광송의 목적이 바울과 함께 "아멘"이라 함으로써 예배의 분위기를 생각나게 하고 편지를 듣는 갈라디아 교회 성도들이 다시 선포되는 바울의 복음을 긍정하도록 이끄는 것이라고 말한다.[5] 이렇게 5절 마지막에서 바울은 인사말을 끝내면서 갈라디아 교회에게 대답을 하기 위한 신학적 기초를 놓는다. 만약 갈라디아 교회가 실로 바울과 함께 "아멘"을 한다면, 바울의 다음 말을 들었을 때는 깜짝 놀라게 될 것이다.

B. 갈라디아서 1:6-10
책망과 저주
주석

인사말이 끝나면 다른 대부분의 바울편지에서처럼 곧바로 감사 단락이 나올 것을 기대한다. 다른 대부분의 바울편지가 그렇기 때문이다. 바울은 다른 편지의 감사 단락에서는 자신이 편지한 교회들로 인해서 하나님께 감사하고, 하나님께서 그들 가운데서 역사하고 계심을 확신한다고 글로 써서 표현한다. 그러나 이 편지에서 바울은 갈라디아인들에게 감사를 표하기에는 너무 화가 나 있다.[6] 오히려 바울은 갑자기 갈라디아인들이 하나님을 저버렸다고 비난하며, 강하게 질책한다: "그리스도의 은혜로 너희를 부르신 이를 이같이 속히 떠나 다른 복음을 따르는 것을 내가 이상하게 여기노라"(6절). "너희를 부르신 이"는 바울이 아니라 하나님을 가리킨다. 1:15과 5:8을 포함한 바울의 편지 다른 곳에서 "부르는" 이는 언제나 하나님이시다. 동사 καλέω칼레오는 그 백성을 특별한 언약적 관계로 소환하시는 하나님의 은혜의 행위를 나타낸다(예를 들어 다음을 보라, 롬 8:30; 9:11-12; 고전 1:9; 살전 2:12; 5:24). 따라서 바울이 갈라디아 사람들을 책망하는 것은 단지 바울의 사역을 배신한 것 때문이

---

5) Martyn, *Galatians*, 87.

6) 고린도후서에 분명한 감사 단락이 없는 것도 비슷하게 설명할 수 있을 것이다. 서신의 서론부는 바울이 고린도교회와 긴장관계에 있다는 것을 반영하고 있다.

아니라, 보다 근본적으로 하나님의 은혜를 배신한 것이기 때문이다(5:4참조: "율법 안에서 의롭다 함을 얻으려 하는 너희는 *그리스도에게서* 끊어지고 *은혜에서* 떨어진 자라"). "그리스도의 은혜"는 그리스도의 죽음과 밀접히 연결된다(2:20-21).[7] 그러므로 "은혜"는 단지 하나님의 친절한 속성으로만 이해해서는 안 된다; 오히려 은혜는 그리스도의 십자가에서의 자기희생을 통해서 하나님께서 세상을 구원하시는 능력 있고 고귀한 행위로 구체화된다. 갈라디아 교회를 부르신 하나님의 부르심은 예수 그리스도께서 죽으신 사건을 통하여 그리고 갈라디아인들에게 바울이 이 죽음을 선포함으로써 일어났다(3:1). 그러므로 이들이 이제 바울의 이 선포에 등을 돌렸다면, 그것은 그들이 하나님께로부터 돌아섰다는 것이다.

동사 "너희가 떠난다"(μετατίθεσθε 메타티테스테)는 그리스어 문헌에서 때때로 어떤 사람이 어느 철학 학파에서 다른 쪽으로 옮겨간 것을 묘사하기 위해 사용되곤 한다. 같은 동사가 마카비2서에서는 율법 준수를 저버린 것을 묘사하기 위해 사용된다. "안티오쿠스는 그에게 여러 말로 호소할 뿐 아니라 맹세하며 약속했다. 만약 그가 자기 조상들의 길에서 떠난다면[μεταθέμενον 메타테메논] 부자를 만들어주고 남들의 부러움을 사게 해 주겠다는 것이었다"(마카비2서 7:24). 역설적이게도 바울은 갈라디아 교회가 율법 준수 쪽으로 돌아서버린 행위를 유사한 배신행위로 본 것이다.[8] 바울은 이 배신행위가 신속히 일어났다고 말하는데, 이것이 바울이 갈라디아를 떠난 직후를 말하는 것인지, 아니면 바울과 경쟁하는 선교사들이 갈라디아에 도착하고 상대적으로 짧은 시간 내에 그랬다는 것인지 우리로서는 알 수가 없다. 어쨌든 바울은 갈라디아 교회가 바울의 가르침을 고수하여 그 길에 머무르지 않은 것에 대하여 화가 났다.

갈라디아 교회는 "다른 복음"(고후 11:4 참조)으로 돌아섰다. 이것은 바울과 경쟁하는 선교사들이 유대 기독교인이라는 것을 보여주는 중요한 한 가지 증

---

7) 이 절에서 "그리스도의"가 빠져 있는 일부 고대 사본의 독법이 비록 원본이라 하더라도, 이 주장은 성립한다.

8) Dunn, *The Epistle to the Galatians*, 39-40.

거이다; 그들은 바울의 갈라디아 회심자들에게 그들이 새로 발견한 기독교 신앙을 포기할 것을 촉구하지는 않았다. 대신에 그들은 하나님 백성이 된 자격의 표지로서 이방인들에게 할례를 받도록 초청하는 내용을 담은 복음을 전했다(5:2-12; 6:12). 아마도 그들은 이것이 바울이 전한 복음을 완성하는 것으로 이해했을 것이다. 그들이 보기에 바울의 복음은 부분적이고 결함이 있는 것이었다.

6-7절의 진술을 보면 바울은 이 선교사들이 자신들의 교훈을 "복음"이라 부르고 있다는 것을 알고 있다. 그러나 바울은 즉각적으로 그 명칭을 사용하는 것이 타당하지 않다고 말한다. 그것은 복음이라고 부르지만, 진정한 복음은 아니다. 왜냐하면, 진정한 복음은 오직 하나만 존재할 수 있기 때문이다. 그리고 그 유일한 복음은 바울이 이미 갈라디아에 교회에 전한 복음이며, 이방인들에게 유대인이 되라고 요청하지 않는 복음이다.

"복음"(εὐαγγέλιον유앙겔리온)이란 말의 뜻은 무엇인가? 그것은 확실히 예수 그리스도에 대한 이야기가 들어 있는 글을 의미하지는 않는다; 바울이 이 편지를 쓰던 시기에는 "복음"이라고 불리는 문헌이 없었다. 그러한 이야기들을 묘사하기 위해 이 말을 사용한 것은 초기 기독교의 그 이후 발전단계에서였다. 고대 로마 세계에서는, 이 말의 복수형이 자주 황제 숭배 선전 문구에서 전쟁 승리를 선포하거나 황제에 걸맞은 영광을 표현하기 위해서 사용되었다. 이 말의 이러한 용법의 탁월한 예가 소아시아 프리에네의 주전 9년까지 거슬러 올라가는 비문에 남아 있다. 이 비문은 황제 아우구스투스를 신으로 칭송하고 그의 출생일은 마땅히 달력의 맨 앞에 표기되어야 한다고 선언한다. 왜냐하면 "신(아우구스투스)의 탄생일은 세상으로서는 그 신으로 인하여 반포된 기쁜 소식들(εὐαγγέλια유앙겔리아)의 시작이기 때문이다."[9] "복음"이나 "기쁜 소식" (항상 단수형)[10]이라는 용어를 초기 기독교가 사용했는데, 이는 가이

9) 그리스어 본문과 2차 문헌에 대하여는 다음을 보라. G. Friedrich "εὐαγγέλιζομαι" *TDNT*, 2:724.

10) Martyn, *Galatians*, 128-32. 다음도 함께 보라: B. R. Gaventa, "The Singularity of the Gospel: A Reading of Galatians," in J. M. Bassler, ed., *Pauline Theology* (Minneapolis: Fortress, 1992) 1:147-59.

사가 아니라 예수님이 구주라는 것을 선포하는 방식으로 황제 숭배에서 이 명사를 사용한 것에 의도적으로 저항하기 위해 고안해낸 것일 수도 있다.

동시에 바울의 용법은 확실히 동족동사(cognate verb)의 구약성경 용법에 영향을 받았는데, 사 52:7의 그리스어 본문에 이 동족동사가 두 번 나온다:

> ... 평화의 소식을 *전하는*
> (εὐαγγελιζόμενου 유앙겔리조메누) 사람의 발처럼
> 좋은 것들을 *전하는*
> (εὐαγγελιζόμενος 유앙겔리조메노스) 사람처럼
> 나는 너의 구원을 알릴 것이니
> "오 시온이여, 너의 하나님이 다스릴지니" 하리라. (저자의 번역)

(조금의 차이가 있기는 하지만 바울이 명백히 이 문장을 인용한 것에 대하여는 롬 10:15을 보라; 똑같은 동사를 사용한 이사야의 다른 구절에 대하여는 다음을 보라. 사 40:9; 60:6; 61:1; 욜 2:32 칠십인역 참조.) 이사야에서 좋은 소식을 가진 사람이 알리는 메시지는 이스라엘 유배와 억압의 종결을 알리는 즐거운 소식, 즉 하나님의 통치에 대한 소식이다.

1:7 이러한 배경과는 대조적으로, 우리는 복음이 하나님께서 마침내 주도권을 잡으시고 통치하기 시작하셨다는, 당당하게 선포된 소식이라는 것을 알아야 한다. 이 사실은 바울이 왜 그 선교사들의 교훈을 복음이 아니라고 하는지를 설명하는 데 도움이 된다; 그의 관점으로는 그것은 예수님이 오시기 전에 율법 아래에서나 어울리던 상황을 연장하는 것에 불과할 뿐이다. 그들의 "복음"은 예수님의 죽음과 부활의 세계 변혁적 효과를 반영하지 못하는 것이었다.

바울은 그 선교사들이 갈라디아 교회를 "교란시키는"(οἱ ταράσσοντες 호이 타라손테스) 자들이라고 말한다. 사도행전 15장과 연관시켜 볼 때 이 묘사는 새로 도착한 선교사들이 갈라디아 교회에 할례를 받도록 압박을 가했다는 추가 증거이다. 사도행전에 따르면 어떤 개인 자격으로 예루살렘에서 안디옥

에 온 사람들이 "너희가 모세의 법대로 할례를 받지 아니하면 능히 구원을 받지 못하리라"(행 15:1b)라고 가르쳤다. 그리고 누가는 예루살렘 교회 지도자들의 반응을 바울이 갈라디아서에 쓴 것과 대단히 비슷한 말들로 요약하였다. 그들은 안디옥 교회에 편지를 써서 다음과 같이 말한다. "들은즉 우리 가운데서 어떤 사람들이 우리의 지시도 없이 나가서 말로 너희를 괴롭게 하고 마음을 혼란하게 한다 하기로"(행 15:24). 여기서 동사 "혼란하게 하다"는 바울이 갈 1:7에서 사용한 말과 정확하게 같은 말이다. 아마도 이 유대인 선동자들에 대한 누가의 묘사는 바울이 갈라디아서에 사용한 말들에서 영향을 받았을 것이다. 어쨌든, 갈라디아 교회의 "혼란하게 하는 자들이" 행 15:1에 요약된 것과 대단히 유사한 교훈을 전했던 것은 분명하다.

바울은 이와 같은 비복음을 예수께서 죽음으로 우리를 구해내신 "이 악한 세대"로 되돌아가는 것이라고 본다(4절); 그러므로 바울은 단호하게 그것을 올바른 기독교 교훈의 유형으로 받아들일 수 없다고 본다. 이 선교사들은 "그리스도의 복음을 왜곡시키려고 하는 것이다(μεταστρέψαι 메타스트렙사이). (이 동사는 교훈을 뒤집어 놓는다는 함의를 가진다)[11] 그러므로 여기에는 그들과의 타협이나 대화 같은 것은 있을 수가 없다. 그들은 배척되어야 하며 저주받아야 한다.

1:8-9 바울은 두 번 저주했다: "저주를 받을지어다"(ἀνάθεμα 아나테마). 이 말은 신에게 파멸 당하도록 어떤 사물이나 어떤 사람이 (때로는 희생제물로) 넘겨지는 것을 가리킨다. 의미심장하게도, 이 저주는 조건적이다; 즉 이 저주들은 특정 개인에게 선언된 것이 아니라 누구든 잘못된 복음을 선포하는 자들에게 적용되도록 개방적으로 던져졌다. 그리스어 덕분에 바울은 이 절들에 들어 있는 미묘하지만 중요한 두 가지 조건을 구분한다. 첫 번째 조건문(8절)은 ἐάν 에안, "if"과 가정법 동사로 구성되어 가설적 미래 가능성을 표시한다: "우리나 혹은 하늘로부터 온 천사라도 우리가 너희에게 전한 복음

11) Betz, *Galatians*, 50.

외에 다른 복음을 전하면 저주를 받을지어다." 그러나, 두 번째 조건문(9절)은 εἰ에이, "if"와 현재 직설법 동사로 구성되어 사실상 현재 존재하는 것과 같은 상황을 표시한다. "만일 누구든지 너희가 받은 것 외에 다른 복음을 전하면 저주를 받을지어다."

바울이 다른 복음을 선포한다는 것은 분명 상상할 수 없는 것이지만, 가설적으로 그 자신을 저주의 위협 아래 포함시킴으로써 중요한 점을 언급한 것이다. 그는 갈라디아인들에게 개인적 충성을 요구한 것이 아니다; 문제는 갈라디아인들의 복음에 대한 충성이었다. 만약 바울이라도 어긋난 길로 가거나 다른 어떤 것을 가르치기 시작한다면, 갈라디아 교회는 바울을 버리고 복음에 매달려야 한다. "하늘로부터 온 천사"라는 말 때문에 바울과 경쟁하는 선교사들이 자신들의 가르침을 천사의 계시에 근거한 것이라고 주장했다는 추측을 불러일으키기도 했다. 이는 특히 바울이 이후에 갈라디아서에서 모세 율법이 "천사들을 통하여 베푸신" 것이라고 언급한 것 때문에 그런 것이다(3:19). 이런 추론이 가능한 것은, 이 시기의 유대 묵시문학에서는 계시적 환상을 해석해주는 천사로 보이는 인물이 자주 등장하기 때문이다.[12] 다른 한편 천사에 대한 언급은 수사학적 과장법일 수 있다. 만약 갈라디아 교회가 그릇된 복음을 가져온 천상의 천사라도 물리칠 수 있다면, 그 선교사들의 순전히 인간적인 요구는 더욱더 물리쳐야 한다는 뜻이 될 것이다. 8절이 주장의 이론적 틀을(*누구든지* 복음을 왜곡시키는 자는 저주 아래 있다는) 제공한 후에, 9절은 바울이 갈라디아 교회에서 대하여 들은 실제적 상황에 전적으로 집중한다. (그가 이 정보를 어떻게 받게 되었는지에 대해서 바울은 아무런 설명을 하지 않는다; 갈라디아서는 갈라디아에서 온 편지나 혹은 갈라디아 교회에 관한 소식을 전달한 사람들에 대하여 아무런 언급을 하지 않는다.) 바울은 복음을 왜곡시킨 사람들의 이름을 말하지 않지만 – 그가 그들의 이름들을 알고 있었을 수도 있지만 – 6-9절의 교묘한 수사법 덕분에 독자들은 바울이 누구를 염두에 두고 있는지 분명하게 알아들었을 것이다. 바울은 경쟁 선교사들에게 직격탄을 날리고 있는 것이다.

---

12) Dunn, *The Epistle to the Galatians*, 45.

1:10 강한 어투를 사용한 바울은 잠시 멈추어서 자신에 대한 비난을 슬픈 마음으로 되돌아본다. 선교사들은 바울이 사람들에게 듣고 싶은 것을 이야기해 주는 궤변론자라고 고발하고 있다. 그래서 바울이 갈라디아 교회에게 불편하고 고통스럽다는 이유로 하나님이 명령하신 할례를 요구하지 않았다는 것이다. 그들이 보기에, 바울은 이방인 회심자들에게 모세의 율법에 있는 온전하고 유익한 규율을 가르치는 대신에, 하나님의 진리가 아닌 싸구려 모조품을 내민 것이다.[13] 요컨대 그들은 바울이 군중을 데리고 장난치는 "사람을 기쁘게 하는 자"라고 비난했던 것이다. 그러나 지금 바울은 그의 적수들에게 9절에서 엄중하고 단호하게 저주를 내리고, 10절에서는 사실상 갈라디아교회에게 다음과 같이 묻는다. 실제로 내가 사람들의 인정을 구하는 시시한 소리를 떠드는 것처럼 들리는가? 내가 사람을 기쁘게 하려고 하는가? 아니면 하나님을 기쁘시게 하려고 하는가? 어떤 주석가들은 하나님의 "인정을 받으려고 하는 것"을, 하나님을 멋대로 다루려고 하는 마술이나 마법 같은 것과 연관시켜, 나쁜 짓이라는 주장을 한다.[14] 그러나 갈라디아서 서두의 몇절들(1절, 11-12절)에서 사람과 하나님 사이를 강력하게 대조시키는 것에 비추어 볼 때, "하나님의 인정을 구하는 것"은 "사람의 인정을 구하는 것"에 대한 긍정적 반대로 이해하는 것이 더 맞는 것이다. 후자의 비난은 그 질문을 재차 언급하는 것이 보여주듯이, 바울이 반박하려는 것이다: "아니면 내가 사람들에게 기쁨을 구하랴"(10절). 질문들의 극히 비꼬는 듯한 어조는 이 구절도 책망 단락에 포함된다는 것을 보여준다. 바울은 자신의 동기를 악의적으로 규정하는 선교사들에게 신뢰를 보내는 갈라디아 교회를 책망하는 것이다.

그와 같은 비난들에 대하여 바울은 확신 있게 반박한다: "내가 지금까지 사람들의 기쁨을 구하였다면, 그리스도의 종이 아니니라." "종"이라고 번역된 단어 δοῦλος[둘로스]는 실제로는 "노예"를 의미한다. 그리스도의 종이 된다는 것은 박해와 역경과 십자가의 길에 순종하는 것을 감내하는 것이다. 바울은

---

13) Dunn, *The Epistle to the Galatians*, 49-50.

14) 예를 들어, Betz, *Galatians*, 55.

자신의 몸에 있는 상흔들을(고후 6:4-5; 11:23-25) "내 몸에 찍힌 예수의 흔적"(6:17)으로 묘사한다. 즉 그것은 그가 그리스도가 소유한 노예라는 것을 보여주는 낙인인 것이다. 그는 결코 수월하고 인기 있는 삶을 선택하지 않았다. 그런 상황에서 그의 적수들이 그를 아첨꾼이나 혹은 인간의 인정을 구걸하기 위해 축소된 복음을 가르치는 자로 고발하는 것은 분명히 터무니없는 일이다.

이 답변에 들어 있는 "지금까지"라는 중요한 말이 거의 주목을 받지 못했다. 이 말을 끼워 넣음으로써 바울은 전에는 사람을 기쁘게 하는 사람이었음을 암시한다; 사람들을 즐겁게 하던 날들은 열정적인 율법 준수자로서 살던 시기였다(1:13-14을 보라). 그리하여 그는 비난의 방향을 돌려서 바울을 비판하는 자들을 겨눈다. 바울은 뒷부분에서 그 선교사들이 박해를 피하기 위해 할례를 권장했다고 비난하게 되는데(6:12), 그렇기 때문에 사람의 인정을 추구하는 사람은 실은 바울이 아니라 그 선교사들이라는 추론이 가능하다(4:17 참조).

신학적 묵상

때로 우리는 복음의 왜곡에 대해 반대하고 파문을 하라는 요구를 받는다. 서구문화에 속한 낙천적이고 학식 있는 많은 기독교인들에게 이것은 분명히 불편한 진실이다; 우리는 독단적인 확실성에 대하여 우려하는 것이다. 일부 기독교인을 포함해서, 과격한 "광신자들"이 저지르는 해악에 대한 염려 때문에, 우리는 관용이나 대화 혹은 타협을 선호하는 경향이 있다. 우리는 다양한 관점을 존중하며, 하나님에 대한 체험이 우리의 것과 다른 것처럼 보이는 사람들의 증언이 우리를 더 풍요롭게 한다고 믿는다. 다른 편지들을 보면, 바울은 하나님의 뜻에 대한 다른 이해들로 인해 생긴 벽들을 넘어 기독교 공동체를 세우려고 열심히 노력하는 모습을 보인다(롬 14:1-15:13). 그렇지만 신약성경 안에서 갈라디아서는 어떤 복음들은 왜곡되었다는 것을 긴급하게 알리는 역할을 하고 있다. 갈라디아서의 첫 구절들은 독자들에게 예수 그리스도의 유일무이한 복음에 대한 충성을 재확인하고, 가짜 "복음들"을 배척하라고 도전하고 요청한다.

몇 가지 역사적인 사례를 들어 그 점을 설명해볼 수 있다. 마틴 루터가 1517년 비텐베르그 성 교회의 문에 면벌부 판매를 반대하는 95개조를 붙였을 때, 그는 하나님의 사유롭고 거저 주시는 은혜의 복음을 보지 못하는 기독교 지도자들이 자행하는 진리의 왜곡에 맞서고 있었다. (루터가 갈라디아서에서 기독교적 자유의 가장 선명한 표현을 발견했다는 것은 우연이 아니다). 칼 바르트와 독일의 고백교회 신자들이 1934년 바르멘 선언의 초안을 썼을 때, 그들은 나치의 교회 강탈에 저항한 것이었다. 이렇게 해서 그들은 국가주의나 종족주의의 잘못된 복음에 대항하여 복음의 진리를 분명하게 드러냈다. 마찬가지로 1982년 세계개혁교회연합이 인종차별정책을 수용한 남아프리카공화국의 네덜란드 개혁교회를 이단이라고 선언했을 때, 그들은 복음의 위험한 왜곡을 저주한 바울의 모범을 따랐던 것이다. 교회가 "이 악한 세대"에서 순수하게 복음을 증언하려 한다면, 교회는 하나님의 은혜를 부인하는 파괴적인 교훈들에 대항해서 분별력을 가지고 선지자적으로 발언하는 용기를 가져야만 한다.

이런 예들이 유익한 것은, 그 각각이 교회 내의 특수한 사회적 관행을 통한 복음의 왜곡에 대한 분별과 관련이 있기 때문이다. 바울은 이교도인 외부인들에게 그들이 신앙 없는 것을 저주한 것이 아니다; 오히려 기독교 신자들에게 기독교 신앙의 언어로 말하는 교사들로 인해 발생하는 위험에 대하여 경고하고 있다. 갈라디아의 선교사들이 스스로가 하나님을 대적하고 있는 것을 알지 못한 것과 꼭 마찬가지로, 16세기 가톨릭교회의 고위 성직자들, 1930년대의 독일 기독교인들, 그리고 남아프리카공화국의 네덜란드 개혁주의 아프리카너들은(역주: 남아프리카에 사는 백인) 기독교의 가르침에 대한 그들의 행위와 해석이 신학적으로 정당하다고 믿었다. 뒤늦은 깨달음이지만, 이러한 경우들은−특히 후자 둘의 경우−복음 왜곡의 명백한 사례로 보인다. (그리고 독일과 남아공에서 이런 식으로 복음을 인종적 종족적으로 정의한 것은 바울이 그의 시대에 대항하여 싸웠던 복음의 오용과 매우 유사하다.) 그러나 기독교 설교의 긴급한 과제 중 하나는 그러한 분별력을 *미래지향적으로* 사용하는 것인데, 이는 복음을 재포장하고, 이 시대의 문화적 기준에 부당하게 동화시키는 말 재주가 좋은 방해꾼들 때문에 바로 *지금* 교회가 잘못 인도될 위험에 처하게 된 상황을 알아차리는 것이다. 그러므로 갈라디아서 첫 구절들로 설교하는 설교자들은 현대의 대중적인 기독교의 가르침과 실천을 비판적인 눈으로 보게 될 것이며, 그것들을 그리스도의 은혜의 복음에 비추어서 평가하게 될 것이다.

동시에 우리는 실제로 복음이 비판적 평가의 기준이 된다는 것을 확신해야 한다. 어떤 기독교인들은 바울이 잘못된 가르침을 저주하는 것을 보고 자신들이 동의할 수 없는 생각에 대해 가혹한 판단을 내리는 것이 정당하다고 생각할 수도 있다. 그러나 이것은 바울을 오해하는 것이다; 다른 곳에서 우리는 바울이 비본질적 문제에 있어서 기독교 공동체가 다양성을 용납해야 한다고 옹호하고 있는 것을 보게 된다(예를 들어, 롬 14-15; 고전 8:1-11:1). 바울이 자신과 경쟁하는 선교사들을 저주한 것은 그들이 복음의 핵심을 위태롭게 하는 가르침을 전파했기 때문이라는 것을 이해하는 것이 아주 중요하다. 따라서 갈 1:6-9을 우리 시대의 상황에 맞게 적용하기 위해서, 우리는 먼저 복음의 특성을 신중하게 묘사해야 한다. 비록 바울의 첫 번째 공격이 갈라디아인들을 유혹하는 "다른 복음"(1:6) 문제에 대해 구체적인 진단을 내리지는 않지만, 모든 유형의 복음을 평가해야 할 기준에 대한 몇 가지 중요한 정의를 보여준다.

(1) 복음은 인간이 만들어 낸 것이 아니다; 그것은 하나님께로부터 온 것인데, 그 하나님은 우리를 구원하는 데 주도권을 가지고 계시다(1:1, 3-4). 이 하나님의 주도권은 오직 "은혜"(1:3, 6) 즉 자유롭게 주어지는 하나님의 사랑으로서만 이해될 수 있다.

(2) 하나님의 은혜는 십자가에서 예수님이 자기를 내어주신 것에서 구현되고 효력을 발휘한다(1:4; 참조. 2:20-21; 3:1, 13; 6:14). 예수님의 죽음은 어떻게든 우리의 죄를 용서하고 우리를 "이 악한 세대"의 억압하는 세력 우리를 해방시킨다. (1:4에 있는 바울의 간결한 표현은 예수님의 죽음이 어떻게 이러한 결과를 일으키는 지에 대해 아직은 설명하지 않는다.)

(3) 예수님이 자기를 내어주신 것은 하나님의 뜻에 따른 것이다(1:4); 실로 "은혜와 평화"가 "하나님 우리 아버지와 주 예수 그리스도"로부터 온다(1:3)는 사실은 예수님의 죽음이 어떤 의미에서는 신비로운 하나님의 행위라는 것이다(롬 5:8 참조; "우리가 아직 죄인 되었을 때에 그리스도께서 우리를 위하여 죽으심으로 하나님께서 우리에 대한 자기의 사랑을 확증하셨느니라.").

(4) 우리를 해방하기 위해 그렇게 행하시는 은혜의 하나님을 우리는 "하나님 우리 아버지"로 알고 있다(1:1, 3-4). 이것은 우리가 하나님의 자녀들이며 하나님 가족의 지체들이라는 뜻이다.

(5) 하나님은 예수님을 죽은 자 가운데서 일으키셨다(1:1). 그의 부활은 죽음을 이기는 하나님의 능력을 보여준다. 그리하여 그리스도께서 우리를 이 세대의 손아귀에서 구원하시듯이, 그는 또한 우리를 죽음의 권세로부터 해방시키신다.

(6) 이 모든 것들은 인간의 곤경과 그 해법에 대한 묵시적인 분석을 내포하고 있다. 하나님의 은혜는 달리 가망이 없는 상황을 뚫고 들어와서 모든 것을 변화시킨다. 이 편지의 뒷부분에서 바울은 이 묵시적인 변혁을 "새 창조"(6:15)라 기술한다. 복음의 소식을 요약하기 위해 εὐαγγέλιον유앙겔리온(1:6-9)이라는 단어를 도발적으로 선택한 것은 하나님의 공격적인 은혜가 이 세상의 정치권력과 대립한다는 것을 암시한다.

물론 바울은 갈 1:1-10에서 이 내용들을 전혀 발전시키지 않았지만, 편지의 다른 부분들에 비추어서 이 서론 부분들을 다시 읽어보면, 바울이 갈라디아인들에게 주장하는 바를 뒷받침하는 확신들을 얼마나 분명하게 소개하고 있는지 볼 수 있다. 위에 열거된 여섯 가지 사항중 그 어느 하나라도 부인하는 복음에 대한 설명은 모두 부패한 가짜라고 볼 수밖에 없다.

바울의 사도적 권위는 이렇게 확신 있게 말할 수 있는 진리에 근거를 두고 있다. 그는 다른 것이 아닌 이 교훈을 선포할 책임이 있다. 그는 예수 그리스도의 노예(slave)이기 때문에(1:10), 오직 한 주인에게만 충성을 바칠 뿐이며, 인간의 인정에는 더 이상 관심이 없다(고전 4:1-5 참조). 이 본문은 우리 자신의 행위가 어떻게 인간적 인정의 욕구를 따라 휘둘리는지를 생각해보도록 자극한다. 정확하게 설명할 수는 없지만 누구나 알고 있듯이, 우리의 인격은 박수를 받고 싶은 욕구에 의해 형성되기도 하고 망가지기도 한다. 갈라디아서와 씨름하는 회중은 갈라디아서가 오직 하나님의 인정을 받는 것이 중요한 삶으로 초청하고 있음을 알게 될 것이다.

Ⅱ

갈라디아서 1:11-2:21

바울 복음의 서사적 변호

Ⅰ. 갈라디아서 1:1-10, 들어가는 말

Ⅱ. 갈라디아서 1:11-2:21, 바울 복음의 서사적 변호
- **A. 1:11-12, 주제 진술: 바울 복음의 하나님 기원**
- **B. 1:13-24, 바울의 사도로서의 부르심과 예루살렘으로부터의 독자성**
- **C. 2:1-10, 바울, 예루살렘 지도자들을 만나다**
- **D. 2:11-21, 두 개의 식탁인가 하나의 식탁인가? 안디옥에서의 대립**

Ⅲ. 갈라디아서 3:1-5:1, 경쟁 선교사들에 대한 반론들

Ⅳ. 갈라디아서 5:2-6:10, 갈라디아 교회 목회 상담

Ⅴ. 갈라디아서 6:11-18, 추신: 십자가와 새 창조

갈라디아서 1:11-2:21

바울 복음의 서사적 변호

A. 갈라디아서 1:11-12
주제 진술: 바울 복음의 하나님 기원

주석

바울은 갈라디아 교회가 자신이 가르쳐 준 복음에서 돌아선 것에 대하여 날카롭게 책망하면서 그의 편지를 시작하였는데, 그는 이제 자신이 이 편지의 첫 주요부에서 옹호하려고 하는 논제를 강력하게 주장한다(1:11-2:21). 그의 복음은 신적 기원을 가졌으며 그러므로 그의 사도직은 그 어떠한 인간적 권위에도 의존하지 않는다는 것이다. 이미 살펴본 바와 같이 이 주제는 이미 1:1에서 소개되었지만, 바울은 이제 그것을 두 개의 부정적 주장과 하나의 긍정적 주장을 통해 힘주어 설명한다(1:1과의 구조적 유사성에 주목하라):

(1) 바울이 가르치는 복음은 인간적 기원을 갖지 않았다.
(2) 바울은 복음을 사람을 통해 받지 않았으며, 배우지도 않았다.
(3) 복음은 예수 그리스도에 대한 (하나님의) 계시를 통해 왔다.

바울은 왜 긍정문 명제 대신 두 개의 부정문 명제로 시작할까? 논의가 전개되면서 그가 선교사들이 제기한 문제에 대답하고 있다는 것이 분명해진다.[1)]아마도 그들은 갈라디아 교회에게 다음과 같이 말하였을 것이다:

"바울은 원래 예루살렘에 있는 사도들에게서 복음을 배웠다. 그러나 지금 그는 예루살렘이 승인한 복음에서 벗어났다. 그는 단지 인간이 고안해 낸 희석된 복음, 즉 하나님께서 주신 율법의 계명을 무시하는 복음을 가르치는 것이다."

바울은 이것이 실제 상황을 완전히 왜곡하고 있다고 화를 내듯 주장한다. 이방인을 위한 율법에서 자유로운 복음은, 바울의 모든 타고난 인간성에 대한 훈련과 성향과는 반대로, 하나님께서 주신 것이다. 주도권은 바울이 전하는 교훈의 내용과 마찬가지로, 전적으로 하나님께서 갖고 계신다. 바울은 전혀 예루살렘의 권위자들에게 훈련받은 적도 없고, 그들의 치리 아래 있지도 않았다.

11절에서 바울은 처음으로 갈라디아 성도들을 "형제[와 자매]"(ἀδελφοι 아델포이, 참조. 3:15; 4:12, 28; 5:11, 13; 6:1, 18)라 부른다. 이런 식으로 부르는 것은 바울이 아직도 그들을 하나님 가족의 지체로 생각하고 있다는 것을 보여준다; 그들을 비난하고 파문하기보다는, 바울은 그들에게 그리스도 안에서 그들의 진정한 정체성을 인식하라고 호소한다.

11절의 τὸ εὐαγγέλιον τὸ εὐαγγελισθὲν ὑπ᾽ ἐμοῦ토 유앙겔리온 토 유앙겔리스텐 휘페무)가 좀 까다로운 표현이라서 정확하게 영어 관용구로 옮기기가 불가능하다; 문자적으로는 "내가 복음전한 복음"이라는 말이다. 이 약간 어색한 말투는 바울 자신이 그 내용에 책임있는 사람이 아니라, 복음의 능력의 도구임을 암시한다. 이 복음은 "사람이 만든 어떤 것이 아니다"(NIV가 κατὰ ἄνθρωπον카타 안트로폰["사람을 따라"]을 의역한 것이다). 이렇게 주장하는 이유가 12절에 나온다. 바울은 복음의 교훈을 직접 목격한 사람에게 뭔가를 전달받

1) 일부 유대 기독교인들이 제기한 반(反)바울 논쟁의 역사적 기억은 3세기 위-클레멘트 문헌에 보존되어 있다. 그 전체 본문과 토론에 대해서는, J. Irmscher and G. Strecker, "The Pseudo-Clementines," *New Testament Apocrypha*, ed. W. Schneemelcher, English trans. ed. R. McL. Wilson (Louisville: Westminster/ John Knox, 1992) 2: 483-54. 해당 인용문은 Betz가 그의 주석 부록에 게재한 것이다. Betz, *Galatians*, 331-33를 보라.

는 식으로 간접적으로 받지 않았다(눅 1:1-2 참조); 오히려 바울은 "예수 그리스도의 계시"를 통하여 직접 받았다. 이러한 표현은 바울 당시 유대교가 갖고 있던 종교 전통의 권위 있는 계승이라는 개념과 선명하게 대비된다. 비교를 위해 미쉬나에 있는 아봇('Abot)이라는 논고의 서론을 살펴보자:

> 모세는 시내산에서 율법을 받았고, 그것을 여호수아에게 주었으며, 그리고 여호수아는 장로들에게 주었고, 장로들은 선지자들에게 주고 선지자들은 그것을 위대한 회당 사람들에게 주었다.[2)]

랍비들은 이러한 전승의 권위 있는 연결이라는 개념에 종교적인 확신을 두고 있었던 반면에(이레니우스 같은 기독교 신학자들이 나중에 사도적 전승을 주장했던 것과 매우 유사하다), 대조적으로 바울은 하나님 계시를 *직접* 받았다고 주장한다.

바울은 또한 다른 곳에서는–"물려주는" 그리고 "받는"과 정확하게 똑같은 어휘를 사용하면서–복음이 전승 과정을 통하여 매개되는 것으로 말하기도 했다(특히 고전 11:23-25 그리고 15:3-7이 그렇다. 그러나 갈 1:8-9도 보라). 바울은 자기모순적인가? 갈 1:11-12에서 바울의 요점이 사도로서의 그 자신의 소명이 어떠한 전승 과정에도 의존하지 않는다는 것임을 기억하는 것이 중요하다. 비록 바울이 전승 받은 케리그마와 전례의 공식적인 문구들을 복음을 권위 있게 요약해주는 것으로 자신의 교회에 전달한다고 해도, 이러한 공식적인 문구들은 바울이 하나님으로부터 직접 배운 근원적인 이야기가 특별한 방식으로 "표현"된 것으로 이해해야 한다. 그 문제를 이런 방식으로 이해한다면, 갈 1:11-12과 고전 15:3-7 사이에 모순은 없는 것이다. 이 두 가지 진술은 그 진술들이 들어있는 주장들에 따라 매우 다른 수사학적 기능을 한다. 첫째 진술은, 바울이 그 자신의 복음을 만들어 냈다는 혐의에 대해 반박하면서, 그의 사도적 가르침은 신적 기원을 가졌다고 주장한다; 두 번째 진술은 고린도 교

---

2) m. Abot 1:1을 보라. 이 비교는 Martyn, *Galatians*, 143에서 언급된 것이다.

인들에게 특정한 용어를 생각나게 해주는데, 그 용어는 바울이 본래 고린도 교회에 전했던 교훈에 들어 있던 것이었다.

"예수 그리스도의 계시"라는 어구(語句)는 문법적으로 모호하다. 이 말은 예수 그리스도가 계시를 주는 분(주격 소유격)이라는 뜻일까, 아니면 하나님에 의하여 계시된 분(목적격 소유격)이라는 뜻일까? 다른 곳에 있는 바울의 용법은 이 문제에서 후자 쪽을 선호하게 만든다; 예를 들어 불과 갈라디아서의 몇 문장 뒤에서, 바울은 하나님께서 "그의 아들을 나타내시기를"(16절; 계시의 특수한 형태와 내용에 대한 논의는 1:16의 주석을 보라) 기뻐하셨다고 적었다.

12절의 마지막 절(clause)은 동사가 없는 생략된 문장이다. NRSV와 NIV는 모두 12a절에 있는 주동사를 반복해서 "내가 그것을 받았다"(I received it)라고 보충해 넣었다. 그래서 그 문장을 다음과 같이 읽게 된다:

> 이는 내가 사람에게서 받은 것도 아니요 배운 것도 아니요, 오직 예수 그리스도의 계시로 말미암아 (내가 받은) 것이라.

이것은 분명히 가능한 해석이지만, 우리는 마찬가지로 이 문장에 "그것이 왔다"(it came)라는 말을 보충하여 완성할 수도 있다. 이 해석은 복음을 이 세대 안으로 침투해 들어오는 역동적인 능력으로 보는 바울의 생각과 완전히 일치한다. 복음은 "구원을 주시는 하나님의 능력"(롬 1:16)이며 바울은 그것이 복음을 듣는 자들에게 "오는" 어떤 것이라고 말한다. 이것은 살전 1:5에서와 같다. "이는 우리 복음이 너희에게 말로만 이른 것이 아니라 또한 능력과 성령과 큰 확신으로 된 것임이니라"(또한 바울이 "믿음"을 – 사실상 "복음"의 동의어로서 – 인간 역사의 영역으로 들어 온 어떤 것으로 말하는 갈 3:23-25도 보라). 이런 이해에 의거하여 우리는 다음과 같이 번역할 수 있다:

> 이는 내가 사람에게서 받은 것도 아니요 배운 것도 아니요, 오직 예수 그리스도의 계시로 말미암아 (온) 것이라.

복음을 강력하고 침투적인 개념으로 보는 이런 구도는 "계시" (ἀποκάλυψις 아포칼립시스)의 뜻과 상통한다. 계시는 하나님의 행위로서 하나님 쪽에서 주도

하는 드러냄의 행동이며 그래서 인간의 모든 개념과 지식을 재정립한다(롬 1:17을 보라, 여기서 바울은 복음 안에서 "하나님의 의가 나타난다[ἀποκαλύπτεται 아포칼립테타이]"고 말한다). 바울은 특별히 예수 그리스도의 계시를 최후 심판과 하나님의 모든 창조 목적의 완성과 연결된 종말론적 사건이라고 말한다(롬 8:19; 고전 1:7; 살후 1:7). 바울은 이어서 대담한 주장을 하는데, 마지막 날이 오기 전에 자신이 그리스도의 영광을 미리 보는 특권을 누렸으며, 또한 이 계시는 자신이 가르치는 복음의 형식과 내용을 결정한다는 것이다. 이 주장은 갈 1:13-2:21에서 논의할 주제를 미리 보여준다(1:13-2:21의 신학적 묵상을 보라.).

B. 갈라디아서 1:13-24
바울의 사도로서의 부르심과 예루살렘으로부터의 독자성

주석

바울이 자신의 역사를 다시 진술하는 것으로 자신의 주장을 장황하게 방어하기 시작하는데, 그중 일부는 바울이 이미 갈라디아 교회에 말했던 것이다. 그 서사는 분명 포괄적인 자서전은 아니다; 그것은 바울의 이 당시의 주장을 뒷받침하는 몇 가지 핵심 사실을 강조하기 위해 맞추어진 것이다. 다음의 두 가지 주제가 서사 전체를 관통한다: (1) 바울이 복음 선포를 위해 부름받은 것의 신적 기원, (2) 바울의 예루살렘 교회로부터의 독자성. 이 두 가지 관점 모두에 대해서 바울은 선교사들의 그릇된 설명에 대항하여 스스로를 방어한다.

한편 만약 우리가 이 서사를 오직 방어적 연설로만 듣는다면, 우리는 이 서사의 중요한 역할 중 하나를 놓쳐버릴 것이다. 바울은 하나님 앞에서 신실하게 사는 법을 이해하고 싶어 하는 갈라디아 성도들을 위한 하나의 모범이요, 권위 있는 유형으로 자신을 제시하기도 한다(4:12의 주석을 보라).[3] 바울은

---

3) B. R. Gaventa, "Galatians 1 and 2: Autobiography as Paradigm," *NovT* (1986) 309-26을 보라.

한때 열정적인 모세 율법 준수자였다. 그러나 이제 그는 새로운 사명을 위해 하나님께 사로잡혔고 새로운 삶을 지향하고 있다. 사실 그는 "율법에 대하여 죽었다"(2:19). 그래서 율법에 복종하도록 재촉을 받고 있는 갈라디아 교회는 역으로 율법으로부터 자유한 바울의 모범을 따라야만 하는 것이다. 바울 자신의 생애 이야기는 그리스도 안에 있는 삶은 율법을 넘어선 자유의 영역 안에 있는 삶이라는 것을 보여준다; 그래서 율법 아래로 오는 것은 앞으로 나가는 것이 아니라-선교사들은 갈라디아 성도들을 그렇게 설득하고자 노력하고 있었다-후퇴하여 속박되는 것이다. 이러한 내용들 중 그 어느 것도 이 편지에서 아직 분명하지 않지만, 바울은 1장과 2장에서 자신의 이야기를 재진술함으로써 그것들을 위한 기초를 놓는다.

1:13-14 "너희가 들었거니와(For you have heard)."[4] 바울은 갈라디아 성도들에게 "내가 이전에 유대교에 있을 때에 내가 행한 일을" 상기시킨다. 놀랍게도 "유대교"(Ἰουδαϊσμος유다이스모스)라는 단어는 신약 성경에서 이 절들에서만 나온다(더 이른 시기에 나온 것들은 다음을 보라. 마카비2서 2:21; 8:1; 14:38; 마카비4서 4:26; 이 말은 2세기 안디옥의 이그나티우스의 편지들에도 나타난다). 여기에서 이 말이 나온 것은 마카비 문헌들에서와 마찬가지로 일련의 행동들이 유대인들을 이방인들과 구별되게 한다는 것을 강하게 시사한다. 특히 할례나 음식법, 안식일 준수 그리고 희생제사와 절기 체계가 이에 해당한다.[5] 즉 "유대교"는 믿음이나 교리의 체계뿐만 아니라 문화에도 적용된다. 유대교라는 말은, 유대민족을 이교 세계 한 가운데에서 하나님을 위하여 구별된 특별한 사회의 구성원임을 나타내는, 특정한 관습으로 연결된 관계망을 나타낸다. 그 문화적 실천의 관계망과 함께 바울은 살아왔다; 실로 바울은 그 안에서 자신의 당시 동족들보다 "지나쳤다(advance)"(14절). "지나쳤다"(προέκοπτον프로에콥톤)는 말은 그리스-로마 도덕 철학자들 특히 스토아 학

---

4) 여기서 "for"(γάρ)는, NRSV에서는 "의심할 바 없이(no doubt)"로 이상하게 번역되었는데, 바울이 1:11-12의 명제를 위한 증거를 제시하는 작업을 시작할 것임을 보여준다.

5) Dunn, *The Epistle to the Galatians*, 56.

파 사이에서 현명한 삶을 살아내는 훈련에서의 진보를 묘사하기 위해 널리 사용되던 말이다. 바울이 이 말을 사용했다는 것은 그의 이전의 삶을 거슬러 이해하는 데 도움을 준다. "유대교"는 그에게는 탁월함을 추구할 수 있는 일종의 도덕적 문화였다. 실제로 자신이 성취한 우수한 수준과 동일한 관습을 따르는 다른 사람이 달성한 수준을 비교할 수 있었다.

바울이 유대교를 실천하는 데서 탁월했던 방식 중 하나는, 바울이 지금은 슬픈 심정으로 말하고 있는 "하나님의 교회를 심히 박해하고 멸하려는" 것이었다. 유대교 실천에서의 탁월성의 증거로서 왜 이런 적대적인 행위가 언급되었을까? 여기서 바울의 관점을 이해하는 핵심은 그가 14절의 마지막 절에서 사용한 단어에 있다: "내가 조상의 전통에 대하여 더욱 열심이 있었다(ζηλωτής 젤로테스)." 마틴 헹엘이 주장하듯이, "열심이 있다"는 말과 "열심"이라는 말은 제2성전 시대 유대교에서는 폭력을 포함한 어떤 다른 수단을 사용해서라도 유대교의 종교적 민족적 순수성을 보존하려는 것과 관련하여 대단히 특별한 뜻을 가지고 있었다.[6] 구약성경에서 그러한 열정의 두드러진 사례가 비느하스이다. 그는 이스라엘의 한 남자와 이방 미디안 아내를 죽이는 의로운 폭력 행위를 통해서 이스라엘을 괴롭히는 염병을 막아냈다. 그는 창 하나로 (아마도 성행위 중인) 두 사람을 관통시켰다(민 25:6-18). 민수기의 이 기사에 따르면, 이 행위에 대한 하나님의 반응은 극찬이었다:

> 주께서 모세에게 말씀하여 이르시되, "제사장 아론의 손자 엘르아살의 아들 비느하스가 내 질투심으로 질투하여 이스라엘 자손 중에서 내 노를 돌이켜서 내 질투심(zeal)으로 그들을 소멸하지 않게 하였도다. 그러므로 말하라 내가 그에게 내 평화의 언약을 주리니 그와 그의 후손에게 영원한 제사장 직분의 언약이라 그가 그의 하나님을 위하여 *질투하여(zealous)* 이스라엘 자손을 속죄하였음이니라."(민 25:10-13, 이탤릭체는 저자 첨가)

---

6) M. Hengel, *The Zealots: Investigations into the Jewish Freedom Movement in the Period from Herod I Until 70 A.D.* (Edinburgh: T.&T. Clark, 1961).

이 기사는 시락서 45:23-24; 마카비1서 2:54; 마카비4서 18:12에서 기억되고 기념이 되었는데, 그때마다 반복된 핵심어는 "열심"이었다.

비느하스의 기사는 마카비1서 2:15-28에서 마카비 반란의 시작을 설명하면서 분명하게 소환되고 있다. 한 동료 유대인이 안티오쿠스 4세 에피파네스의 명령을 따라 이교의 희생 제사를 준비하는 것을 보고, 마따디아는 그를 제단에서 살해한다. 그리고 마카비1서의 화자는 다음과 같이 견해를 밝힌다. "이렇게 그는 전에 비느하스가 살루의 아들 지므리에게 했던 것처럼 율법에 대한 *열심*을 드러냈다."(마카비1서 2:26 이탤릭체는 저자 첨가). 이 결정적인 사건 이후에, 마따디아는 저항을 위해 총동원령을 내린다; "율법에 대한 *열심이 있고* 계약을 지지하는 이는 모두 나를 따라나서시오"(마카비1서 2:27 NRSV, 이탤릭체는 저자 첨가).

또한 선지자 엘리야도 "열심"의 전형적인 영웅으로 기억된다(시락서 48:2; 마카비1서 2:58). 왜냐하면, 그가 거짓 신들의 선지자를 죽이라는 신 13:1-5의 명령을 따라 바알 선지자들을 칼로 살육하였기(왕상 18:40) 때문이다. 그 후 하나님께 자기 행동에 대하여 말할 때 엘리야는 이렇게 선언한다. "내가 만군의 하나님 여호와께 열심히 유별하오니"(왕상 19:10).

비느하스, 엘리야, 마카비서의 영웅과 같은 전례들이 있으므로, 열심 있는 바리새인 사울이 초기 유대 기독교인들에게 폭력을 기꺼이 사용하려고 한 것은 이상할 것이 없다. 그는 자신을 이스라엘의 믿음을 지키는 자로 보았고, 심지어는 자신이 보기에 한 분 하나님(신 13:5)을 반역하는 말을 내뱉는 이 배교자들을 박해함으로써 이스라엘을 위해 속죄를 하고 있다고 보았다. "열심"과 교회의 박해 사이의 연관성은 바울이 빌립보서에서 다시 한 번 언급하는데, 거기에서 바울은 자신에 대하여 다음과 같이 단언한다. "팔 일 만에 할례를 받고 이스라엘 족속이요 베냐민 지파요 히브리인 중의 히브리인이요 율법으로는 바리새인이요 *열심으로는* 교회를 *박해하고* 율법의 의로는 흠이 없는 자라"(빌 3:5-6 이탤릭체는 저자 첨가).

따라서 바울이 자신의 "조상의 전통에 대한 열심"(14절)에 대하여 말할 때, 그는 단지 엄격한 개인의 경건을 말하는 것이 아니다; 그는 율법의 적이라고 생각하는 사람에게 폭력을 행사함으로써 자신의 열심을 행동으로 나타낸 것이다. (이것은 바울이 조직화된 젤롯당의 일원으로 로마 당국에 대한 무장 항쟁에 참여했다는 말은 아니다; 비느하스와 마따디아의 사례가 시사하듯이, 열심당의 보복은 대개의 경우 내부적으로 배신자로 간주되는 유대인 공동체 구성원을 표적으로 삼았다.)[7]

바울은 자신이 어디에서 박해했는지 말하지 않는다. 행 8:1-3은 예루살렘에서 그가 "교회를 잔멸"한 것에 대하여 기술하지만, 갈 1:17절과 22절에 있는 바울 자신의 진술은 예루살렘보다는 다메섹을 근거지로 삼고 활동했다는 것을 암시하는 것으로 보인다. 그는 자신이 어떻게 교회를 박해했는지에 대해서도 정확히 이야기하지 않는다. 사도행전 7장에 있는 스데반을 돌로 쳐 죽인 기사에도 불구하고, 초기 유대 기독교인들은 일반적으로 회당에서 사형을 당하지는 않았다; 오히려 우리는 바울이 범죄자를 징계하는 태형을 집행했을 것이라고 생각해 보아야 한다. 이 벌은 바울 자신이 나중에 회당 당국자들로부터 받은 벌이다(고후 11:24).[8]

1:15-17 어쨌든 바울은 하나님께서 박해를 끝내셨다는 것을 강조하기 위해 이 불행한 박해의 역사에 대하여 말한다. 바울은 율법에 대한 열심 때문에 하나님께서 이 세상에서 세우고 계신 종말론적 공동체인 "하나님의 교회"를 파괴하려고 했다. 그러나 하나님은 바울을 위한 다른 계획을 가지고 계셨다. 그래서 15절에서 16b절까지 이어지는 시상절(temporal clause)에서, 바울은 사도의 소명에 대한 체험을 암시한다. 대부분의 해석자들은 이 언급을 누가가 사도행전에서 3번에 걸쳐 이야기한(9:1-19; 22:1-21; 26:2-23) "다메섹 도상의 경험"으로 해석한다. 그러나 갈라디아서를 해석할 때에는 바울이 여기서 말한 것은 무엇이며 말하지 않은 것은 무엇인지에 조심스럽게 주의를 기

---

7) ζηλωτής[젤로테스]에 대한 더 상세한 논의와 바울의 박해 행위를 해석하는 데 있어서 이 단어의 중요성에 대해서는, Dunn, *The Epistle to the Galatians*, 60-62; N. T. Wright, "Paul, Arabia, and Galatians," *JBL* 115(1996) 683-92을 보라.

8) Paula Fedriksen, "Judaism, the Circumcision of Gentiles, and Apocalyptic Hope: Another Look at Galatians 1 and 2," *JTS* NS 42(1991) 549, 556.

울일 필요가 있다. 왜냐하면, 갈라디아서의 수신자들은 누가의 이야기를 접하지 못했을 것이 분명하기 때문이다.

바울은 다메섹 도상에서 있었던 일에 대해서 혹은 눈을 멀게 하는 빛이나 하늘로부터 들려온 음성에 대하여도 아무것도 말하지 않는다. 그는 극적인 개종 이야기를 하는 것이나 자신의 경험에 대하여 이야기하는 것에 전혀 관심이 없다. 오히려 그는 하나님께서 무엇을 하셨는지 서술하고 싶어 한다. 하나님은 – 그는 "내 어머니의 태로부터 택정하시고[9] 그의 은혜로 나를 부르신 이"이다 – "그의 아들을 내게 계시하여 내가 그를 이방인들에게 선포하기를" 기뻐하셨다고 그는 말한다. 그의 부르심에 대한 이 자세히 진술된 묘사는 면밀히 조사해 볼 필요가 있다.

바울은 자신이 부르심 받은 일을 예레미야와 이사야에서 취한 언어와 이미지를 사용하여 묘사한다. 그래서, 바울의 소명은 구약성경 선지자의 소명기사 양식을 따라 이해되어야 한다. 다른 말로 하자면, 바울은 이 사건을 한 종교에서 다른 종교에로의 개종으로 보지 않고, 특별한 선지자적 임무를 맡기기 위해 이스라엘의 하나님이 자신을 소환한 것으로 보았다.[10] 바울이 이 구절들에서 반영하고 있는 두 본문은 모두 이방인에게 복음을 선포하는 사역을 예고해준다:

> 여호와의 말씀이 내게 임하니라 이르시되:
> "내가 너를 모태에 짓기 전에 내가 너를 알았고,
> 네가 태에서 나오기 전에 내가 너를 성별하였고;
> *너를 여러 나라* [70인역; ἔθνη에트네 "이방"]의 선지자로 세웠느니라."
> (렘 1:4-5, 이탤릭체는 저자 첨가)

9) NRSV와 NIV 두 번역본이 모두 그리스어 본문의 생생한 이미지를 왜 생기 없는 의역으로 바꾸는지는 분명하지 않다(NRSV, "내가 태어나기 전에" NIV "출생으로부터"). NIV는 각주에서 대체할 수 있는 번역으로 더 문자적인 번역을 제시한다.

10) K. Stendahl, *Paul among Jews and Gentiles* (Philadelphia: Fortress, 1976) 7-23을 보라.

섬들아 내게 들으라
먼 곳 백성들아 귀를 기울이라
여호와께서 태에서부터 나를 부르셨고
내 어머니의 복중에서부터 내 이름을 기억하셨으며

이제 여호와께서 말씀하시나니
 그는 태에서부터 나를 그의 종으로 지으신이시요
야곱을 그에게로 돌아오게 하시는 이시니
 이스라엘이 그에게로 모이는도다

그가 이르시되
 "네가 나의 종이 되어
 야곱의 지파들을 일으키며
 이스라엘 중에 보전된 자를 돌아오게 할 것은 매우 쉬운 일이라
 내가 또 너를 이방[70인역: ἐθνῶν에트논]의 빛으로 삼어
 나의 구원을 베풀어서 땅끝까지 이르게 하리라."
 (사 49:1, 5-6, 이탤릭체는 저자 첨가)

우리는 바울이 이 특정 본문들을 무작위로 언급하지 않았다고 확신할 수 있다; 그는 예레미야와 이사야라는 인물에게서 복음을 나라들/이방에 전하는 자신의 사도적 소명의 예표를 발견한 것이다.

이것이 바울이 태어나기 전에 하나님께서 그를 택정하신(롬 1:1참조) 목적이다. 그런데 바울은 한참 후 자신이 "(하나님의) 은혜로 부름 받기"(15절; 하나님의 "부르심"에 대하여는 1:6에 대한 주석을 보라.) 전까지는 이 사실을 알지 못하였다. 1:3-4에 대한 논의에서 확인한 대로, 하나님의 "은혜"는 하나님의 강력하고 값없는 사랑으로서, 이것은 이 악한 세대의 파괴적인 지배의 덫에 걸린 사람들을 구원하는 데까지 미친다. 바울은 오직 은혜로 말미암아 이전에 교회의 박해자였던 자신이 하나님의 부르심과 인정을 받고, 이방인을 위한 중요한 사도적 사명을 맡게 된 것임을 알고 있다(고전 15:8-10a 참조).

이 사명은 16절의 주요 강조점이다. 16a절은 두 가지 해석이 가능하다. 하

나는 바울이 계시를 *받았음*을 강조하는 것이고, 다른 하나는 바울이 계시를 *선포한 것*을 강조하는 것이다. 이 문장을 사도행전 기사의 시각에서 읽는, 많은 해석자들이 NRSV에서처럼 번역한다: "그의 아들을 나*에게* 나타내시기로(to reveal his son to me)" 하나님께서 택하셨다. 그래서 바울은 자신이 하나님의 아들에 대한 계시를 받은 다메섹 도상 이야기 같은 체험을 언급하려고 한다는 것이다. 이것은 가능한 해석이고, 12절과도 일치한다(고전 9:1; 15:8을 보라). 그러나 여기서 그리스어 본문은 **ἐν ἐμοί**엔 에모이로 되어 있는데, 이것을 보다 자연스럽게 번역한 것은 NIV의 것인데, NRSV의 각주에서도 볼 수 있다: 하나님께서 "그의 아들을 내 *안에* 나타내시기로(to reveal his Son in me)" 선택하셨다. 따라서 그 전치사구는 기능상 조격(instrumental)으로 보아야 한다: 바울은 하나님께서 자신의 아들을 바울 자신의 인격 안에 그리고 인격을 통해 나타내시는 것이 하나님의 목적이라고 말하고 있다. ("내 *안에*"라는 문구는, 바울이 계시 사건을 자신의 마음에서 일어난 사건으로 본 것처럼 해석하는, "기독교적 체험의 내적 실재"를 나타내는 말이 아니다.[11] 이러한 종류의 자기성찰적 개인주의는 바울의 사상 체계에는 맞지 않는다. 그는 자신을 통하여 이방인들에게 복음이 역동적으로 뻗어가는 것을 기술하고 있는 것이다.) 이런 말은 과장된 주장처럼 들릴 수도 있지만, 자신의 정체성과 사역에 대한 바울의 개념과 일치한다. 그는 이렇게 말한다, "이제는 내가 사는 것이 아니요, 오직 내 안에서 그리스도께서 사는 것이라"(갈 2:20). 그는 자신의 독자들에게 자신이 그리스도를 닮는 것처럼 자신을 닮으라고 촉구한다(고전 11:1). 심지어 그는 주의 영광을 보는 모든 사람은 하나님의 형상으로 변화된다고 말한다(고후 3:18). 이런 확신에 비추어 볼 때, 바울이 이방인들에게 효과적으로 그리스도를 전하기 위하여 자신 *안에* 그리스도를 나타내신 것이 하나님의 목적이라고 16절에서 단언하는 것은 놀라운 일이 아니다.

어떤 해석을 따르더라도 하나님께서 아들을 나타내시는 것은[12] 변혁적인

---

11) Longenecker, *Galatians*, 32.

12) 이것은 갈라디아서에서 그리스도를 하나님의 아들로 말하는 첫 번째 언급이다. 이 칭호에 대한 더 많은 논의에 대하여는 2:20과 4:4-7의 주석을 보라.

묵시적 사건이다. 동사 "계시하다"(ἀποκαλύπτω아포칼립토)는 바울의 인생을 조상들의 전통에 대한 열정으로 사는 삶에서 이방인들에게 그리스도의 "복음을 전하는"(8-9절과 11절에 사용된 것과 같은 동사) 삶으로 바꾸어 놓은 그리스도의 현현을 나타낸다. 우리는 바울이 그리스도를 믿게 되었던 첫 번째 경험과 나중에 사도로서의 소명의 경험을 구별해서는 안 된다. 그 둘은 하나이며 동일하다. 하나님의 은혜의 부르심은, 바울 자신의 설명을 따르자면, 바로 이방 세계를 위한 사도가 되라는 부르심이었다. 이것은 단순히 바울 자신의 영적 여정에서만 중요한 사건이 아니다; 그는 그것을 복음을 확산시키려는 하나님의 우주적 계획을 펼치는 결정적 계기로 설명한다.

그러나 15-16b절에서 신학적으로 중요한 모든 요소들은 이 문장의 종속절에 들어 있지만, 바울의 주된 확신은 16c-17절의 주절에 들어있다: "(내가 부르심을 받은 후에) 내가 곧 혈육과 의논하지 아니하고 또 나보다 먼저 사도 된 자들을 만나려고 예루살렘으로 가지 아니하고 아라비아로 갔다가 다시 다메섹으로 돌아갔노라." 우리는 여기서 바울이 또 한 번 11-12절에서 진술한 주장을 뒷받침하는 증거를 제시하는 것을 보게 된다. 즉 자신의 복음은 그 어떠한 인간적 원천으로부터도 독립되어 있다는 것이다. 이것은 그가 자신의 사도로서의 소명 이후에 그 누구에게도 – 특히 예루살렘 사도들에게 – 의논하지 않았다는 사실로 인하여 입증된다. 오히려 그는 "바로" 아라비아로 갔다. 16c절에 있는 동사는(προσανεθέμην프로사네테멘) NIV에서 "상의하다"로 바르게 번역되었다; J. D. G. 던은 그 의미는 아마도 "전문적이거나 권위 있는 해석을 얻기 위해서 의논하다"[13]로 설명할 수 있을 것으로 본다. 그것이 바로 바울 자신이 하지 *않았다*고 주장하는 것이다. 그는 "혈육"(우리말 "혈육"은 피붙이 혹은 친척을 가리키는 관용어인데, 여기에서 말하는 혈육은 사람을 가리키는 관용어이다. 그리스어의 순서도 "피와 살"이아니라, "살과 피"이다. - 역자주)과 의논하지 않았다(NRSV와 NIV는 여기서 모두 바울의 구체적인 말을 재사용하기보다는 풀어서 설명한다). 바울은 예루살렘 사도들이 실제로 합법적 사도들인지에 대해

13) Dunn, *The Epistle to the Galatians*, 67.

서는 논하지 않는다; 사실상 그는 그들이 자기보다 먼저 현장에서 복음을 전한 사람들이라는 것을 인정한다(고전 15:5-9 참조). 그러나 바울의 강조점은 자신이 그들로부터 믿음에 대해서 가르침을 받으려고 하지 않았다는 것이다; 즉 자신은 하나님으로부터 직접적으로 소명을 받았다는 것이며, 그래서 자신은 자신의 길을 간다는 것이다. 바울은 자신을, J. L. 마틴의 표현대로 "외로운 늑대 사도"(lone-wolf apostle)[14]로 묘사한다.

그렇다면 바울은 왜 아라비아로 갔으며, 거기서 뭘 한 것인가? 17절의 간략한 묘사는 이 물음에 대하여 우리에게 답을 주지 않는다. 대부분의 주석가들은 바울이 복음을 전하기 위해, 다메섹 남쪽과 동쪽의 나바테아 왕국 도시들로 갔으리라고 본다.[15] 이러한 추측은 고후 11:32-33에서 바울이 지나가듯이 회상하는 내용을 통해 뒷받침된다. 바울은 이때 다메섹에서 나바테아 아레다 4세 왕(8BCE-40CE)의 고관에게 어려운 순간을 겪었다. 확실히 복음을 전하러 가는 것은 15-16절에서 묘사하고 있는 부르심 이후에 이어지는 것이 자연스럽다. 그러나 문제는 바울의 나바테아 선교에 대한 현존하는 전승이 없다는 것이다. N.T.라이트는 바울이 아라비아를 단 한 번 다른 곳에서 언급하면서, 그것을 시내산 지역으로 본다는(갈 4:25) 사실에 근거해서 다른 제안을 한다. 라이트는 이미 열심 있는 엘리야와 자신을 동일시한 바울이, 엘리야의 발자취를 따라서 호렙산(=시내산; 왕상19:1-18을 보라)이 있는 광야로 가서, 거기에서 하나님을 찾고 선지자로서의 새로운 사명을 받게 된 것이라고 추측한다.[16] 이 흥미로운 제안은 바울이 다른 곳에서 명백히 그 자신의 사역을 엘리야의 사역과 결부시켰다는 사실(롬 11:1-6)로 강화될 뿐만 아니라, 엘리야가 그랬던 것과 똑같이(왕상 19:15), 자신의 수수께끼 같은 아라비아 체류를 다메섹으로 되돌아오는 것으로 마친다는 사실에 의해서도 강화된다. 그러나 이 주장들 중 그 어느 것도 바울의 곧 이어 나오는 주장과 들어맞지 않으며, 17절에서는 더 이상 그것에 대하여 아무것도 말하지 않는다.

---

14) Martyn, *Galatians*, 170.

15) Betz, *Galatians*, 73-74와 인용하고 있는 문헌들을 보라.

16) N. T. Wright, "Paul, Arabia, and Galatians," *JBL* 115 (1996)

1:18-20 그 후 삼 년 만에(아마도 다메섹에 되돌아간 이후가 아니라 부르심을 받은 후에) 바울은 예루살렘으로 갔다. 18-24절의 조심스런 논의는 뭔가를 수습하기 위한 예행연습과 매우 흡사하다. 바울은 자신이 예루살렘에서 시간을 보냈다는 사실에 대하여 부인할 수는 없지만–그러나 그는 이것을 말하고 싶어 하지 않았다–그는 잠깐 머물렀고 예루살렘 교회의 한정된 몇 사람만 접촉했다는 것을 강조하려고 한다. 그는 게바(=베드로; 2:7-8; 요 1:42을 보라)와 2주간을 보냈으며, 주님의 형제인 야고보 외에 다른 사도들은 만나지 않았다.

이 예수님의 형제 야고보(막 6:3)는 세베대의 아들 야고보와 다른 사람이며, 알패오의 아들 야고보와도 다른 사람이다. 이 두 야고보는 예수님의 열두 제자들의 명단에 나온다(예를 들어, 막 3:17-18). 야고보가 예수님이 십자가에 달리시기 전에 예수님을 따랐다는 증거는 없으나, 야고보는 예수님의 부활의 증인이 되었고(고전 15:7), 결국은 초기 예루살렘 교회에서 권위자의 역할을 한 것으로 보인다(행 15:13-21; 21:18; 갈 2:9, 12 참조).

감질나는 바울의 이야기는 그가 베드로 및 야고보와 어떤 논의를 했는지 알고 싶어 하는 우리의 호기심을 채워주지 못한다. 베드로가 바울에게 예수님에 대해 구체적으로 가르쳤을 것이 분명하고, 그래서 이 방문이 예수님의 삶과 교훈에 대해 바울이 알고 있는 것의 기초가 되었을 것이라는 의견이 종종 제기되기도 한다. 그러나 실은 바울은 그런 추론을 모두 적극적으로 부정하는 것 같고, 바울의 편지들에 그러한 전승에 대한 특별한 언급이 드물다는 것은 바울이 그것을 부정한다는 것을 확증하는 것으로 보인다.[17] 바울은 베드로와의 대화 내용을 전혀 말하지 않고 오히려 그 방문을 우연한 만남이라고 할 뿐 아니라, 자신은 함께 모인 기독교 공동체와 공적 접촉을 전혀 하지 않았다는 것을(이것은 행 9:26-30에 나온 설명과는 대조적이다) 강조한다. 그러나 이것은 너무 개연성이 떨어지는 것이라서, 바울은 자기가 거짓말을 하고 있지 않다고 단호한 맹세로 자기 말을 뒷받침해야 한다는 압박감을 느끼고 있

---

17) 예수 전승에 대한 흔치 않은 바울의 직접적 언급에 대해서는, 고전 7:10-11; 11:23-26; 그리고 아마 살전 4:15-17을 보라. 이 문제 전반에 대해서는, V. P. Furnish, *Jesus According to Paul* (Cambridge: Cambridge University Press, 1993)을 보라.

다(20절). 이것은 바울이 어떤 혐의점들에 대하여 대답하고 있는 것이며 단지 자기 자신의 이야기를 하는 것은 아니라는 가장 명백한 표지이다. 갈라디아에서 선교사들은 틀림없이 바울이 예루살렘 교회에서 배우고 또 임명을 받았다고 주장했을 것이다. 바울은 이런 소문을 단호하게 부인한다.

1:21-24 바울은 이 두 주간의 방문 후에 "수리아와 길리기아 지방"으로 갔다. 이 지역들은 각각 안디옥과(한동안 바울의 선교 기점, 행 13-14장) 다소가(바울의 고향, 행 9:11; 21:39) 속한 지역이었다. 바울은 22-24절에서 보는 것처럼, 다시 한 번 자신과 예루살렘 간의 거리를 강조하기 위하여 자신의 활동 영역을 거론하는 것이다. 예루살렘을 포함하는 유대 교회는 여전히 바울에게 눈길도 주지 않고 있었다. 이것은 다시 한 번 바울의 사도적 사명이 그들의 권위로부터 독립적이라는 것을 증명한다.

여기에서 특히 흥미로운 점은 이 기간 동안에 유대의 교회들이 자신에 대해 뭐라고 말했는지에 대한 바울의 설명이다. 그는 유대의 교회들이 열정적으로 바울의 가르침을 인정했다고 보고한다. 왜냐하면, 그가 "전에 멸하려던 그 믿음을 전하고(εὐαγγελίζεται 유앙겔리제타이)"있기 때문이었다. 실제로 그들은 바울의 사역으로 인해서 하나님께 영광을 돌렸다(24절). 그렇게 바울은 자신의 사명과 예루살렘 공동체 사이에 독립성과 조화가 있던 초기 시기를 되돌아본다. 이 단계에서는 율법에 대한 어떠한 논쟁도 없었고, 바울의 복음이 그 어떤 의미에서든 결함이 있다는 암시도 없다. 유대의 교회들은 바울이 그들이 공유하는 동일한 "믿음"을 전하는 것으로 이해했다. 이 모든 것이 중요하다. 왜냐하면, 그것은 최근의 모든 논란과 갈등이 선교사들이 주장하는 것처럼 바울의 가르침이 변했기 때문이 아니라, 오히려 그것은 유대와 예루살렘 교회들의 마음이 변해서 이방인들에게 할례를 받고 율법을 준수하라는 새로운 압력을 행사했기 때문이라는 뜻이다(2:12 참조).[18]

---

18) 이 모든 문제에 대하여는, Fredriksen, "Judaism, the Circumcision of Gentiles, and Apocalyptic Hope"; R. Jewett, "The Agitators and the Galatian Congregation," *NTS* 17 (1970-71) 198-212을 보라.

23절의 "그 믿음을 전한다"는 표현은 또한 "그 믿음"이 바울에게서는 "복음"과 동일한 말로 기능할 수 있다는 것을 보여준다. "그 믿음"은 단지 마음의 내적 태도의 문제가 아니다; 그것은 갈 1:3-4이나 고전 15:3-5과 같은 곳에서 케리그마식의 문장으로 요약된 것처럼, 기독교의 가르침의 실질적인 내용을 암시한다. 이러한 관찰은 나중에 이 편지에서 "믿음"(πίστις피스티스)에 대한 다른 언급들을 해석하는 데 있어서 중요한 것으로 드러날 것이다.

신학적 묵상

1. 갈 1:11-24 단락은 전승과 계시 사이의 관계에 대한 심각한 문제를 야기시킨다. 바울은 자신의 복음을 인간 권위자들에게서 온 모든 종교적 전승과 대비시킨다. 이것은 우리 시대에 복음을 전하는 사람들에게 두 가지 긴급한 문제들을 제기한다. 첫째로, 기독교의 가르침은 하나의 전승으로 형식화될 수 있는가, 아니면 복음에는 고정된 전승의 형식을 거부하는 무엇인가가 있는 것인가? 만약 후자가 맞다면, 한 공동체가 복음의 기초 위에 자신들의 삶을 세워가는 것은 가능한가? 둘째로, 말씀의 선포자는 바울이 스스로 주장했던 것과 같은 종류의 직접적 권위를 계속 주장해야만 하는 것인가? 그렇게 된다면, 그들은 자신의 가르침의 근거를 자신의 개인적인 경험에 의존하게 되는 위험에 빠지게 되는 것은 아닌가?

교회는 역사적으로 바울이 부활하신 예수님의 증인이라는 주장을 받아들였다. 이는 바울을 이후에 그리스도의 임재를 경험한 다른 그리스도인들과 차별화하는 것이었다. 따라서 자신이 이방인을 위한 특별한 사도라고 하는 바울의 주장은 교회에서 인정되었고, 그가 남긴 얼마 안 되는 저술은 기독교 신앙과 실천을 위한 권위 있는 지침으로 수집되고 또 정경이 되었다. 그러나 이러한 발전 과정에는 역설적인 것이 있다. 외로운 늑대 같은 사도 바울의 가르침을 모든 교회가 전수하거나 인정한 것은 아니지만, 바울은 구속력 있는 교회 전통의 원천이 된다! 물론 바울은 이러한 발전을 고무시켰다; 그는 자신의 교회들에게 자신이 그들에게 가르쳐준 전통들을 지키도록 권고하고(고전

11:2), 그들이 그렇게 하지 못했을 때는 그들을 꾸짖었다. 목회서신들에서 우리는 바울계열 교회에서 전통에 대한 이러한 개념이 나중에 더 완전하게 발전한 것을 보게 된다. 갈라디아서에서조차도 바울은 독자들이 자신에게서 받은 복음의 틀을 굳게 붙잡기를 강력히 희망했다(갈 1:8-9). 따라서 바울의 편지들은 복음이 공동체의 고백적 동의를 명령하는 고정적 형식으로 표현될 수 있다는 충분한 증거가 된다.

따라서 바울은 각 사람이 개인적으로 하나님으로부터 말씀을 듣고, 사실상 사사롭게 종교를 만들어내는 자유로운 형식의 영성을 옹호하는 사람이 아니라는 것을 분명히 해야 한다. 바울은 면접관들에게 자신의 종교가 "쉴라주의"(Sheilaism)[19]라고 말한 쉴라 라슨(Sheila Larson)의 이야기를 들으면 깜짝 놀랐을 것이다. 그는 분명히 자신의 말씀을 "바울주의"라고 생각하지 않았다. 반대로 그의 사역은 오직 *그가* 전하는 말씀이 우주를 만드시고 예수 그리스도의 죽음과 부활을 통하여 타락한 인류를 구원하시기로 선택하신 하나님이 자신에게 주신 것이라는 것이 참으로 진실일 때만 의미가 있다. 그것은 바울이 부름을 받았을 때 위임받은 단 하나의 묵시적인 말씀인데, 그 말씀은 매우 분명하고 강렬해서 자기보다 앞서 사도가 된 사람들의 확증을 받을 필요가 없는 것이었다.

그러므로 이 단락을 이미 견고하게 형성된 전통에 반대하는 개인의 양심이나 사적 종교 경험의 신성함을 증명하는 본문으로 취급하는 것은 이 단락을 오용하는 것이다. "권위를 의심하라"고 적힌 범퍼 스티커의 문구는 바울의 입장을 대변해주지 않는다. 갈 1:11-24에 있는 이분법은 개인과 전통에 대한 것이 아니라, *하나님의* 복음과 *인간의* 전통에 대한 것이다. 진정한 권위는 묵시적 복음의 말씀을 표현하는 가르침에 있는 것이다. 물론 바울은 이 말씀에는 이 세대의 안정된 구조를 불안정하는 만드는 것이 있다는 것을 믿고 있었다. 왜냐하면, 이 말씀은 공동체에게 종말론적 복음의 진리에 비추어 그 삶을 평가하라고 끊임없이 요구하기 때문이다. 모든 실천과 모든 제도는

---

19) R. N. Bellah, et al., *Habits of the Heart: Individualism and Commitment in American Life* (Berkeley: University of California Press, 1985) 220-21, 235.

그리스도 안에 있는 자유와 일치의 종말론적 전망과 연관하여 판단하여야 한다(예. 갈 3:28을 보라). 교회 안에 안정적인 공동체를 구축하는 게 쉽지 않다. 갈라디아 교회가 선교사들의 교훈에 솔깃했던 이유 중 하나는 그 교훈이 고정적인 규칙과 체계를 통해 확실한 안정감을 주기 때문인 것이다. 이런 쟁점들은 편지 후반부에서 더 구체적으로 다루어질 것이다. 그러나 처음부터 다음의 사실을 인지하는 것은 매우 중요하다. 즉 바울이 선교사들의 교훈을 반대하는 것은 바울이 바로 그 교훈이 복음을 길들여진 인간의 전통으로 바꾸어서, 교회를 우리가 그 규칙을 열심히 지키면 "진보"할 수도 있는 또 다른 문화 공동체로 만드는 것이라고 보기 때문이다. 그는 복음은 완전히 다른 그 무엇이라고 주장한다: 그것은 우리의 종교 문화 바깥으로부터 우리에게 침입해서 모든 것을 바꾸어 놓는 하나님의 말씀이라는 것이다.

그렇다면 두 번째 질문은 어떤가? 어떤 전통의 도움도 받지 않고, 하나님의 계시를 직접 받았다고 주장하는 사람을 어떻게 생각해야 할까? 기독교 설교자들이 계시에 접근할 특권이 있다고 주장할 수 있을까? 그 대답은 예이기도 하고 아니오이기도 하다. 아닌 경우를 먼저 보자. 우리는 바울처럼 부활의 증인의 본래 명단에 포함된다고 말할 수가 없다(고전 15:3-8; 바울은 "맨 나중에" 자신에게 부활하신 그리스도가 나타나셨음을 기술한다는 것을 주목하라). 그리스도의 죽음과 부활이라는 묵시적 사건 가까이에 있던 바울은 이 놀라운 소식을 듣고 이방인들에게 가라는 특별한 사명을 받았다. 그리하여 그는 이스라엘의 하나님이 이제 온 세계의 구원을 위하여 일하신다는 것을 선포하게 되었다. 그런 의미에서 바울의 입장은 특별한 것이며, 복음을 전하는 우리의 부르심은 그와 비슷하지만 동일하지는 않다; 그러나 한편으로 그 유사성은 사실이다; 우리는 하나님께서 이 세대의 능력을 무너뜨리셨다는 것과(갈 1:4) 하나님의 아들 예수 그리스도의 이야기가 하나님의 창조 목적의 계시라는 것을 계속하여 믿고 또 선포한다. 그래서 우리는 바울의 계시 경험을 복제하는 것이 아니라, 그가 선포한 것과 동일한 계시의 관점에서 계속하여 세계를 보는 것이다. 그 차이는 결정적이다. 계속적인 계시 경험을 갈망하는 사람들은 쉽사리 환상과 자기기만에 빠져들었지만, 일회적인 예수 그리스도의 계시에 지속적으로 집중했던 사람들은 하나님의 새 창조에서와 마찬가지로(갈 6:15) 현실에 대한 진정한 전망을 얻었다.

2. 열심과 박해 사이의 관계는 이 단락에서 심사숙고할 가치가 있는 또 다른 주제이다. 종교적 확신과 열정은 추한 일면을 가질 수 있다. 바울은 자신이 과거에 슬프게도 조상의 전승에 대한 열심에 근거하여 폭력 행위를 용인하고 행사했던 사실을 인정한다(다음을 보라. 고전 15:9; 빌 3:6; 딤전 1:12-16; 롬 10:1-3 참조). 이 사실을 설교하는 사람들은 두 가지 사안에 초점을 맞추려 할 것이다.

무엇보다도 열심과 박해 사이의 연관성은 유대교에만 있는 일은 아니다. 가끔 유대교가 타고난 폭력의 종교이며 기독교는 이 문제에 대하여 태생적으로 면역력을 가졌다고 하는 말을 듣는다.[20] 역사의 적나라한 사실은 이러한 왜곡을 인정하지 않는다. 기독교인들은 종교재판과 반대자들을 박해한 비극적이고 피비린내 나는 역사를 가지고 있다. 유대인들에 대해서는 유독 더 그렇다. 그래서 우리는 바울의 그 충동적이었던 박해의 원인으로 "유대교"를 지목하지 않도록 주의해야 한다. 세 유일신 종교(유대교, 기독교, 이슬람교)는 모두 박해와 폭력을 일으키는 경향을 보여 왔다. 그 이유를 이해하는 것은 어렵지 않다; 유일신의 거룩함을 진지하게 생각하는 사람들은 불경하게도 그 신을 부정하거나 계시된 그 신의 율법을 위반하는 사람들에게 관용을 베풀기가 어렵다. 물론 이런 거대한 전통들은 박해의 충동을 억제하고 인간성과 자비를 향유하기 위한 자체의 신학적 견제와 균형도 갖고 있다. 설교자들에게 긴급한 과제는 진리를 보호하는 칭송받을 만한 열망이 폭력의 씨앗을 품을 수 있다는 것을 경고하고, 또한 그러한 열망이 더 깊은 전통의 지혜를 따라 어떻게 절제되어야 하는지를 보여주는 것이다.

---

20) 예를 들어, R. Hamerton-Kelly, *Sacred Violence: Paul's Hermeneutic of the Cross* (Minneapolis: Fortress, 1992). Hamerton-Kelly에 대한 비판으로서는, D. Boyarin, *A Radical Jew: Paul and the Politics of Identity* (Berkeley: University of California Press, 1994) 214-19를 보라.

기독교 복음의 경우에는, 십자가가 폭력의 정당화를 좌절시키는 핵심적인 상징이다. 반대자들과 적대자들을 다루는 하나님의 방법은 그들을 쳐부수는 것이 아니라 그들을 위해서 죽으신 하나님의 아들을 전해주는 것이다. 그래서 바울이 부름을 받았을 때, 그는 방향을 바꾸어 복음을 믿지 못하는 유대인들에 대한 박해를 시작하지 않았다; 예수 그리스도의 모범을 따라서 바울은 박해하는 사람이 아니라 박해받는 사람이 된 것이다(갈 5:11; 6:17). 그리하여 두 번째로 초점을 맞추어야 할 일은 바울 자신의 개인사가 그리스도인들로 하여금 열성적인 박해로부터 멀어지도록 할 수 있는 하나의 모범을 제공한다는 것이다. 바울의 이야기는 복음이 우리에게 하나님의 의의 도구로서의 폭력을 포기하도록 부르는 방식의 본보기이다. 우리의 책임은 하나님의 적수들을 제거하는 데 있지 않고, 세상에 하나님의 화해시키시는 능력을 알리는 데 있다(고후 5:17-20을 보라).

3. 이것이 이 본문에 대한 묵상으로부터 도출되는 마지막 주요 주제를 이끌어낸다: 하나님의 놀라운 부르심에 있는 변화시키는 능력이 그것이다. 바울은 박해자에서 사도로 변화되었으며 유대의 교회들로 하여금 놀라서 하나님께 영광을 돌리게 하였다. 바울은 이 이야기를, 어떻게 자신의 죄가 용서받았고, 자신의 필요가 채워졌는지가 중요한 일이라는 듯이, "예수께서 나를 위해 하신 것"이라는 제목의 간증처럼 말하지 않는다. 오히려 이 단락은 예수 그리스도의 계시가 어떻게 바울의 세계를 전복시켰고, 그를 전에는 "약속의 언약에 대하여 외인들이요 세상에서 소망이 없고 하나님도 없는 자"(엡 2:12)였던 사람들에게까지 다가가는, 하나님의 은혜의 도구가 되었는지에 대한 간증이다.

만약에 우리가 바울의 증언을 정당하게 다룬다면, 이 단락에 대한 우리의 설교는 내적이고 개인적인 회심 경험을 강조해서는 안 된다; 오히려 우리를 사로잡으시고 우리가 결코 생각할 수도 없었던 일을 할 수 있도록 힘을 주시는 하나님의 행동을 강조해야 한다.

C. 갈라디아서 2:1-10
바울, 예루살렘 지도자들을 만나다

주석

바울은 다음으로 예루살렘 교회 지도자들과가진 대표자 회의에 대해 간략하게 설명한다. 이 설명은 1:11-12에서 주장한 것을 계속해서 변호한다: 바울은 계시를 통해 복음을 받았지, 어떤 사람을 통해 받은 것이 아니다. 그래서 자신이 예루살렘 지도자들과 친교를 나눈 것에 대해 말하면서도, 바울은 그들의 지휘감독을 받지 않는다고 조심스럽게 주장한다. 이것은 미묘한 수사학적 정치적 균형을 잡는 행위이다; 바울은 예루살렘 사도들에게 과도한 권위를 부여하지 않으면서 예루살렘 사도들의(그들은 사실 바울의 이방인 선교의 가치를 이미 인식하고 있었다) 지지를 받고 있다고 주장하고 싶어 한다. 이 두 가지 정치적 의제는 갈 2:1-10 말씀을 그 미묘한 차이가 신중히 고려되어야 하는 복잡한 단락으로 만든다.

바울의 논증 전략을 따라잡기 위해서 우리는 두 가지 요점을 분명하게 염두에 두어야 한다.

(1) 여기에서 설명하는 논쟁에 연루된 당사자는 둘이 아닌 셋이다. 안디옥 교회 대표로서 바울과 바나바, 예루살렘 교회의 "기둥"같은 사도들, 그리고 "거짓 형제들"(즉 예루살렘 교회 안에서 이방인 개종자들에게 할례를 요구하는 무리들)[21] 바울은 이 마지막 그룹을 갈등의 요인으로 묘사하고 있으며, 바울은 그들이 앞에 말한 두 집단의 합의를 지지하지 않는 것으로 분명하게 묘사한다.

(2) 이 전체 이야기는 현재 갈라디아에서 일어나고 있는 갈등을 미리 보여준다. 그리고 이 논쟁에 대한 바울의 설명은 갈라디아 교회에서 벌어진 할례에 대한 논쟁에 적합하게 구성한 것이다. 이 거짓 형제들과 갈라디아에 들

---

21) Betz, *Galatians*, 81-83.

어온 선교사들 사이에 어떤 직접적인 연계가 존재할 가능성은 있다: 그 여부와 상관없이, 바울은 유사점을 분명하게 드러내는 방식으로 이야기 한다.

여기까지는 분명하다. 그러나 2:1-10은 우리에게 대답할 수 없는 많은 질문들을 남긴다. 이 단락의 일부는 이해하기가 어려운데,, 바울이 너무 화가 나서 불안정하고 완전하지 않은 문장들을 썼기 때문이다. 실제로 바울이 편지를 쓰면서 화가 나서 씩씩거리는 소리가 들리는 것 같다. 엉망이 된 그의 구문은 휘몰아치던 논란의 여운이 남아 있는 강한 격정을 반영하고 있다. 이 단락을 해석하려면 구문적으로 빈 곳을 어느 정도 채워야 하고, 여기에서 간략하게만 암시하고 있는 사건들의 불명확한 순서에 대한 가설도 세워야 한다.

예루살렘 회의에 대한 바울의 설명과 사도행전의 이야기를 조율하는 것이 더 어려운 문제다. 이 회의는 자신의 회심 후 두 번째 예루살렘 방문 때 했던 것이라고 바울이 진지하게 맹세하기 때문에, 일부 비평가들은 갈 2:1-10은 행 11:27-30의 "기근 구제를 위한 방문"과 연관시키는 시도를 하고, 그럼으로써 누가 기사의 역사적 정확성을 지켜내려고 한다.[22]

그러나 증거를 보다 자연스럽게 읽어보면 갈 2:1-10은 사도행전 15장에 나오는 누가의 사도회의 이야기와 일치한다.[23] 본 주석은 갈 2:1-10에 기록된 회의는 사도행전 15장에 기록된 것과 같은 회의라고 본다. 물론 이 두 설명 사이에는 불일치가 존재한다. 그러나, 이것은 놀라운 일이 아니다. 왜냐하면 바울은 직접적인 설명을 하는 반면, 누가는 이전 시대의 전승 자료들을 조합하고 있기 때문이다. 여기에는 확실히 변증적인 목적이 개입된다. 이 문제에 대한 자세한 설명에 관심 있는 독자들은 표준적인 비평적 주석들과 신약 개론들을 참고하면 된다.

---

22) Longenecker, *Galatians*, lxxiii- lxxxiii가 이 견해를 지지한다.

23) 이 견해에 대한 옹호에 대하여는, C. C. Hill. *Hellenists and Hebrews: Reappraising Division in the Earliest Church* (Philadelphia: Fortress, 1991) 103-47; M. Silva, *Exploration in Evangelical Method: Galatians as a Test Case* (Grand Rapids: Eerdmans, 1996) 129-39.

2:1-2 바울이 계속해서 회고하는 이야기를 하고 있다는 것은 3번 등장하는 부사 ἔπειτα에페이타("then"1절; 1:18, 21)를 통해 알 수 있다. 1절에서 언급한 14년간의 간격이 바울의 회심과 예루살렘 첫 방문 사이의 3년 기간을(1:18) 포함하는지 아니면 그 후의 기간을 가리키는 것인지 확정하는 것은 불가능하다. 바울이 주장하는 요점은 이 긴 기간 동안 자신은 예루살렘과의 그 어떤 직접적인 접촉도 갖지 않았다는 것이다; 아마도 그는 안디옥 교회를 근거지로 삼아 사역하면서(행 13-14장 참조), 시리아와 길리기아의 이방인들에게 그리고 소아시아의 다른 곳에서 복음을 전하는 일을 하고 있었을 것이다(1:21).

그러나 이 이방인 선교 사역은 유대 기독교인들 사이에 논란을 불러일으켰고(행 15:1-5을 보라), 그래서 예루살렘 교회와 이 문제를 논의하기 위해 바울과 바나바를 예루살렘으로 파견하는 것으로 결론이 났다. 사도행전에서와는 달리 바울은 명확하게 자신과 바나바가 안디옥 교회의 대표로 갔다는 말을 하지 않는다; 자신이 후에 안디옥 공동체와 사이가 나빠진 것 때문에(2:11-14), 바울은 이 사실을 이야기하지 않았을 가능성이 있다. 현재의 이야기는 계시의 인도하심을 따라 바울이 어디에도 얽매이지 않은 사도로 활동했다는 인상을 주기 위해 고안된 것이며(2절), 예루살렘 회의에 참석한 바나바의 역할은 바울의 이야기 속에서 최소화되고 있다. 그렇지만 바울과 바나바가 실은 안디옥 교회의 파송을 받았다고 생각할 만한 이유는 충분히 있다. 1절은 행 15:1-2절과 상당히 일치하며, 바리새파 유대 기독교인들이 반대했다는 누가의 보도는 바울이 말한 "거짓 형제들"과 잘 부합한다; 그들은 이렇게 말하였다. "이방인에게 할례를 행하고 모세의 율법을 지키라 명하는 것이 마땅하다"(행 15:5).

안디옥에서 예루살렘으로 보낸 대표단의 구성이 의미심장하다. 유능한 유대 기독교인인 바나바는 이방인 선교에서 바울과 긴밀히 협조하여 사역했다(다음을 보라, 행 13-14장; 고전 9:6; 골 4:10). 누가의 설명에 따르면 그는 "레위인으로서 구브로에서 태어나" 예루살렘 교회 초창기의 지도적 인물이 되었다(행 4:36-37). 누가는 또한 바나바를 바울의 초기 지지자이자 조언자로서 바울이 소명을 경험한 직후에 예루살렘 교회의 두려워하고 의심하는 구성원들에게 그를 소개하고 그를 위해 중재한 사람으로 그려냈다(행 9:26-27). 바울은 자기 생애 중 이 기간 동안에 예루살렘 가까운 그 어떤 곳에라도 간 것을 극구 부인하고 있기 때문에(갈 1:17-24), 바나바에 대해서 이렇게 전기처럼 세부적으로 묘사한 것의 정확성은 의심스럽다. 행 11:19-26에 따르면 바나바는 또한 예루살렘 교회가 안디옥 교회에 사절로서 파견하였는데, 그는 안디옥에서 이방인 사역의 시작을 목격하고 진심으로 인정하였을 뿐 아니라 바울을 다소에서 안디옥으로 오게 하여 이 사역에 참여하게 하였다. 그래서 바나바가 예루살렘 교회와 협의하는 일에서 안디옥교회를 대표하게 된 것은 자연스런 선택이다. 그는 예루살렘 교회와 강한 개인적 결속을 가진 사람으로서 흠잡을 데 없는 태생적 자격을 가진 유대인이었다. 또한 그는 조정자의 역할을 함으로써 훨씬 거친 성격을 가졌던 바울과는 달리 자신의 이름에 부끄럽지 않게 살았다는("위로의 아들") 평판을 들었다.

한편 디도는 할례를 받지 않은 그리스 사람으로서(3절) 아마도 바울이 개종시켰던 것으로 보인다(딛 1:4 참조). 비록 사도행전에는 그가 전혀 언급되지 않았지만, 그는 고린도후서에서는 고린도로 간 바울의 사절로서 큰 역할을 하고 있다(다음을 보라. 고후 2:13; 7:6-7, 13-15; 8:6, 16-24; 12:18). 그를 예루살렘에 데리고 간 결정은(바울이 전적인 책임을 지는 결정) 의도적인 자극적 행동이었다. 할례 받지 않은 디도가 등장함으로써 예루살렘의 지도자들은 얼굴을 맞대고 시험을 치르는 상황에 처하게 된 것이다. 이방인을 대상으로 한 율법 없는 선교가 정당하다고 하는 그들의 결정은 이론적인 할라카식 문제처럼 취급될 수 없었다. 왜냐하면, 그것은 바울 선교가 맺은 열매의 증거로서 예루살렘 지도자들 앞에 선 특정한 이방인에게 즉시 영향을 줄 수 있었기 때문이었다.

예루살렘에 온 이 다문화 대표단의 영향을 마틴 루터가 적절하게 기술한 바 있다:

> 바울은 그들 두 사람[즉 바나바와 디도]과 함께 나타남으로써, 자신은 디도와 함께 이방인이 되고 바나바와 함께 유대인이 되는 자유를 가

> 졌다는 것을 명확하게 하려 했다. 따라서 그는 모든 경우에 복음의 자유를 입증할 수 있는 것이다. 즉, 할례를 받을 수도 있지만, 반드시 받을 필요는 없다는 것이다. 그리고 우리는 이런 식으로 전체 율법을 대해야 한다는 것이다.[24)]

바꾸어 말하자면, 갈 5:6과 6:15에서 요약되어 있듯이, 이 대표단의 구성 자체가 복음을 증언하고 있는 것이다. 복음은 할례가 더 이상 사회적 장벽이 되지 못하는 새로운 공동체를 만들어낸다.

바울은 이 예루살렘으로의 여행이 "계시를 따라"(κατὰ ἀποκάλυψιν카타 아포칼립신 NRSV와 NIV는 "계시에 대한 응답으로"[in response to revelation]로 번역함) 된 것이라고 선언한다. 이러한 진술은 때로 행 15:2과 모순되는 것으로 생각되곤 하는데, 여기서는 바울과 바나바를 예루살렘으로 가도록 안디옥 교회가 "임명"한 것으로 나온다. 그러나 사실 이런 진술들 사이에 긴장 같은 것은 없다. 행 13:2-3의 이야기는 유익한 유사점을 보여준다. 바울과 바나바는 안디옥 교회에서 예배 중에 공동체에 임한 성령의 예언의 말씀을 통해 선교사의 사명을 받았다. 그런 후에 이 계시는 금식, 기도, 그리고 안수 후에 그들을 파송하는 공동체의 행위를 통해 확인되었다. 바울이 "계시를 따라" 예루살렘으로 갔다고 말할 때, 그는 아마도 마음속으로도 그렇게 생각했을 것이다: 즉 안디옥에 모여서 예배하는 중에 예언의 말씀을 받았고 교회는 이를 실행하였다는 것이다(특히 행 15:3의 말씀을 주목하라. "그들이 교회의 전송을 받고"). 예를 들어 고전 14:26, 30에서 바울은 교회의 선지자가 하나님에게서 "계시"를 받는다고 말한다.[25)] 따라서 갈 2:2에 있는 "계시"에 대한 언급은 단지 바울과 다른 초기 기독교인들이 성령이 교회에서 강력하게 역사하고 있으며, 계시적인 예언 은사를 통해 계속해서 행동하고 말씀하신다고 믿었다는 것을 알려줄 뿐이다.

---

24) Martin Luther. Betz, *Galatians*, 84 n.252에서 인용함.

25) F. J. Matera, *Galatians*, Sacra Pagina 9 (Collegeville, Minn.: Liturgical Press) 72는 이러한 주장에 동의한다.

예루살렘에 도착한 바울은 자신의 복음을 자세히 설명했다. 이 사건을 설명하면서 바울은 용어를 신중하게 선택했다. 그는 자신이 이방인들 사이에서 전파했던 복음을 "그들 앞에 제시"(ἀνεθέμην 아나테멘) 했다. 이 동사는 예루살렘 지도자들이 순순히 바울의 복음을 승인해주기를 바라는 마음으로 복음을 제시했다는 뜻이 전혀 아니다. 오히려 그 동사는 바울이 자신의 복음을 그 사람들 앞에서 당당하게 설명했다는 뜻이다. 이 편지를 시작하는 장에서 이미 강조하여 말하였듯이, 바울은 자신이 전하는 말씀이 진리임을 혹은 하나님께로부터 온 것임을 의심하지 않았다.

그렇다면 그는 왜 "내가 달음질하는 것이나 달음질한 것이 헛되지 않게 하려 한다"고 말하는 것인가? 그 질문에 대한 답은 바울이 로마서 11장에서 상세히 설명한 선택의 신학에 들어 있다. 그는 이방인 선교가 이스라엘의 질투를 불러일으키고, 궁극적으로는 복음의 진리를 받아들이게 하려는 예상치 못한 하나님의 계획이라고 본다(롬 11:11-12). 바울이 이방인들에게 복음을 전하는 것은 이 계획의 필수적인 부분이었다(롬 11:13-14). 하나님의 궁극적 목적은 예수 그리스도로 말미암아 한 분 하나님을 함께 찬양하는 유대인과 이방인으로 구성된 새로운 종말론적 백성을 일으키는 것이었다(롬 15:7-13; "하나님의 이스라엘"이라는 갈 6:16의 표현을 참고하라). 그렇기 때문에 예루살렘 공동체가 이방인 선교와 그 열매에 관한 바울의 설명을 듣는 것이 하나님의 계획인 것이다. 만약 그들이 이 선교의 정당성을 거부한다면, 그것은 실로 바울의 사역을 어떤 의미에서 헛되게 할 것이다. 왜냐하면, 그들의 거절은 유대인과 이방인들이 그리스도 안에서 하나가 되도록 하는 하나님의 의도를 방해하는 것이 될 것이기 때문이다.[26] 그러나 사실상 바울은 어떠한 실패도 예상하지 않는다; 그는 복음이 이 세계에 작동하고 있는 하나님의 능력인 것을 믿을 뿐 아니라 예루살렘 교회의 지도자들이 자기 사역의 타당성을 수월하게 인정하도록 만들 것도 믿었다. 그가 복음에 대해 이야기하자, 바로 그 일이

26) 나는 다음의 주장들에 동의한다. C. B. Cousar, *Galatians*, Interpretation (Atlanta: John Knox, 1982) 39; Dunn, *The Epistle to the Galatians*, 94; Martyn, *Galatians*, 193.

일어났다.

그러나 바울은 예루살렘 교회의 모든 사람이 이 회의에 참석하지는 않았다는 점을 조심스럽게 강조한다.[27] 그는 자신의 복음을 "지도자들처럼 보이는 자들에게(those who seemed to be leaders) 사사로이" 제시했다. 이것은 이 단락에서 네 번 나오는 표현의 첫 번째 것이다: "[어떤 것으로] 보이는 자들 those who seem"(οἱ δοκοῦντες호이 도쿤테스; 그리고 6절에 두 번, 9절에 한 번). 이 단어는 예루살렘 지도자들의 권위를 나타내는 것이라고 보기에는 약간 비꼬는 듯한 느낌이 있다. 플라톤의 변명(*Apology*)에서 소크라테스는 "현명한 것 같이 보이는" 사람들을 경멸해서 무안하게 만들기 위해 같은 표현을 사용한다. 갈라디아서의 문맥에서 볼 때, 바울은 "어떻게 보이는" 혹은 "유력한"이라는 표현을 통해서, "하나님과 그리스도가 자신의 복음의 배후에 있는 유일한 권위라는 신학적 입장을 손상시키지 않고도, '유력한 사람들' 의 *사실상의* 역할을 인정한다."[28]

2:3-5 어쨌든 바울은 예루살렘 교회의 유력한 사람들에게 자신의 입장을 제시했다. 할례파 사람들의 압박에도 불구하고, 이 지도자들은 디도에게 할례를 받도록 압박하지 않았다. (이것은 디도가 자유롭게 할례받는 것을 선택했다는 뜻은 분명히 아니다; 그렇게 했으면 바울의 모든 주장이 흔들렸을 것이다. 요점은 디도가 할례를 받지 않은 채로 있었다는 것이다.)[29] 이 단순한 사실은 바울의 위치에서 보면 큰 승리였다. 왜냐하면, 그것은 예루살렘이 할례 받지 않은 이방

---

27) 이것이 공적인 합의에 대해 말하는 행 15장의 내용과 다른 점이다. 그러나 그 차이는 이해하기 어렵지 않다. 바울의 관점에서 볼 때, 정말 중요한 대화는 의심할 바 없이 예루살렘 지도자들과의 사적인 협의 가운데 진행되었을 수 있다.

28) Betz, *Galatians*, 82.

29) 디모데의 할례(행16:1-3)는 다른 문제이다. 왜냐하면 그의 어머니가 유대인이기 때문이다. 유대인의 율법을 따르면, 그는 이방인이라기보다는 유대인이었다. 그래서 최소한 사도행전을 따르더라도, 바울은 디모데가 할례를 받도록 결정했다. 이 사건은 바울이 다른 곳에서 "모든 교회에서의 나의 규칙"이라고 설명한 방침과 긴장관계에 있다. 그 방침은 할례 받았든 받지 않았든, 모든 사람은 부름 받았을 때의 모습 그대로 머물러 있어야 한다는 것이다(고전 7:17-20).

인을 교회로 받아들이는 관행과 함께, 이방인 선교를 수용했다는 것을 상징하는 것이기 때문이다.

그러나 예루살렘 지도자들이 내린 이 결정은 바울이 "거짓 형제들"(4절)이라고 부른 사람들의 강력한 압박에 직면하게 됐다. 이 사람들은 대체 누구인가? 이들이 유대 기독교인이라는 것을 언급해 두는 것이 중요하다(즉 그들은 교회에 분쟁의 씨를 뿌리려고 하는 비기독교 유대인 비밀 첩자가 아니라는 것이다). 누가의 이야기는 그 사람들이, 바울이 예전에 그랬던 것처럼(행 23:6; 빌 3:5), "바리새파 중에 어떤 믿는 사람들"이라고 설명한다(행 15:5). 그러나 바울은 그들에게 "거짓 형제들"이라는 딱지를 붙였다. 왜냐하면, 그들은 바울이 거짓이라고 여기는 복음에 집착했기 때문이다(갈 1:6-9을 보라). 그러므로 그들은 그리스도의 가족의 구성원이 될 정당한 권리가 없다는 것을 암시한다.

바울의 경멸에도 불구하고, "거짓 형제들"의 입장은 이해할 만한 것이었다. 모세의 율법이 할례에 대해 분명히 교훈하고 있었으므로 – 예수께서 결코 이 문제에 분명하게 도전하거나 반대하지 않았다 – 그들은 할례가 하나님께서 하나님의 백성에게 정해주신 언약 백성의 표시라고 믿었다. J. D. G. 던은 이들의 주장들이 요세푸스가 유대인 엘르아살의 것으로 돌리는 주장과 비슷했을 수도 있다고 제안한다. 엘르아살은 아디아베네의 왕 이자테스(Izates)를 설득하여 그가 유대교 신자가 되고 난 뒤에 할례를 받게 하려고 했다.

> 오 왕이시여, 당신은 무지함 속에서 율법에 대한 가장 큰 범죄를 저지르고 그로 인해 하나님에 대한 죄를 지었습니다. 왕께서는 율법을 읽어야 할뿐만 아니라, 그 안에 있는 명령을 행해야 합니다. 할례를 받지 않은 채로 얼마나 더 오래 계실 것입니까? 아직도 이 문제에 대하여 율법을 읽지 못하셨다면, 지금 그것을 읽으십시오. 그러면 지금 왕께서 얼마나 엄청난 불경을 저지르고 있는 것인지 깨닫게 되실 것입니다.[30]

---

30) Josephus, *Antiquities of the Jews,* 20.44-45. Dunn, *The Epistles to the Galatians*, 99-100에서 인용.

흥미롭게도 요세푸스에 있는 이 같은 단락은 엘르아살의 견해를 모든 유대인들이 반드시 같은 방식으로 받아들이는 것은 아님을 보여준다. 유대교의 관습에 대해 이자테스 왕에게 가르침을 준 상인 아나니아스는 왕이 할례를 받아들이는 것은 정치적으로 위험한 일이라고 판단하고 실제로 그렇게 하지 말도록 조언했다.[31] 바울의 시대에 유대인 사상가들이 이방인들에게 반드시 할례를 받아야 한다고 압박한 것은 아니라는 것을 보여주는 좋은 사례이다. 헬라의 회당들이 할례는 받지 않았으면서 유대교 예배 행위에 참여하는 이방인인 "하나님을 두려워하는 사람들"의 무리들에게 인기가 있었다는 것을 우리는 알고 있다. 유대교의 지배적 종말론의 희망은 이방인들이 자신들의 우상을 버리고 이스라엘의 살아계신 하나님을 경배하게 되는 것이었다. 그러나 이것이 반드시 이방인들의 유대교로의 개종과 할례를 수반해야만 하는 것은 아니었다. 파울라 프레드릭센(Paula Fredriksen)은 이러한 사고방식을 다음과 같이 설명하였다.

> "하나님께서 당신의 나라를 세우셨을 때... 두 무리가 합쳐서 '그의 백성'이 된다: 유배로부터 구원된 이스라엘과 우상으로부터 구원된 이방인이 그 둘이다. 이방인들은 이방인으로서 구원받는다: 종말론에서도 이방인들은 유대인이 되지 않는다."[32]

바울과 "거짓 형제들"의 불일치는 그래서 종말론의 문제가 될 수 있다. 종말의 때는 언제인가? 이방인 선교는 이방인들이 하나님 나라에서 온전한 지위를 부여받는 새로운 종말론적 시대의 표지인가? 아니면 대신에 옛 시대의 규례가 여전히 계속되고 그래서 하나님 백성으로서의 완전한 참여는 오직 언약의 구성원으로서 할례의 표시를 받은 사람들에게만 가능한 것인가?

디도가 할례를 받도록 "억지로 강요당하지" 않았다고 바울이 증언했을 때,

---

31) Josephus, *Antiquities of the Jews,* 20.40-41.

32) Fredriksen, "Judaism, the Circumcision of Gentiles, and Apocalyptic Hope," 547.

그는 2:14("네가 어떻게 억지로 이방인을 유대인답게 살게 하려느냐?")에 나오고 또 6:12("무릇 육체의 모양을 내려 하는 자들이 억지로 너희에게 할례를 받게 함은")에도 나오는 것과 같은 동사(ἀναγκάζω아낙카조)를 사용한다. 이 동사가 세 번 나오는데, 이를 통해서 세 가지 서로 다른 역사적 상황이 서로 연결된다: 예루살렘 회의(2:1-10), 안디옥에서의 논란(2:11-21), 그리고 갈라디아에서의 상황(6:12-13). 이 세 경우 모두를 살펴볼 때 "강요"는 어떤 폭력적 강요(말 그대로 칼을 들이대며 하는 할례)가 아니고, 오히려 주장이나 사회적 압박 등 안디옥에서 게바의 예가 보여준 것 같은 것이었다(11-14절). 바울은 한 가지 기본 갈등의 여러 현상들처럼 이 세 가지 상황을 하나의 화면에 동시에 비추었다.

이 갈등은 바울이 4-5절에서 군사적 은유를 사용한 것이 보여주듯이 심각한 분쟁이다. 바울은 "거짓 형제들"을 자유로운 시민들을 "노예로 삼기" 위해 "우리의 지체들 속에 가만히 들어온" 첩자로 그려내고 있다. 바울이 가만히 들어온 것을 이야기할 때에, 그는 예루살렘 지도자들의 회의에 대한 염탐이 아니라, 이전에 유대인과 이방인들이 섞여 있는 안디옥교회에서 그들이 했던 비밀스런 감시를 생각하였음이 틀림없다. 이것은 그들이 "그리스도 예수 안에서 우리가 가진 자유를 엿보려고 가만히 들어온" 것이라고 말함으로써 바울이 어떤 뜻으로 말을 한것인지 설명해준다. 그들은 주의 만찬을 기념하는 것을 포함해서, 유대인과 이방인이 연합해서 함께 예배 드리는 자유를 미심쩍어하며 살피고 있었던 것이다. 군사적 이미지를 사용하는 것은 우연한 것이 아니다; 바울은 실로 전쟁이 진행되어 가는 것을 보고 있었다(다음을 보라. 롬 6:12-14; 고후 10:3-6; 빌 1:27-30; 참조. 엡 6:12-20). 이 "거짓 형제들"은 적의 간첩들이고, "이 악한 세대"(갈 1:4)의 능력을 가진 게릴라들이다. 그 때문에 바울은 어떠한 타협이나 협상도 거절하였던 것이다. 전쟁터의 이미지를 사용하면서 바울은 자신과 바나바가 "잠시도 그들에게 굴복하지 아니하였다고"(문자 그대로 "한 시도 그들에게 복종하지 아니하고) 주장한다.

바울은 갈라디아서에서 처음으로 4-5절에서 자유와 노예상태라는 한 쌍의 대립항 범주를 도입한다. 이 용어들은 3:28; 4:1-11; 4:21-5:1; 5:13에서 이 편지의 주요 주제로 다시 등장할 것이다. 이 단어들이 처음 등장하면서 "자유"가 유대인과 이방인 기독교인의 완전한 결합을 말하는 것인 반면, "종으로 삼는 것"이 이방인 신자들에게 할례를 받게 하려는 시도를 가리킨다는 것은 이것이 일시적인 관심 이상의 것임을 보여준다. 물론 할례 옹호론자들은 자기들이 이방인 기독교인들을 종으로 삼으려고 한다고 생각하지 않았다; 반대로 할례는 유대인들 사이에서 육체의 정욕으로부터의 자유, 즉 하나님께서 주신 법의 확실한 명령에서 비롯된 자유로 이해되었다.

바울이 자신과 바나바가 이방인들의 할례에 반대하는 입장을 취하고 "복음의 진리가 너희 가운데 있게 하려"(NIV는 이렇게 되어 있고; NRSV에는 "항상"이라는 말이 함께 사용되었는데 그리스어 원문에는 없는 말이다) 했다고 했을 때, 그가 말한 것은 그들이 그때 특별히 갈라디아 교회에게만 그렇게 생각한다는 뜻은 아니었다. 실제로 갈라디아 교회는 예루살렘 회의가 열렸을 당시에는 설립되지 않았던 것이 거의 확실하다. 바울은 이러한 입장이 현재와 미래에 이방인 전체를 위한 복음을 보존하기 위해 반드시 필요하며, 갈라디아 교회도 그중 일부분이라고 생각한다. 여기서 다시 우리는 바울이 현재 갈라디아에서 벌어진 논쟁과 함께 과거에 있었던 그의 이야기를 서로 엮어 넣는 것을 보게 된다. "복음의 진리"는 여기서(14절에서와 마찬가지로) 율법과 문화적 전제에 구애됨이 없는 복음, 즉 하나님께서 이끄시는 해방에 초점을 맞춘 복음을 설교해야 한다는 바울의 주장과 밀접하게 결부되어 있다.

2:6-10 이 절들에서 거짓 형제들은 시야에서 사라지고 바울은 이제 야고보와 게바 및 요한의 – 예루살렘 기독교 공동체의 확실한 핵심지도자들 – 반응, 즉 바울이 선포한 복음을 사적으로 제시한 것에 대한 반응들에 초점을 맞춘다. 바울은 그들의 권위, 혹은 다른 사람들이 그들에게 보내는 존경에 대한 의구심을 훨씬 노골적으로 암시한다. 바울은 "하나님은 어떠한 편애도 하지 않으신다"(문자 그대로는, "하나님은 사람을 외모로 보지 않으신다"; 예를 들어 신 10:17; 왕하 19:7; 시락서 35:13)[33]는 구약성경의 경구를 인용한다. 그것은 자신

---

33) J. M. Bassler, *Divine Impartiality: Paul and Theological Axiom*, SBLDS 59 (Chico, Calif.: Scholars Press, 1982) 171-74을 보라.

이 교회의 이 유명한 기둥같이 여기는 사도들에게 압도당하지 않았다는 것을 다시 한 번 보여주기 위함이었다. 하나님의 부르심으로 직접 권위를 인정받았기 때문에, 바울은 그들을 동등하게 보았다. 그렇지만 당장 자신의 주장을 위해서는, 그들이 복음에 대한 바울의 설명에 아무 것도 덧붙인 게 없다고 말하는 게 바울에게는 유리하다. 바꾸어 말하자면, 그들은 바울의 설교에 할례나 율법 준수에 대하여 무언가를 첨가하라고 지시하지 않았던 것이다.

바울의 보고는 사도행전 15장에서 다시 진술하고 있는 사도회의의 결과와 어떤 관계가 있는가? 사도행전에서 누가는 이렇게 말한다. 그 회의는 공식적 결론에 도달하였는데 – 야고보의 인도하에서 – 그것은 이방인 개종자에게 할례를 요구하지는 않지만, 그들은 "우상의 제물과 피와 목매어 죽인 것과 음행을 멀리해야"(행 15:28-29) 한다는 것이었다. 바꾸어 말하자면 그들에게는 이스라엘 거주 이방인들에게 적용되던 성결 법전의 금지 규칙(레 17-18장)의 준수가 요청된 것이다. 이것은 확실히 바울 복음에 추가된 것이다. 만약 바울이 행 15장에 기록된 이 "사도적 규칙"에 대하여 무엇이든 미리 알았다 하더라도, 우리가 예상할 수 있는 바로 그 자리에서는 – 로마서 14-15장 그리고 고전 8-10장 – 그것에 대하여 어떤 암시도 주지 않는다. 가장 그럴듯한 가설은 한 세대쯤 뒤에 기록한 누가가 그 후대 교회의 동의를 바울 생애 시기로 거슬러 올라가서 투영했다는 것이다. 갈 2:6에 있는 바울의 강력한 부정은 예루살렘 회의에서는 그와 같은 이해에 도달하지 않았다는 것을 시사한다.

사실 바울과 예루살렘 사도들이 도달한 합의의 신학적 기초는 7-8절에서 설명된다: 동일한 하나님께서 베드로와 바울 안에서 역사하셨고, 또 동일한 하나님께서 복음을 그들에게 "맡기셨다"는 것이다. 그리하여 그들은 서로 다른 문화적 환경에서 일하도록 부름을 받았으나, 그들은 서로 상대의 사역에 하나님의 은혜가 역사하였다는 것을 인정한다. 그렇다면 7절의 서술은 실제로 두 개의 서로 다른 복음, 즉 "무할례자의 복음"과 "할례자의 복음"이 있다는 의미인가? 이것은 복음은 오직 하나만 있을 뿐이라는(1:6-9) 바울의 강력한 주장과 모순된 것으로 보인다. 따라서 바울의 7절에서의 서술은 베드로와 바울이 하나인 복음에 대한 보완적인 도구라는 뜻으로 이해되어야 한다(참조 고전 3:5-9). 그들은 본질적으로 서로 다른 민족적 배경에서 선포하도록 위임을 받은 것이다. 그렇게 "하나인 복음이 온 세계로 그 길을 열어간 두 가지 선교"[34]가 있는 것이다.

신약 학자들은 종종 바울이 7-8절, 오직 이 두 절에서 아람어 이름 "게바"를 쓰지 않고 그리스어 이름 "베드로"를 사용했다는 사실 때문에, 그리고 7절에 나오는 두 가지 복음에 대한 언급이 바울 편지들의 다른 데서는 정확한 평행이 보이지 않는다는 사실 때문에, 7-8절이 실제로 예루살렘 회의에서 도달한 공식적 합의에 있는 표현을 담고 있다고 추측하기도 한다. 이러한 이론의 귀결은 8절의 표현(NRSV는 보다 명확하게 반영하고 있다)이 사도로서 인정받고 있는 베드로와 아직 사도라는 명칭이 명확하게 적용되지는 않았던 바울 사이에 존재하는 미묘한 신분상의 차이를 내포한다는 것이다. 창의적인 추측이긴 하지만, 그런 추측들은 결국은 설득력이 없다. 바울은 자신이 공식적인 합의문을 옮겨 사용했다는 암시를 전혀 주지 않는다; 그는 단지 (9절에서 그가 다시 요약하듯이) 예루살렘 사도들이 자신의 사역을 인정하였다는 사실을 자기 말로 요약하고 있을 뿐이다. 또한 우리는 8절에 나오는 바울의 임무에 대해 언급하면서 "사도로 삼으심"(ἀποστολη아포스톨레)이라는 말이 생략된 것을 지나치게 과장해서는 안 된다. 프랭크 마테라가 지적하였듯이, 그리스어로 7절과 8절은 모두 생략법을 사용하고 있다: "바울은 *무할례자에게 복음 전함*을 맡았고, 그리고 베드로는 *할례자에게*; 베드로는 *할례자에게 사도로* 삼으셨고, 바울은 *무할례자에게*."[35] 8절에서 "사도로 삼으심"을 반복하지 않은 것은 7절에서 "복음"을 반복하지 않은 것과 다르지 않다.

8절에서 두 사도의 사역이 모두 하나님 능력의 역사로 기술된 것이 주석적으로 훨씬 더 중요하다. 동사 "역사하사 to work in"(ἐνεργέω에네르게오)는 여기에 두 번 사용되었는데, 특징적인 바울의 어법으로서 사람이라는 도구를 통해 나타나는 하나님의 실제적인 능력을 묘사하는 다른 문맥에서도 나타난

34) Martyn, *Galatians*, 202.

35) Matera, *Galatians*, 77.

다(예를 들어, 갈 3:5; 5:6; 빌 2:13; 골 1:29; 살전 2:13; 참조. 엡 3:20). 8절의 가장 좋은 평행은 고전 12장에서 그리스도의 한 몸 안에서 다른 은사들이 서로 보완해주는 것에 대하여 토론하는 자리에서 발견된다.

> 또 사역(ἐνεργημάτων에네르게마톤)은 여러 가지나 모든 것을 모든 사람 가운데서 이루시는(ἐνεργῶν에네르곤) 하나님은 같으니... 이 모든 일은 같은 한 성령이 행하사(ἐνεργεῖ에네르게이) 그의 뜻대로 각 사람에게 나누어주시는 것이니라(고전 12:6, 11).

바울이 8절에서 같은 동사를 사용한 것은 유대인들과 이방인들을 향한 두 선교의 상호보완성이 이 동일한 진리에 근거한다는 것을 보여준다: 이 두 선교는 모두 하나님의 성령의 사역이다. 이 말은 실세들이 협상해서 절충한 합의가 아니다; 오히려 그것은 관련된 모든 사람들보다 더 크신 능력이 계심을 그들이 모두 인정했음을 나타낸다.

이것을 인정했기 때문에, 야고보와 게바와 요한은 바울과 바나바에게 "친교(κοινωνία코이노니아)의 악수"를 하여 그들이 같은 사역을 하고 있음을 인정하였다. (야고보와 게바에 대하여는 1:18-19의 주석을 보라.) 요한은 아마 세베대의 아들로서 12제자 중 한 사람인 것으로 보인다. 이 사람은 베드로 및 요한의 형제 야고보(9절에 언급된 야고보와는 다른 사람)와 함께 예수를 따르는 사람들 중에서도 핵심적인 인물이었다; 예를 들어 전승은 요한이 변화산 현장과(막 9:1과 그 평행구) 겟세마네 동산에서(막 14:33과 그 평행구) 예수님과 함께 있었다고 말한다. 그는 사도행전의 앞부분에서 베드로의 설교 동역자로 등장하고(예를 들어 행 3-4장), 이후의 전승에 의하면 제4복음서의 전승 배후에 있는 그 사랑받는 제자와 동일시된다. 바울은 오직 여기에서만 그를 언급한다. 이 세 사람에 대한 언급은 그들이 예루살렘의 초기 기독교 공동체를 인도하는 권위자들로 인정되고 있었다는 것을 시사한다. 그들을 "기둥들"이라고 부르는 은유적 언급은 아브라함과 이삭과 야곱을 이스라엘의 "기둥들"이라고 부르는 전승을 연상시킨다.[36] 바울은 이 칭호에 대하여 확실히 미심쩍어 한다. 그는 다시 한 번 "저 기둥같이 *여기는*(reputed)"[37]이라는 거리감이 느껴지는 말투를 사용한다.

바울의 논증 목적으로 볼 때 중요한 점은 이 세 명의 기둥 같은 사도들이 "내게 주신 은혜를 인정하였다"(롬 1:5; 12:3; 15:15; 고전 3:10; 참조. 엡 3:2, 7)는 점이다. 바울은 이것을 단지 그들이 안디옥 이방 선교를 승인한 것이 아니라, 바울 자신이 개인적으로 경험한 은혜로우신 부름을 특별히 확인해준 것으로 표현한다.[38] 이것은 바울의 논증에서 중요한 변화이다. 이로 인해서 바울은 예루살렘 지도자들이 한때 바울의 율법에서 자유로운 복음 전파를 축복했다고 주장할 수 있는 것이다. 이제 만약 갈라디아의 선교사들이 바울을 제압하기 위해 예루살렘의 권위에 호소를 하는 것이라면, 이것은 다음의 두 가지 중 하나를 의미하는 것이었다: 선교사들이 거짓말을 하는 것이거나 – 11-14절이 암시하는 것처럼 – 예루살렘 지도자들의 용기가 부족해서, 하나님께서 계시하신 것에서 돌아선 것이다. 한때는 서로를 명백하게 이해했고, 그래서 그 일에 대하여 악수를 했다: 그래서 바울과 바나바는 이방인들에게 설교하였고, 예루살렘 사도들은 "할례자"에게 설교하였다(9절). 그러나 슬픈 예감은 틀리지 않듯이, 이 공식적인 합의는 다민족 예배 공동체 안의 유대인과 이방인의 관계를 명확히 하기에는 분명하지도 충분하지도 않았다.

예루살렘 회의 때 예루살렘 지도자들에 의하여 부가된 유일한 조항은 바울과 바나바가 "가난한 자들을 기억"해야 한다는 것이었는데(10절), 그것은 즉 그들이 필요한 사람들에게 재정적 지원을 제공해야 한다는 의미였다. 가난한 자 눌린 자를 도울 의무는 뿌리 깊은 유대민족 경건의 요소이자 이스라엘의 언약적 의무에 있어서 기본적인 요소이고,[39] 바울은 기꺼이 이 문제에

---

36) R. D. Aus, "Three Pillars and Three Patriarchs: A Proposal Concerning Gal 2:9," *ZNW* 70(1979) 252-61.

37) 흥미롭게도 1세기 말에, 클레멘트 1서는 이 동일한 칭호를 베드로와 함께 바울에게 적용시켰다. 클레멘트 1서 5:2-7을 보라.

38) Dunn은 여기에서 "'은혜'(*charis*)는 '카리스마'라는 의미와 비슷하다. 카리스마는 말과 행동을 통한 은혜의 표현이자 구체화"라고 본다. Dunn, *The Epistles to the Galatians*, 108을 보라.

성심성의껏 책임을 다하겠다고 단언했다. 예루살렘 기둥들의 권고는 자신의 이방 사역 회중에게서 "예루살렘 성도 중 가난한 자들"(롬 15:26)을 위해 돈을 모으려는 바울의 결정에 주된 자극제가 되었다. 바울의 편지들에 있는 몇몇 언급들은, 이 모금이 그의 사역에서 주된 사업이 되었다는 것을 보여준다(롬 15:25-27; 고전 16:1-4; 고후 8-9장). 갈라디아 교회도 어느 시점엔가 자발적으로 여기 참여했다(고전 16:1).[40] 바울은 그 헌금을 이방인 회중들과 예루살렘 교회 사이의 연대의 몸짓으로 이해하였다(롬 15:26-27); 아마도 바울은 그것을 시온 산에서 이스라엘의 하나님에게 드리는 열방의 종말론적 헌물을 상징하는 것으로까지 보았던 것 같다(사 2:2-3; 60:1-16). 그러나 예루살렘에 이 헌금을 자신이 가져가야 할 시간이 가까이 다가오자, 예루살렘 교회 대표단과의 악화되어 가는 관계 때문에 바울은 그 헌금이 예루살렘 교회에 받아들여지지 않을 것을 걱정했다(롬 15:30-32).

그러나 바울이 갈라디아에 이 편지를 썼을 때는 자신이 이 합의에서 한 약속을 지켜냈다고 확신했기 때문에, 예루살렘 지도자들의 요구 사항을 언급할 수 있었다. 갈라디아 교회가 알고 있는 대로, 바울은 예루살렘 교회의 가난한 사람들을 위하여 헌금을 모으는 중이었다.[41] 바울의 판단으로는 이 합의를 어긴 사람은 다른 사람들이었고 특히 게바였다. 따라서 바울의 예루살렘 지도자들과의 회의는 초기 기독교 선교가 보여준 높은 수준의 일치를 의미했다(그러나 우리는 할례파가 예루살렘 회의에서 이룬 깨지기 쉬운 합의에 참여하지 않았다는 것을 기억해야 한다). 앞으로 보게 되겠지만, 이 일 후에 안디옥과 예루살렘의 대표들이 도달한 합의가 흐트러지기 시작했다.

---

39) 이 언급에 대한 더 확장된 논의를 위해서는 Dunn, *The Epistles to the Galatians*, 112-13을 보라.

40) 롬 15:26에 갈라디아 교회에 대한 언급이 없는 것이 눈에 띈다. 갈라디아 교회는 이 모금에 대한 지원을 거두어들인 것일까?

41) Martyn, *Galatians*, 225는 이 견해에 반대하면서, 바울이 갈라디아 교회에 편지를 쓴 이후에 헌금을 모으기 시작했다고 주장한다.

신학적 묵상

많은 기독교인 회중들에게 초기 교회의 할례 논쟁은 전혀 다른 시공간의 이상한 일로 보일 수 있다. 오늘날 할례에 대한 유일한 논쟁은 기독교 정체성과는 아무런 연관이 없고, 오직 남자 아이들에게 이 수술절차가 주는 건강상의 이점과 단점과만 관련이 있다. 그렇다면 왜 이 할례라는 쟁점은 바울에게 그리고 "거짓 형제들"에게 그리 큰 문제였던 것인가? 왜 그 문제는 기독교인 첫 세대에게 교회의 일치와 관련한 엄중한 문제가 되었던 것일까?

대답은 이렇다. 할례는 이교 세계에서 유대인들의 정체성을 상징한다; 결과적으로 그것은 자신들의 정체성을 어떻게 규정할까 하는 문제로 다투고 있었던 초기 기독교 공동체들에게 상징적인 뜨거운 쟁점이 된 것이다. 신생 이방인 교회들은 유대교가 이방 문화로 확장된 것일까? 아니면 그들은 유대 전통의 범주와 문화적 형식에 결코 완전히 수용될 수는 없는 새로운 현상을 대변하는 것이었을까? 우리가 그 역사적 맥락 속에서 바울과 예루살렘 교회의 회의를 볼 때, 우리는 그것이 우리에게 오늘날까지 계속되고 있는 많은 문제를 드러내고 있다는 것을 알게 될 것이다.

1. 바울과 바나바 그리고 디도가 예루살렘의 기둥 같은 사도들과 만난 것은 교회의 정체성을 명확히 해 가는 과정에서 결정적 사건이었다. 가톨릭 교회가 이것을 자신들의 첫 번째 세계 공의회로 여기는 것처럼 이 사건을 시대착오적으로 해석해서는 안 된다. 이 회의는 결국 핵심적인 두 교회의 대표들이 참여한 회의였을 뿐이다. 그렇지만 그 역사적 의미는 큰데, 그 회의는 회심자들이 예수를 따르는 자들로 인정받기 위해 유대교로 개종하라고 요구하지 않는 이방인 선교가 정당하다는 원칙을 예루살렘 교회가 수용했다는 것을 의미하기 때문이다. 이것은 이 회의 참가자들이 교회를 유대교의 여러 분파 중 하나로서가 아니라 유대인과 이방인들이 함께 한 분의 주님을 시인하는 완전히 새로운 종말론적 공동체로 규정했다는 뜻이다.

돌이켜 보면, 이러한 발전이 불가피해보일 수도 있지만, 논쟁의 결과가

1세대 기독교인들에게 자명한 것은 결코 아니었다. 유대 기독교인들 중에 있던 할례파는 토라를 준수하는 것을 초기 예수 운동으로 들어가는 진입로이자 주된 정체성의 표시로 보았음이 분명하다: "너희가 모세의 법대로 할례를 받지 아니하면, 능히 구원을 받지 못하리라"(행 15:1). 그들은 예수를 율법의 새롭고 결정적인 해석자로 봤을 수도 있지만, 그들은 또한 그때까지도 자신들을 바울이 유다이스모스("유대교")라고 부른 문화적 실체의 상징적 세계 안에서 살고 움직이고 있는 것으로 이해하였다. 다른 한편 바울과 바나바는 급진적인 변혁, 즉 오직 그리스도의 죽음과 부활이라는 이야기에만 정체성의 근거를 두는 하나의 공동체를 역설하고 있었다.

바울이 가고 있는 길에 대해 자신들이 동의하는 게 무슨 의미인지 야고보와 게바와 요한이 온전히 이해하고 있었는지는 확실하지 않다. (사실상 그 이후의 전개 과정을 보면 그들은 그렇지 않았던 것으로 보인다.) 그들은 단순히 이전에 "하나님을 경외하는 자들"인 이방인이 회당 생활에 참여했던 것과 똑같은 방식으로 할례 받지 않은 이방인들이 기독교 공동체의 생활에 참여할 수 있다고 인정했을 뿐이라고 생각했던 것으로 보인다. 이 "하나님을 경외하는 자들"은 완전한 토라 준수를 요구 받지 않은 채, 동일한 의미에서 완전한 하나님의 백성에 속하지도 않은 채 공동체 주변에 머물던 추종자들이었다.

이 모든 것이 우리 시대 기독교의 정체성에 대한 우리의 반성에 어떤 영향을 미칠 수 있을까? 결정적으로 유사한 점은 이것이다: 우리가 복음 외에 민족적 문화적 그리고 종교적 표지에 의하여 근본적으로 우리 공동체의 정체성이 규정되는 것을 용인한다면, 그때 우리는 "거짓 형제들"의 실수를 반복하는 것이 될 것이다. 바울은 지배적인 문화가 "종교"의 경계들이나 우리 공동체의 성격을 규정하게 만들어서는 안 된다고 주장한다. 그 대신에 바울이 바라는 기독교 공동체의 모습은 우리가 오로지 십자가와 부활의 관점에서만 우리 스스로를 규정하는 것이다(다음을 보라. 갈 6:14-15; 참조. 고전 1:18-2:5).

서구 문화 속에서 교회가 그 정체성을 정의해야 하는 지배적인 상징 세계는 더 이상 유대 문화가 아니다; 오히려 그것은 공적인 세속의 합리성이다.[42] 어디서든 사람들이 스스로를 첫째는 어느 나라 국민으로, 기독교인을 그 다음으로 생각하기 시작하거나, 이러한 정체성을 비판 없이 뒤섞기 시작하는 곳마다 우리는 거짓 복음의 현장에 있는 것이다. 어디서든 근본적으로 우리의 정체성을 시장 세력이나 인종 또는 민족적 정체성에 대한 충성을 기반으로 형성해야 한다는 압력을 받는다면, 우리는 바울과 바나바의 모범을 기억해야만 한다. 그들은 정상적인 "종교" 행위가 마땅히 보여야 할 모습에 대한 지배적인 기대에 순응하라는 압력에 한 번도 양보하지 않았다.

2. 이 단락의 부수적 주제는 권위와 명성에 대한 바울의 무관심이다. 그는 "기둥들"과의 회의를 엄청난 기회로 생각하지 않았다(갈 2:6); 그는 그들의 서명을 받기 위해 예루살렘에 간 것이 아니었다. 그러므로 이 본문은 복음은 바울과 바나바가 그랬던 것처럼 심지어 교회 내에서조차 권위 있는 인물들을 두려워하거나 부적절할 정도로 공손한 것에 대해 반성하게 한다. 굳게 서서, 하나님께서 지금 세계에서 행하고 계신 것을 분명하게 증언하라고 부르신다. 우리는 교회에서 명성 있는 지도자들이 경청해주기를 희망할 수 있다. 그러나 그들이 경청해주든지 그렇지 않든지 상관 없이 우리가 증언해야 할 책임은 동일하다.

3. 갈 2:1-10의 중심 교훈은 세계에 복음이 전파되는 것은 하나님의 행위라는 것이다. 그것은 특히 2:7-8에서 명백하다. 여기서 우리는 하나님께서 베드로와 바울 모두 안에서 일하시며, 또한 두 사람이 모두 같은 복음을 위임받았다는 사실을 이 회의의 참가자들이 인정하고 있다는 것을 알게 된다. 오늘날도 마찬가지다: 교회의 다양한 사역들에 종사하는 사람들은 모두 하나님 말씀의 매개체들이다. (이 단락은 그리스도의 몸에 있는 각각 다른 지체들에게 다양한 은사들을 나누어 주셔서 일하시는 성령에 관한 고전 12장에서의 바울의 묘사와 훌륭하게 연결된다.) 우리는 도구이지 경영자가 아니다. 이 진실의 의미는 광범

42) D. S. Yeago, "Messiah's People: The Culture of the Church in the Midst of the Nations," *Pro Ecclesia* 6 (1997) 146-71를 보라.

위하다. 한편으로는 우리가 위임받은 것을 충성스럽게 실행할 책임이 있다는 뜻이며, 또 한편으로는 하나님의 목적은 반드시 성취될 것을 우리가 믿을 수 있기 때문에 우리가 걱정할 필요가 없다는 뜻이다. 우리의 결정은 이 목적들에 협력할 것인지(예루살렘 회의의 참가자들이 그랬듯이) 아니면 그 길을 막아설 것인지("거짓 형제들"과 같이)에 대한 것이다.

4. 2:4-5에 나오는 군사적 은유는 하나님의 행위가 자주 반대와 갈등에 부딪히리라는 것을 암시한다. 그런 일이 일어나더라도, 우리는 놀라지 말아야 한다. 우리가 주의 날이 오기 전인 "이 악한 세대" 안에서 살아가는 한, 복음의 선포는 적대적 세력의 반대를 받게 될 것이다(1:6-10에 대한 신학적 묵상을 보라).

5. 유대인과 이방인에 대한 두 가지 서로 다른 복음 선교를 서로 인정했다는 것은 교회의 선교 전략에 관하여 흥미로운 질문들을 불러일으킨다. 우리는 각각의 문화-언어 공동체를 목표로 하는 특정한 민족 선교 계획을 추진해야 하는 것일까? 교회가 각각 히스패닉계, 아프리카계 미국인, 한국계 미국인, 영미계 미국인들을 위한 선교를 주관해야 하는 것일까? 상식적으로 보자면 이런 전략이 맞는 것처럼 보이고, 갈 2:1-10의 예루살렘 합의를 그 선례로 볼 수도 있다. 그러나 2:11-21이 나중에 보여주듯이 이 전략은 문제가 없지 않다. 그 위험은 이러한 공동체들이 자신들을 주로 복음과 관련해서가 아니라 민족을 기반으로 규정하는 것이다. 그렇게 되면 교회는 문화적 파벌에 따라 분열될 것이다. 이런 불행한 결과를 피하기 위하여, 특별히 민족별로 사역을 나누워야 한다고 하더라도 예루살렘 회의와 같은 대면 회의가 자주 열릴 수밖에 없는데, 그 결과로 할례자들이 무할례자들과 대면하게 되고, 우리를 통하여 한 분 성령님이 행하시는 다양한 일들을 증거할 수 있게 되며, 우리가 서로에게 "교제의 악수"를 내밀게 될 것이다(2:9).

6. 마지막으로 2:10을 그냥 가볍게 무시해서는 안 된다. 교회 안에서 문

화적 경계를 넘어서는 진정한 교제를 하기 위해서는 가난한 사람에 대한 관심이라고 하는 언약적 의무를 진지하게 받아들여야 한다. 그러한 관심이 실행되지 않는 곳에서는 2:9에 나오는 악수로 맺어진 유대관계가 심각한 위기에 처하게 될 것이다. 우리는 갈 2:1-10에 대해 설교하면서 10절을 그 단락의 절정으로 삼아서, 회중에게 "가난한 자를 기억하라"는 의무를 완수하고자 하는 열정을 통해, "복음의 진리"(4절)에 대한 헌신을 증명하라고 권면하는 설교를 생각해 볼 수 있다.

D. 갈라디아서 2:11-21 두 개의 식탁인가 하나의 식탁인가? 안디옥에서의 대립

개관

2:10까지는 모든 것이 잘 된 것처럼 보인다. 바울은 자신의 설교의 원천으로서 하나님 계시의 권위를 강력히 주장했고, 예루살렘 회의에서 큰 승리를 거둔 것으로 설명했다: "거짓 형제들"은 패배하였고, 예루살렘 교회의 지도자들은 이방인들에게 하는 바울의 선교에 대한 승인을 분명히 했다. 그러나 이 편지의 바로 다음 부분에서는 바울 이야기의 흐름이 급선회한다; 예루살렘에서 성취한 일치는 뒤이어 일어난 안디옥에서의 갈등으로 인하여 부서지고 만다. 이 갈등(11-21절)에 대한 설명이 바울의 이야기가 지향했던 절정이다.

바울은 자신이 게바(베드로)와 대립했던 것을 강조한다. 왜냐하면, 그것이 그가 갈라디아에서 당시 벌어지고 있는 논쟁을 바라보는 배경을 제공하기 때문이다. 이 두 상황에서의 쟁점이 같지는 않지만, 아주 비슷하다. 바울은 먼저 있었던 상황에서 베드로에게 했던 자신의 연설을 짜임새 있게 설명한다(14b-21). 바울은 그 연설을 간접적으로 갈라디아 교회에도 적용하려고 계획했던 것이다. 실제로 이 연설은 이 편

지 전체 주제에 대한 간결한 요약으로 볼 수 있다.[43)]

번역과 주석들은 자주 베드로에게 했던 바울의 연설의 끝을 14절의 끝으로 보고(예를 들어 NRSV), 15-21절을 그와 분리된 단위로 취급한다. 고대 그리스어 사본들은 직접 대화를 인용할 때 인용 부호로 묶는 관행을 따르지 않았다는 것을 기억해야 한다. 그래서 바울의 연설이 끝나는 위치에 대한 질문은 해석적 판단의 문제가 된다. 본 주석은 그 연설이 21절까지 이어진다는 주장을 펼칠 것이다(NIV는 그렇게 되어 있다; NRSV의 각주도 참고하라). 본문에는 3:1까지 연설을 듣는 사람이 바뀌었다는 징후가 나타나지 않는다. 15-17절의 1인칭 복수 대명사는 바울이 갈라디아 교회의 이방인들이 아니라 유대인 청중들에게 계속해서 연설하고 있다는 것을 보여준다(즉 안디옥의 유대 기독교인들). 결론적으로 11-21절은 하나의 연속적인 단락으로 취급되어야 한다. 실제로 15-21절에 있는 바울의 고도로 압축된 언어로 인한 여러 가지 모호한 점들은 안디옥에서의 식탁교제 논쟁과 연결해서 살펴볼 때 분명하게 이해될 수 있다.

아울러 바울은 이 이야기가 3:1절에서 갈라디아 교회에게 직접 말을 거는 전환점이 될 수 있도록 솜씨 좋게 이야기를 풀어간다. 이 본문으로 영화를 만드는 감독이라면 다음과 같은 방식으로 효과를 재현할 것이다: 화면은 바울이 베드로와 경쟁하는 안디옥교회의 공적 회의에서 시작된다; 바울이 연설을 하는 동안(14b-21), 카메라는 그의 얼굴을 따라다니면서 비춰주고, 안디옥교회 사람들은 18절 이후의 장면으로부터 점점 사라진다. 그리고는 3:1에서 바울이 "오 어리석은 갈라디아 교회여"라고 말하는 순간, 카메라는 본래 있던 자리로 되돌아가서, 바울이 마루를 서성거리며 비서에게 편지를 받아쓰게 하는, 완전히 다른 배경에서 바울이 등장하게 한다. 기대하는 효과는 갈라디아 교회가 바울이 베드로에게 하는 그 연설을 마치 자신들의 상황에서 자신들이 듣는 연설인 것처럼 받아들이는 것이다.[44)]

---

43) Betz, *Galatians*, 113-27와 그 견해를 따르는 Longenecker, *Galatians*, 80-96는 갈 2:15-21을 이 편지의 명제(propositio), 즉 변론해야 할 사실에 대한 진술이라고 말한다.

이 수사학적 기법의 결과 중 하나는 바울이 안디옥 분쟁의 이야기를 결코 종결짓지 않는다는 것이다. 우리는 베드로가 바울의 이 도전에 어떻게 반응하였는지를 확인할 수 없으며, 안디옥 교회가 이 논쟁을 해소시키기 위하여 어떤 결정을 내렸는지도 알 수가 없다. 이것은 거의 확실하게 바울이 패배했다는 것을 의미한다. 만약 실제로 바울이 베드로와 다른 유대 기독교인들이 자신의 주장을 받아들인 것으로 확신했다면, 앞에서 예루살렘 회의에 대해서 이야기했던 것처럼(1-10절), 바울은 거의 틀림없이 이 편지에 그 사실을 기록했을 것이다. 그러나 결과와 관계없이 이 이야기를 통해서 바울은 갈라디아 교회에 대한 그의 반응을 뒷받침하는 신학적 원리들을 명확하게 표현한다. 이 단락의 주요 주제는 복음이 유대인과 이방인 사이에 어떤 불화도 존재하지 않는, 그래서 유대인과 이방인이 서로 다른 두 개의 식탁이 아니라, 하나의 식탁에서 같이 먹는, 새로운 공동체의 형성을 명령한다는 것이다.[45] 14b-21절의 연설은 하나님과의 바른 관계가 언약의 구성원이 되는 민족적인 특수한 표시(할례와 음식법)를 준수하는 것에 달린 것이 아니라, 근본적으로 "하나님의 은혜"(2:21)에 의존하는 것이라고 말함으로써 이 주장을 지지한다. 이 은혜는 유대인과 이방인에게 차별 없이 필요한 것으로, 예수 그리스도의 죽음을 통하여 효력을 얻는다(참조. 롬 3:21-31). 결과적으로 베드로가 안디옥의 이방인 신자들과 함께 하는 식탁 교제에서 물러난 것은, 바울이 보기에는, 하나님의 화해하게 하시는 은혜에 대한 상징적인 거절이었다.

---

44) 마틴은 바울의 연설이 갈라디아 교회가 아니라 "갈라디아의 교사들(선교사들)에게 한 연설"이 된다고 본다. 이러한 주장이 맞을 수는 있지만, 본문에는 직접적인 표시가 없다. 그리고 그것은 게바와 갈라디아 교회 사이에 있는 부분적인 수사적 평행을 과소평가하는 것이다. 이 두 당사자들은 유대인들의 행위를 받아들이라고 하는 외부에서 온 사람들로 인하여 모두 흔들리고 있었다. Martyn, *Galatians*, 230을 보라.

45) 두 테이블의 이미지에 대해서는, M. Baker, *Religious No More: Building Communities of Grace and Freedom* (Downers Grove, Ⅲ.: Inter Varsity, 1999) 79-84, 96을 보라.

갈라디아서 2:11-14
바울의 게바 책망

주석

2:11-13 게바가 안디옥에 옴으로써(11절) 이 이야기의 심각하고도 복잡한 사태가 시작된다. 안디옥은 북 시리아에서 가장 크고 번창한 도시였으며, 로마제국에서 (로마와 알렉산드리아에 이어서) 세 번째로 큰 도시였다.[46] 요세푸스에 따르면 수많은 유대인이 거기서 이방인들과 자유롭게 섞여서 지냈다.

> 세계 각 지역의 본토인들 사이에 밀집하여 살았던 유대민족은 특히 시리아에 그 숫자가 많은데, 두 나라의 근접성 때문에 섞여서 살아가고 있다. 그러나 유대인들이 안디옥에서는 특별히 더 모여서 살고 있었다. 게다가 유대인들의 종교 의식에 지속적으로 많은 그리스인들이 매력을 느꼈고, 유대인들도 어느 정도는 스스로 이런 것들을 받아들였다.[47]

과장을 좋아하는 요세푸스의 성향을 어느 정도 감안하고 보더라도, 우리는 안디옥이 상당한 규모의 유대인 공동체의 본거지였으며, 이 공동체는 수많은 "하나님 경외자들", 즉 회당에서 거행되는 한분이신 하나님께 드리는 예배에 관심이 있는 이방인들을 끌어들였을 것이라고 결론 내려도 무방할 것이다. 그래서 초기 유대 기독교인들이 복음의 말씀을 전파하기 시작하면서, 처음으로 이방인들에게까지 확장해서 복음을 전하기 시작한 곳이 안디옥이라는 것은 놀라운 일이 아니다. 실제로 안디옥은 이방인 선교 활동의 주요 근거지가 되었다(행 11:19-26; 13:1-3을 보라).

---

46) Longenecker, *Galatians*, 65. 이 도시에 대한 더 많은 정보는, W. A. Meeks and R. L. Wilken, *Jews and Christians in Antioch in the First Four Centuries of the Common Era*, SBLSBS 13 (Missoula, Mont.: Scholars Press, 1978)을 보라.

47) Josephus, *The Jewish War* 7.43, 45.

다문화적인 안디옥 기독교 공동체는, 오로지 할례 문제만 다루었던 예루살렘 회의의 합의로는 예측할 수도 없었고, 해결할 수도 없는 새로운 과제를 제시했다(6-10절).[48] 바울은 그 동의를 그리스도 안에서 유대인과 이방인 사이의 동등과 우정에 대한 포괄적 인정을 뜻하는 것으로 이해했지만(참조. 3:28), 엄격하게 토라를 준수하는 상당수의 예루살렘 유대인들은 이 동의를 그리 관대하게 해석하지 않았다. 사실상 예루살렘 합의는 독립적이지만 동등한 이방인 선교를 인정했지만, 유대인과 이방인 기독교인 사이의 사회적 관계와 식탁 교제 문제에는 답을 주지 못했다. 안디옥 기독교인들은, 그들 가운데 계시는 하나님의 은혜를 보고(행 11:21-24), 유대인들이 이방인들과 함께 식사하는 관행을 만들었다(12a절). 그러나 예루살렘에서 온 어떤 유대 기독교인들은 이런 관행을 불쾌하게 생각했다. 왜일까?

모세의 율법은 이방인들과 식사하는 것을 금지하지 않는다. 이스라엘 사람들은 부정한 음식과 우상에게 바쳐져서 오염된 고기나 포도주를 금하라는 명령을 받았다; 그러나 특정한 기본적인 음식물 규정 예방조치들을 지킨다면 아무리 엄격하게 토라를 준수하는 유대인들일지라도 이방인들과 식탁을 함께 못할 이유는 없었다.[49]

그렇다면 안디옥에서 문제가 된 것의 본질은 무엇이며, 왜 "야고보에게서 온 사람들"은 베드로가 이방인 신자들과 식사하는 것을 중단하도록 압박을 한 것일까? 바울은 그들이 그랬던 이유를 설명하지 않는다; 그러므로 우리는 단지 추측을 할 수 있을 뿐이다. 공동 식사의 음식이 유대교의 음식법에서 벗어난 음식이었을 수도 있다. 즉 베드로와 다른 유대 기독교인들이 고기를 피째 먹거나 돼지고기 혹은 조개류 등을 먹음으로써 기본적인 유대의 음식법을 어겼을 수 있는 것이다. 만약 그랬다면, 이것은 베드로가 "이방인처

48) 2:6-10의 주석에서 이미 언급한 대로, 행 15:22-29에 나오는 "사도 칙령"에 대한 누가의 기사는 시대착오적인 설명이 거의 확실하다. 바울의 편지들에는 식사법에 대한 그러한 동의가 있었다는 아무런 증거가 없다.

49) E. P. Sanders, "Jewish Association with Gentiles and Galatians 2:11-14," in *The Conversation Continues: Studies in Paul and John in Honor of J. Louis Martyn*, ed. R. T. Fortuna and B. R. Gaventa (Nashville: Abingdon, 1990) 170-88.

럼"(14절) 살아왔다고 바울이 발언한 것이 설명된다. 한편 이방인 개종자들이 특히 이미 유대 음식법 관습에 동화되었을 것으로 보이는, "하나님을 경외하는 자들"에 속했던 사람들이 대부분이었을 것으로 본다면, 유대 규율에 대한 그런 명백한 위반이 안디옥에서 일어났을 것으로 보기는 어렵다. 보다 개연성이 있는 것은 "야고보에게서 온 사람들이" 이방인들과 같은 식탁에서 먹는 관행에 대하여 반대했을 가능성이다. 이것이 12절에서 바울이 말하는 의미로 보인다. 12절은 음식 같은 것에 대하여는 아무런 말이 없고, 오직 "이방인과 함께" 먹은 사실에 대해서만 말한다. 그런 친교가 유대 율법에 금지되어 있지는 않았지만, 어떤 모임들에서는, 그것이 위험하거나 현명하지 못한 것으로 인식되었던 것 같다. "가깝게 친교하다가 우상숭배와 접촉할 수도 있고, 성경의 음식법 중 하나를 범할 수도 있었다... 야고보는 이방인들과의 너무 많은 친교가 나쁜 결과를 가져올 수 있다는 것과 만약 베드로가 직접 그런 일에 연루되었다는 것이 (할례자에게, 2:8) 알려진다면 베드로의 선교가 신뢰를 잃어버릴 수 있다는 것을 걱정하였다."[50]

그런 친교를 피하도록 하는 압력은 신생 기독교 운동이 열렬한 유대인 동포들에게도 좋게 보이기를 원했던 예루살렘 파벌에서 비롯했을 가능성이 있다. 로버트 쥬윗(Robert Jewett)은 안디옥 사건과 갈라디아 분쟁 모두를 이방인과의 급진적인 분리를 옹호하며 팔레스타인에서 시작된 열심당 운동이라는 역사적 배경에 비추어서 이해해야 한다는 제안을 한 바 있다; 그와 같은 분위기 가운데, 유대인들 중에서 이방인 친화적인 사람들은 보복의 표적이 될 수 있었다. 초기 교회는 유대교 내의 운동이었지만, 안디옥 교회의 이방인 친화적인 모습은 "율법 없는 이방인들과 교감하고 있다는 의심을 피하기" 원하는 유대의 유대 기독교인들에게는 어려움을 안겨주었다.[51] 결과적으로, 이 예루살렘 파벌의 반응은 야고보의 승인 하에 베드로를 압박해서 이방인들과 접촉하지 못하도록 하는 것이었다. 아마도 이방인 개종자들로 하여금 할례를

50) Sanders, "Jewish Association with Gentiles and Galatians 2:11-14," 186.

51) Jewett, "The Agitators and the Galatian Congregation," 205. Jewett의 주장은 Logenecker, *Galatians*, xciii-xcvi의 지지를 받았다.

수용하고 토라를 완전히 준수하게 하기를 원했던 것으로 보인다. 쥬윗은 갈라디아 기독교인들의 할례를 압박한 배후에는 비슷한 동기가 있었다고 주장한다: "만약 그들이 이방인 기독교인들이 할례를 받게 할 수 있었다면, 유대 교회에 대한 열심당의 모든 정화운동을 효과적으로 막아낼 수 있었을 것이다."[52] (이 가설이 갈 6:12-13에 있는 바울의 다른 난해한 진술들을 얼마나 잘 설명해주는지 주목하라.)

어쨌든 베드로가 받은 정치적인 압력이 무엇이었든지 간에, 바울은 베드로의 모호한 행동을 관용하지 않았다. 바울은 안디옥에서 공적인 대립("모든 자 앞에서," 14절) 중에 "그의 면전에서 그를 반대했다"(12절). 바울이 보기에는 하나님의 평결은 베드로의 행위에 대하여 이미 내려져 있었다: "그가 책망받을 일이 있기로." NIV의 번역("잘못한 일"[in the wrong])과 NRSV의 번역("자책 할 일"[self-condemned])은 모두 바울이 내린 판결의 심각성을 누그러뜨린다; 베드로의 행동은 복음을 배반하는 것이므로 바울은 그가 *하나님의* 책망을 받는 게 마땅하다고 보았다.

"야고보에게서 온 사람들"은 누구인가? 바울은 그 사람들이 누구인지 밝히지 않는다. 그러나 바울은 그들이 베드로에게 이방인들과 친교하는 것을 삼가라고 권면하기 위해서, 야고보의 승인 하에, 예루살렘에서 파견된 사람들임을 내비친다. 우리는 베드로가 왜 안디옥에 있는지 혹은 그곳에 얼마나 오래 머물렀는지 알 수가 없다. 그러나 동사의 미완료 시제 "먹곤했다"(used to eat, συνήθιεν 쉬네티엔)는 그가 이방인들과 식탁 교제를 나누는 것이 일정 기간 동안 습관적으로 했던 것이지, 단순히 단 한번 일어난 일이 아니라는 것을 암시한다. 그러나 예루살렘에서 온 사절과 대면하게 되자 베드로는 "떠나 물러갔다." 동사 "떠나다"(draw back, ὑποστέλλω 휘포스텔로)는 마치 군대가 노출된 위치에서 뒤로 빠지는 것 같은 전략적 후퇴를 의미한다.[53]

"물러감"으로써 베드로는 자신의 행동을 하나님의 백성은 악하고 우상을 숭배하는 이방 세계와 접촉하여 더러워지지 않도록 해야 한다고 하는 기존의

52) Jewett, "The Agitators and the Galatian Congregation," 206.

53) Betz, *Galatians*, 108.

유대인의 신념에 맞춘다. 앞에서 이미 밝혔듯이, 이방인과 함께 식사하는 것이 구체적인 토라 위반은 아니다. 많은 유대인들은 이방인이 부정하고 혐오스럽다는 일반적인 생각 때문에 가능한 한 이방 사람들과 자신들을 분리시키려고 했을 것이다. 주전 2세기의 변증적인 작품인 *아리스테아스 서신*(*Letter of Aristeas*)은 그러한 물러섬의 이유를 설명한다:

> 다른 사람들을 접촉하거나 나쁜 영향과 뒤섞임으로써 오염되는 일을 피하기 위하여, (모세는) 율법이라는 방법으로, 고기와 음료와 만지는 것과 듣는 것과 보는 것과 관련해서 엄격하게 준수해야 하는 것으로 우리의 사방을 울타리로 둘러쌌다.[54)]

토라의 목적에 대한 그와 같은 해석은, 일부 집단에서는, 이방인들에 대한 우려를 손쉽게 일반화시키는 방향으로 흐르게 할 수 있다. 그것은 희년서 22:15에서 보는 것과 같다: "그들과 식탁을 함께 하지 말라... 그들의 일이 불결하기 때문이다."[55)] 유대인들의 이방인 혐오에 대한 비슷한 암시가 사도행전에서 발견된다. 베드로는 환상을 보고 이방인 백부장 고넬료의 가정에 가서 설교하라는 명령을 받았다. 베드로는 그들과의 대화를 다음과 같은 말로 시작한다. "유대인으로서 이방인과 교제하며 가까이하는 것이 위법인 줄은 너희도 알거니와"(행 10:28).[56)] 로마 역사가 타키투스는 유대인들이 사람을 혐오

---

54) *Letter of Aristeas*, 142.

55) Philip F. Esler, *Galatians* (London: Routledge, 1998) 93-116은 여기에서 인용한 것과 같은 구절들을 근거로, 유대인들은 제2차 성전시대 말기에 보편적으로 이방인들과의 식탁 교제를 피했다고 주장한다. 이 문제의 증거에 대한 보다 자세한 설명은, Sanders, "Jewish Association with Gentiles and Galatians 2:11-14."를 보라.

56) 물론 베드로는 이 말에 이어 하나님께서 자신에게 이방인을 위한 다른 지시를 하시면서 따르라고 하셨다고 선언한다. "하나님께서 내게 지시하사 아무도 속되다 하거나 깨끗하지 않다 하거나 하지 말라 하시기로"(행 10:28b). 만약 베드로가 안디옥에서 이방인들과 함께 식사하고 있었던 것이 암시하는 것처럼(갈 2:12a), 일찍이 그런 견해를 가졌었다면, 이후에 이방 그리스도인들과의 교제에서 뒤로 물러난 것은 더욱 비난받을 만한 일이었다.

하는 민족이라서 다른 사람들과 "따로 먹는" 비인간적인 사람들이라는 고정관념을 기정 사실화한다.[57] 그런 진술들이 과장된 것이라 하더라도, 그것들은 유대인과 이방인들 사이의 관계가 긴장으로 가득하고, 특히 그 긴장이 식탁 관습에 집중되어 있다는 일반적 인식을 폭넓게 그려내고 있다.

바울의 표현 속에는 이 논쟁이 유대인 신자와 이방인 신자들 사이의 성만찬 교제에 특별히 초점을 맞추고 있다는 어떤 암시도 없다; 이 문제는 그들이 어떤 환경에서도 함께 먹을 수 있느냐 없느냐에 대한 것으로 보인다. 그러나 만약 베드로와 다른 유대 기독교인이 모든 식탁 교제를 피하고 있는 것이라면, 그것은 초창기에 보통은 공동식사를 하는 가운데 기념하였던 주의 만찬까지도 포함하는 것일 수 있었다(고전 11:17-34). 고린도전서에서 바울은 주의 만찬을 공동체의 하나 됨에 관한 강력한 상징으로 주장하지만, 갈라디아서에서는 그런 주장을 하지는 않는다. 이것은 주의 만찬을 기념하는 방식이 안디옥에서의 핵심적 문제는 아니었다는 것을 시사한다. 동시에 그것은 바울이 성만찬을 나눈 경험을 식탁 교제에 관한 더 포괄적인 주장을 위한 기반으로 생각할 수는 없었다는 것을 암시하는 것이기도 하다. 만약에 바울이 다음과 같이 말한다면 강력한 논거가 될 것이다. "너희가 주님의 식탁에서 이방인과 떡과 포도주를 나누면서, 어떻게 보통의 음식을 함께 먹는 것을 거절할 수 있는가?" 바울이 이 점에 대해 침묵하는 것은 안디옥에서 베드로, 바나바 그리고 다른 유대 기독교인들이 이방인 기독교인들과 함께 주의 만찬을 기념한 것은 아니라는 것을 암시한다.

바울은 베드로가 "할례파"(οἱ ἐκ περιτομῆς호이 에크 페리토메스)를 두려워해서 공동식사의 자리에서 물러났다는 점을 나무랐다. 바울이 어떤 그룹을 염두에 두고 있었는지 정확하게 알 수는 없다. 일반적인 유대인들을 가리키

57) Tacitus, *Histories*, 5.5.1-2. Dunn도 마카비 시대에서 주후 1세기까지 유대 문학에서 "이방인의 음식" 먹는 것을 거부함으로써 율법에 대한 충성을 입증한 영웅적 남녀 인물들을 칭송하는 주제가 반복되는 것에도 주목한다(단 1:8-16; 토빗 1:10-13; 유딧 10:5; 12:1-20; Additions to Esther 14:17; 요셉과 아스낫 7:1; 8:5). Dunn, *The Epistle to the Galatians*, 118을 보라.

는 것일까, 아니면 그 용어가 어떤 특정의 유대 기독교인 그룹을 가리키는 것일까? 바울이 다른 곳에서 이 표현을 사용한 예를 보면(롬 4:12; 참조. 행 10:45), 일반적인 유대인들을 지칭하는 것 같지는 않고, 유대인 혈통을 가진 초기 기독교 운동의 구성원들을 지칭하는 것으로 보인다. 게다가, 행 11:2에 나오는 누가의 동일한 어법은 그것이 때로 확실한 유대인 집단의 경계를 유지하는 데 초점을 두었던 예루살렘 교회의 특정 무리나 파당의 구성원들을 가리키는 것이었다는 암시를 준다.[58] 그래서 바울은 베드로가 다른 유대 *기독교인*들을 두려워했던 것을 비난하는 것으로 보인다. 즉, 교회 내부의 문제인 것이다.

야고보에게서 온 사절들이 비록 베드로만 설득하는데 집중했다 하더라도, 베드로가 공동의 식탁에서 물러난 것은 예상대로 다른 사람들에게도 영향을 미쳤다. 그래서 바울의 가까운 동료인 바나바를 포함한 다른 유대 기독교인들이 그의 선례를 따르게 되었다(13절). 바울이 볼 때 그것은 재앙이었다. 전에 하나가 되었던 안디옥 공동체는 이제 서로 다른 두 민족 공동체로 갈라졌고, 토라 준수는 그들 사이를 나누는 벽이 되었다. 하나의 공동 식탁이 있던 곳에, 이제는 두 개의 식탁이 존재하게 된 것이다.

바울은 이렇게 많은 사람이 하나의 식탁에서 물러난 것을 "외식" (ὑπόκρισις 휘포크리시스, 13절)이라고 표현한다. 그리어는 영어에 있는 악의적인 이중성과 정확하게 동일한 의미를 갖고 있지 않다. 그리스어에서 ὑπόκρισις 휘포크리시스는 가면을 쓰고 연기하는 배우를 가리킨다. 따라서 *휘포크리시스*는 대본대로 역할을 연기하는 행위이다. 바울의 요점은 베드로와 다른 유대 기독교인들이 안디옥에서 자신들이 존중하는 신념에 부합하지 않는 역할을 하고 말았다는 것이다. 즉, 그들은 외부 압력에 굴복해서 다른 사람의 의견을 실행한 것이다. 이것은 사람을 기쁘게 한다는 비난을 달리 표현한 것이다(1:10의 주석을 보라).

바나바가 이 역할 놀이에 끌려 들어갔다는 사실은 바울로서는 특별히 분

---

58) οἱ ἐκ περιτομῆς 호이 에크 페리토메스의 해석에 대하여는, Martyn, *Galatians*, 236-40을 보라.

개할 일이었다.[59] 바나바는 예루살렘에서 "거짓 형제들"에게 저항할 때 자신의 편에 섰던 사람이었다(1-5절). 사도행전에 나오는 누가의 설명에 따르면, 바나바는 처음에는 안디옥에 가서 이방인 신자들이 유대인 신자들과 함께 하나님의 은혜를 경험하는 것을 보고 크게 기뻐했었다(행 11:19-26). 그러나 이제는 바울이 보는 바와 같이, 바나바는 집단의 압력으로 인하여 "유혹되었고"(13절), 바울은 유대인과 이방인이 하나의 식탁에서 같이 식사할 수 있는 하나님이 새롭게 창조하신 공동체의 옹호자로 홀로 남게 되었다.

2:14 베드로를 향한 바울의 공개적인 비난이 과도한 것처럼 보일 수도 있다. 특히 만약 베드로가 열성적 유대 민족주의자들의 박해로부터 예루살렘의 유대 기독교인들을 보호할 생각으로 그렇게 행동한 것이라면 그렇게 볼 수도 있다. 그러나 바울은 베드로가 선한 동기로 그랬으리라는 신뢰를 전혀 가지고 있지 않았던 것으로 보인다. 혹은 그 문제를 개인적으로 이야기할 시도 같은 것도 하지 않았으며(참조. 마 18:15-17), 심지어 베드로를 "온유한 심령으로"(갈 6:1) 바로잡으려고 하지 않았던 것으로 보인다. 바울의 이 격렬한 반응을 어떻게 설명할 수 있을까? 가능한 대답은 오직 하나다. 바울은 베드로의 행동이 "안디옥 교회 한 가운데서 사실상 반(反)복음을 설교"[60]한 것이라고 본 것이다. 결과적으로 바울은 주저 없이 비타협적 입장을 취했는데, "복음의 진리"가 위험에 처했기 때문이다(14절; 참조. 1:6-9). 바울은 2:5에서 예루살렘에서의 할례 논쟁에서 문제가 무엇이었는지 묘사하기 위해서 똑같은 문구를 사용했다. 두 경우 모두 "복음의 진리"가 이방인과 유대인 신자가 동일한 조건으로 교제하는 것과 직접적으로 연결된다. 즉, 할례도 음식법 준수도 교회를 나눌 수는 없다. 그러므로 "복음의 진리"는 단지 하나의 교의가 아니라 사회적 실제이며, 공동체의 실천에서 구체화 되어야 하는 진리인 것이다. 이 진리는 베드로와 베드로를 식탁 분리 정책에 엮어 넣으려는 사람들의

59) 안디옥 사건은, 행 15:36-41에서는 다른 이유를 대고 있지만, 바울과 바나바의 결별의 근본적인 요인이었을까?

60) Martyn, *Galatians*, 235.

배타적인 사회적 관습들에 의하여 공격을 당했다. 바울은 그들이 뒤로 물러나는 행위에서 복음의 진리를 향하여 "바르게 행하지(walk straight)" 못하는 실패를 보았다(NRSV에서 "일관되게 행하지 아니함"이라고 한 것은 애매모호한 의역이다; NIV의 "복음의 진리를 따라 행하지 아니함"이 더 낫다). 그래서 바울은 베드로에게 격정적으로 연설했다. 베드로와 다른 유대 기독교인들을 이방인들과 함께 하는 하나의 식탁으로 다시 부르기 위해서였다.

바울은 베드로를 나쁜 신앙에 완전 모순투성이라고 비난하는 인신공격적인 주장으로 포문을 연다: "네가 유대인으로서 이방인을 따르고 유대인답게 살지 아니하면서 어찌하여 억지로 이방인을 유대인답게 살게 하려느냐"?(14b절). "유대인답게 사는 것"은 이 경우에는 유대 음식법 규정을 준수하는 것을 말한다. 이 질문은 베드로가 평소에는 엄격히 토라를 준수하면서 살지 않으며, 베드로가 가식적으로 그렇게 하는 게 아니라는 것을 전제로 한다. 이것은 야고보로부터 대표단이 도착하기 전까지 안디옥에서는 베드로가 이방인들과 습관적으로 함께 식사했던 것과 부합한다. 바울은 예루살렘 대표단의 압력에 굴복한 베드로가 사실상 안디옥의 이방인 개종자들에게 자신이 평소에 따르려던 것보다 더 높은 수준의 토라 준수를 요구하고 있다고 비판한다.

앞에서 지적한 바와 같이, 여기서 보이는 "강요"는 폭력적 강요가 아니라, 교묘한 집단적 압력이다. 즉, 안디옥에서 이방인들에게 유대인들이 지키는 것을 수용하게 하려고 베드로와 다른 유대 기독교인들이 공동 식탁을 거부했다는 것이다. 예루살렘에서 온 대표단이 이방인들에게 할례를 받도록 압박을 가했다는 암시 같은 것은 없다. 이 문제는 야고보의 승인 하에 예루살렘 회의에서 이미 명확히 정리되었다(1-10절). 동사 ἰουδαΐζειν유다이제인은 여기서 "유대인답게 사는 것"(14절)으로 번역되었는데, 반드시 유대교로 개종하는 것을 의미하는 말은 아니다.[61] 오히려 이것은 유대인들의 관습을 받아들이는 것을 의미한다.[62] 아마도 이방인 기독교인들이 유대교의 율법이 명령하는 대

---

61) Josephus, *Jewish War*, 2.454에 그 뜻이 분명하게 나타난다. 그러나 Martyn, *Galatians*, 236은 이 사례는, 에 8:17 LXX처럼, 피상적이고 불성실하게 유대인의 생활방식을 받아들인다는 것을 암시한다고 주장한다.

로 음식을 먹었다면, 식탁 교제에 대한 어떤 반대도 극복할 수 있었을 것이다. 이것을 해롭지 않은 것으로 볼 수도 있었지만, 이방인 기독교인들이 유대인들의 음식법 기준을 따라야 한다는 외적 압력에서, 바울은 복음에 대한 배신을 본 것이다(2:15-21에 대한 신학적 묵상을 보라).

갈라디아서 2:15-21
유대인과 이방인이 똑같이
그리스도의 죽음을 통하여 변화된다

주석

이렇게 판단하는 이유들은 15-21절의 고도로 압축된 주장에서 도출해낸 것이다. 이 부분은 편지 전체 주장의 *요약(précis)* 역할을 하고 있다. 지적한 바와 같이, 바울은 갈라디아 교회를 염두에 두고 자신의 연설 내용을 구성했다. 그래서 15-21절의 신학적 주장은 안디옥의 갈등과 당시 갈라디아 교회의 고민거리인 할례에 똑같이 적용된다. 해석자의 과제는 각각의 경우에 논증이 어떻게 기능하는지를 알아차리는 것이다.

2:15-16 여기에서도 바울은 베드로에게 말하고 있다. 바울은 자신이 외부 이방인들과 날카롭게 대비시켜서 자신의 정체성을 규정하는 세습적 유대 전통에 자신도 포함된다는 것을 인정한다; "우리는 나면서부터 [문자적으로는, "본래"] 유대인이요, 이방 죄인이 아니로되." 이 전통적인 유대적 준거틀 속에서, 이방인은 단지 언약 백성들의 바깥에 있다는 것 때문에 "죄인"(ἁμαρτωλοί하마르톨로이)의 범주에 속한다. 바울이 이방인의 사도로서 갖게 된 이방인을 향한 보다 수용적인 태도를 고려해 본다면, 우리는 바울이

---

62) 예를 들어 다음을 보라, Ign. *Magn*. 10.3: "예수 그리스도에 대하여 이야기하면서 유대주의 관습(ἰουδαΐζειν유다이제인)을 이야기하는 것은 기괴한 일이다."

어느 정도 비꼬는 의미에서 이런 단정적인 문구를 사용한다고 볼 수도 있다. 그러나 바울의 요점은 심각한 것이다: 바울, 베드로 그리고 예루살렘 대표단은, 그리고 반드시 짚고 넘어가야 하는데, 갈라디아에 온 경쟁 선교사들도 모두 유대인이고, 이스라엘의 유산을 나눈 자라는 것이다(빌 3:4-6을 보라). 바울이 공동의 민족적 정체성을 강조하는 목적은 문장의 나머지 부분에서 드러난다. 즉, 자신의 민족적 정체성을 가장 잘 의식하고 있는 유대 기독교인들조차도 그리스도를 통해서 의롭게 된다고 하는 공통된 신앙고백을 한다는 것이다. 바울이 공통의 신앙고백 전통을 언급하는 것은 이 신앙고백 전통을 하나님께서 만드신 새로운 상황에서 이방인들에게 토라 준수는 필수적이지 않다는 주장의 근거로 사용하기 위해서이다.

16절에 명시되어 있는 신앙고백은, 바울이 유대 기독교인들의 공통된 믿음이라고 제시하는 것인데, 갈라디아서 메시지의 핵심이고, 간결한 형식의 복음이다. 그러나 이 고백은 매우 간결하게 구성된 것이어서, 주석적으로 많은 문제가 있다. 바울은 여기서 신학적으로 축약해서 쓰고 있기 때문에, 각 문구는 신중하게 해석해야 한다.[63] 결과적으로 우리는 여기서 이 편지 전체에 대한 해석을 좌우하게 될 몇 가지 중요한 해석상의 결정을 해야만 한다.

주목해야 할 문제들은 (a) 15-16절의 문장 구조; (b) "의롭게 하다"라는 동사의 뜻; (c) "율법의 행위로"의 의미; (d) "예수 그리스도의 [혹은 예수 그리스도를] 믿음으로 말미암아"라는 표현의 의미(διὰ πίστεως Ἰησοῦ Χριστοῦ 디아 피스테오스 예수 크리스투); (e) 16절의 마지막에 있는 시편 143편에 대한 암시.

(a) 15-16절의 문장 구조. NRSV는 15-16절을 더 단순하고 읽기 편한 영어 문장으로 보여주는데, 16절 첫머리에 있는 분사구문을 독립절로 바꾸고 16절 중간에서 새로운 문장을 시작한다:

---

63) Betz는 이 단락이 "교리적 축약, 즉 공식적인 형태의 매우 짧은 교리 요약"들로 되어 있다고 기술한다. 다음을 보라, Betz, *Galatians*, 114.

> 우리는 본래 유대인이요 이방 죄인이 아니다; 그러나 우리는 사람이 의롭게 되는 것은 율법의 행위로 말미암지 않고, 오직 예수 그리스도를 믿음으로 말미암는 것임을 안다. 그리고 우리는 그리스도를 믿게 되었다.

불행히도, 이 번역은 그리스어 구문의 중요한 의미를 좀 놓쳤다. 16a절의 "알다"라는 동사는 실제로는 분사다(εἰδότεςε에이도테스); 그래서 좀 더 문자적으로 번역하면 다음과 같다:

> 우리는 본래 유대인이요 이방 죄인이 아니다; 그러나 사람이 의롭게 되는 것은 율법의 행위로 말미암지 않고, 오직(but)[64] 예수 그리스도를 믿음으로 말미암는 줄 알기 때문에, 우리도 그리스도 예수를 믿는다.

여기서 강조는 "우리도(even we, καὶ ἡμεῖς카이 헤메이스)"라는 말에 있다. 여기에서는 καί를 설명으로 이해했다(NRSV에서처럼 독립절을 이끄는 접속사가 아니라). 그리하여 독자에게 16절의 "우리"가 15절에서 가리키는 것과 정확하게 동일한 유대인 구성원이라는 것을 기억하게 한다. 바울의 강조점은 "본래 유대인인 우리도"(즉 이방인이 아닌) 의로움의 근거로서 율법의 행위를 신뢰하는 *대신에* 그리스도를 믿는다는 것이다.

---

64) 여기서 그리스어 ἐὰν μή에안 메는 일반적으로 "제외하고(except)"로 번역된다. Dunn은 (*The Epistle to the Galatians*, 137-38) 여기에 바울이 자신의 입장에 대해 베드로의 동의를 얻기 위해 정교하게 계산된 애매함이 들어 있다고 본다. 청자나 독자는 이 문장을 다음의 뜻으로 이해할 수 있었다. "사람이 예수 그리스도를 믿는 믿음을 통하는 것을 제외하고(except) 율법의 행위만으로는 의롭게 되지 못한다." 이렇게 읽으면, 이 입장은 율법의 행위를 제쳐내는 것이 아니라, 율법이 요구하는 것을 (더불어?) 행함으로써 의로움을 획득하는 하나의 길로서 그리스도를 믿는 믿음을 권장하는 것이 된다. 그러나 사실상 다른 모든 주석가들은 ἐὰν μη를 역접으로 ("그러나 오히려 but rather") 해석하거나, 예외적인 것으로 보는 경우에는, 추가된 전치사구 "율법의 행위로"가 아니라, 동사에만 적용되는 것으로 해석한다. 그러면 다음과 같이 번역할 수 있다. "사람이 율법의 행위로 의롭다 함을 받는 것이 아니다. (사람이) 예수 그리스도의 믿음 혹은 예수 그리스도를 믿는 믿음이 아니면 (의롭다 함을 받을 수 없다)." 이게 더 복잡한 번역인데, 본질적으로 역접의 의미와 같다. 번역 문제에 관련한 토론에 대하여는, Longenecker, *Galatians*, 83-84; Martyn, *Galatians*, 251을 보라.

(b) "의롭게 하다"라는 동사의 뜻. "의롭게 하다"(δικαιόω디카이오오)라는 중요한 동사는 16절에 3번 나오는데, 갈라디아서에서는 여기에서 처음으로 나온다. "의롭게 되는"것은 의롭다고 선포되거나 하나님과 바른 관계 속에 있는 것이다.[65] 이 말은 법정 용어에서 기원한 것이지만, 이스라엘의 선지서와 시편에서 이 용어는 뚜렷한 종말론적 의미를 갖고 있다. 즉, 비록 현재가 고통과 압박의 시기라 하더라도, 선지자들과 시인들은 하나님께서 미래에 자신들을 인정해주실 것으로 본다. 하나님은 궁극적으로 언약 백성을 구원하고, 그들의 적과 압제자를 굴복시키심으로써 그들을 "옳다고 하시기" 위하여 행동하신다. 구약 성경의 많은 문맥에서 이 동사의 가장 좋은 영어 번역어는 "정당성을 입증하다(vindicate)"이다. 예를 들어 사 50:7-8a에서 미지의 "종"은 이렇게 선언한다:

> 주 여호와께서 나를 도우시므로
> 　내가 부끄러워하지 아니하고
> 내 얼굴을 부싯돌 같이 굳게 하였으므로,
> 　내가 수치를 당하지 아니할 줄 아노라
> 　나의 억울함을 *풀어주시는(vindicates)* 이가(ὁ δικαιώσας με호 디카이오사스 메)
> 　가까이 계시니. (이탤릭체는 저자가 추가한 것임)

그래서 동사 "의롭다 함"은 단지 유죄를 법정에서 무죄라고 선언하는 것이 아니라, 잘못된 모든 것을 강력하게 바로잡으시는 하나님의 궁극적인 행동을 의미한다.

결과적으로 바울이 여기서 "의롭게 되는 것"을 말할 때, 그는 반복적으로 수동태를 사용한다. "의롭게 됨"이 암시하는 행위자는 하나님이시다. 오직 하나님만이 사태를 바로 잡을 능력을 가진 분이시다. 사실상 당연한 것이지만,

---

65) 자세한 토론은, R. B. Hays, "Justification," *ABD* 3.1129-33; S. K. Williams, *Galatians*, ANTC (Nashville: Abingdon, 1997) 62-65을 보라.

이것이 그 어떤 인간도 율법의 행위로 의롭다 함을 받을 수 없는 이유이다. 그런 행위는 하나님께 순종하는 것으로 인정된다 하더라도, 인간의 제한적인 행위일 수밖에 없다. 그러나 "의롭게 됨"은 하나님의 종말론적 행위이다. 그래서 바울이 16절에서 "의롭게" 되는 것을 언급할 때, 그는 세계를 변형시키시는 하나님의 종말론적 판결이 개별 인간들과 관계가 있다고 말하는 것이다. 이 판결이 사실상 모든 어그러진 것을 바로잡는 것이기 때문에, 동사 디카이오오의 가장 적절한 영어 번역은 "바로잡다(to rectify)"이다(첨부를 보라: "의의 언어 체계").

첨부: 의의 언어 체계

동사 **δικαιόω**디카이오오는 형용사 **δίκαιος**디카이오스 및 명사 **δικαιοσύνη**디카이오쉬네와 매우 밀접한 관련이 있다. 이 단어들은 자주 영어 "righteous 의로운"(3:11처럼)과 "righteousness 의"(3:6, 21; 5:5 NRSV; 2:21 NIV)로 번역된다. 반면 **δικαιόω**는 보통 "의롭게 하다 justify"로 번역된다. 그러한 번역은 영어 독자들이 바울의 사상에 들어있는 많은 내적 함의를 알아차리지 못하게 할 위험이 있다. 다음의 표는 이러한 말들 사이의 관계를 설명해준다:

그리스어	영어(라틴 어근)	영어(앵글로-색슨 어근)
δικαιόω	justify	rectify
δίκαιος	just	righteous
δικαιοσύνη	justice	righteousness

영어 번역이 일관되게 관련 용어의 이러한 체계 중 하나 또는 다른 체계를 일관되게 사용한다면 바울의 주장이 가진 정합성이 보다 선명해질 것이다.[66] 따라서 이 주석의 이어지는 토론에서는 대개는 "바르게 하다 rectify" "의로운 righteous" "의로움/바르게 됨 righteousness/rectification"라는 단어들을 사용할 것이다.

66) Martyn, *Galatians*, 이 책은 일관되게 **δικαιόω**를 "바르게 하다 rectify"로, **δικαιοσύνη**를 "바르게 함(rectification)"으로 번역해서 이러한 언어적 난점에 생산적 해결책을 제시한다.

비록 "바르게 됨 rectification"이 바울의 신학에서 중요한 주제라고는 하더라도, 1세기 유대교의 맥락에서 볼 때 바울이 이 동사를 사용하는 것이 특이한 것은 아니다(하나님께서 바로잡기 위해 어떻게 행동하시는가에 대한 바울의 이해가 매우 독특했다는 것은 분명하다; 아래의 "예수 그리스도의 믿음"을 보라). 그의 용법은 위에서 확인한 구약성경 사례들과 완전히 일치한다. 그리고 그것은 사해 사본에서 발견된 고마움이 넘치는 감사의 말과 상당히 유사하다.

다른 이는 몰라도, 나의 심판은 하나님께 있노라.
그의 손에 내 길의 완전함이 있고,
내 마음의 정직함도 거기에 있도다.
그는 그의 *의*로 말미암아 내 죄를 제하여 버리실 것이로다...
다른 이는 몰라도, 내가 실족하더라도 하나님의 자비가
나의 영원한 구원이 되실 것이라.
만일 내가 육체의 죄 때문에 흔들린다 할지라도
나의 심판은
영원히 지속될 하나님의 *의*에 달려 있도다.
(1QS 11:2-3, 12)

따라서 바울이 베드로와 다른 유대 기독교인들도 "바르게 됨"이 그리스도를 통해 실행되는 하나님의 행위라고 보는 자신의 근본적인 이해를 공유하고 있다고 주장할 때, 이 주장을 의심할 만한 이유가 전혀 없다. 오직 논쟁은 바르게 되는 과정과 관련해서 우리가 "율법의 행위"와 "예수 그리스도의 믿음"의 역할을 더 분명하게 하려고 할 때 발생한다.

(c) 율법의 행위. 마틴 루터는 바울의 "믿음"과 "율법의 행위"의 이분법에서 종교개혁에 신학적 추동력을 제공하는 해석학적 원리를 발견했다. 루터는 "율법의 행위"를 하나님의 인정을 받으려고 하는 인간적 모든 노력에 대한 은유로 해석했다. 따라서 그는 갈 2:16에서 선행의 공로로 구원을 얻는 것과 오직 믿음으로(*sola fide*) 구원받는 것 사이의 차이를 본 것이다.[67] 이 교리는

그에게 16세기 로마 가톨릭 교회의 관습과 가르침에 대항하는 강력한 논쟁 무기를 제공했다. 루터의 바울 해석은 이후의 기독교 해석자들에게 광범위한 영향을 끼쳤다. 그들은 선행을 통하여 구원을 획득하고자 하는 시도를 바리새파 유대교와 결부시켰고, 그럼으로써 바울이 하나님과 구원에 대한 유대교의 이해와 철저한 단절을 선언하는 것으로 보았다.

이 문제에 대한 이러한 설명의 난점은 E.P. 샌더스가 자신의 획기적인 연구인 *바울과 팔레스타인 유대교(Paul and Palestinian Judaism)*에서 입증한 바와 같이 그것이 유대교의 희화화에 근거한다는 것이다.[68] 유대교는 결코 개인이 공로로 하나님의 호의를 획득해야 한다고 가르친 적이 없다. 언약 백성의 지체들은 이미 하나님의 은혜로운 선택과 자비로 받아들여진 것이다. 율법에 순종하는 것은 그 안에 들어가기 위한 조건이 아니다. 오히려 그것은 언약 공동체 안에 머물기 위한 수단이다. 샌더스는 이 유대교의 종교 유형을 "언약적 율법주의"(covenantal nomism)라고 불렀다. 초기 유대교와 기독교를 연구하는 거의 대부분의 학자들은 이제 샌더스의 팔레스타인 유대교에 대한 설명이 기본적으로 옳다는 것을 인정한다.

그러면 우리는 바울이 2:16에서 말하는 믿음으로 바르게 되는 것과 율법의 행위로 바르게 되는 것 사이의 대조를 어떻게 이해해야 할까? 바울이 자신의 유대교 유산을 틀리게 묘사하는, 가짜 포장지를 뒤집어 씌우고 있는 것일까? J.D.G. 던이 이 문제의 해법을 제안한 바 있다. 그는 "율법의 행위들"(ἔργα νόμου[에르가 노무])이라는 표현이 일반적인 의미에서의 공로를 말하는 것이 아니라, 특별히 유대 민족적 특성들의 외적 상징에 해당하는 관습들을 말하는 것이라고 제안을 한다: 할례, 음식법 준수, 안식일 엄수.[69] 이 말이 옳다면, 우리는 바울이 한 말을 다음과 같이 바꾸어 말할 수 있을 것이다:

---

67) Martin Luther, *Lectures on Galatians*(1535), *Luther's Works*, vol. 26, trans. Jaroslav Pelikan (St. Louis: Concordia, 1963) 122-41.

68) E. P. Sanders, *Paul and Palestinian Judaism: A Comparison of Patterns of Religion* (Philadelphia: Fortress, 1977).

69) Dunn, *The Epistle to the Galatians*, 135-37. Dunn의 다른 논문들도 보라,

> 우리는 본래 유대인이요 이방 죄인이 아니로되, 사람이 의롭게 되는 것은 민족적 정체성의 표지를 지니는 것으로 말미암지 않고, 예수 그리스도를 믿음으로 말미암는 줄 알므로, 우리도 그리스도 예수를 믿는다.

따라서 바울의 비판은 (선행을 통해 구원을 받으려 하는) "펠라기안주의"가 아니라, (인종적 혹은 사회문화적 특성에 근거한 구원론적 특권을 주장하는) 민족적 배타성을 대상으로 한다는 것이다. "율법의 행위들"에 대한 이 해석의 한 가지 장점은 그것이 바울이 안디옥에서 맞닥뜨린 상황과 아주 정확하게 들어맞는다는 것이다.[70] 이방인들과의 식탁 교제에서 뒤로 물러났다고 해서, 베드로가 선행을 통해서 구원을 획득하려고 한 것은 아니라, 오히려 그는 민족적인 유대 기독교 공동체와 이방인 이웃 사이의 경계를 유지하려고 했다는 것이다. 이런 이유만으로도 던의 설명이 이 단락에 대한 전통적 "루터파"의 해석보다 강력한 지지를 받는다.

율법의 행위들(에르가 노무)이라는 말이 민족 정체성의 표지만을 말하지 않는다는 것은 분명하다. 원칙적으로 그것은, 던이 인정한 바와 같이, 토라가 요구하는 모든 영역에 걸친 행위를 가리킨다.[71] (마틴은 이 말을 "율법의 준수"로 번역한다.)[72] 그럼에도 여전히, 갈라디아서의 직접적 문맥은 "율법의 행위들"이란 표현이 특별히 유대인의 정체성을 상징적으로 대표하는 몇 가지 시금석과 같은 관습들을 가리킨다는 것을 암시한다. (실제로 아마 '에르가 노무'라는 어구는 갈라디아에서 경쟁 선교사들이 바울의 이방 개종자들에게 부과하려고 했던

"The New Perspective on Paul"과 "Works of the Law and the Curse of the Law (Gal. iii.10-14)," in *Jesus, Paul and Law* (Louisville: Westminster/John Knox, 1990) 183-214, 215-41.

70) Dunn, *The Epistle to the Galatians*, 136-37은 갈라디아서에서 직전에 있었던 토론이 명확히 민족 정체성의 이러한 표지 중 두 가지에 초점을 맞추고 있다고 말한다: 할례(2:1-10)와 식사 관습(2:11-14).

71) J. D. G. Dunn, "4QMMT and Galatians," *NTS* 43 (1997) 147-64.

72) Martyn, *Galatians*, 250.

순종을 강조하기 위해 사용한 말이었을 것이다.)

(d) ***예수 그리스도의 믿음.*** 그런데 만약 바울이 신앙 고백문을 통해 아무도 율법을 준수하거나 유대교의 정체성 표지에 충성하는 것으로는 의롭게 될 수 없다는 것을 선언하는 것이라면, 그 긍정적 대안은 무엇인가? 여기서 다시 한 번 우리는 루터와 개혁가들이 바울에 관한 적절한 주석의 영향을 받았는지 검토해보아야 한다. 서방 기독교 전통은 일반적으로 **διὰ πίστεως Ἰησοῦ Χριστοῦ**디아 피스테오스 예수 크리스투라는 어구를 "예수 그리스도를 믿는 믿음을 통하여"를 의미하는 것으로 이해했다. 이것은 루터의 신학과 잘 맞는다. 즉, 사람이 인정받기 위해서 분투하는 것이 아니라, 구원은 오직 선포된 복음의 가르침을 믿는 것에 달려 있다는 것이다. 그러나 바울이 말하려고 한 것이 이것일까? 바울이 그의 마음속에 다른 무엇인가를 가지고 있었다고 생각할 만한 이유들이 있다. *디아 피스테오스 예수 크리스투*는 기본적으로 선포된 복음에 대한 우리의 인식적 반응이 아니라, 우리를 위해 죽음을 감내한 그리스도의 충성스러운 행위를 가리킨다.

바울의 전치사 구는 의미론적으로 애매하다. 속격(Ἰησοῦ Χριστοῦ)은 목적격일 수도 있고 주격일 수도 있다. 즉, 문법적으로 말해서, 예수께서는 명사 **πίστις**피스티스("믿음")가 의미하는 행동의 대상일 수도 있고 주체일 수도 있다는 것이다. 그 문구의 영어 번역에서 이 애매한 표현을 정확하게 재현하는 것은 불가능하지만, 우리는 유사한 표현을 만들어서 그 점을 설명할 수는 있다: "우리는 예수의 사랑으로 의롭게 된다." 이 말은 우리가 예수를 사랑하기 때문에(목적격 속격) 우리가 의롭게 된다는 말인가, 아니면 예수께서 우리를 사랑하시기 때문에(주격 속격) 의롭게 된다는 말인가?[73] 이러한 애매함은 이 문장을 보다 큰 담론이나 사고 구조 안에서 볼 때에만 해결할 수 있다.

게다가 명사 피스티스는 영어 번역자들에게 다양한 의미론적 가능성이 있

73) 제3의 가능성은 이 문장이 우리가 예수와 같은 사랑, 즉 그 기원을 예수께 두는 사랑의 수준을 가짐으로써 의롭게 되는 것을 의미하는 것이다(기원의 속격 Genitive of authors). 윌리엄스는 "예수 그리스도의 사랑"에 대하여 이와 같은 선택을 한다. 다음을

다. 그것은 "믿음," "신실함," "충성," 혹은 "신뢰"로 번역할 수 있다. 그러나 그것이 교리를 인지적으로 동의한다는 의미의 "믿음 belief"을 뜻하지는 않는다. 오히려 그것은 어떤 사람을 신뢰하거나 신임한다는 뜻이다. 동족 동사인 **πίστεύω**피스튜오는 "믿다" 혹은 "신뢰하다"로 번역할 수 있다. 애석하게도 영어에는 명사 "믿음 faith"과 동일 어근의 동사가 없다. 이 모든 이유들 때문에 바울이 16절에서 진술하는 것을 어떻게 이해해야 하는지가 불확실해진다.

바울은 예수 그리스도의 믿음 혹은 예수 그리스도를 믿는 믿음(the faith of/in Jesus Christ)에 관한 비슷한 표현을 갈 2:20과 3:22 그리고 롬 3:22, 26과 빌 3:9에서 사용한다.[74] 이 모든 구절들에 대한 해석은 최근 비평적 문헌에서 널리 토론되어 왔으며,[75] 최근의 갈라디아서에 대한 영어권 주석들은 양쪽으로 의견이 갈리는데, 그 분포가 상당히 균등한 편이다.[76] 학문적 합의가 없다는 점은 인정하지만, 본 주석은 *피스티스 예수 크리스투*를 자기 희생적 죽음으로 드러난 "예수 그리스도의 신실함"을 의미하는 것으로 이해하고 갈라디아서 해석을 진행할 것이다.[77] 16절이 암시하듯이, 이러한 입장은 바울에게서 시작된 것이 아니다. 그것은 초기 유대 기독교의 공동 자산이다. 그

보라, Williams, *Galatians*, 67-70.

74) 비교할만한 적당한 예들은 골 3:5과 엡 3:12이다. 롬 4:16도 보라. 여기에서 τῷ ἐκ πίστεως Ἀβραάμ(tō ek pisteōs Abraam)은 확실히 "아브라함을 믿는(in) 믿음을 가진 사람에게"라는 뜻은 아니다; 그것은 "아브라함의(of) 믿음을 공유한 사람에게"라는 뜻이다.

75) 다양한 해석에 대한 상세한 토론은, R. B. Hays, "PISTIS and Pauline Christology: What Is at Stake"?; J. D. G. Dunn, "Once More, PISTIS CRISTOU"; P. J. Achtemeier, "Apropos the Faith of/in Christ: A Response to Hays and Dunn," in *Pauline Theology*, *Vol. 4: Looking Back*, *Pressing On*, ed. E. E. Johnson and D. M. Hay (Atlanta: Scholars Press, 1997) 35-92를 보라.

76) "예수 그리스도를 믿는 믿음 faith in Jesus Christ": Betz, Dunn. "예수 그리스도의 신실함 the faithfulness of Jesus Christ": Longenecker, Matera, Martyn. Williams는 "기원의 속격"을 해법으로 채택했고, 그 어구를 "그리스도-믿음 Christ-faith"으로 번역했다.

77) Hays, "PISTIS and Pauline Christology"에 나온 주장들뿐만 아니라, Martyn, *Galatians*, 270-71도 보라.

러면 그것은 무슨 뜻인가? "예수 그리스도의 신실함"이라는 어구는 오직 우리가 그것을 "하나님 곧 우리 아버지의 뜻을 따라 이 악한 세대에서 우리를 건지시려고 우리 죄를 대속하기 위하여 자기 몸을 주신"(1:4) 예수의 *이야기*를 암시하는 것으로 읽을 때만 의미가 통한다. 그가 자신을 주신 것을 초기 기독교인들은 *피스티스*, 즉 신실한 행위로 해석했다. 모든 인류가 하나님께 신실하지 못했을 때, 그가 홀로 하나님 앞에 신실하였다. 동시에 그의 죽음은 *하나님의* 신실하심(참조. 롬 3:3), 즉 당신의 백성을 속박과 죽음에 버려두지 않겠다는 하나님의 결의를 보여주는 행위였다. 그래서 사람이 오직 *디아 피스테오스 예수 크리스투*로 올바르게 된다고 바울이 썼을 때, 그는 십자가의 죽음에서 구현된 그리스도의 신실함을 생각하고 있는 것이다. 또한 그리스도의 십자가 죽음은 하나님께서 우리를 구하기 위하여 행하신 사건이다(참조. 롬 5:8: "우리가 아직 죄인 되었을 때에 그리스도께서 우리를 위하여 죽으심으로 하나님께서 우리에 대한 자기의 사랑을 확증하셨느니라").

이러한 이해에 입각해서, 우리는 15-16a의 의미를 다시 한 번 명확하게 하기 위해서 풀어서 설명해 볼 수 있다:

> 우리는 본래 유대인이요 이방 죄인이 아니로되, 사람이 올바르게 되는 것은 율법 준수로 말미암음이 아니요, 우리를 위해 죽으신 예수 그리스도의 신실함으로 말미암는 줄 알므로 우리도 그리스도 예수를 믿나니, 이는 우리가 율법 준수가 아니고 그리스도의 신실함으로 바르게 됨을 얻으려 함이라.

이런 해석은 이 단락에 있는 바울의 마지막 문장(21절)으로 더 확실해진다. 여기서 바울은 바르게 됨은 "율법을 통하여" 오는 것이 아니라 "그리스도의 죽음"을 통하여 오는 것이라 주장함으로써 자신의 주장을 요약한다.[78)]

78) Martyn, *Galatians*, 271.

(e) ***바울의 시편 143편 암시.*** 16절의 마지막 절(clause)("율법의 행위로서는 바르게 됨을 얻을 육체가 없느니라")은 불필요해 보이지만, 그것은 사실상 바울이 자신의 논지를 마무리하기 위해서 성경적 증거에 호소하는 것이다.[79] 여기에서 바울이 사용하는 표현은 시 143:2을 반영하고 있다: "주의 종에게 심판을 행하지 마소서. 주의 눈앞에는 의로운 인생이 하나도 없나이다." 이 평행은 대부분의 영어 번역보다 그리스어 본문에서 더 역력히 드러난다.

시 142:2 LXX (=시 143:2 MT)	갈 2:16d
그리고 당신의 종을 심판에 들게 하지 마옵소서. 당신 앞에서는	율법의 행위로는
의롭게 될 인생이 없기 때문입니다. (**δικαιωθήσεται** dikaiōthēsetai)	의롭함을 얻을 육체가 없다. (**δικαιωθήσεται** dikaiōthēsetai)

시편에는 "율법의 행위로"라는 문구가 없지만(바울은 자신의 논지를 강조하기 위해 이 문구를 덧붙였다), 시인은 그 어떤 사람도 하나님의 심판을 견딜 수 없으며, 모든 구원의 희망이 하나님의 의의 능력에 달려 있다는 것을 인정한다. 시 143편에서 화자는 하나님의 의(**δικαιοσύνη**디카이오쉬네)를 두 번에 걸쳐 언급한다.

여호와여 내 기도를 들으시며
내 간구에 귀를 기울이시고
주의 진실과 *의*로 내게 응답하소서

---

79) 보다 세부적인 설명은, R. B. Hays, "Psalm 143 and the Logic of Roman3," *JBL* 99 (1980) 107-15을 보라.

....

여호와여 주의 이름을 위하여 나를 살리시고
주의 의로 내 영혼을 환난에서 끌어내소서
(시 143:1, 11)

이 시편을 암시함으로써, 바울은 그리스도에게서 나타난 하나님의 행하심을 통하여 의롭게 되는(justification) 혹은 바르게 되는(rectification) 복음과 "원래 유대인"인 사람들이 성경의 증언을 통하여 이미 알고 있는 것, 혹은 알고 있어야 하는 것이 전적으로 일치한다는 자신의 주장을 강조한다. 즉, 우리는 오직 하나님의 은혜로우신 행위를 통해서만 하나님과 바른 관계 속에 놓인다는 것이다. 우리 소망의 근거는 하나님의 의이며, 그 어떤 인간의 "행위들"이나 민족적 신분도 아니다. 바울이 "의로운 인생이 하나도 없나이다"라는 말을 "의롭다 함을 받을 *육체*가 없느니라"라는 말로 시편의 자구(字句)를 수정하였을 때, 그는 아마도 갈라디아 사람들이 할례를 받아야 한다고 압박함으로써 이 편지의 뒷부분에서 "*육체의* 모양을 내려고 하는 자들"(6:12)을 대항하여 펼칠 자신의 주장을 교묘하게 미리 보여주고 있는 것으로 보인다.[80)]

따라서 15-16절에서 바울은 안디옥에서 베드로에게 문제를 제기한 근거들을 제시한 것이다. 그 근거들은 또한 할례 받으라는 압박을 거절하도록 갈라디아 사람들에게 촉구하는 신학적 기초가 되기도 한다. 이후의 구절에서(17-21절), 바울은 어느 정도 예측한 반대에 대답하고 자신의 입장을 상세히 설명한다.

2:17-18 17절에서 바울은 야고보에게서 온 사절들이 이방인들과 함께 식사를 했던 안디옥 유대 기독교인들에 대해서 제기했던 반대를 극적인 말투로 설명한다(그리고 갈라디아에서 선교사들이 제기한 반대도 그런 식으로 설명했을 것이다). 이방인들과 함께 식사한 사람들은 이방인들과 마찬가지로 "죄인들"(똑같은 단어가 15절에서도 사용되었다)이 되는 것이고, 그리스도의 이름을

80) Martyn, *Galatians*, 253.

더럽히고, 그를 악한 행위의 공범이 되게 했으며, 결과적으로 그리스도를 죄의 식탁을 수종드는 자[81]가 되게 한다는 것이다. 17절의 조건문은 사실과 반대되는 상황이 아니라, 실제 상황을 토대로 만들어진 것이다. 즉, 이방인들과 식탁 교제를 한 바울과 다른 사람들은 "그리스도 안에서 바르게 되기를 구한" *것이며*(16절), 그들의 행위를 인정하지 않는 사람들은 사실상 그들을 죄인으로 본 *것이다.* 이 문장의 조건절은 공동식사 행위를 비난하는 사람들의 평가적 관점을 반영한다. 논증을 위해서 바울은 잠정적으로 그들의 관점을 받아들여서 사실상 이렇게 말한다. "그러면 좋다. 이방인들과 함께 먹는 것은 우리 (유대 기독교인들) 자신이 죄인이라는 뜻이다." 그것이 이방인들과 연대한 결과라면, 받아들이겠다! 그러나 그런 다음에 바울은 그것이 그리스도께서 유대인과 이방인들을 함께 모으셔서, 그들의 죄악된 행위를 방조하신다는 뜻인지 묻는다. "그렇다면 그리스도께서 죄를 짓게 하는 자 διάκονος디아코노스냐? 결코 그럴 수 없느니라!" 바울은 그리스도께서 의인화된 죄를 시중드는 어이없는 이미지를 떠올리게 한 후에 강하게 거부한다. 디아코노스("종", 식탁에서 시중드는 종이라는 뜻으로 자주 사용됨)라는 말은 그들의 반대와 유대인과 이방인들이 한 식탁에서 먹는 장면을 생생하게 연결시킨다. 이러한 이미지가 바울을 폄하하는 사람들이 이전에 제시한 것인지 아니면 바울이 그러한 반대의 부조리를 보여주기 위해서 수사적 전략으로 만들어낸 것인지는 알 수 없는 일이다.

다음으로 바울은 베드로와 바나바와 다른 유대 기독교인들이 뒤로 물러나서 이방인들과 따로 먹는 것을(12절) 자신이 왜 잘못이라고 생각하는지를 설명한다: "만일 내가 헐었던 것을 다시 세우면 내가 나를 범법한 자로 만드는 것이라"(18절). 바울은 여기서 자신이 15-17절에서 사용한 1인칭 복수 대명사와 동사를 1인칭 단수로 바꾸어 이것을 18-21절 내내 적용시킨다. 바울이 수사적 전략 차원에서 이런 방법을 사용한다는 주장이 종종 제기된다. 자신을

81) Dunn, *The Epistle to the Galatians*, 141. Dunn은 바울이 여기서 예수께서 죄인들과 식탁 교제를 하고 자신을 diakonos(종)로 묘사한 전승(막 10:42-45)을 역설적으로 암시하는 것일 수 있다고 제안한다.

예로 들어서 설명함으로써, 베드로에게 직접 범법 혐의를 들이대는 것보다 훨씬 부드럽게 요점을 지적한다는 것이다. 그러나 11-14절의 대립하는 분위기를 고려해 볼 때, 이러한 설명은 그리 만족스럽지 못하다. 차라리 바울은 이미 안디옥 상황에서 갈라디아 상황으로 마음이 옮겨가고 있으며, 더 이상 베드로를 직접적으로 다루지 않고, 또 다른 상황에서 그 선교사들이 바울에게 개인적으로 제기한 문제를 다루기 시작하고 있다는 설명이 더 설득력 있다. (위에서 영화에 비유한 것을 활용하자면, 18절에서 카메라는 이제 바울의 얼굴을 클로즈업해서 보여준다.)

무엇인가를 허물고 다시 세운다는 표현은 이방인과 이스라엘을 분리시키는 벽과 같은 토라의 이미지를 떠올리게 한다.[82] 바울의 복음은 예수 그리스도께서 이 벽을 허물었다고 선언한다. 그 이미지는 엡 2:14-16에서 아주 강렬하게 설명된다:

> 그는 우리의 화평이신지라 둘로 하나를 만드사 원수 된 것 곧 중간에 막힌 담을 자기 육체로 허시고 법조문으로 된 계명의 율법을 폐하셨으니 이는 이 둘로 자기 안에서 한 새 사람을 지어 화평하게 하시고 또 십자가로 이 둘을 한 몸으로 하나님과 화목하게 하려 하심이라 원수 된 것을 십자가로 소멸하시고.

바울의 직계 제자 중 한 사람의 작품인 것으로 보이는 이 단락은, 유대인과 이방인을 하나의 새로운 백성이 되게 하려는 하나님의 계획을 성취하는 것을 자신의 사도적 사명으로 여기는 바울의 생각을 잘 표현해준다. 베드로와 예루살렘에서 온 사절들이 바울에게 이방인들과 따로 식사하라고 압박하는 것은 바울에게 안디옥만이 아니라 이방인에게 선교하는 동안 헐어버린 분리의 벽을 다시 쌓으라고 하는 것이다.

---

82) 헬라 유대교에서 이런 이미지를 사용하는 것에 대해서는, *the Letters of Aristeas* 139를 보라: "그의 지혜로 입법자(모세)는... 우리를 부서지지 않는 울타리와 철로 된 벽으로 우리를 둘러싸서 우리가 그 어떠한 일로 그 어떤 다른 민족과도 뒤섞이지 않게 하였다. 그리하여 우리는 몸과 영을 순수하게 지켰고, 잘못된 믿음으로부터 보전되었으며, 오직 모든 피조물 위에 계신 전능하신 하나님만을 경배하고 있다."

만약 자신이 다시 그 벽을 쌓는다면, 그것은 그가 범법자임을 증명하는 것이라고 바울은 주장한다. 이 진술은 두 가지로 이해할 수 있다. 바울은 계명과 규율의 벽을 다시 쌓는 것 자체가 하나님의 뜻을 거스르는 범법 행위라는 뜻으로 말했을 수 있다. 이것은 바울이 "이전에 유대교에 있을 때"(1:13) "범법"이라는 말이 가졌던 의미에 대한 근본적이고 역설적인 반전이다. 그때 범법은 율법의 울타리를 범하는 것이었지, 그것을 다시 쌓는 것은 아니었다.[83] 한편, 바울은 분리의 벽을 다시 쌓는 것은 이방인에게 율법에서 자유로운 복음을 설교하는 자신의 사도로서의 모든 수고가 하나님 뜻을 이루는 것이 아니며, 오히려 하나님의 거룩하심에 대한 명백한 모독임을 증명하는 것이 된다는 뜻으로 말했을 수 있다. 즉, 공동의 식탁을 떠나는 베드로를 따르는 것은 바울의 모든 사도직이 헛된 것임을 드러내는 것이며(참조. 2:2), 넓은 의미에서는 하나님에 대한 반항이라는 것이다. 식사법의 제약을 무시하고 유대인과 이방인을 교회에 함께 불러 모으는 것은, 이런 관점에서 보면, 하나님에 대한 범죄에 불과했을 것이다.[84] 바울의 원래 청중들은 이 후자의 해석으로 이해했을 가능성이 높다.

2:19-21 그러나 이 문제는 오래지 않아 해결된다. 바울이 곧바로 율법이 유대인과 이방인을 분리하는 낡은 기준은 더 이상 적용되지 않는다고 선언한다. 그것은 예수의 십자가 죽음으로 폐기되었다는 것이다. 바울은 이 십자가 사건을 우주적 사건으로 이해하는데, 바울 자신도 이 사건에 참여하여 그 결과로 "율법에 대하여 죽었다"(19절)고 말한다. 그는 율법에 대하여 죽었기 때문에, 되돌아가는 것은 불가능하다. 즉, 그 벽을 다시 세우는 것은 바울에게 불가능한 일이다. 왜냐하면 그는 그리스도와 함께 못 박힘으로써, 그리스도로 사는 완전히 새로운 삶에 들어섰기 때문이다.

---

83) Martyn, *Galatians*, 256이 이 해석을 선호한다.

84) 2:18을 이렇게 해석하는 것에 대하여는, A. F. Segal, *Paul the Convert: The Apostolate and Apostasy of Saul the Pharisee* (New haven: Yale University Press, 1990) 202-3을 보라.

19절에서 한 가지 당혹스러운 문제는 "*율법으로 말미암아*" 율법에 대하여 죽었다는 바울의 진술이다. 바울이 "*십자가*로 말미암아 나는 율법에 대하여 죽었다"라고 썼더라면, 그의 일련의 주장은 명확했을 것이다. 그런데 그는 왜 "*율법*으로 말미암아"라고 말하는 것일까? 인접 문맥에는 이 이해하기 힘든 표현을 통해 바울이 말하고자 했던 것을 설명해주는 것이 전혀 없다. 분명히 바울은 율법을 준수하려는 자신의 노력의 무가치함을 발견했기 때문에 "율법에 대한 죽음"을 생각하는 것은 아니다. 그 자신의 진술에 따르면, 그는 "율법의 의로는 흠이 없는"(빌 3:6) 자였다. (개종 이전의 바울을 죄책감이라는 무거운 짐에 시달리는 모습으로 보는 일반적인 생각이 부적절하다는 것을 크리스터 스텐달이 자신의 논문 "사도 바울과 서양의 자기 반성적 양심"[85]에서 설득력 있게 입증했다.) 주석가들은 때로 롬 7:11을 언급하는데, 여기서 바울은 죄가 기회를 타서 "계명으로 말미암아 나를 속이고 그것으로 나를 죽였다고" 말한다. 그러나 사실 이 진술은 갈 2:19을 이해하는데 도움을 주지 못한다. 로마서에서는 분명히 사람이 "율법으로 말미암아"서가 아니라 "그리스도의 몸으로 말미암아"(롬 7:4), 즉 세례를 통해 그의 죽음과 연합함으로써(롬 6:1-11), 율법에 대하여 죽는다고 말하기 때문이다. 던은 바울이 "율법으로 말미암아"라고 말하는 것은 자신이 율법에 대한 열심 때문에 교회의 박해자로 활동한 것을 언급하는 것이라고 주장한다.[86] 이 해석은 이러한 활동이 어떻게 바울이 율법에 대하여 죽게 했는지 설명하지 못한다. 하나님의 개입과 부르심이 없었다면, 그는 곧장 교회를 박해하러 갔을 것이다. 갈라디아서 본문에서 찾아낼 수 있는 가장 설득력 있는 설명은 율법이 예수의 죽음에서 적극적인 역할을 했고 또한 그를 저주하였다는 것이다(갈 3:13). 따라서 바울이 "그리스도와 함께 십자가에 못 박힘"으로써 율법에 대하여 죽었기 때문에(19절; 참조. 6:14), 율법은 이 과정에서 도구의 역할을 한 것이다. 그러나 사실 바울이 "내가 율법으

---

85) Krister Stendahl, "The Apostle Paul and Introspective Conscience in the West," *HTR* 56 (1963) 199-215을 보라; Stendahl, *Paul Among Jews and Gentiles*, 78-96에서 재발간되었다.

86) Dunn, *The Epistle to the Galatians*, 143.

로 말미암아 율법에 대하여 죽었다"고 격언처럼 말하는 것이 정확하게 무슨 의미인지 모른다고 인정하는 것이 좋다.

바울에게 중요한 것은 자신이 이 죽음을 통과*하여*, 율법을 뒤로 하고, "하나님께 대하여 살려 한다"는 것이다. 율법과 하나님 사이에 쐐기를 박는, 이 특별한 주장은 율법에 열심인 유대인의 귀에는 거슬리는 것이다.[87] 율법과 하나님 앞에서의 삶 사이의 관계에 대한 보다 일반적인 유대적 관점은 "하나님에 대하여 산다"는 표현을 정확하게 율법을 위하여 순교하는 사람들에게 적용시키는 마카비 4서의 두 구절(마카비4서 7:19; 16:25)에 의해 설명된다. 두 번째 구절은 이 문제를 간결하게 진술한다:

> 그 일곱 사람의 어머니는 이 말들로써 자신의 각 아들에게 *하나님의 계명을 어기기보다*는 죽을 것을 권하고 설득했다. 그들은 또한 아브라함과 이삭과 야곱과 모든 족장들이 그런 것처럼, 하나님을 위하여 죽는 사람은 *하나님에 대하여 사*는 *것*임을 알고 있었다. (마카비 4서 16:24-25. 이탤릭체는 저자의 첨가이다)

마카비서의 순교와 달리, 바울은 율법을 *위하여* 죽는 것이 아니라 율법에 *대하여* 죽었으며, 그래서 그는 하나님 앞에서 사는 삶을 찾았다고 주장한다. 이 새로운 삶은, 물론, 예수의 이름 안에서 하나의 예배하는 회중으로 함께 모인 유대인과 이방인의 교제를 포함한다. 이 급진적으로 새로운 형태의 공동체로부터 물러서기를 요청하는 사람들은, 바울이 보기에는, 구시대에, 즉 십자가의 반대편에 사는 것일 뿐이다.

바울이 자신이 "그리스도와 함께 십자가에 못 박혔다"고 말할 때, 그는 단순히 어떤 사적이고 신비한 경험을 말하는 것이 아니다. (18-21절에 나오는 "나"는 예증의 "나"로서, 수사적으로 편지의 독자들에게 바울과 함께 이 고백적 진술

---

87) Martyn, *Galatians*, 257은 이렇게 말한다: "바울이 보낸 사람이 19절을 다 읽었을 때, 선생들이 벌떡 일어서서 바울이 신성모독을 하고 있다고 언성을 높여 비난했을 것이라고 상상하는 것은 한낱 공상에 불과한 것이 아니다."

에 동참하도록 초청한다). 그리스도의 죽음과 연합하는 것은 "그리스도 안에 있는" 사람들 모두의 공동 경험이다. 이것은 롬 6:3-6에 가장 분명하게 표현되었다(다음의 구절들도 보라. 롬 7:6; 고후 4:10; 빌 3:10; 골 2:20; 3:3):

> 무릇 그리스도 예수와 합하여 세례를 받은 우리는 그의 죽으심과 합하여 세례를 받은 줄을 알지 못하느냐. 그러므로 우리가 그의 죽으심과 합하여 세례를 받음으로 그와 함께 장사되었나니, 이는 아버지의 영광으로 말미암아 그리스도를 죽은 자 가운데서 살리심과 같이 우리로 또한 새 생명 가운데서 행하게 하려 함이라. 만일 우리가 그의 죽으심과 같은 모양으로 연합한 자가 되었으면 또한 그의 부활과 같은 모양으로 연합한 자도 되리라. 우리가 알거니와 우리의 옛 사람이 *예수와 함께 십자가에 못 박힌 것은* 죄의 몸이 죽어 다시는 우리가 죄에게 종 노릇 하지 아니하려 함이니.

십자가는 세계를 변화시키고 바울을, 복음을 받은 모든 사람과 함께, 새로운 권능의 영역으로 통합시킨 변혁적인 사건이다. 주목할 점은 "함께 못 박히다"(συνεσταύρωμαι 쉬네스타우로마이)라는 동사는 완료 시제로서, 그 영향이 현재까지 지속되는 완료된 과거 행동을 나타낸다는 것이다. 즉, 바울이 그리스도께서 십자가에 못 박힌 것과 연합한 것은 단지 과거의 사건이 아니라, 그의 현재 실존(present existence)을 계속하여 결정짓는 현실인 것이다.

이것이 그가 이어서 다음과 같이 말하는 이유다, "이제 내가 사는 것이 아니요 오직 내 안에 그리스도께서 사시는 것이라."[88] 자신의 과거 정체성에 대하여 죽고, 또한 그 정체성을 형성한 율법에 대하여 죽었기 때문에, 바울은 부활하신 그리스도의 신비한 능력 안에 사는 것이다. 이것은 그의 모든 가치와 실천들이 십자가에 못 박힌 분의 정체성에 따라 재형성 된다는 뜻이다. 그 정체성의 특징이 20절 하반절에 나온다: "이제 내가 육체 가운데 사는 것

---

88) 바울은 자주 "그리스도 안에" 있음에 대해 언급한다; 신자들 안에 거하시는 그리스도라고 하는 흔치 않은 개념에 대한 다른 언급에 대해서는 롬 8:10; 고후 13:5; 골 1:27; 엡 3:17을 보라.

은 나를 사랑하사 나를 위하여 자기 자신을 버리신 하나님의 아들을 믿는 믿음 안에서 사는 것이라."[89] 이 새로운 정체성의 특징은 할례와 율법 준수가 아니라, 사랑과 자기 포기이다. 이 모든 것은 이방인과의 식탁 교제에 대한 논쟁과 분명히 관련이 있다.

20b절에 있는 2개의 분사는 "사랑하사"(ἀγαπήσαντος아가페산토스)와 "버리신"(παραδόντος파라돈토스)으로 번역되는데, 둘 다 부정과거(aorist) 분사인데, 예수님의 사랑과 자기 헌신의 자리인 십자가를 단 한 번 뿐인 과거의 사건으로 표시한다. 바꾸어 말하면, 바울이 여기서 말하는 사랑은 인류를 향한 예수님의 따뜻한 느낌을 주는 애정이 아니다. 오히려 그것은 *실현된* 사랑이고, 행동과 고통 속에서 드러난 사랑이다. 정확하게 그 행위는 "하나님의 아들의 믿음"이라는 표현이 말하는 내용이다. 여기서 우리는 다시 한 번 16절에서처럼, 속격의 사례를 따라서 *피스티스*를 "~를 믿는 믿음"(faith in)으로 번역할지, 아니면 "~의 신실함"(faith of)으로 번역할지라는 문제에 부딪힌다. 여기 20절에서 확률의 균형은 후자 쪽으로 강하게 기울어진다. 바울은 자신이 지금 하나님의 아들을 "믿는 것으로" 산다고 말하는 것이 아니다. 사실 그는 어떤 지속적인 인간적 행위도 절대적으로 (수사적으로) 부인해왔다. 오히려 여기서 이것은 하나님의 아들의 *피스티스*, 즉 바울 안에서 그리고 바울을 통해서 역사하시는 예수 그리스도의 자기를 버리는 신실함이다.[90] 그가 지금 "육체 가운데" (즉 구체적인 역사적 실존 가운데) 사는 삶은 예수 그리스도의 신실함으로 인하여 생명을 얻고 삶의 방향이 결정된다. 마틴(J. Louis Martyn)이 설명하고 있는 것처럼, "그리스도의 신실함은 그리스도와 함께 십자가에 못 박힌 사람이 살 수 있고 또 살아가는 자리가 된다."[91] 여기서 *피스티스*의 기

---

89) "나를 위해 자기 자신을 버리셨다"는 표현에서 바울은 사 53:12의 말씀을 반영하는 것 같다. 갈 1:4; 롬 5:7-8; 막 10:42-45; 요 15:12-13도 보라.

90) 여기서 우리는 이 문법적 형식을 "기원의 속격 authorial genitive"이라고 정의를 하는 것이 좋겠다. 즉, 예수 그리스도를 이제는 바울의 삶을 살아 움직이게 하는 pistis의 원천이요 기원으로 지목하는 것이다.

91) Martyn, *Galatians*, 259.

능은 롬 5:15과의 비교가 보여주는 바와 같이, 바울의 구원 이야기에 나오는 "은혜"(χάρις카리스)의 역할과 일치한다.[92]

롬 5:15	**갈 2:20**
...이 은사는 은혜 안에서 즉 한 사람 예수 그리스도의 은혜 안에서	...내가 사는 것은 믿음 안에서 즉 하나님의 아들의 믿음 안에서

그러므로 바울이 다음 절(21절)에서 은혜 주제를 언급하는 것은 우연이 아니다. 은혜는 우리를 위한 그리스도의 신실한 죽음으로 구체화 된다.

2:21에서, 바울은 15-21절의 함축적이고 힘찬 연설 전체에서 말하는 것을 요약한다: 의로움/바르게 됨은 율법을 통해 오는 것이 *아니라*, 그리스도의 십자가의 죽음을 통하여 온다. 이 말의 의미는 이방인이 하나님의 백성으로 온전히 참여하는 필수조건으로서 율법 준수를 계속 주장하는 사람들은 결국 그리스도의 죽음이 아무 효력이 없음을 선언하는 것이며, 아울러 그리스도의 죽음 *이전의* 상황을 규정했던 사회적 종교적 규범으로 돌아가고 있다는 것이다. 그들은 바울이 하나님이 은혜로 주신 율법의 요구를 무시함으로써 하나님의 은혜를 폐한다고 비난할 수 있지만, 바울은 이 비난에 대해 반격한다. 바울은 "내가 하나님의 은혜를 폐하지 아니하노니"라고 말한다. 말로 표현하지 않았지만 반격이 강하게 암시되고 있다: "그리스도의 죽음이 전혀 중요하지 않은 것처럼 행동함으로써 하나님의 은혜를 폐하는 건 바로 *당신들이다.*"

바울이 강조하는 것을 질문 형식으로 만들어 볼 수 있다: 율법으로 말미암아 의를 얻을 수 있다면, 예수의 죽음은 왜 필요한가? 여기서 우리는 어떻게 바울의 고백 형식의 논리가 선포로 시작해서 쟁점을 해결하는 방향으로 진행되는지를 보게 된다. 기본 진리는 "이 악한 세대에서 우리를 건지시려고"

---

92) 이 본문의 구문론적 평행의 분석에 대해서는, R. B. Hays, *The Faith of Jesus Christ: An Investigation of the Narrative Substructure of Galatians 3:1-4:11*, SBLDS 56 (Chico, Calif: Scholars Press, 1983) 168을 보라.

(1:4), 예수께서 죽으셨다는 것이다. 이어서 율법은 이 목적을 성취하기에는 무력하다는 말이 나온다. 따라서 의롭게 되는 것은 율법을 통하여 성취될 수 없다. 21절은 바울의 생각이 "해결에서 곤경"[93]으로 움직인다는 샌더스의 말이 진실임을 보여준다. 즉, 바울은 율법 아래 있는 인간의 곤경에 대한 분석으로 시작해서, 해결책으로 복음을 제시하지 않는다. 반대로 바울은 그리스도께서 우리를 위하여 죽으셨다는 고백으로 시작해서, 그 고백이 인간의 곤경을 진단하고 율법의 역할을 결정하는 데 어떤 의미가 있는지를 파악한다.

21절에 있는 바울의 표현은 번역하기 어려운 능숙한 말재간을 담고 있다. "헛되이"라고 번역된 말은 δωρεάν도레안이다. 이는 명사 δωρεά도레아의 대격과 형태가 같은 부사인데, 이 명사의 뜻은 롬 5:15에서처럼 "선물"이다. "만일 의롭게 되는 것이 율법으로 말미암으면 그리스도께서 *대가없이*(gratuitously) 죽으셨느니라"라고 번역하면 바울의 문장에 있는 양면성을 거의 표현해낼 수 있다. 하나님의 아들은 사실 선물로 "자신을 주셨다." 그러나 바르게 되는 것이 율법으로부터 온다고 생각하는 사람들은 이 은혜로운 선물을 무의미하고 쓸데없는 것(gratuitous superfluity)으로 바꾸어 놓았다.

그것이 안디옥에서 바울이 베드로를 (그리고 함축적으로는 갈라디아에서 선교사들을) 비난한 근본적인 이유이다. 바울이 목격한 바와 같이, 베드로는 야고보에게서 온 사절들의 압력에 굴복함으로써 "하나님의 은혜를 폐한" 것이다. 그들이 하나님 백성이라는 정체성의 필수적인 표지로서 율법 준수를 주장하는 것은 하나님의 은혜를 폐하고, 그리스도의 죽음을 무의미한 것이 되게 한다. 바울은 하나님께서 십자가를 통해, 그리고 유대인과 이방인 사이의 오래된 장벽이 무너지고 무의미하게 되는 새로운 백성을 만드심으로써, 세상을 바로 잡기로 하셨다고 선포한다. 십자가는 유대인과 이방인 사이의 차별을 포함하여 우리 자신들을 타인들과 구별 짓는 모든 차별의 체계를 끝장낸다. 따라서 베드로가 이방인들과 함께 먹기를 거부한다면, 그는 마치 십자가가 쓸모없는 것처럼 행동하는 것이다. 그리스도와 함께 십자가에 못 박힌 사람

93) Sanders, *Paul and Palestinian Judaism*, 443.

들은 더 이상 서로를 분리하지 않을 것이며, 한 식탁 주위에 모일 것이다.

신학적 묵상

결국 하나의 교회가 있어야 했을까, 아니면 "분리되었으나 동등한" 두 개의 교회가 있어야 했을까? 그것이 바울이 안디옥에서 베드로와 대립하면서 치열하게 집중했던 쟁점이다. 유대인과 이방인이 그리스도 안에서 한 형제자매로서 함께 식사할 수 있는 곳에 식탁은 하나만 있어야 할까, 아니면 유대 기독교인들의 독립적인 문화적 정체성을 상징하는 두 개의 분리된 식탁을 유지하는 것이 필요했을까? 이것은 어려운 문제였다. 왜냐하면, 스스로 공동 식탁에서 물러난 유대 기독교인들은 자신들이 하나님의 계시된 율법에 순종하는 행동을 하는 것이라고 믿었기 때문이다. "기둥 같은" 사도들이 예루살렘 회의에서 그랬던 것처럼(2:1-10), 바울이 이방인들에게 복음을 전하는 사명을 정당한 것으로 승인했다고 하더라도, 유대 기독교인들이 신자가 된 이방인들과 식탁 교제를 나누는 것은 전혀 또 다른 일이었다. 이렇게 하다가는 불가피하게 하나님 백성의 독특한 정체성을 훼손하게 되지 않을까? 베드로의 행동들은, 그리고 이방인들과의 식탁 교제에서 뒤로 물러난 바나바나 다른 유대 기독교인들의 행동들은, 민족 계열에 따라 영원히 분리된 두 개의 교회를 가리키고 있었다. (그리고 불가피하게 그러한 분리는 유대기독교 교회가 더 우월하거나 상대적으로 더 순수하다는 입장을 함축하였다.) 이 구체적인 사회적 정치적 상황은 갈 2:11-21의 해석자가 항상 염두에 두고 있어야 한다.

이 단락을 설교하는 것은 어려울 수 있다. 왜냐하면, 베드로에 대한 바울의 격정적이었던 반응에(2:14-21) 대한 설명은 이례적으로 밀도 높은 담론으로 압축되어 있으며, 갈라디아서 남은 부분의 주요 주제를 미리 보여주고 있기 때문이다. 주제는 무겁고, 바울은 그 주제들을 매우 간단하게 그려내기 때문에, 회중들은 아마 그가 말하는 것을 파악하느라 애를 먹었을 것이다. 주된 쟁점에 초점을 맞추기 위해서, 갈 2:11-21의 해석자는 다음의 4가지 질문을 명심하는 것이 도움이 될 것이다:

1. 누가 사태를 바로 잡는가?
2. 사태를 바로 잡는데 예수께서는 어떤 역할을 하시는가?
3. 예수 그리스도의 죽음과 부활로 인해 시작된 새로운 삶의 특징은 무엇인가?
4. 복음의 진리는 사회적 실천에서 어떻게 구체화 되는가?

아래의 묵상은 이러한 네 가지 중심 질문에 따른 것이다.

1. 하나님의 행위인 바르게 됨. 누가 사태를 바로 잡는가? 위의 주석적 토론에서 강조하였듯이, "바르게 됨"은 사태를 바로 잡는 *하나님의* 행위를 가리킨다. 하나님은 그들을 구원하러 오셔서 잘못된 세상에 올바른 질서를 세우심으로 당신의 백성을 "바로 잡으신다." 명사 δικαιοσύνη디카이오쉬네는 일반적으로 "의"로 번역되는데, 하나님의 언약적 신실이라는 개념과 긴밀히 연결되어 있다. 즉, "바르게 된" 사람은 하나님의 은혜로 하나님의 백성이 된 것이다. 그래서 "의"(의롭게 된 상태)는 사실상 언약 구성원의 자격에 해당한다. 바울의 복음은 하나님 백성이 되는 자격에서 율법 준수를 끊어내고, 그것을 오로지 예수 그리스도의 신실함을 통해 나타난, 하나님의 은혜의 행위에 귀속시킴으로써 세계를 흔들어 놓았다. 따라서 바르게 됨은 처음부터 끝까지 하나님의 행위이다. 오직 하나님만이 사태를 바로 잡을 수 있으며, 하나님은 그것을 율법이 아니라 예수님의 죽음을 통하여서 하시기로 선택하셨다. 이 교훈은 세계를 변화시키는 의미들을 담고 있는데, 그 가운데 하나는 이제 율법은 더는 하나님의 은혜를 규정하거나 제한하지 못한다는 것이다.

"의"에 대한 이해에서 일어난 이 패러다임의 전환이 주는 온전한 의미를 파악하는 것은 어렵다. 바울은 대부분의 동시대 유대 기독교인들이 그리스도로 말미암아 바르게 되는 것에 대한 자신들의 고백(2:15-16)이 갖고 있는 논리를 이해하지 못했으며, 그래서 언약 공동체의 경계를 부당하게 자신들이 통제하려 한다고 항의한다. 바르게 되는 것이 *하나님의* 행위이며 우리의 행위가 아니라는 것을 우리가 이해하게 되면, 중요한 결과가 뒤따른다. 무엇보다도 이 진리가 우리를 두려움과 걱정으로부터 자유롭게 한다. 바울이 다른 곳에서 기록한 것처럼, "의롭다고 하신 이는 하나님이시다. 누가 정죄할 것인가?"(롬 8:33b-34a NRSV). 바르게 됨이 인간의 공로일 수 없다는 것을 깨닫는 것은 우리를 위한 그리스도의 죽음에서 드러난, 한없는 하나님의 은혜에 온전히 의지할 수 있도록 우리를 해방시킨다. 우리는 사태를 바로 잡으려는 간절한 열망을, 그리고 교회의 "순수"를 지키고자 하는 간절한 열망을 내려놓을 수 있다.

이 가르침의 또 하나 중요한 결과는 "바르게 됨"으로 이해했던 "의"는 결코 지금 소유할 수 없다는 것이다. 하나님의 최종 판결은 미래에 속한 것이기 때문이다. 하나님께서는 아직 모든 것을 바로 잡지 않으셨다. 이것이 바울이 갈 5:5에서 말하는 "의의 소망"을 기다린다고 말하는 이유이다. 바르게 되는 것이 하나님의 행위라는 것을 이해하면, 우리가 지금 모든 것을 힘으로 바로 잡을 수 있다고 기대하기보다는, 하나님께서 그 소망을 성취하실 미래를 바라보게 될 것이다. 그러므로 누가 사태를 바로 잡는지를 아는 것은 폭력과 편협에 대한 훌륭한 해결책인 것이다.

2. 예수 그리스도의 신실함. 사태를 바로 잡기 위해서 예수께서는 어떤 역할을 하시는가? 바울이 우리가 오직 "예수 그리스도의 신실함으로 말미암아" 바르게 된다고 선포하는 것은 바르게 됨이 하나님의 행위이며 우리의 행위가 아니라는 교훈과 일치한다. 우리는 우리 자신의 믿음이 가진 힘이나 정결함으로 바르게 되는 것이 아니다. 만일 바울이 그런 의미로 말했다면, "믿음은" 결국 새로운 종류의 "행위"가 될 뿐이며, 우리를 하나님과 바른 관계에 들어가게 해주는 인간의 업적이 되는 것이다. 주석에서 이미 지적한 대로, 바울이 "사람이 바르게 되는 것은 율법 준수로 말미암음이 아니요, 예수 그리스도의 신실함으로 말미암는다"고 말했을 때, 그는 예수님이 십자가에서 자신을 버리신 사랑의 행위를 가리키고 있는 것이다. 축약적인 표현인 "예수 그리스도의 신실함"은 우리를 위한 예수 그리스도의 죽음을 의미한다. 이 문구는 예수님의 죽음을 두 가지로 해석한다. 죽은 자에게 생명을 주시는 하나

님(참조. 롬 4:17)을 철저히 믿는 예수님의 행위이며, 동시에 죄와 죽음의 속박으로부터 구원되어야 하는 인류를 향한 하나님의 신실하심이라는 것이다. 바울이 롬 5:8에서 선언하듯이, "우리가 아직 죄인 되었을 때 그리스도께서 우리를 위하여 죽으심으로 하나님께서 우리에 대한 자기의 사랑을 확증하셨다." 그래서 바울은 "하나님의 의"(즉, 하나님의 신실한 언약적 사랑)가 "예수 그리스도의 신실하심으로 말미암아"(롬 3:21-22) 나타난다고 선언할 수 있는 것이다.[94)]

이러한 해석은 바울이 예수님을 믿음의 대상으로 보는 것을 부인하지는 않는다. 갈 2:16은 이어서 다음과 같이 분명하게 말한다. "우리도 그리스도 예수를 믿노니." 그러나, 이러한 해석에서 바울의 교훈의 강조점은 신자의 주관적 상태에서 하나님께서 우리를 위하여 십자가 사건 속에서 행하신 것에 대한 선언으로 바뀐다. 그 차이는 미묘하지만, 매우 중요하다. 갈라디아서를 설교하는 사람들은 그 점을 강력하게 주장할 필요가 있다. 즉, 바울이 선포하는 복음은 예수 그리스도의 이야기인데, "그는 이 악한 세대에서 우리를 구원하기 위해 자기 몸을 주셨으며"(1:4), 그것은 "나를 사랑하사 나를 위하여 자기 자신을 버리신 하나님의 아들의 신실함"(2:20)에 대한 이야기라는 것이다. 이것은 이 본문에 대한 설교는 우리 자신의 믿음에 대한 내적 평가가 아니라, 예수 그리스도께서 우리를 위해서 하신 일을 감사함으로 받아들이도록 해야 한다는 뜻이다.

그가 우리를 위해 하신 일은 단지 우리가 믿고, 또 그래서 개인적인 죄 용서의 확신을 얻을 수 있도록 해주는 것이 아니다. 오히려 그의 신실한 죽음은 하나의 완전히 새로운 세계를 창조했으며, 전에 우리를 사로잡고 있었던 속박으로부터 해방시켰다. 갈라디아서가 주는 교훈의 이 같은 측면에 관심을 기울이는 설교는 서사적인 성격을 갖게 될 것인데, 그 이야기는 단순히 우리

94) 이 단락은 결론적으로 "예수 그리스도의 신실함"이라는 번역의 정확성을 보여준다. 예수 그리스도에 대하여 우리가 *믿는 것*을 통해 하나님의 의가 나타난다고 주장하는 것이 도대체 무슨 의미인가?

가 불신앙에서 신앙으로 옮겨간 이야기가 아니다. 오히려 그러한 설교는 옛 체제의 파괴와 새로운 창조로서의 예수님의 죽음에 대한 이야기가 될 것이다. 고난과 부활 이야기와 상관없이 갈 2:11-21을 설교한다는 것은 있을 수 없는 것이다.

3. 그리스도와 함께 못 박힘/내 안에 사시는 그리스도. 예수 그리스도의 죽음과 부활로 인해 시작된 새로운 삶의 특징은 무엇인가? 앞에서 살펴본 것과 달리, 복음의 이야기는 개별 청중도 그 대상에 포함시킬 것이다. 2:19-21에서 바울은 이 새 창조에 대한 자신의 경험을 이야기한다. 그러나 그가 말하는 것은 다름 아닌 십자가로 말미암은 자신의 옛 정체성의 소멸이다. 그는 그리스도의 죽음과 연합했는데, 이는 바울이 "이제는 내가 사는 것이 아니요 오직 내 안에 그리스도께서 사시는 것이라"는 놀라운 말을 할 수 있는 수준의 연합이었다. 살아 있고 부활하신 그리스도의 현존이 자아를 대체하는 이러한 인격의 탈중심화를 어떻게 이해해야 할까? 샘 윌리엄스(Sam K. Williams)는 다음과 같이 현명하게 논평하였다.

> "다른 곳에서 자주 그러는 것처럼, 여기에서도(19-20절) 바울이 자신의 그리스도 경험에 부합하는 말을 찾고 또 그 이미지에 도달한 것을 보면, 누가 뭐라고 해도 그는 신학자일 뿐만 아니라 시인이다."[95]

바울은 이전에 누렸던 삶의 세계가 끝나고, 더 이상 자신의 것이 아닌 새로운 현실의 영역에 들어가는 체험에 대해 설명하고 있다. 이것은 단지 자신의 죄를 용서받는 문제가 아니다(실제로 바울은 이 편지에서 "용서"라는 말을 한 번도 언급하지 않는다). 오히려 그것은 종으로 변화되는 문제이다. 바울은 스스로에게도 크게 놀라운 일이지만, 자신이 이전에 부정한 "개"로 여겼던 이방인들의 세계에 대한 그리스도의 선교의 대리인, 즉 그리스도의 화해시키는 사랑의 도구임을 깨닫게 된다.

95) Williams, *Galatians*, 81-82.

시간이 흐르면서 그리스도인들은 자아의 중심이 살아계신 하나님의 능력에 의하여 사로잡히고 변화되는 방식으로 하나님께서 세계를 변화시키는 일에 휩쓸리는 신비에 대한 적절한 설명을 바울의 말 속에서 발견했다. 바울은 일종의 순간적인 신비로운 "황홀경"을 말하는 것이 아니다. 오히려 그는 "육체 안에서" 사는 지속적인 경험을 "나를 사랑하사 나를 위하여 자기 자신을 버리신 하나님 아들의 신실함"이 구현된 것으로 묘사하고 있다. 바울은 자신이 율법과 민족적 연대가 주는 안전을 뒤로 하고, 하나님의 사랑의 말씀을 선포하며, 또 한 때는 자신이 부정하다고 생각한 방식으로 사는 사람들과 한 식탁에 앉음으로써 그 말씀을 구체화하는, 새롭지만 아주 위험한 인생을 살고 있으며, 이는 그 신실함의 능력으로 인한 것임을 깨닫게 된다. 이러한 삶은 구체적이고 대가가 큰 정치적 선택을 하게 된다. 이것은 제3세계의 가난한 사람들과의 자발적 접촉을 의미할 수도 있고, 우리가 사는 지역 도시들에서 집 없는 사람들을 돌보는 것을 의미할 수도 있다. 한 번도 상상해보지 않은 방식으로 하나님의 일을 행하기 위해 문화적 경계를 넘나들고 있다는 것을 자각한 기독교인들은 바울의 이 말들을 그대로 따라갈 때 무슨 일이 일어나는지를 자기들이 스스로 설명하고 있다는 것을 어렵지 않게 깨닫게 될 것이다: "이제는 내가 사는 것이 아니요, 오직 내 안에 그리스도께서 사시는 것이라."

4. 복음의 진리: 하나의 식탁. 복음은 사회적 실천에서 어떻게 구체화 되는가? 바울은 "복음의 진리"(2:14)는 사회적 현실이라고 주장한다. 즉, 복음은 반드시 공동의 생활을 공유하는 공동체의 실천 가운데서 구체화 되어야 한다는 것이다. 사람은 거짓된 교리를 가르치는 것으로만이 아니라 잘못된 실천, 즉 교회의 연합을 무너뜨리는 실천을 통해서도 복음의 진리를 배반할 수 있다. 바울이 베드로를 반대하는 근거는 예수님의 죽음과 부활을 통하여 하나님께서 유대인과 이방인들을 하나님의 백성으로 함께 포용하는 새로운 공동체를 이루셨다는 확신이다. 이것은 단지 복음이 암시하는 것이거나 복음으로부터 추론해낸 것이 아니다. 오히려 그것은 복음 자체의 필수적인 부분이다. 어디에서든 그리스도인이 교회에서 분리의 벽을, 즉 민족적 혹은 문화적 노

선을 따라 사람들을 분리시키는 벽을 다시 세우려고 하는 것을 보면, 우리는 복음의 완전성이 허물어지고 있다고 확신할 수 있으며, 그래서 바울과 같이 우리는 그러한 행위들에 반대하여 목소리를 낼 수밖에 없다고 생각해야 마땅하다.

1:1-10의 반성에서 언급한 바와 같이, 흑인차별이나 인종분리의 체제는 특히 바울이 안디옥과 갈라디아에서 반대했던 악습에 견줄 만한 우리 시대의 명백한 유사 사례들이다. 그러나 남아프리카의 흑인차별 시대를 비난하는 것은 너무나 쉬운 일이지만, 반면에 우리는 집 근처에서 벌어지는 똑같이 교활한 악습들은 무시하고 만다. 안디옥의 유대 기독교인들은 이방인들의 활동을 제한하는 규정을 통과시키지 않았다. 단지 그들은 식사와 예배를 위한 사적이고 특권적인 고립된 장소로 물러난 것뿐이다. 이 문제를 그런 식으로 생각한다면, 우리는 실제로 많은 교회들이 우리 주거지 이웃들의 민족적, 사회경제적 배타성의 영향을 받아서, 사실상 인종적, 문화적으로 배척 행위를 하는 것은 아닌지 묻지 않을 수 없다. 그런 일이 벌어진다면, 우리 교회들은, 교리적으로는 그렇지 않다 하더라도, 사실상 복음의 진리를 부인하는 것이다.

한편 교회사는 다른 인종이나 문화 사이의 분리의 벽을 허물어버린 복음의 능력에 대한 많은 인상적인 증언들을 제공한다. 최근의 역사에서 이런 종류의 가장 주목할 만한 사건 중 하나가 르완다의 유혈 충돌에서 일어났다. 1994년 후투족 사람들이 투치족을 대량 학살하였다. 키갈리에서 15km 떨어진 루항가 시에 13,500명의 기독교인들이 피난을 위해 모였다. 그들은 여러 교파에 소속된 사람들이었다. 성공회, 로마 가톨릭, 오순절파, 침례교 등이었다. 이 상황에 대한 한 증인의 설명을 따르자면, "민병대가 와서, 후투족과 투치족에게 각각 부족별로 나누어 서라고 명령했다. 사람들은 이것을 거절했고, 자신들은 그리스도 안에서 하나이고, 그래서 모두가 함께 죽겠다고 선언했다"고 한다. 그러자 군중들에게 총격을 가했고 공동묘지에 버려졌다고 한다.[96] 충격적인 이야기이지만, 민족적 분리를 극복한 복음의 능력에 대한 강

96) E. Thomas, "Can These Bones Live"? *SOMA (Sharing of Ministries Abroad) Newsletter* (October 15, 1996) 1-15.

렬한 증언이기도 하다. 바울이라면 이 르완다의 순교를 복음의 진리에 대한 증언으로 볼 것이다. "그리스도와 함께 십자가에 못 박힌" 그들은 그리스도 안에서 자신들을 하나가 되게 하신 하나님의 은혜를 부인하기보다는 차라리 죽음을 택했다.

III

갈라디아서 3:1-5:1

경쟁 선교사들에 대한 반론들

III. 갈라디아서 3:1–5:1,
경쟁 선교사들에 대한 반론들

A. 3:1-5, 성령 체험
B. 3:6-29, 아브라함에게 하신 약속
C. 4:1-11, 때가 찼다
D. 갈라디아서 4:12-20, 깨진 관계를 회복하라는 호소
E. 갈라디아서 4:21-5:1, 종노릇과 자유의 알레고리

갈라디아서 3:1-5:1

경쟁 선교사들에 대한 반론들

개 관

바울은 자신의 선포에 대한 진실성을 충분히 변호해 왔다. 그는 이제 갑작스레 시선을 돌이켜 이 편지를 쓰도록 자극한 갈라디아 교회의 구체적인 상황에 대해 이야기를 시작한다. 경쟁 선교사들의 설교에 대해 변덕스런 반응을 보인 갈라디아 교회를 책망한 다음 (3:1), 바울은 그들의 가르침에 대해 반박하는 일련의 논증을 개진한다. 그 선교사들은 이방인인 갈라디아 교인들에게 할례를 수용하고 유대교의 율법 중 최소한 중요한 관습들을 준수할 것을 요구했다. 그들은 할례의 중요성을 가르치는 성경 본문들, 특별히 유대교 전통에서 "개종자들의 조상"으로 인정하는 아브라함 이야기에 호소하면서 자신들의 안건을 밀어붙였다. 바울은 이 편지의 중심부(3:1-5:1)를 구성하는 일련의 반론을 제기한다.

이 장들의 주장은 복잡하고, 밀도 있고 때로는 이해하기가 난해하다. 아래의 간략한 요약은 이 토론에 대한 맛보기와 개요를 보여준다.

바울은 갈라디아 교회의 성령 체험(3:1-5)에 대한 호소로 시작해서 복잡한 주석적 논의로 돌아선 후(3:6-29), "아브라함의 자손"에 대한 성경의 정의를 경쟁 선교사들이 주장했던 것과는 전혀 다른 방식으로 보여주려고 노력한다. 4:1-11에서, 바울은 성령체험이 자신의 성경해석, 즉 "때가 찼"고, 갈라디아 성도들은 특정한 토라 준수와는 별개로 하나님의 자녀라는 해석을 확증해준다고 주장하면서, 경험적 논증으로 돌아선다. 그들이 이 사실을 깨닫지 못했기 때문에 종말론적 시계를 되돌려서 다시금 노예 상태로 돌아갈 생각을 하기에 이르렀던 것이다(4:8-11). 다음 부분(4:12-20)은 짧은 막간으로, 바울이 갈라디아 교회에게 바울을 향한 그들의 예전 사랑을 상기시키고, 그들이 경쟁 선교사들의 감언이설로 잘못된 것에 빠져 허우적거리지 않도록 촉구한다. 마지막으로 바울은 아브라함 이야기로 돌아가서 노예와 자유로 특징되는 두 가지 다른 종류의 교회 공동체의 상징으로서 하갈과 사라라는 두 인물에 대한 도발적인 해석을 제시함으로써 자신의 반론을 마무리한다(4:21-31). 그 주장은 갈라디아 교회를 향한 바울의 긴급한 촉구인 "굳게 서서 다시는 종의 멍에를 메지 말라"고 호소하는 5장 1절에서 절정에 다다른다.

이런 일련의 논쟁의 기저에는 그리스도의 죽으심과 부활이 옛 율법과 규범이 더 이상 적용되지 않는 새 시대를 출범시켰다는 바울의 신념이 깔려 있다. "그리스도께서 우리를 자유롭게 하셨"고(5:1), 모든 것을 바꾸어 놓으셨다는 말씀에는 유대인과 이방인을 형식적으로 구별하는 언약 백성의 표지가 포함된다. 예수 그리스도 안에서 하나님의 자녀들은 이제 세례가 의미하는 새로운 창조 세계에 참여한다(3:27-28). 이러한 새로운 창조 세계에서 할례는 더 이상 유효하지 않다.

A. 갈라디아서 3:1-5
성령 체험

주석

3:1 그리스도의 변혁적 은혜의 경험에 대한 바울의 언급(2:20-21)은 갈라디아 교인들이 복음을 들었을 때의 최초의 경험을 상기시킨다. 바울은 그들이 잘못된 복음전도자들에 미혹된 것을 보고 깜짝 놀랐다(참조. 1:6). 사실 그에게 이 일은 너무 충격적인 일이어서 은유적으로 마법에 홀린 것으로 표현한다. "홀리다"(βάσκαίνω바스카이노)는 신약에서 이곳에 딱 한 번 나오는데, "악마의 눈"이 건 마법을 말할 때 종종 사용되었다. 이 용어를 사용

해서 바울은 거짓 복음(anti-gospel)의 설교자들을 악한 주술사로, 갈라디아 교인을 얼간이 또는 희생자로 규정했다. 바울이 자기들의 눈앞에서 예수 그리스도를 생생하게 묘사하는 것을 목격했던 갈라디아 교인들이, 마치 마술에 걸린 것처럼 눈이 게슴츠레 어두워진 것이다. 바울은 그들을 심하게 꾸짖어 마법으로부터 깨어나게 하려고 했다. "어리석도다 갈라디아 사람들아!"

바울이 갈라디아 교인들 눈앞에 "예수 그리스도께서 십자가에 못 박히신 것"이 밝히 보인다고 하는 말은 무슨 의미인가? 바울이 예수의 십자가 사건을 말하는 게 아니라는 것은 분명하다. 왜냐하면 갈라디아 교인들은 문자적으로 그 사건을 목격한 것이 아니기 때문이다. 대부분의 주석가들은 바울이 그의 설교에서 수난 이야기에 대해 생동감 있게 표현하는 것이라고 결론을 내린다. 바울은 예수의 죽음에 대한 이야기를 아주 설득력 있게 말했기 때문에 마치 갈라디아 교인들은 그것을 자신들의 눈으로 보는 것 같았다는 것이다.[1] 이 해석은 또한 바울이 "내가 내 몸에 예수의 흔적을 지니고 있노라"(6:17)는 주장과도 연관되어 있을 수도 있다. 바울이 선교 도중 입은 상처들은 그리스도께서 십자가 사건을 통해 모든 사람의 눈으로 볼 수 있게 하셨던 것과 같이 그리스도와 함께 고난을 받고 있다는 표지이다(참조. 고후 4:10-11에서 "예수의 죽음을 몸에 짊어짐은 예수의 생명이 또한 우리 몸에 나타나게 하려 함이라"는 바울의 언급). 그런 경우라면, 바울 자신의 육체적 상처들은 십자가 설교를 위한 강력한 시각적 보조 자료의 기능을 하는 것이다.

그러나 또 다른 가능성도 주목할 만하다. 바울은 동사 "프로그라포"(προγράφω, "분명히 보이다"(NIV), "공개적으로 드러나다"(NRSV)를 다른 곳에서는 성경에 "전에 기록된 바"(롬 15:4)를 의미할 때 사용했다. 바울이 이 동사를 선택함으로써 그리스도 이야기가 성경 본문 해석을 통해 전해지고 있다는 사실을 내포하고 있다는 것이 가능할까? 만일 그렇다면, 그 언급은 복음서의 수난 기사가 아니라 – 그 당시에는 아직 저술되지 않았다 – 그리스도의 십자가 사건의 예시로서 해석했던 탄식시로 이해할 수 있을 것이다.[2]

---

1) Betz, *Galatians*, 131.

어떤 경우이든 바울의 요지는 갈라디아 교인들이 예수 그리스도를 십자가에 못박히신 분으로 직접적으로 경험했다는 점이다. 완료분사 "십자가에 못박히신"(에스타우로메노스, ἐσταυρωμένος)은 그 결과가 현재까지 계속해서 영향을 미치는 과거의 행위를 뜻한다. 바울은 예수를 십자가에서의 죽음을 통해 그 정체성이 결정적으로 그리고 영구적으로 표현되는 분으로 묘사했다(참조. 고전 2:1-2). 갈라디아 교인들이 이런 방식으로 복음을 가장 먼저 들었기 때문에, 바울은 그들이 그리스도의 죽음이 지닌 세계 변혁적 특징을 경시하는 경쟁 선교사들의 메시지에 면역력을 갖추고 있어야 하지 않느냐고 암시하는 것이다.

3:2 바울은 이전의 십자가 중심 설교를 상기시킨 후에 그 문제를 다루기 시작한다. 그는 전체 논쟁에서 결정적인 것으로 생각하는 중대한 수사학적 질문을 제기한다. "내가 너희에게 알고 싶은 것은 이것이다; 너희가 성령을 받은 것이 토라를 준수함으로서냐[엑스 에르곤 노무, ἐξ ἔργων νόμου] 아니면 믿음을 이끌어 내는 메시지로부터냐[엑스 아코에스 피스테오스, ἐξ ἀκοῆς πίστεως]?"(앞 문장의 그리스어 문구 해석에 관해서는 2:16의 주석을 보라. 뒷 문장의 해석은 아래를 보라.) 바울의 견해상 만일 갈라디아 교인들이 이 질문에 대해 진실한 대답을 한다면, 그 논쟁은 종결된다. 그들은 유대교의 율법 준수와 상관없이 이미 하나님의 성령을 받았다.

이것은 성령에 대한 바울의 첫 번째 언급으로, 이제부터 성령은 이 편지의 주요 주제가 될 것이며, 종종 "육체"에 대한 이분법적 대립항으로 사용될 것이다(4:29; 5:16-26; 6:8). 바울이 계속해서 주장하듯(4:6-7), 성령은 갈라디아 교인들이 이미 하나님의 가족으로 입양되었음을 보여주기에 충분한 단일 표

---

2) 롬 15:4에서 "전에 기록된 바"에 대한 언급은 바울이 이전 구절에서 시 69:9를 가리키는 것이다. 시편에 대한 바울의 기독론적 해석에 대해서는 R. B. Hays, "Christ Prays the Psalms," in *The Future of Christology: Esssays in Honor of Leander E. Keck*, ed. A. J. Malherbe and W. A. Meeks (Minneapolis: Fortress, 1993), 122-36을 보라.

지이다. 그러므로 경쟁 선교사들의 할례 요구는 불필요하다.

이곳에서 바울이 내세우는 주장의 논리는 행 10-11장의 고넬료와 그의 가족의 회심 이야기와 평행을 이루는데, 즉 이방인이 선포된 복음을 듣고, 성령이 그들 위에 임한다는 것이다. 하나님의 행위에 대한 적합한 반응은 베드로의 질문에 잘 나타나 있다. "이 사람들이 우리와 같이 성령을 받았으니 누가 능히 물로 세례 베풂을 금하리요?"(행 10:47) 성령을 받은 사람은 세례를 통해 하나님의 백성의 공동체로 받아들여진다. 사도행전과 갈 3:2에서 성령을 받는 것은 느낄 수 있을 정도로 명백한 경험이며 부정할 수 없을 정도로 분명한 기준이라고 전제하고 있다. 바울은 갈라디아 교인들이 실제로 성령을 받았다는 사실을 납득시키려고 노력하지 않는다. 오히려 정반대로 주장한다. 그는 그들이 하나님의 자녀라는 신분을 보장받기 위해서 더 이상 검증할 필요가 없다는 점을 확신시키기 위해 성령을 받았다는 논쟁의 여지가 없는 경험적 사실을 근거로 주장을 한다.

우리는 이미 2:16을 거론하면서 *엑스 에르곤 노무*(ex ergon nomou; 율법의 행위로써)가 토라의 명령, 특히 할례와 음식법과 안식일 준수 같은, 유대 민족적 정체성에 있어서 "리트머스시험지" 같은 명령을 지키는 것을 가리킨다는 것을 살펴보았다. 바울은 그와 같은 관습으로는 어느 누구도 바르게 됨(하나님과의 올바른 관계 맺음)을 얻을 수 없다고 강력하게 주장해 왔다. 이제 그는 갈라디아 교인들이 그러한 행위를 통해 성령을 받았느냐고(그렇지 않다는 사실을 아주 잘 알고 있다) 수사학적인 질문을 던진다.[3)]

긍정적인 대안은 무엇인가? 바울의 객관식 퀴즈에서, 정답은 갈라디아 교인들은 듣고 믿음으로써(*엑스 아코에스 피스테오스*) 성령을 받았다는 것이다. 이 구절이 의미하는 것은 무엇인가? NIV와 NRSV는 이 구절을 "들은 것을 믿음으로써"라고 번역하는 것에 동의한다. 그러나 이것은 모호한 표현에 대

---

3) "율법을 준수함으로써"라는 문구를 통하여 갈라디아 교인들의 상황을 안디옥 논쟁과 직접 연계시키는 질문은 의롭게 되는 것/바르게 되는 것(2:16)과 성령 받는 것(3:2)이 밀접한 관련이 있다는 것을 시사한다.

한 하나의 가능성 있는 해석일 뿐이다. 사실 속격 명사인 "*아코에스*"를 동사적 명사인 *피스테오스*가 목적어로 취하고 있기 때문에 있을 수 없는 해석이다. 같은 어원의 동사 피스튜오가 여격 또는 대격에서 목적어를 취하기 때문에 이것은 본문에 대한 있을 법한 해석이 아니다. *피스테오스*가 아니라 *아코에스*가 전치사 ἐξ의 목적어라고 보는 것이 더 그럴 듯하다. 그에 따른 번역 가능성은 표 1에 요약되어 있다.

표1: ἐξ ἀκοῆς πίστεως엑스 아코에스 피스테오스의 의미

만약 ἀκοή아코에가 "듣는 것"(hearing)을 의미한다면:

(a) **πίστις***pistis* = "믿는 것"(believing): "믿음으로 들음으로 말미암아"

(b) **πίστις***pistis* = "믿음"(faith): "믿음을 들음으로 말미암아"
(즉, "복음을 들음으로 말미암아")

만약 ἀκοή아코에가 "메시지"를 의미한다면:

(c) **πίστις***pistis* = "믿는 것": "믿음을 이끌어 내는 메시지로부터"

(d) **πίστις***pistis* = "믿음": "믿음의 메시지로부터"(즉, "복음의 메시지로부터")

---

* 이러한 여러 해석의 가능성에 대한 논의에 대해서는, R. B. Hayes, *The Faith of Jesus Christ*, SBLDS 56 (Chicago, Calif.: Scholar Press, 1983) 143-49을 보라.

명사 아코에(ἀκοή)는 때로 "듣는 것"(hearing)을 의미할 수 있으나, 평행 본문인 롬 10:16-17은 바울이 이것을 "들려진 것"(what is heard), 즉 선포된 메시지로 이해하고 있음을 보여준다. 그래서 마틴(Martyn)은 이 구절을 "믿음을 이끌어내는 능력을 가진 선포"라고 번역한다(즉 표1의 (c)).[4] 한편, 던(Dunn)은 이 구절은 갈라디아 교인들의 행위('율법의 행위'에 대한 안티테제)를

4) Martyn, *Galatians,* 281, 286-89.

묘사하는 것으로 이해하는 것이 더욱 타당하다고 주장한다. 믿음을 불러일으켰고, 믿음으로 발현된 들음을 통해 그들은 성령을 받았다(즉, 선택a).[5] 여기에서 이 편지의 해석자는 결정적인 갈림길을 마주한다. 바울은 성령을 받는 것을 인간의 행위로 돌리는가("믿음으로 들음") 아니면 신적인 주도권으로 돌리는가("믿음을 끌어내는 메시지")? 어디서든 복음을 인간을 변화시키는 하나님 능력의 말씀으로 보는(예. 살전 2:13) 바울의 일관된 강조는 후자의 해석을 강력하게 시사한다. 이것은 5절에 있는 질문을 반복하는 부분(reprise)에서 확인할 수 있다. 이곳에서 바울은 하나님을 *ex akōes pisteōs*를 통해 성령을 주시고 기적을 행하시는 분이라고 말한다.

3:3 바울의 그 다음 질문은 선교사들이 갈라디아 교인들에게 할례를 받아야 "완전해"(completed-개역개정은 '마치다'로 되어 있다: 역주)진다고 주장하고 있음을 암시하고 있다. 이 개념은 아브라함의 이야기에 대한 해석에서 연유했을 것이다. 미쉬나에 있는 후기 랍비의 가르침을 보면 할례가 창세기 17장을 근거로 완전함(perfection)과 분명하게 연결되고 있다. "할례는 위대하다. 우리 조상 아브라함이 성취한 모든 덕행에도 불구하고, 그는 할례를 받은 후에야 '너는 내 앞에서 행하여 완전하라'는 말씀처럼, 비로소 완전하다고 일컬어졌다"(창 17:1).[6] 그러나 바울은 갈라디아 교인들이 성령으로 시작했다가(즉, 선포된 메시지를 통하여), 이제는 "육체로"(즉, 포피를 잘라냄으로) 완전해지려 한다고 조롱한다. (NIV가 풀어서 번역한 "인간의 노력으로"라는 말은 바울이 제기한 질문의 한 가지 함의는 포착하지만 "육신"이라는 말에 있는 모순적인 이중적 의미는 놓치고 있다). 바울은 그런 생각은 "어리석다"고 주장한다.

3:4 바울은 NIV("여러분은 헛되이 그렇게 많은 *고통을 받았습니까?*")와 NRSV ("여러분은 헛되이 그렇게 많은 일을 *경험하셨습니까?*")의 상이한 번역이

---

5) Dunn, *The Epistle to the Galatians*, 154.

6) 다음을 보라. *m. Ned*.3:11. (역자 주 - m. *Ned*.는 Mishnah의 Nedarim<서원> 편을 말한다).

보여주듯이, 또 다른 애매모호한 질문을 던진다. 동사 파스코(πάσχω)는 두 가지 의미가 모두 가능하다. 전후문맥은 성령과 기적에 대한 긍정적인 경험에 대해 말하고 있는 것이 분명하기 때문에, 대부분의 현대 주석가들은 NRSV에 반영되어 있는 후자의 해석을 지지해 왔다. 반면 이 편지에는 그리스도 안에 있는 사람들의 운명인 박해와 고통에 대한 많은 언급들이 나온다(4:29; 5:11; 6:12, 17). 그리고 바울은 또 다른 곳에서 성령 체험의 충만한 기쁨을 고난의 경험과 연결시킨다(예. 롬 8:14-30; 살전 1:6). 그러므로 바울은 우리는 모르지만 갈라디아 교인들이 복음을 위해 겪은 일부 경험을 암시하는 것일 수도 있다(참조. 롬 8:35-36; 살전 2:14).[7] 대부분의 초기 교부 해석자들은 이 문장을 갈라디아 교회가 겪은 고통을 언급한 것으로 이해했다. 어쨌든 바울은 만일 그들이 할례를 받으라는 요구를 수용함으로써, 그들이 전에 받은 성령을 무시한다면(참조. 4:11; 고전 15:2), 갈라디아 교인들의 경험은 "헛될" 것이라고 지적한다. 바울은 "과연 헛되냐?"라고 덧붙임으로써 자신의 질문에 단서를 단다. 이 구절은 갈라디아 교인들이 결국 바울의 호소에 귀를 기울이고 경쟁 선교사들의 영향력을 거부할 가능성을 열어두는 수사적 효과를 지니고 있다.

3:5 5절에서는 2절에 이미 나온 질문이 반복된다. 이번에는 추가적으로 갈라디아 교인들이 자신들 안에서 목격한 하나님의 영의 강력한 나타나심을 상기시키고 있다. 바울의 말은 그들이 계속하여 이러한 성령의 표징을 경험하고 있다는 것을 암시한다(하나님의 행위를 기술할 때 사용되는 현재분사 "주시고"와 "행하신다"를 주목하라). 영어 번역에서 생략이 많은 그리스어 문장을 확장하고 부연하는 것이 불가피하다. 그리스어 문장을 문자대로만 읽으면 다음과 같다. "그러므로, 너희에게 성령을 주시고 너희 가운데서 행하시는 이는 -

7) Marius Victorinus(BT 1972:31 [1167D-1168A])와 Ambrosiaster(CSEL 81.3:32)의 주석들에서 가져온 인용에 관하여는 다음을 보라. M. J. Edwards, ed., *Galatians, Ephesians, Philippians*, Ancient Christian Commentary on Scripture, vol. 8 (Downers Grove, Ⅲ,: InterVarsity, 1999) 37.

율법의 행위에서냐 혹은 믿음의 말씀에서냐?" 바울의 방점은 다시 한 번 하나님의 섭리와 주도권에 놓여 있다. 마음껏 성령을 주시는 이는 하나님이시다. 토라를 준수함으로 하나님의 일하심을 어느 정도 유도할 수 있다는 생각은 명백히 우스꽝스러워 보인다. 왜냐하면, 갈라디아 교인들은 경쟁 선교사들이 할례의 복음을 가지고 출현하기 오래 전에 이와 같은 하나님의 역사하심의 증거를 이미 경험한 바 있기 때문이다.

"능력"(δυνάμεις, 두나미스, 문자적 의미는 "능력을 행하심")에 대한 언급은 바울이 복음서와 사도행전에서 볼 수 있는 상징적 세계, 하나님께서 치유와 이적을 강력하게 행하시는 세계에서 살고 움직이고 있다는 것을 상기하게 한다. 예를 들어 고린도교회에 대한 자신의 권위를 재천명할 때, 바울은 자신이 그들과 함께 있었을 때, "사도의 표가 된 것은 내가 너희 가운데서 모든 참음과 표적과 기사와 능력(δυνάμεσιν 두나메신)을 행한 것이라"(고후 12:12)고 선포한다. 고린도교회에 보낸 서신에서 바울은 그와 같은 능력의 나타남에 대한 고린도교회의 과도한 열정을 가라앉히려고 했다. 그러나 갈라디아서에서 바울은 이러한 나타나심이 토라 준수 이전 또는 그와 무관하게, 하나님의 영이 역사하는 증거라고 강조한다.

그렇기 때문에 갈라디아 3:1-5은 갈라디아 교인들에게 그들이 처음 믿음에 이르는 경험과 성령의 능력으로 계속해서 살아갔던 경험을 돌아보도록 강력하게 촉구하는 것이다. 바울은 그러한 경험이 회심의 진정성을 증명하기 위해 새로운 표지가 필요하지 않다는 사실을 분명하게 증명할 것이라고 주장한다.

신학적 묵상

1. 갈라디아 3:1-5은 성령 체험이 그리스도 안에 있는 새로운 삶의 표지와 증거라고 강조한다. 3장의 남은 부분에서 보게 되겠지만, 바울은 이 성령 체험이 성경의 증거에 의해 확증된다는 것을 보여주려고 한다. 그럼에도 불구하고, 3:1-5은 성령 체험이 독립적으로 자기입증적일 수밖에 없다고 설득력 있게 주장한다. 과거에 이교도인이었던 갈라디아 교인들은 새로운 삶으로 인

도하는 선포된 복음의 능력에 사로잡혔으며, 그들은 계속해서 하나님의 영의 부으심을 경험하고, 자신들의 공동체에서 성령의 강력한 역사를 목격한다(3:5). 이러한 체험 앞에서 할례를 요구하는 것은 힘을 잃는 게 당연하다.

여기서 바울이 하는 일련의 주장은 전통적 가르침이 담긴 "책을 따라서" 엄격히 행할 것을 주장하는 기독교인들에게는 깜짝 놀랄 일이다. 마찬가지로 바울 시대의 성실한 유대 기독교인도 깜짝 놀랐을 것이다. 성령께서 깨뜨리고 들어오셔서 새로운 삶을 가져다 주시는 곳에서, 우리는 그것을 하나님의 행하심으로 감사히 인정해야하며, 모든 합당한 규칙들과 교회의 예절을지키고 있는 지에 대해 지나치게 염려하지 말아야 한다. 이 단락의 교훈을 따르는 설교자라면 회중들에게 자신들이 오로지 하나님의 은혜와 권능에 대한 살아있는 경험에 근거한 하나님의 백성이라는 정체성을 기억하고 되찾도록 요청할 것이다. 누구도 그들을 "꾀어서", 어떤 훈련이나 의식을 통과하지 않았다는 이유로(모든 엘리트주의적인 "제2의 축복" 신학들은 이 단락에서 휘청거릴 수밖에 없다) 혹은 그들이 어떤 교회 당국의 승인을 받지 않았다는 이유로, 자신들을 2류 기독교인이나 영적 결핍이 있는 것으로 생각하게 할 수는 없다는 것이다.

2. 그러나 어려운 점은 이 논증이 성령 체험은 의심의 여지가 없는 구체적이고 강력한 삶의 변혁적 경험이라는 사실을 전제하고 있다는 점이다. 바울은 그와 같은 성령 체험을 교회 구성원들의 특징으로 보고 있다(참조. 고전 12:1-13). 사도행전은 갈 3:2에서 바울이 사용하고 있는 언어를 그대로 사용하면서 "성령을 받은" 개인들에 관한 몇 가지 이야기를 제시한다. 그가 제시한 실제적인 사례에는 변화에 관한 명백한 표지가 내재되어 있다. 그들은 방언을 하고 예언을 하며, 하나님께 열정적인 찬양을 올려 드리며, 나눔과 섬김의 새로운 삶의 영역에 온통 마음을 쏟게 된다(예. 행 2:38; 8:17; 10:44-48). 오늘날 많은 그리스도인들에게도 동일한 요구가 제기될 수 있다; 그들에게 3:1-5은 성령을 의지하는 삶을 살아야 하며, 어떠한 "육체의" 기준을 의지해서도 안 된다는 점을 상기시켜 주는 구절이다. 하지만 대다수 구성원들이 살면서 그와 같은 직접적인 성령 체험을 한 적이 없는 교회라면 어찌하란 말인가?

그런 공동체에게 경험에서 나온 바울의 주장이 곧이 들리지 않았을 것은 당연한 귀결이다. 만일 그들이 성령의 살아있는 능력을 경험하지 못했더라면, 인종이나 민족, 성, 또는 경제적 계층, 사회적 지위와 같은 지표를 토대로 자신의 정체성을 규정하려는 다양한 비복음(non-gospels)에 아주 예민했을 수 있다. 그와 같은 공동체에게 갈 3:1-5은 복음이 그들에게 요구하는 살아있는 영적 체험을 보여주는 근거가 될 수 있다.

3. 2:16-21과 마찬가지로 바울은 이 단락에서 다시 한 번 하나님의 은혜로운 행위의 우선성을 강력하게 주장한다. 복음의 말씀(ἀκοὴ πίστεως[아코에 피스테오스])은 하나님께서 성령을 주시고 기적을 행하는 도구이다. 인간의 행위로서 "율법을 지키는 것"은 "믿음을 이끌어 내는 말씀"(3:2, 5)과 상반된다. 우리가 아닌, 하나님의 행위이신 후자만이 성령의 부으심을 줄 수 있다. 이 본문을 다루는 설교자는 NIV와 NRSV와 같은 영역본을 올바로 교정하는데 세심한 주의를 기울여야 할 것이다. 왜냐하면 그 역본들은 *아코에 피스테오스*를 갈라디아교인들의 행위로, 즉 *그들이* 성령을 받기 위해서 "율법의 행위"를 하는 대신에 했던 어떤 행위로 해석하기 때문이다. 주석에서 주장한 바대로, 이런 해석은 이 단락을 오독하는 것이며, 사실상 하나님의 행위의 우선성과 충분성을 인정하지 않았던 경쟁 선교사들의 오류를 반복하는 것이다.

B. 갈라디아서 3:6-29
아브라함에게 하신 약속

개관

경험으로부터 나온 주장(3:1-5)이 그 자체적으로는 결정적으로 보일 수 있음에도 불구하고, 바울은 이어서 성경 해석에 훨씬 더 긴 시간을 투자한다(3:6-29). 그의 목표는 다음의 두 가지를 보여주는 것이다. (1) 갈라디아 교인들의 영적 경험은 성경과 모순되기보다는 일치한다.

(2) 경쟁 선교사들의 성경 해석은 틀렸다. 더 정확하게 말하자면, 그들의 해석은 예수의 십자가 사건으로 창조된 새로운 종말론적 상황에 적용할 수 없다. 이 단락은 아브라함에게 하신 하나님의 약속에 대한 언급(6-9절, 29절)으로 묶여 있다. 이 복잡한 주장의 전체적 목적은, 이방인들은 아브라함의 자손이 되기 위하여 할례를 받아야 한다고 가르치는 경쟁 선교사들의 주장에 반대하여, 원래 아브라함에 대한 하나님의 축복에는 이방인 신자도 포함되어 있으며(6-9절), 세례를 통해 "그리스도 안에" 들어 온 갈라디아 교인들은 이미 아브라함의 정당한 후손들이라는 것을(26-29절) 입증하는 것이다. 경쟁 선교사들은 율법의 영광을 찬양하고 있기 때문에, 불가피하게 다음과 같은 질문이 발생한다. 그러면 율법이 바울의 복음 이야기와 들어맞는 지점은 어디인가? 그러므로, 자신의 주장을 뒷받침하기 위해, 바울은 율법과 믿음 사이의 관계(10-14절), 율법과 언약 사이의 관계(15-18절), 그리고 오직 그리스도만을 통하여 바르게 하시는 하나님의 계획 속의 율법의 역할(19-25절) 등에 대한 설명을 전개해 나가야 한다.

갈라디아서 3:6-9
아브라함의 축복은 이방인들도 포함한다

주석

3:6-7 이 구절은 NRSV가 NIV보다 그리스어 구문에 더 가깝다. 접속사 "같으니"(just as; 카토스)는 갈라디아 교인들의 성령 체험과 이제 바울이 시작할 아브라함 이야기 사이를 연결한다.[8] 바울은 아브라함 이야기에서 그들의 경험이 예시되었다는 것을 보여주고 싶어한다. 두 경우 모두 하나님의 축복은 순전한 은혜로 다가온다.

---

8) Martyn, *Galatians*, 294에서는 다음과 같이 번역하고 있다. "사정은 아브라함도 마찬가지였다."

바울은 창 15:6을 인용하면서 아브라함을 다루기 시작하는데, 이것은 이어질 내용의 핵심 주제이다(참조. 롬 4:3, 여기서 바울은 동일한 인용으로 아브라함의 중요성에 대하여 한층 더 길게 소개한다). 이 구절은 바울에게 중요하다. 그것은 단지 이 문장이 동사 "믿으매"와 명사 "의"를 연결했기 때문이 아니라, 아브라함이 할례 받기 전의 이야기에서 그가 의롭다고 여김[9]을 받는 부분, 즉 하나님과의 올바른 언약 관계에 주의를 집중시키고 있기 때문이다(참조. 롬 4:9-12).

그런 까닭으로 창 15:6은 아브라함이 자신과 집안 모든 남자에게 할례를 행하라는 명령을 받고 순종하는 창세기 17장에 갈라디아 교인들의 주목하도록 유도한 경쟁 선교자들과 맞설 중요한 해석학적 지렛대를 바울에게 제공한다. 바울은 대신 창 15:6에 초점을 맞춤으로써 사실상 이렇게 말하는 것이다. "아브라함 이야기는 근본적으로 할례나 율법 순종에 대한 이야기가 아니다. 그것은 하나님의 약속을 신뢰하는 것에 관한 이야기다."

7절에서, 바울은 자신이 인용한 문장에 대한 놀랄만한 주석을 내놓는다. 물론 창 15:6은 아브라함의 후손에 대하여, 또는 어떻게 그들의 정체성이 결정되는지에 대하여 아무 말도 하지 않는다(그러나 창 15:5을 보라). 그러므로 바울이 경쟁 선교사들이 갈라디아 교인들에게 했던 말, 즉 오직 할례를 받은 사람들만 아브라함의 진정한 자손이 될 수 있다는 것에 반대하고 있다는 것을 추론하는 것은 어렵지 않다. 그것이 바울의 반론이 지시대명사 "이들"(these, 후토이)에 특별히 강조를 두는 이유이다. 하지만 불행히도 대부분의 영역본에서는 번역되지 않았다(역주: 한글판도 그렇다). 바울은 마치 이렇게 말하는 것처럼 보인다. "아브라함의 자손은 할례받은 자들이 아니다. 오히려 믿음에서 나온 정체성을 가진 사람들, *이 사람들이* 아브라함의 자손이다."

이런 설명에 따라서 마틴은 "*호이 에크 피스테오스*"를 믿음에서 나온 정체성을 가진 사람들"이라고 번역한다.[10] 이것은 바울의 간결한 표현인 "믿음으

9) NIV의 "~로 여기셨다"(credited)는 ἐλογίσθη(엘로기스테)를 제대로 번역한 것인데, 이 동사의 의미영역은 주로 상업과 금융이다.

10) Martyn, *Galatians*, 299.

로 말미암은 자들"에 대한 유용한 의역이다. 이 특이한 표현을 "믿는 자"로 번역하는 것이 완전히 만족스럽지는 않다(NIV, NRSV). 바울은 아마도 안디옥 사건(2:12)을 촉발시킨 야고보에게서 온 사절들을 묘사하는 "할례받은 사람들"(호이 에크 페리토메스)이라는 표현을 의식적으로 반대하기 위해 이 용어를 만들어낸 것으로 보인다. 두 경우 모두, 전치사 ἐκ는 그 전치사의 목적어("믿음" 또는 "할례")가 문제의 사람들에 대한 존재의 근원 또는 핵심 정체성 표지임을 보여준다. 그들은 "믿음의 사람"[11]이거나 "할례의 사람"이다.

3:8-9 그러나 바울은 단지 아브라함의 믿음과 당시 그리스도를 믿는 사람들의 믿음 사이의 유비를 주장하는 것으로 만족하지 않는다. 오히려 이어서 그는 아브라함을 이방 세계를 축복하는 통로로 묘사하는 창세기의 또 다른 본문(실제로는 창 12:3과 창 18:18/22:18의 융합)을 인용한다. "모든 이방인(에쓰네)이 너로 말미암아 복을 받으리라." 놀랍게도 바울은 이 진술을 성경이 아브라함에게 *말씀했다*고 본다. 여기에서 바울이 이 이야기를 되풀이할 때 화자로 의인화된 성경(헤 그라페)이 실제로 하나님께서 "[이제] 이방을 믿음으로 말미암아 의로 정하실 것"을 성경이 오래 전에 "미리 알고" 먼저 아브라함에게 복음을 전했다고 말한다. 놀랍게도 성경이 먼저 전한 "복음"은 이방인들이 아브라함으로 말미암아 복을 받으리라는 약속에 초점이 맞추어져 있다. 바울은 아직 예수에 대하여 아무런 말도 하지 않았다. 오히려 "복음"의 의미는 아브라함 안에서 또 그로 말미암아 이방인들에게 주어진 복으로 표현되었다. 아브라함에게 선포된 축복은 그를 통해 전 세계로 흘러 내려간다.

이 모든 것의 의미는 9절에 있는 바울의 또 하나의 주석에서 분명하게 설명된다. "그러므로 믿음으로 말미암은 자는(호이 에크 피스테오스) 믿음이 있는(피스토) 아브라함과 함께 복을 받느니라." 바울이 아브라함을 "믿음이 있는(faithful)"이라는 단순한 형용사로 기술한 것은 주목할 만하다. 많은 영역본들이 이 문장을 바울 신학에 이미 존재하는 견해와 좀 더 가깝게 일치시키기 위

11) Williams, *Galatians*, 86-87.

해 의역했다. 예를 들어 NRSV는 "믿었던 아브라함(Abraham who believed)"이라고 번역했다. 던은 바울이 "아브라함의 신실함에 대하여 말할 때 아무런 망설임도 없었다"고 제대로 보았다. 그러나 이 예리한 평가는 바울이 "두 가지 *피스티스*(믿음, 신실함) 사이에 쐐기를 박고자" 노력하고 있다는 이전의 주장을 약화시킨다.[12] 사실 그리스어는 그런 쐐기 박기가 통하지 않을 것이다. 단수 명사 *피스티스*는 의미론적으로 "신뢰," "신실함," "충실함," "믿음" 등의 뜻을 갖는다. 그렇기 때문에 바울이 "아브라함이 하나님을 믿었다[*에피스튜센*]"는 성경말씀을 읽고도, 아브라함은 신실하다(*피스토스*)고 하는 게 맞다는 결론을 내릴 수 있는 것이다. 이 두 표현의 근본 관념은 아브라함이 하나님께 신뢰를 두었다는 것이다. 바울에게 있어서 그것은 신실함이다. 따라서 9절에 있는 바울의 요지는 그가 창세기의 인용으로부터 끌어낸 결론들을 모두 연결시킨다. 아브라함의 축복은 궁극적으로는 전 세계를 위한 것이며(유대인만을 위한 것이 아니라), 아브라함의 진정한 후손은 자신의 정체성의 근거를 하나님의 약속을 신뢰하는데 둔 사람들이라는 것이다(3:26-29의 신학적 묵상을 보라).

갈라디아서 3:10-14
그리스도의 죽음은 이스라엘을 율법의 저주에서 해방시킨다

주석

6-9절은 바울의 논지가 분명하지만, 그 다음 부분(10-14절)은 그의 편지들에 있는 가장 어려운 문장들 중 하나이다. 바울은 그가 인용한 구약의 본문들을 이상한 방식으로 해석하는 것처럼 보인다. 그는 성경 자체가 "율법에 속한 자들"(10절)에게 저주를 선포한다는 놀라운 주장을 한다. 그는 또한 성경과 성경을 충돌시키고 있는 것처럼 보인다(11-12절). 한 걸음 더 나가서, 그는 십

---

12) Dunn, *The Epistle to the Galatians*, 163, 167.

자가에 못 박히신 그리스도가 저주가 되었다(13절, 개역성경에는 그리스도가 저주를 받은 바 되셨다고 나오지만, 그리스어 원문은 그리스도가 저주가 되셨다고 표현한다 - 역자주)는 놀라운 주장을 지지하기 위해 신명기를 인용한다. 이런 혼란스러운 단락에서 무슨 일이 일어나고 있는 것일까?

어떤 해석자들은 바울이 율법의 실현 불가성을 주장하고 있는 것이라고 생각한다. 율법을 지키려고 노력하는 사람들은 저주 아래 있는데, 왜냐하면 그들은 완전한 순종에 도달할 수 없고, 또한 그래서 하나님의 진노를 일으키기 때문이라는 것이다. 그러나 이것은 유대교를 우스꽝스럽게 풍자한 것이므로, 바울 시대에 설득력 있는 주장으로 받아들여졌을 리가 없다. 만약, 바울이 그와 같은 주장을 하였다면, 경쟁 선교사들은 율법에는 회개를 통해, 희생제사 제도를 통해 그리고 대속죄일의 엄숙한 연례 행사를 통해 범법을 용서할 수 있는 충분한 조항이 있다는 것을 지적하는 것으로도 쉽게 바울을 논박할 수 있었다. 그러나 사실 바울은 율법에 순종하는 것이 불가능하다고 말한 것은 *아니다*. 여러 세대에 걸친 기독교 해석자들이 이런 가설을 본문에 끌고 들어와 해석했지만 말이다. 바울은 바리새인으로 살았던 자신의 과거를 되돌아보면서 자신은 "율법 아래서 흠이 없는 자"(빌 3:6)라고 말할 수 있었다. 이것은 분명히 자신이 결코 죄를 짓지 않았다는 말은 아니다. 그것은 단지 자신의 범법이 율법의 조항에 따라 처리되었고, 그러므로 자신은 결코 죄책감을 느끼는 내면의 양심에 의하여 괴로워하지 않았다는 것을 보여준다.[13] 만약 바울이 율법을 실현 불가능한 것으로 보지 않았다면, 우리는 바울이 설명하는 논리를 어떻게 이해해야 할까?

바울의 주장이 13-14절 내용에 대한 고백적 확증을 지향한다는 점을 염두에 두는 것이 중요하다. 그리스도의 구속 사역이 이스라엘에게서 저주를 제거하였으므로 아브라함의 축복(8절) 또한 이방인들에게 주어질 수 있고, 그래서 "우리"(=유대인과 이방인을 다 포함한 모든 하나님의 백성들)는 성령의 약속을 받을 수 있다는 것이다. 14절의 아브라함의 축복에 대한 언급은 10-14절을

13) Stendahl, "The Apostle Paul and the Introspective Conscience of the West," 78-96.

6-9절과 견고히 연결시킨다. 바울은 계속해서 어떻게 이방인들이 이제는 아브라함에게 처음으로 약속되었던 축복을 받을 수 있는지에 대해 답하고 있다. 이것을 염두에 두고, 우리는 어떻게 10-14절이 바울의 주장과 상응하는지를 신중하게 살펴보아야 한다.

3:10 바울은 *호이 에크피스테오스*(7절)와 정반대되는, "율법의 행위에 속한 자들"(*호 소이엑스 가르 에르곤 노무*)라는 압축된 표현을 만들어 낸다. 만약 우리가 지금까지 살펴본 것처럼, *호이 에크 피스테오스*가 "자신의 정체성이 믿음으로부터 나온 사람들"을 의미한다면, 이 구절의 표현은 당연히 "자신의 정체성이 율법의 행위로부터 나온 사람"을 뜻할 것이다. (NIV와 NRSV의 의역은 비슷한 해석을 보여준다.) 토라 준수파에 대한 이런 묘사는 바울의 관점에서는 이미 단호하게 고발한 것이다. 왜냐하면 바울은 그리스도 안에 있는 사람은 그 정체성이 그리스도로부터, 아니 오직 그리스도로부터 비롯되어야 한다고(2:20; 3:26-28) 주장하기 때문이다. 이런 용어로 토론의 틀을 형성함으로써, 바울은 이미 "믿음"과 "율법의 행위"가 상반되고 양립할 수 없는 정체성의 근원임을 시사한다.

자신의 정체성이 토라의 명령들을 지키는 데서 나온다고 믿는 사람들은 "저주 아래" 있다고 바울은 선언한다. 저주와 축복의 양극성은 바울이 8절에서 창 12:3을 인용한 것에서 은연 중에 이미 나타나 있다. "너를 축복하는 자에게는 내가 복을 내리고, 너를 저주하는 자에게는 내가 저주하리니 땅의 모든 족속이 너로 말미암아 복을 얻을 것이라." 8절에서 바울은 이 구절의 마지막 부분만을 인용했지만, 이제 그는 거기 내재해 있는 "저주" 테마를 선택해 적대자들의 주장을 전복시켜 버린다. 그들은 아브라함의 축복이 할례받은 사람들을 위한 것이라고 주장하고 있었지만, 바울은 이제 할례받지 않은 이방인들에게는 도발적으로 축복을, 그리고 할례받은 토라 준수 옹호자들에게는 도발적으로 저주를 내린다.

바울은 신 27:26을 인용함으로써 이 악담 같은 주장을 뒷받침한다. 그의 어법은 맛소라 사본(MT)이나 70인역(LXX)과는 약간 다르다.

신 27:26 맛소라 사본: 무릇 이 율법의 말씀을
준수함으로써
따르지 않는 자는
저주를 받을 것이다.

신 27:26 70인역: 무릇 이 율법의 말씀에
머물지 않고
행치 않는 사람은
저주를 받을 것이다.

갈 3:10; 누구든지 율법책에
기록된 대로
모든 일을 항상 행하지 아니하는 자는
저주 아래에 있는 자라

바울의 인용은 "*이 율법*의 모든 말씀"(즉 신 26-28장의 구체적인 언약법)을 신 28:58 또는 30:10에서 가져온 "*율법책에 기록된* 대로 모든 일"로 대체한 것을 제외하면, 거의 70인역을 따르고 있다. 표현의 변화는 모세의 율법에 대한 언급을 전체적으로 확대하는 효과를 지니고 있다.

많은 독자들은 이 본문에 대한 바울의 호소가 놀랍다고 생각하는데, 이는 바울의 주장과 정반대로 말하는 것처럼 보이기 때문이다. 신명기에서 저주는 율법이 요구하는 것을 행하지 *않는* 사람들에게 내려진다. 그러나 10a절은, 많은 해석자들이 생각했던 것처럼, 성실하게 율법이 요구하는 바를 *행하*는 사람들이 저주를 받는다고 말하는 것 같다.

바울의 핵심을 이해하기 위하여, 우리는 두 가지를 인식해야 한다. 첫째, 여기서 저주 아래 있다는 말을 듣는 사람들은 "율법을 행하는 사람들"이 아니라, 오히려 "그들의 정체성이 율법의 행위에서 나온다고 주장하는 사람들"이라는 것이다. 여전히 신명기적 언약의 영역 안에 사는 사람들은 저주 아래 있으며, 신명기 27장의 두려운 말씀의 관할 안에 살고 있다는 것이다.[14] 따라서 바울은 신명기에서 반복적으로 강조하고 있는 핵심을 갈라디아 교인들에게 알려 주고 있는 것이다. 언약에 들어가는 사람들은 처벌과 저주 아래

놓인다. 바울은 신 27:26을 인용함으로써 독자들에게 신 27-28장에 나오는 언약에 수반되는 엄숙한 저주와 축복을 포함해 이스라엘의 언약적 의무의 전체 구조를 상기시킨다.[15] 따라서 "저주 아래"(10절) 있는 것은 신명기의 *조건적* 저주와 축복의 경륜 아래 사는 것이자, 순종 여하에 따른 엄격한 판결 아래 있는 것이다.

둘째, 이 저주는 이스라엘 전체에 적용되는 것이지, 단지 율법 아래 사는 개별 유대인들에게만 적용되는 것은 아니다. 신명기는 불순종에 대한 징계가 그 나라 전체에 가해질 것이며, 하나님께서 마침내 그들을 구출하고 회복시키기 위하여 개입하기 전에 온 백성이 포로로 끌려갈 것이라고 강도 높게 경고한다. 신 31:29에서 모세는 자신의 죽음 후에 백성들이 하나님의 명령으로부터 돌아설 것이며, 하나님의 진노가 그들 위에 떨어질 거라고 명백하게 예측한다. 이 예측은 모세의 노래(신 32장)에서 찬송시 형태로 상세하게 제시되는데, 이것은 바울의 성경 해석에 매우 중요한 구절이다.[16] 따라서, 바울이 갈라디아 교인들에게 자신들의 정체성을 율법에 근거하고 있는 사람들은 저주 아래 있다고 경고할 때, 그는 결국 그들에게 다음과 같은 말을 하는 것이다. "만약 당신들이 자신들의 희망을 율법에 순종하는 것에 두고 있는 사람들(즉 경쟁 선교사들)과 협력하고 있다면, 당신들은 패배하는 팀에 들어가는 것이다." 이것은 순종이 이론적으로 불가능해서가 아니라, 이스라엘이 역사적으로 실패했고, 사실상 신명기가 엄숙하게 경고하는 심판을 초래했기 때문이다. 즉 이스라엘은 유배되었고, 그 유배에서 돌아오기는 했지만, 결코 신 28:1-14에 약속된 축복을 회복한 적이 없기 때문이다.

---

14) C. D. Stanley, "'Under a Curse': A Fresh Reading of Galatians 3:1, 10, 14," *NTS* 36 (1990) 491-511.

15) 이 요지에 대하여 또 이어지는 많은 것들에 대하여는 다음을 보라. N.T. Wright, *The Climax of the Covenant: Christ and Law in Pauline Theology* (Edinburgh: T.&T. Clark, 1991) 137-56.

16) 다음을 보라. R. H. Bell, *Provoked to Jealousy: The Origin and Purpose of the Jealousy Motif in Romans 9-11*, WUNT (Tübingen: Mohr, 1994).

3:11-12 이 구절에서 우리가 그리스어 본문의 구두점에 작은 변화를 준다면(가장 오래된 그리스어 MSS는 구두점이 없다), 이 주장의 논리는 더 분명해지는데, 그 번역은 다음과 같다. "아무도 율법으로 말미암아 바르게 되지 못하기 때문에, '의인은 믿음으로 말미암아 살리라'는 것이 분명하다." 첫 번째 절이 두 번째 절에 정당성을 제공해 주고 있지만(NRSV나 NIV에서는 그렇게 했지만) 그 역은 아니다.[17] 바울은 앞서 2:16에서 그랬던 것과 마찬가지로 율법이 사람을 하나님과의 바른 관계에 들어가도록 하는 능력을 갖지 못했다는 것을 기정사실로 여긴다. 이스라엘의 불순종과 유배의 역사적 경험에서 입증된 사실로부터 바울은 바르게 될 수 있는 다른 방법이 있어야 한다고 결론을 내린다. 그리하여 바울은 마침내 "의인"이 하나님의 바르게 하시는 능력을 만나게 될 방법을 증언하는 또 다른 성경 본문을 찾는다.

바울이 제시한 본문은 합 2:4로, 그는 나중에 이 본문을 로마서의 기조로 사용한다(롬 1:17). 이 구절은 *에크 피스테오스*(믿음으로부터/믿음에 의하여)라는 표제어의 원천으로 바울은 이것을 이미 2:16; 3:7-9에서 사용하였고, 다시 이것을 3:12, 22, 24; 5:5에서 사용할 것이다(롬 1:17; 3:26, 30; 4:16; 5:1; 9:30, 32; 10:6; 14:32도 보라). 이 어구의 비범한 특징은 구약성경 어디에서도 나타나지 않는다. 그리고 바울은 합 2:4을 인용한 두 편지인 갈라디아서와 로마서에서만 이 어구를 사용한다.[18] 따라서 합 2:4은 감춰진 것을 드러내는 해석학적 렌즈이고, 성경은 이 렌즈를 통해서 읽어야하는데, *에크피스테오스*라는 어구가 이 두 편지에서 합 2:4을 암시하는 표현인 것이다.

합 2:2-4은 하나님께서 외국 통치자들이 이스라엘을 억압하는 것을 허락하셨고, 따라서 이 세계에 불의가 만연하게 되었다고 분노하는 예언자의 불평에 대한 하나님의 대답이다. 이 말씀은 쿰란 공동체를 포함하여 많은 고대

---

17) Wright, *The Climax of the Covenant*, 149n. 42는 자신의 학생 Christopher Palmer의 도움을 받았다고 언급한다. 이러한 해석에 대한 더 자세한 변호에 대해서는 다음을보라. A. Wakefield, "The Hermeneutical Significance of Paul's Use of Citation in Galatians 3:6-14" (Ph.D. Dies., Duke University, 2000).

18) D. A. Campbell, "Romans1:17 - A Crux Interpretum for the Pistis Christou Devate," *JBL*, 113(1994) 265-85.

유대 해석자들에게 중요한 종말론적 예언으로 이해되었다.[19] 70인역 번역자들은 이 구절을 히브리서 저자가 했던 것처럼(히 10:37-38) 메시아 본문으로 이해했다. "의로운 사람"(호 디카이오스)이라는 호칭은 신약성경의 다른 곳에서 예수에 대한 존칭어로 등장하고(행 3:14; 7:52; 22:14; 벧전 3:18; 요일 2:1), 다른 유대교 문헌에서는(예를 들어 에녹서 38:2; 58:6) 오랫동안 기다린 종말론적 구원자의 호칭으로 나타난다.[20] 그러므로 바울은 아마 이 메시아적 기대의 배경에서 정교하게 논지를 펼치고 있는 것으로 보인다. 그러나 이 논증단계에서 바울은 예수에 대해 명확하게 언급하지 않는다. 바울의 주장은 비메시아적으로 이해할 수 있다. 이는 바울이 어떻게 하나님께서 율법을 통해서가 아니라 믿음을 통해서 바르게 됨과 생명을 주시기로 결정하셨는 지를 이해하는 열쇠를 합 2:4이 보여준다고 주장하는 것으로 보는 것이다. 11절에서 바울이 동의어처럼 사용하는 "바르게 되다"라는 동사와 "살다"라는 동사 사이에 형성된 연관성은 하나님과의 올바른 언약적 관계를 위해 오직 믿음으로(에크 피스테오스) 회복된 사람만이 참된 "삶," 즉 종말론적 삶에 접근할 수 있다는 바울의 확신을 반영한다.

그렇다면 믿음을 말하지 않고 율법이 요구하는 것을 행함으로 생명과 축복이 결정되는 것처럼 보이는 모세 율법의 몫은 무엇인가? 바울은 이 문제를 피할 수는 없었다. 왜냐하면, 갈라디아 교인들에 아브라함을 할례받은 자의 모범으로 주장한 경쟁 선교사들이 정확하게 "사람이 이를 행하면(호 포이에사스 아우티; 신 27:26과 정확하게 동일한 단어가 나온다) 그로 말미암아 살리라"고 약속하고 있는 레 18:5 같은 구절을 제시했기 때문이다. 바울은 이 문제에 정면으로 맞서고 있다. 그는 레 18:5을 합 2:4과 바로 이어서 나란히 인용하면서

---

19) A. Strobel, *Untersuchungen zum eschatologischen Verzögerungsproblem auf Grund der spätjudisch-urchristlichen Geschichte von Habakkuk* 2:1,2ff., NovTSup 2 (Leiden: Brill, 1961).

20) 이 주제에 관한 토론에 대하여는 다음을 보라. R. B. Hays, " 'The Righteous One' as Eschatological Deliverer: A Case Study in Paul's Apocalyptic Hermeneutics," in *Apocalyptic and the New Testament: Essays in Honor of J. Louis Martyn*, ed. J. Marcus and M. L. Soards, JSNTSup 24 (Shefield: JSOT, 1989) 191-215.

"율법은 믿음에서 난 것이(*에크 피스테오스*) 아니다"라고 선언한다. 바울이 레 18:5을 공허한 약속이요, 토라의 행위에 초점을 맞춘 아무 효력이 없는 구원 계획의 일부로서, 이제는 예수의 죽음으로 아무런 작동을 하지 못하는 계획에 불과한 것으로 묘사하고 있다는 결론은 설득력이 있다.[21] 율법의 권세 영역 안에 사는 것은 레위기와 신명기가 말하고 있는 세계, 즉 율법이 생명을 약속하지만 생명을 구원하지 못하는 세계, 이스라엘에 저주가 걸려 있는 세상에서 사는 것이다(레 18:24-30도 보라; 만약 율법을 어기면 "그 땅이 너를 토하여 내치리라"며 위협하고 있다). 그 세계에서는 하나님 앞에서 어느 누구도 의롭게 될 수가 없다(11절). 왜냐하면 이스라엘은 비참하게도 신명기가 예언한 부정과 속박(예. 신 28:45-51를 보라)의 길로 가버렸기 때문이다. 그러나, 바울의 선언을 따르자면, 그런 세계는 더이상 존재하지 않는다.

3:13-14 율법이 선언한 저주는 그리스도의 죽음으로 파괴되었다. 바울이 사용한 동사 "속량하셨으니"(엑세고라센)는 노예에서 해방되는 것을 설명하기 위해 사용하는 단어이다. 이 표현은 바울이 반복해서 사용할 은유를 소개한다. '율법 아래의 삶은 일종의 노예 상태'(4:1-11, 21-5:1)라는 것이다. 그러나 예수의 십자가 사건의 결과로 신명기가 선언하고 있는 저주로부터 마침내 이스라엘의 속박된 사람들이 해방된다. 유대교에 대해 기독교가 취한 태도의 추악한 역사를 감안할 때, "율법의 저주"라는 표현이 율법 자체가 저주라는 뜻이 아니라는 것을 인식하는 것이 중요하다. 그것은 오히려 바울이 10절에서 인용했던 것처럼, 율법이 *선언한* 저주를 말한다. 예수께서 자기희생의 죽음으로 무효화시키셨던 것이 바로 이 저주이다.

바울은 말한다. "그리스도께서 우리를 위하여 *저주를 받은 바 되사* 율법의 저주에서 우리를 속량하셨으니." 여기서 바울의 언어는 의도적으로 역설적이고 도발적이다. 예수께서 이스라엘이 처한 노예 상태에 완전히 들어가셔서

---

21) 롬 10:6에서 바울은 레 18:5을 전혀 다른 그리고 훨씬 적극적인 방식으로 해석한다. 다음을 보라. Hays, *Echoes of Scripture in the Letters of Paul*, 73-83; Wright, *The Climax of the Covenant*, 149.

자신의 무고한 죽음으로 저주를 완전히 흡수하고 소진시키셨다. 이 사상은 고후 5:21에 있는 비슷한 의미심장한 고백적 진술과 정확히 평행구를 이루고 있다: "하나님이 죄를 알지도 못하신 이를 우리를 대신하여 죄로 삼으신 것은 우리로 하여금 그 안에서 하나님의 의가 되게 하려 하심이라." 예수의 죽음에서 신비한 방식의 교환이 실행되었는데, 이는 우리를 위하여 그가 세상 죄의 모든 결과를 자기 몸에 짊어지셨기 때문이다. 그런 놀라운 신비는 선포될 수 있을 뿐 설명할 수가 없다. 이 신비가 바울 복음의 핵심이다. 하나님의 아들이 우리를 위하여 수치스러운 죽음을 당하셨다. 예수의 십자가상의 죽음은 사랑의 의미를 정의할 뿐 아니라 모든 것을 변화시키며, 율법 아래 있는 옛 세계를 끝장내고, 은혜와 자유, 축복의 새로운 세계를 열어놓으셨다. 이것이 바로 바울이 율법 아래 있는 삶으로 되돌아가는 것을 하나님의 은혜를 부정하는 어리석은 일로 보는 이유이다.

예수께서 저주가 되셨다는 충격적인 주장은 신명기의 또 다른 인용으로부터 지지를 받는다: "나무에 달린 자는 저주를 받았느니라(에피 카타라토스)"(신 21:23). 바울은 70인역의 "나무에 달린 자는 *하나님께* 저주를 받았느니라(케카테라메노스)"를 살짝 수정했다. 바울은 "하나님께서(by God)"를 생략하고, 저주의 원천을 특정하지 않은 채 둠으로써, 그리고 신 27:26의 "저주받았다"와 동일한 뜻의 단어를 사용함으로써, 독자가 이 구절들을 서로 연결할 수밖에 없게 만든다. 예수께서 자기 몸에 지신 저주는 명확하게 이미 10절에서 언급되었던 것이다. 신 21:23은 원 문맥에서는 이스라엘이 목맨 범죄자의 시체를 밤새 나무에 매달아 두는 것을 금했던 신명기적 율법의 근거를 제시하는데, 이는 시체가 "땅을 부정하게" 하기 때문이다. 이 구절을 십자가에서 죽은 예수께 도발적으로 적용하면서, 바울은 이 본문을 비틀어 예수의 십자가 죽음 이야기에 비추어 재해석한다(참조. 1절). 던이 언급했듯이, 바울의 시대에 일부 다른 유대 해석자들도 이 구절을 로마의 십자가 형벌에 대한 언급으로 읽곤 했다.[22)]

---

22) 4QpNah 1:7-8; 11QTemple 64:6-13. 다음도 보라. Dunn, *The Epistle to the Galatians*, 178.

바울이 초기에 교회를 박해하던 시절(1:13, 23)에 그는 십자가에 못박힌 예수가 하나님의 저주 아래 죽었고, 따라서 그가 메시아가 될 수 없다는 사실을 입증하기 위해 바로 이 구절인 신 21:23을 그의 대적자인 그리스도인에게 들이밀었을 것이라는 주장이 종종 제기되어 왔었다. 만일 그랬다면, 그가 사도로 변화되는 부르심을 경험하고 하나님께서 예수를 죽은 자들로부터 일으키심으로 그 무죄를 입증하셨다는 것을 확신하게 되었을 때, 그는 예수를 저주한 율법은 완전히 잘못이라는 사실을 깨달았을 것이다. 이것은 결과적으로 바울이 어떻게해서 그리스도의 죽음으로 율법이 폐지되었다는 견해를 갖게 되었는 지를 설명해 준다는 것이다. 그러나 이 모든 것은 지나친 억측에 불과한 것인데, 바울은 자신의 사상의 발전과정에서 이것을 전혀 암시하지 않고 있기 때문이다. 13절은 십자가 사건을 예수께서 신명기 저주의 효력을 자기 몸에 짊어진 대속적 희생으로 해석함으로써 예수의 죽음의 구원 효력을 설명한 초기 유대-기독교의 고백 전승을 반영할 가능성이 훨씬 높다. 바울이 그 전통의 장본인인지의 여부 또는 13-14절이 어떤 전승을 인용한 것인지의 여부는 자신있게 결정하는 것이 불가능하다.

어느 경우든지 간에, 예수께서 스스로 저주를 짊어지신 목적이 14절에서 설명이 된다. 즉, 오래 전에 이방인에게 약속된(참조. 8-9절), 아브라함의 축복이 마침내 그들에게 흘러왔고(참조. 롬 15:8-12), 믿음을 통해 하나님의 모든 백성이 성령을 받을 수 있게 되었다는 것이다. 여기서 또다시 모호함이 발견된다. 바울이 의미하는 것은 그들 자신의 믿음으로 말미암는 다는 것인가, 예수의 믿음(신실함)으로 말미암는다는 것인가? 13-14절에서 논리의 흐름은 후자를 시사한다. 그리스도께서는 자신의 신실한(faithful) 죽음을 통해 이스라엘을 그들의 신실치 못함(unfaithfulness)의 결과로부터 구속하셨는데, 이는 우리가 그리스도의 신실하심을 통해 성령을 받을 수 있도록 하기 위해서라는 것이다.[23] 그러나 바울은 이러한 모호함을 그대로 남겨 두고 있는데, 이는 의

23) Matera, *Galatians*, 121, 124-25. 바울이 '디아 테스 피스테오스'라는 어구에서 정관사를 사용한 것이 이 해석을 뒷받침해준다.

도적인 수사학적 목적 때문인 것으로 보인다. 그 문장은 우리가 "우리를 위한 그리스도의 신실한 죽음으로 말미암아 나타난 믿음을 통하여" 성령을 받는다는 의미로도 이해할 수 있다.[24)]

앞 단락에서(6-9절), 바울은 아브라함의 축복을 이방인들의 바르게 됨, 즉 이방인들이 하나님과의 올바른 언약 관계를 맺게 되는 것과 분명히 연결했었다. 그리스도께서 신명기의 저주로부터 *이스라엘*을 구속하신 것이 어떻게 이 결과에 결정적인 영향을 주게되는가? 바울은 이 연관성에 대하여 설명하지 않지만(이것 때문에 13-14절이 기존에 있던 신앙고백문이라고 가정하는 것이다), 우리는 몇 가지를 추정할 수 있다. 이방인들이 종말의 때에 하나님의 백성에 포함될 것이라는 바울의 전망을 형성하는데 가장 강력한 영향을 준 예언서는 단연코 이사야서이다.[25)] 이사야는 이스라엘에 대한 하나님의 최종적 구속과 회복의 비전이 시온산에서 한 분 참하나님을 예배하기 위해서 이방인들이 모여들기 이전에 이루어지는 것으로 이야기했다(예를 들어 사 2:2-4; 60:1-2). 이스라엘 백성이 저주의 속박에 매여 있는 한, 이 종말의 시나리오는 실현될 수 없다. 13-14절의 신앙고백문은 마침내 그리스도의 죽음을 통하여 그 저주가 종식되고, 이스라엘은 자유를 얻고 유배는 끝났으며, 따라서 이방인들의 모임이 이제 바야흐로 시작될 수 있다고 가정하는 것으로 보인다.

이 해석은 또한 바울이 어떻게 "약속"을 성령을 받는 것과 동일시할 수 있는지를 설명해 준다. 이러한 동일시에는 좀 당혹스러운 면이 있다. 왜냐하면, 창세기에서 아브라함의 축복을 말하는 구절이 성령에 대해 전혀 언급하고 있지 않기 때문이다. 따라서 바울이 약속의 실질적 내용을 창의적으로 확장하는 것으로 보인다. 창세기는 하나님께서 땅과 수많은 자손을 선물로 주신다고 말하고 있는 반면, 바울은 아브라함에게 주신 약속이 교회의 성령 체험에서 완성되는 것으로 보고 있다. 이런 비약적 추론은 이스라엘의 유배로

---

24) Martyn, *Galatians*, 323.

25) F. Wilk, *Die Bedeutung des Jesajabuches für Paulus*, FRLANT 179 (Göttingen: Vandenhoek & Ruprecht, 1998); J. R. Wagner, *Heralds of the Good News: Paul and Isaiah 'In Concert' in the Letter to the Romans*, NovTSup (Leiden: Brill, 2001).

부터의 궁극적인 회복을 약속하는 예언서 본문들에 또 다시 나타난다. 이사야와 에스겔에서 하나님의 회복 약속은 반복해서 하나님의 영을 부어주시는 이미지를 통해 묘사된다(사 32:15-17; 44:1-5; 59:21; 겔 11:14-21; 36:22-27; 37:1-14). 특히 사 44:3은 주목할 가치가 있다. 여기서 "영"과 "복"이 동의어로 평행을 이루고 있다:

> 나는 목마른 자에게 물을 주며
> 마른 땅에 시내가 흐르게 하여
> 나의 영을 네 자손(LXX: 스페르마)에게
> 나의 복을 네 후손에게 부어주리니

바울이 이 구절을 인용하지는 않지만, 아마도 이 구절이 갈 3:1-14의 근거가 되는 것으로 보이며, 분명한 것은 갈 3:1-14을 설명해 주고 있다는 것이다. 실제로 이 구절은 성경에 근거한 바울의 주장과 앞에 나오는 경험에 근거한 바울의 주장(1-5절)이 어떻게 구조적으로 연결되는지를 이해하는데 도움이 된다. 교회의 성령의 체험은 이스라엘에 대한 하나님의 종말론적 회복이 시작되었다는 표지이다. 갈라디아 교인들과 같은 이방인들이 이러한 성령의 부으심을 경험을 했다는 사실은 예언자적 비전과 상통한다. 이것은 결국 아브라함에게 주어진 언약에서 "미리 선포된 것"이었다(6-9절).

던은 10-14절을 "신명기의 3단계 구원사 도식에 대한 미드라쉬"라고까지 말한다: 언약, 유배, 회복.[26] 그것은 기본적으로 정확한 관찰이지만, 우리는 과격할 정도로 뜯어고치는 "미드라쉬"의 특성을 고려해야 한다. 이 해석을 따라가면, 계율의 체계에 머무는 사람에게 생명을 준다는 토라의 약속은 거짓 약속이라는 결론에 도달하게 된다. 사실 그리스도께서 그 저주를 폐하여 버리고 난 뒤에도 율법 아래 살려고 하는 사람들은 결국 저주 아래 있는 삶으로 되돌아가는 것이다. 그러므로 경쟁 선교사들에 대한 바울의 반대는 긴급한 것이었다. 아브라함은 할례자와 토라 준수자의 모범으로 읽혀서는 안되며, 오

26) Dunn, *The Epistle to the Galatians*, 180.

히려 복음의 예표로 읽어야 한다. 즉 그는 오직 하나님을 믿고 하나님의 언약을 받아들였을 뿐이었다. 바울은 이 똑같은 이야기가 자신의 이방교회 안에서 재연되고 있음을 보았던 것이다.

이 해석은 우리가 13-14절의 두 가지 오랫 동안 논쟁거리였던 주석적 문제를 해결할 수 있게 도와준다: (1) 대명사 "우리를"(us)과 "우리로"(we)는 누구를 가리키는 것인가? (2) 14절에 나오는 두 목적절은 서로 어떻게 연결되는 것인가? 여기에서 제시한 해석을 따르면, 13절의 "우리를"(us)은 특별히 유대인들(바울과 같은 유대 그리스도인들을 포함한)을 가리키는 것으로, 그들은 불순종으로 말미암아 율법의 저주를 받은 자들이다. 다른 한편 14b절의 "우리로"(we)는, 유대인과 이방인의 차별을 넘어서고, 하나님께서 부어주시는 성령을 받은, 하나님의 백성인 새로운 공동체 전체를 일컫는 것이 분명하다. 이것은 14절의 두 목적절이 그리스도의 구속적 죽음의 직접적인 결과(13절)라는 뜻이다. 이 절들은 다음과 같은 논리로 연결된다:

(a) 그리스도의 죽음이 "우리를"(*유대인*) 율법이 선언하는 저주로부터 구원하셨다.

이것은 두 가지 효과를 가져 온다:

(b1) 그리스도 예수 안에서, 아브라함의 축복이 *이방인*들에게 미친다,
(b2) "우리는"[*유대인들과 이방인들 모두*] 성령을 받는다.

이것이 전통적 신앙고백문이든 혹은 바울 자신이 만들어 낸 말이든지 간에, 이것은 바울이 씨름하는 사회적으로 포용적인 복음을 강조하는 쪽으로 근본적인 관점의 전환이 이루어졌음을 보여준다. 그러한 고백을 하는 화자는 이스라엘 민족이라는 원래의 정체성에서 출발해서(a), 이방인에게 베푸신 하나님의 축복에 대한 인식을 거쳐서(b1), 그리스도의 죽음을 통하여 유대인과 이방인들이 똑같이 성령을 받음으로써 하나가 되었다는 최종적 선포에 이르게 된다(b2). 따라서 성령 체험은 모든 민족이 복을 받는다는 성경의 약속이 성취된 것으로 해석된다. (3:26-29의 신학적 묵상을 보라.)

갈라디아서 3:15-18
언약적 약속은 율법에 선행한다

주석

바울은 이제 또 하나의 시도에 돌입한다. 15-18절에서 그는 아브라함에게 말씀하신 하나님의 언약적 약속을 제3자가 폐기할 수 없는 인간의 유언에 비유한다. 이 유언은 아브라함과 그의 "자손"(seed)에게 상속을 약속했는데, 바울은 이 자손을 오직 예수 그리스도와 동일시한다. 이 유비는 심각한 위험 요소와 한계들을 가지고 있다. 왜냐하면, 그것은 하나님의 언약을 그 유언을 남긴 자가 죽어야만 효력을 갖는 인간의 법적 제도와 비교하고 있기 때문이며, 또한 율법이 하나님에 의해서가 아니라 다른 제3자에 의하여 세워진 것으로 (그릇되게) 보여질 수 있기 때문이다. 이것은 심각한 문제를 일으킬 여지가 있다. 그럼에도 불구하고 바울은 기꺼이 자신의 논증을 위해 이 유비를 계속 견지한다. 왜냐하면, 그것이 바울로 하여금 두 가지를 강조할 수 있도록 해주기 때문이다. 즉 율법은 아브라함에게 주어진 약속보다 훨씬 뒤에 주어진 것이며, 따라서 율법은 부차적인 것이고, 아브라함의 축복은 유대인뿐만 아니라 이방인도 물려 받아야 할 상속으로 이해해야 한다는 것이다. 이런 관점에서 볼 때 오직 토라를 준수하는 자들만이 아브라함의 자손이라는 선교사들의 주장은 이방인들로부터 하나님께서 약속하신 상속을 빼앗아가는 법적 계략으로 보인다.

그러나 이런 주장은 율법에 대한 근본적인 의문을 제기한다. 만약 율법이 구원하는 효력을 갖지 못했고 아브라함과 맺은 언약에 대한 더 상세한 설명으로 볼 수도 없다면, 율법이 존재하는 이유는 무엇일까? 하나님의 약속을 거스르는 악한 것으로 이해해야 하는가? 19-24절에서 바울은 이 사안에 대해 다루면서 율법이 궁극적으로 그리스도의 신실함을 통해 세계를 구원하고자 하는 하나님의 계획 속에서 제한적이고 일시적인 목적을 가지고 있었던 것이라고 주장한다. 약속의 진정한 상속자이신 자손(the Seed), 즉 그리스도께서 오셨기 때문에 율법은 더 이상 하나님의 경륜에서 어떠한 적극적인 목적도 없다는 것이다.

이 단원의 마지막 단락에서(25-29절), 바울은 갈라디아 교인들과 세례를 통해 "그리스도 안에" 있는 모든 사람이, 할례로 상징되는 유대인과 이방인의 분리를 포함해서, 모든 낡아빠진 인간 차별이 힘을 잃어, 더이상 우리를 서로 떼어놓을 수 없는, 완전히 새로운 세계로 진입했다고 설명한다. 따라서 그리스도 안에 편입된 모든 사람은 "아브라함의 자손"이라는 신분이 주어진다. 그러므로 그들은 할례를 받았든지 그렇지 않든지 모두 합법적인 상속자인 것이다.

이 단락을 짧고 불연속적인 문단으로 나누면 논증의 통일성이 모호해지는 경우가 생긴다(예. 15-18절, 19-22절, 23-25절, 26-29절). 이 단락의 전반적인 논리의 핵심은 16절과 29절 사이의 관계에서 찾을 수 있다. 즉 이 언약은 아브라함과 그의 후손, 즉 그리스도께 주어진 것이며(16절), 따라서 그리스도 안에 있는 모든 사람은 아브라함의 자손이라는 것이다(29절).

3:15 바울은 자신이 잘못 해석할 가능성이 농후한 위험천만한 논증을 시작해야 한다는 사실을 알고 있다. 그래서 그는 단서를 달면서 이 단락을 시작한다. 15a절의 그리스어 본문을 문자대로 읽으면, "형제들아, 내가 사람의 방식으로 말한다"인데, 이 말은 그가 제시하려는 비유적 유비의 한계를 알고 있다는 것을 암시한다. 하나님께서 인간을 다루시는 방식은 그런 예증에 통해서 오직 간접적으로만 파악될 수 있는 것이다.[27)] (NRSV나 NIV는 이 지점에서 번역이라기보다는 의역을 하고 있다.) 갈라디아 교인들을 "형제들"이라 부름으로써(1:11 이후 처음이다) 바울은 3:1의 책망 이후에 목소리를 따뜻한 어조로 바꾸면서 변화의 신호를 보낸다.

"유언"(will, 디아테케)이라는 용어는 의미론적으로 모호한 단어이며, 바울은 이 모호함을 자신의 담대한 유비로 활용한다. 디아테케는 그리스어로는

27) 롬 3:5; 6:19; 고전 9:8의 평행구를 보라. 롬 6:19은 특별히 갈 3:15a의 의미를 설명하는데 도움이 된다. "너희 육신이 약하므로 내가 사람의 예대로 말하노니."

유언을 일컫는 평범한 용어지만, 70인역은 또한 아브라함과 맺은 "언약"이 마치 인간의 "유언"(will)이라는 듯이, 언약에 해당하는 히브리어 베리트를 번역하기 위해 이 단어를 사용한다. 유언이 유언자에 의해 승인을 받으면, 어느 누구도 더하거나 폐할 수 없다. 여기에 나오는 용어는 전문적인 법률 용어인데, 바울은 자신이 논증에서 사용한 다른 용어들을 반복하거나 예시하기 위해서 신중하게 용어들을 선택했다. "폐하다"(아테테오)라는 용어는 2:21에서 사용한 것과 같은 동사이다("내가 하나님의 은혜를 *폐하지* 아니하노니"); 그래서 그는 하나님의 디아테케에 율법을 추가해서 하나님의 디아테케를 폐하는 것은 하나님의 은혜를 부정하는 일이라고 절묘하게 주장한다. 또한 동사 "더하다"(에피디아타세타이)는 어원적으로 관련된 분사 "제정된/시행된"(디아타게이스)을 19절에서 사용할 상황을 절묘하게 준비하고 있다. 15절과 19절 사이의 언어적 연관성은 천사를 통한 율법의 수여(19절)가 하나님께서 아브라함과 맺은 약속을 대체할 수 없는 부가물이라는 것을 암시한다.

3:16 하나님의 언약과 인간의 유언 사이의 유비를 설정한 바울은 이제 가능한 한 정확하게 디아테케의 원의미를 해석하는 유언검인 판사(probate judge) 역할을 맡는다. 그는 이 약속들(창 12:1-3, 7; 13:14-17; 15:5; 17:4-8; 22:16-18; 26:2-5)이 아브라함과 "*그의 자손*"에게 주어졌다고 말한다. (아마 그 맥락에서 디아테케가 반복적으로 사용되었다는 점에서 이것은 특별히 창 17:8에 대한 언급일 것이다.) 바울은 "자손"(스페르마)이라는 명사가 복수형이 아닌 단수라는 점을 강조하여 다음과 같은 깜짝 놀랄만한 해석을 내놓는다. 즉 단수형 자손은 그리스도라는 것이다. 그래서 그는 창세기의 약속들을, 하나님이 보증하는 약속이 지정한 궁극적 상속자인 그리스도를 가리키는, 직접적인 예언자적 예표로 읽어낸다.

창세기에 대한 이 놀랄 만한 해석은 문맥과 전혀 상관없이 증거 본문을 뽑아내고, "자손"이 하늘의 별들보다 더많은, 아브라함의 수많은 후손들(창 15:5)을 가리키는 집합명사라는 명백한 사실을 무시하는, 바울의 주석적인 손재주

---

28) Betz, *Galatians*, 155-56에 있는 참고문헌을 보라.

를 보여주는 사례로 종종 여겨져 왔다. 그러나 우리는 바울의 그와 같은 해석 전략을 성급하게 무시해서는 안 된다. 그는 아브라함이 단 한 명이 아닌 많은 자손을 두었음(갈 3:7)을 확실히 알고 있었으며, 또한 가장 중요한 사실은 그의 설명이 29절에 있는 결정적인 진술을 향해 나아간다는 사실이다. "너희가(복수) 그리스도의 것이면 너희(복수)가 곧 아브라함의 자손이요(sperma) 약속대로 유업을 이을 자니라." 이것은 바울이 *스페르마*가 집합명사라는 것과 창세기 본문들이 아브라함의 많은 자손을 가리키고 있다는 것을 확실히 잘 알고 있다는 것을 보여준다. 그러나 16절에서 그는, 랍비들의 주석을 떠올리게 할 정도로 형식적으로 비슷한 방법을 사용하는데, 문법적으로 단어가 단수형태인 것을 활용해서, 오직 그리스도 안에서 그리고 그리스도를 통해서만 약속이 성취된다는 주장을 내세운다. 그리스도는 아브라함에게 약속된 유산을 상속할 단 한 명의 진정한 상속자이며, 그리스도의 백성은 오직 그의 생명에 참여함으로써만(참조. 2:20; 3:26-28) 그 유산을 공유할 수 있다는 것이다.

바울의 해석이 현대 비평학적 기준에서는 이상해 보이지만, 그는 하나님의 언약적 약속에 따라서 다윗의 메시아적 "자손"(스페르마)이 영원히 세워진 왕국을 상속받을 것이라는 유대 전승에 토대를 두고 있다(삼하 7:12-14; 시 89:3-4). 따라서 16절에서, 바울은 아브라함에게 주어진 약속을 다윗에게서 나올 "자손", 즉 메시아(크리스토스)에게 주어진 약속과 은연 중에 연결시킨다. 게제라 샤바(*gezerah shawah*: 동일 단어가 나오는 본문들을 연관지어 논증하는 방식; 역자주)로 알려진 이런식으로 주요 단어를 연결하는 방법은 바울 시대 유대해석자들이 흔히 사용하던 방법이었다. 그러나 이 기법으로 바울의 주장이 선교사들에게 설득력 있게 전달됐을지는 의문이다. 디아테케(유언)에 대한 바울의 설명은 아브라함과 맺은 하나님의 언약이 할례를 의무화한다는 중요한 사실을 무시한다. "너희 중 남자는 다 할례를 받으라. 이것이 나와 너희와 너희 후손 사이에 지킬 내 언약이니라"(창 17:10; 창 17:9-14, 23-27 전체 문맥을 참조하라). 선교사들은 "유언"에 대한 바울의 판결은 핵심 조항 중 하나를 누락시켰고, 따라서 디아테케라는 용어를 변경하려고 시도했다는 비난을 받아야 할 사람은 그들이 아니라 바울이라고 항의할만도 했다. 바울이 이러한 반대에 어떻게 답변했는지는 알 수 없다. 왜냐하면 현재의 본문에서 바울은 창세기 17장의 할례 명령을 간단하게 무시하고 있기 때문이다. 이 지점에서 우리는 바울의 유비의 한계들 중 하나에 봉착하게 된다. 아마도 바울이 로마서 4장에서 아브라함의 이야기에 대한 주석을 재구성할 때, 이 독특한 논증의 맥락을 사용하지 않은 이유가 이것 때문인 것으로 보인다.

3:17 이제 바울은 자신의 유비의 핵심을 향해서 나아간다. 율법은 아브라함과 언약을 맺은 후 430년이 지나서 나타났으며(이 계산은 출 12:40-41에 근거한다), 따라서 아브라함과 맺은 약속을 무효화할 수 없다는 것이다. 디아테케는 율법이 나타나기 오래 전에 하나님께서 직접 승인하셨다. 따라서 율법은 부차적이고 열등한 제도로 간주되어야 한다는 것이다. (고대 세계에서 백성들에게 새로운 것은 미덕이 아니었음을 명심해야 한다. 새로운 것은 의심의 대상이었던 반면 오래된 생각이나 관습은 존엄하고 권위있는 것으로 이해했다.) 이런 후대의 부차적인 유언보충서를 사용해서 아브라함과 맺은 언약을 무효화시키거나 합법적인 상속자들이 약속된 것을 받지 못하도록 하는 사람은 누구든지 배제되어야 한다.

바울이 언약/유언 확립을 직접적으로 하나님의 행위로 돌리는 반면 율법의 등장에 대해서는 훨씬 애매한 표현을 사용한다는 것은 의미심장한 부분이다: 어찌 되었든 율법이 "나타났다."[29] 바울은 하나님께서 율법을 주셨다는 말을 피한다(참조. 19-20절, 여기서는 모세와 천사들의 중재 역할을 강조함으로써 하나님과 율법의 거리를 둔다). 이러한 거리두기는 15-18절의 확장된 은유가 효과를 발휘하기 위해 필요하다. 아브라함과 맺은 언약은 시간적으로 앞섰을 뿐만 아니라, 언약을 세우는데 하나님께서 주도권을 쥐고 계셨기 때문에 율법을 능가한다.

3:18 바울은 이후 여러 구절에서 핵심 주제가 될 "유업"(클레로노미아)

---

29) Martyn, *Galatians*, 341-42.

이라는 단어를 처음으로 언급함으로써 "약속"(testament) 유비의 전개를 마무리한다(3:29; 4:1-7, 30). 그는 사실과 반대되는 조건을 사용함으로써 아브라함의 유업이 율법을 통해 올 수도 있다는 주장은 불합리하다고 진술한다. 18a절의 구조는 2:21b에서 이미 만난 적 있던 패턴과 평행을 이룬다:

> 갈 2:21b: 만일 바르게 되는 것이 율법으로 말미암으면 그리스도께서 헛되이 죽으셨느니라.
>
> 갈 3:18a: 만일 그 유업이 율법에서 난 것이면 약속에서 난 것이 아니니라.

두 평행구절은 "바르게 됨/의로움"과 "유업"이 바울의 상징 세계에서 사실상 동의어라는 것을 분명하게 보여준다. 두 용어는 모두 성령의 은사로 상징되고 확인되듯 하나님과의 올바른 언약적 관계 속에서 아브라함의 축복에 참여하는 것을 말한다. 누가 이런 혜택이 율법을 통해 가능하다고 주장하겠는가? 바울은 그런 개념이 하나님이 아브라함과 약속 맺은 이야기에 대해 그가 말한 모든 것과 반대되는 것이라고 일축한다.

11-12절에서 바울은 "율법"과 "피스티스"(믿음)를 서로 상반되는 것으로 설정한다. 이곳 18절에서는 상반되는 두 개념 중 후자가 "약속"으로 대체되며, 하나님은 아브라함과 그의 자손들에게 약속하신 유업을 주시는 적극적인 행위자임을 다시 한 번 강조한다. 이 점에 대해서 한 점의 의혹도 남기지 않기 위해 바울은 18절에서 이 사실을 명토 박는다. "그러나 하나님이 약속으로 말미암아 아브라함에게 주신 것이요." 완료시제 동사 "주셨다"(graced; 케카리스타이)는 과거(창세기 이야기)에 기반을 둔 행동이 현재까지 효력을 미치는 것을 나타낸다. 이 진술은 16절 뿐만 아니라 6-9절과 14절을 가리키는데, 바울이 지금까지 아브라함에 대해 말했던 모든 것의 요약이라고 할 수 있겠다. 하나님께서는 율법을 통해서가 아니라 약속을 통해 은혜와 복을 주시기 위해 자유롭게 행동하신다. 그러므로 율법의 개입(interposition)은 이러한 자유롭게 약속된 은혜에 장애물이 될 수 있을 뿐이다(3:26-29의 '신학적 묵상'을 보라).

갈라디아서 3:19-25
한시적 초등교사로서의 율법
주석

3:19 그러나 이 모든 생각의 흐름은 바울이 마침내 이 구절에서 목소리를 내고 있는 결정적 질문으로 운명처럼 이어진다. 모세의 율법이 성령을 수여할 수 없고(2~5절), 율법을 지키는 자들에게 저주를 내리고(10절), 바르게 해줄 수 없으며, 생명에 대한 공허한 약속만 늘어놓을 뿐(11-12절), 아브라함 언약에 합당한 어떤 것도 더할 수 없다면(15-18절) "그러면 율법은 무엇인가?" 하나님은 왜 율법을 허락하셨을까? 율법은 어떤 용도로 사용할 수 있는 것일까?

바울은 직설적으로 대답을 하지만 불행하게도 그 대답은 불명확하기로 악명 높다. 그는 "범법함으로(카린 파라바쎄온) 더하여진 것이라"라고 말한다. 이 진술은 매우 다양한 방식으로 해석되어 왔다. 최소 5가지 가능성을 고려해야 한다.

(1) 율법은 위반을 *저지르게 하거나* 유발하기 위해 추가되었다.[30] 이 해석은 로마서 5장 20절에 비추어 19절을 해석한다. "율법이 들어온 것은 범죄를 더하게 하려 함이라 그러나 죄가 더한 곳에 은혜가 더욱 넘쳤나니."

(2) 율법은 인간의 난잡한 죄악을 의식적 범법함, 즉 계시된 하나님의 뜻에 대한 명백한 위반으로 *규정하기 위해* 추가되었다.[31] 로마서 4장 15절과 비교해 보라: "율법은 진노를 이루게 하나니 율법이 없는 곳에는 범법(파라바시스)도 없느니라."

(3) 율법은 범법 행위를 *억제하고* 인간의 죄를 통제하기 위해 추가되었다. 이 해석은 바울이 율법에 대해 23-25절에서 "초등교사"라는 이미지를 사용할 것을 예고하고 있다.

---

30) Betz, *Galatians*, 165; Martyn, *Galatians*, 354-55.

31) Matera, *Galatians*, 128; Longenecker, *Galatians*, 138-39(얼마간의 단서를 달아서).

(4) 율법은 그리스도가 오기 전의 과도기에 저질러진 범행에 대한 *해결책*으로 추가되었다.[32]

(5) 율법은 이스라엘이 금송아지를 숭배하던 범죄 때문에 하나님께서 더하여 주신 것이었다(출 32장). 제롬은 "광야에서 백성들이 범죄한 후, 즉 송아지를 숭배하고 하나님께 불평을 늘어놓은 후, 범법을 금하기 위해 율법이 등장했다"고 말했다.[33] 이런 해석의 관점에서 보자면, 바울은 17절과 같은 맥락에서, 율법이 어떻게 등장했는 지에 대한 구약의 이야기를 계속해서 언급하고 있는 것이다. 제롬의 인용문에서 알 수 있듯이, 이 설명은 3번과 결합될 수 있다.

이 설명들 중 첫 번째와 네 번째 설명은 여기에 나오는 바울의 주장에 명쾌하게 들어맞지 않기 때문에 배제될 것이 거의 확실하다. 갈라디아서에서 바울이 말한 것 중에 바울이 범법을 도발한다거나 범법에 대한 관대한 용서를 염두에 두고 있다고 암시해주는 내용은 하나도 없다. 다섯 번째 선택지가 가능한 것은 19-20절에서 바울은 율법을 수여하는 출애굽기 이야기에 대해 생각하고 있는게 분명하기 때문이다. 그러나 바울이 금송아지 사건을 암시할 의도가 있었는지는 모르겠지만, 독자들에게는 그런 인상을 전혀 주지 않는다.

최선의 선택은 두 번째나 세 번째이다. 왜냐하면 그것들은 갈라디아서 3장의 논거와 합리적으로 들어맞기 때문이다. 바울의 진술이 간결하기 때문에, 이 두 해석 사이에서 결정을 내리는 것은 불가능하다; 이어지는 절들에서(21-25절) 율법의 기능에 대하여 그가 풀어놓았듯이, 실로 바울은 이 두 가지를 모두 염두에 두고 있었을 것이다. 바울이 죄는 하나님의 뜻을 거스르는 것이라고 규정하는 율법의 폭로하는 기능을 가리키고 있다는 생각은, 인간의 죄의 보편성을 드러내는 성경의 계시적 기능을 강조하는 22a절의 지지를 받는다(참조. 롬 3:9-20). 더욱이, 롬 4:15과 평행구절은 갈라디아서 3장과 아주 비슷한

---

32) Dunn, *The Epistle to the Galatians*, 189-90.

33) Jerome. *Epistle to the Galatians* 2.3, 19-20 (PL 26:391C [440], Edwards, *Galatians, Ephesians, Philippians*, 45에서 26:366A [440]으로 잘못 인용되었다.

구절인데, 아브라함과 맺은 언약을 다루고 있으며, 핵심 단어인 파라바시스(범법, parabasis)가 두 부분에 모두 나타난다. 동시에 세 번째 해석에(죄의 억제 수단으로서의 율법) 잘 들어맞는 좋은 사례가 있다. 바울은 초등교사(파이다고고스, 3:24-25의 주석을 보라)의 은유를 사용해서, 율법의 기능을, 억제하면서 동시에 보호하는 후견의 기능으로 설명하고 있다. 그렇다면 율법의 규정하고 제한하는 기능들에 대한 연속적인 설명은, 바울이 율법이 "범법하기 때문에 더하여진" 것이라고 말한 의미를 거듭해서 설명한 것으로 이해하는 것이 최선일 것이다.

어쨌든 율법은 "약속하신 자손이 오기까지" 임시 방편으로 고안된 것이었다. NIV가 "자손"(Seed)이라는 단어를 대문자로 표기함으로써, 이 진술을 "자손"이 바로 그리스도라고 선언한 16절과 정확하게 연결시킨다. 율법은, 그 목적이 무엇이든, 그리스도께서 오실 때까지만 유효한 것으로 고안되었다(24-25절도 보라). 일단 유업이 주어지면, 율법은 불필요한 것이 된다.

율법을 부가한 것은 누구의 책임인가? 이전의 논의에서는 율법이 하나님께서 제정하신 것으로, 그리고 수동태 동사 프로세테테(더하여지다)가 하나님의 행위를 가리키는 것으로 추정한다. 그러나 바울은 율법이 하나님과 상관없이 행동하는 천사의 세력에 의하여 들어온 것으로 암시하고 있다는 주장이 간혹 제기되기도 했다.[34] 그런 주장은 갈라디아의 경쟁 선교사들을 포함한 바울의 동시대 유대인들의 눈에는 단연코 신성모독이었을 것이다. 바울은 그런 노골적인 주장을 피했다. 그럼에도 불구하고, 19절은 흥미롭게도 간접적으로 표현하고 있다. 바울은 문자 그대로 율법이 "천사들을 통하여 한 중보자의 손으로 베푸신 것"이라고 말한다. 이미 살펴본 바와 같이, 분사 디아타게이스(diatageis, "베푸신"은 동사 디아타쏘에서 온 것이다)는 15절에 있는 동사 에피디아타쎄타이(epidiatassetai)를 반영하고 있는 것으로 이해할 수 있다. 이는 누군가 적법하게 비준된 유언장에 유언보충서를 보태려는 불법적 행동을 뜻한다. 이러한 단어간의 유사성은 19절에 있는 천사들의 동기를 의심하게 만든다. 그렇지만 전치사구인 "천사들을 통하여"는 천사들이 율법 수여의 주체가 아

34) H. Hübner, *Law in Paul's Thought* (Edinburgh: T.&T. Clark, 1984) 24-36; Martyn, *Galatians*, 356-57

니라 하나님의 도구임을 시사한다. 구약에서는 오직 신 33:2에서만 시내산의 율법 수여 장면에서 천사들의 현현을 직접적으로 말하고 있을 뿐이다(또한 시 68:17을 보라). 이 구절에서, 그들은 영광스러운 하나님의 능력의 현현을 강조하는 역할을 한다. 마찬가지로, 행 7:53(이 문구는 갈 3:19와 아주 유사하다)과 히 2:2에서 우리는 천사를 이스라엘에 나타난 하나님의 계시의 대행자로 묘사하고 있다는 사실을 알 수 있다. 또한 시내산에서 천사들이 현현했다는 전승은 제2 성전기 유대 저작들에서는 흔한 일이었다.[35]

바울은 출애굽 이야기에 대한 경건한 미드라쉬적인 설명을 다른 방향으로 전환시킨다. 천사들이 등장하는 것은 율법의 놀라운 계시적 성격을 강조하는 것이 아니라, 아브라함에게 말씀하셨을 때처럼, 시내산에서도 하나님께서 직접 행동하신게 아니라는 것을 보여준다는 것이다. 오히려 율법은 중재적 인물들을 통해 시행되었고, 따라서 하나님과 율법은 거리가 있다는 것이다.

3:20 "중보자를 통하여"(by the hand of a mediator)라는 어구는 율법을 받고 백성들에게 전달해 준 모세의 역할을 말하는 것이다("모세를 통하여"by the hand of Moses라는 표현을 위해서는 레 26:46; 민 36:13을 보라). 필로의 <모세의 생애>는 모세를 "중재자요 화해자"라고 지칭한다.[36] 이것만큼은 분명하지만 이 구절에서 중재자에 대한 바울의 추가 진술은 머리를 쥐어뜯을 만큼 이해하기 어려운 또다른 문장이다. "하나님은 한분이시다"라는 고백은 이스라엘의 근본 신앙 고백인 *쉐마*(신 6:4)를 떠올리게 한다. 이 고백은 그 자체로 바울이 지금 역설적으로 하나님과 거리를 두고 있는 바로 그 율법의 일부

---

35) 참고문헌에 대해서는 Longenecker, *Galatians*, 139-40를 보라.

36) Philo, *Life of Moses* 2. 166; *Assumption of Moses* 1. 14도 보라. 딤전 2:5의 "하나님과 사람 사이에 중보자도 한 분" 같은 예수 그리스도에 대한 언급 때문에 많은 교부시대의 해석자들이 갈 3:19을 그리스도의 중보사역에 대한 언급으로 보았다. 여기서 바울은 시내산에서의 율법 수여를 말하고 있기 때문에, 이 해석은 확실히 틀렸다. 히 8:6; 9:15; 12:24에서 예수께서는 새 언약의 중보자로 기술된다; 이것은 옛언약의 중보자인 모세와 분명하게 대조된다. 히브리서의 저자는 옛 언약이 새 언약에 의하여 대체된 것으로 간주한다.

이다! 20b절에 있는 하나님의 유일성(oneness)은 16절에 있는 단수형 "자손"과 연결되어야 하며, 28절의 하나님의 백성의 하나됨(oneness)과도 연결되어야 한다. 그러므로 율법의 불완전함은 율법의 분열적인 특성, 유대인과 이방인을 하나의 새로운 백성으로 묶을 수 없는 것과 연결될 수 있다. 하나님의 유일성은 그리스도 안에서 하나님의 약속의 성취로 하나된 공동체에만 올바르게 반영될 수 있다.[37] 이러한 관찰에도 불구하고, 20절의 의미에 대해서는 학자들 간의 합의가 이루어지지 않고 있다. 율법은, 아브라함과 맺은 약속(18절)과 달리, 중재자를 통해 전달되었기 때문에, 하나님의 은혜를 직접 전달하지 않는다는 것이 전반적인 의미인 것으로 보인다.

3:21 율법에 대한 이러한 진술의 맥락에서, 바울은 자신이 1-20절에서 말했던 모든 내용으로부터 끄집어 낼 수 있는 불미스러운 추론을 수사학적인 기법으로 제기한다. "그러면 율법이 하나님의 약속들과 반대되는 것이냐?" 바울을 비방하는 사람들은 그가 바로 이 끔찍한 결론으로 이끈 장본인이라고 비난할 수도 있다(참조. 롬 7:7, 13). 다른 곳에서 그는 율법의 역할에 대한 보다 신중한 논의에서 율법은 "거룩하고 의로우며 선하다"고 쓰고 있다(롬 7:12). 그러나 갈라디아서에서 그는 율법에 대해 칭찬의 말을 전혀 하지 않는다. 지금까지 그는 율법을 저주의 원천으로만 묘사해 왔다. 당연히 바울의 적대자들이 바울을 하나님의 율법에 반항하는 배교한 유대인으로, 즉 율법을 하나님께 반항하는 악한 힘으로 묘사한 원마르시온(proto-Marcionite) 신학자로 묘사할 수도 있었다. 그러나 그는 이것을 강하게 부정한다. "결코 그럴 수 없느니라!"(메 게노이토). 바울은 특히 율법의 민감한 주제와 관련해 그의 사고에 대한 잘못된 해석을 피하기 위해 거짓 추론을 공식화한 다음 그것을 단호하게 부정하는 수사학적 기법을 자주 사용한다. 가장 유사한 평행구절은 롬 3:31이다. "그런즉 우리가 믿음으로 말미암아 율법을 파기하느냐? 그럴 수 없느니라. 도리어 율법을 굳게 세우느니라."

---

37) Wright, *The Climax of the Covenant*, 168-72.

이 구절에서 바울은 율법이 약속과 반대된다는 추론은 거짓이라고 선언한다. 왜냐하면, 오직 하나님께서 율법을 생명과 의의 일꾼으로 삼으려고 할 때만, 율법이 약속에 반대될 것이기 때문이다. 그러나 바울은 그런 전제를 부정한다. 그는 율법이 매우 다른 이유로 주어진 것이라고 주장한다. 그는 이것을 22-24절에서 설명할 것이다. 여기에서 우리는 또 다른 사실과 반대되는 조건을 만난다. "만일 능히 살게 하는 율법을 주셨더라면 의가 반드시 율법으로 말미암았으리라"(참조. 2:21; 3:18). 그런 경우에, 율법은 약속을 대체하는 구원의 경쟁자가 되는 것이다. 그러나 바울은 율법에는 그런 능력이 없으며(참조. 롬 8:3) 결코 그런 목적을 위해 의도된 것도 아니라고 주장한다. 바울은 이미 의는 믿음으로부터(에크 피스테오스) 나오며 율법에서(엔 노모, 11-12절)가 아니라고 강하게 주장한 바 있다. 결론적으로 – 그리고 이것이 21절의 핵심이다 – 율법은 약속에 대한 경쟁이나 반대와는 관계가 없다는 것이 율법에 대한 올바른 이해인 것이다. 그래서 율법의 생명을 부여하는 능력을 부인함으로써, 바울은 율법을 반대하는 것이 아니라 율법의 진정한 목적을 확인하고 있는 것이다.

그렇다면 율법의 진정한 목적은 무엇인가? 22-24절에서 바울은 두 가지로 대답을 한다: 율법의 목적은 "모든 것을 죄 아래에 가두는 것"이며 또한 그리스도께서 세상에 오기까지 이스라엘을 보호 관리하려는 것이었다.

3:22 바울은 계속해서 은유를 사용한다. 여기에서 그는 율법(실제로 이 구절에서는 "성경"으로 표현)을 "모든 것"을 죄의 권세 아래 가둔 간수로 의인화한다. 바울이 이런 방식으로 "율법"에 대한 사실상의 동의어로 "성경"을 사용할 수 있다는 사실(23절에 있는 율법 아래 갇힌 것에 대한 평행 진술을 보라)은 그가 율법이 하나님의 구속 드라마에서 중요한 역할을 하는 배우라고 주장하는 것임을 보여준다. (8절에서 성경에 주어진 긍정적인 선언적 역할을 주목하라). 간수의 역할을 맡은 성경은 정확히 롬 3:9-20에서 율법에 지정된 것과 동일한 역할을 수행한다. 즉 성경은 모든 인류, 유대인과 헬라인이 똑같이, "죄 아래" 있다고 선포한다(롬 3:9; 갈 3:23; NIV의 포괄적인 의역은 정확하게 그 의미를 전달한다: "성경은 전 세계가 죄의 포로라고 선언한다.") 로마서에서 바울은 율

법이 이런 역할을 수행한다고 말한다. "모든 입을 막고 온 세상으로 하나님의 심판 아래에 있게 함이라." 어떻게 율법이 이 목적을 수행할 수 있단 말인가? "율법으로는 죄를 깨달음이니라"(롬 3:19-20). 다시 말하면, 율법은 우리 인간의 상황에 대한 진실을 드러낸다: 우리는 하나님으로부터 소외되었고, 하나님의 의로운 심판 아래 서 있다. 이것이 22a절에서 바울이 말한 간수 은유의 의미이다. 바울은 "가두는" 기능을 롬 11:32의 평행구절에서 진술하고 있듯이, 하나님이 의도하신 계획이라고 말한다. 이곳에서 바울은 동일한 동사를 사용하고 있는데, 이번에는 하나님을 주어로 사용하고 있다. "하나님이 모든 사람을 순종하지 아니하는 가운데 가두어 두심은 모든 사람에게 긍휼을 베풀려 하심이로다." 롬 11:32에 비추어 볼 때, 바울이 갈 3:19-22에서 말하고 있는 것이 무엇인지 보다 명확하게 드러난다. 율법은 하나님의 구속적 목적의 대적자가 아니다. 오히려 하나님은 율법을 사용하심으로 죄의 권세 아래 갇혀 있는 이스라엘의 상태 – 그러므로, 한층 강력하게는(*a fortiori*), 인간의 보편적인 상태 – 를 조명하신다. 따라서 율법은 스스로를 구원하려는 모든 인간적 시도를 배제한다. 죄의 권세 아래 속박된 이유는 22b-24절에서 설명하고 있다: 그것은 예수 그리스도를 통해 세상을 의롭게 하려는 하나님의 계획에서 없어서는 안 될 단계이다.

따라서 로마서에서와 마찬가지로 이 구절에서 인간의 죄성을 폭로하는 율법의 기능은 보다 큰 하나님의 목적의 일부분이다. 하나님께서 율법을 사용해 모든 것을 죄 아래 가두신 이유는 "예수 그리스도의 신실함으로 말미암는 약속을 믿는 자들에게 주려 함이라"(NRSV의 각주를 보라). 여기에 나타난 사고는 2:16과 평행을 이루지만, 바울은 이전 구절에 있는 "바르게 됨"(rectification)이라는 용어를 3:14-18의 "약속"으로 대체한다. 이것은 두개의 의미의 영역이 일반적으로 바울의 사고에서는 동의어임을 시사한다: "약속"과 "바르게 됨"은 모두 아브라함에게 약속하신 축복에 참여하는 하나님의 종말론적 백성에 우리가 포함된다는 것을 가리킨다.

두 본문에서 이 축복은 "예수 그리스도의 신실함을 통하여" 효력이 발생한다(2:16의 주석을 보라). NIV와 NRSV는 둘 다 어색하게도 에크 피스테오스 이에수 크리스투를 "예수 그리스도를 믿는 믿음으로 말미암아"라는 의미로 해석한다. NRSV는 이 문구를 명사 "약속"(에팡겔리아)의 수식어로 이해함으로 "예수 그리스도를 믿는 믿음으로 말미암아 약속된 것"이라고 기이하게 번역했다. 이것은 말이 안 된다. 왜냐하면 창세기 본문이나 그에 대한 바울의 주석 어디에서도 예수 그리스도를 믿는 믿음으로 말미암아 약속된 것에 대해 말하지 않기 때문이다. 반면 NIV는 에크 피스테오스 이에수 크리스투라는 전치사구가 동사 "주려"(도테)를 수식하고 있다고 제대로 이해했지만, 그리스어 본문에서는 나타나지 않는 불필요한 수동분사 "주어진"(being given)을 억지로 삽입했다. 만일 우리가 앞에서 제시한 직역을 채택한다면 이러한 문제들을 피할 수 있을 것이다. "약속하신 것을 예수 그리스도의 신실함으로 말미암아 믿는 자들에게 주신 것이다." 오랫 동안 기다렸던 약속이 "그리스도께서 우리를 위해 자신의 생명을 내어주시기까지 하나님께 순종하심"으로 말미암아 성취된 것이다.[38]

바울의 요점은 율법이 인간의 죄와 욕망의 깊이를 분별하도록 우리를 깨우쳐주는데, 이를 통해서 율법이 이방인의 세계가 함께 짊어지고 있는 죄에 대한 속박에 하나님의 택하신 백성도 동일하게 가둔다는 것이다. 그런 절망적인 상황에서 유일한 희망은 하나님께서 행동하시는 것 뿐이다. 그것이 바로 하나님의 계획이었으며, 하나님께서는 그리스도의 신실한 죽음으로 말미암아 우리를 죄의 권세와 현재의 악한 세대에서 해방시키기 위해 행동하셨다(참조. 1:4; 2:20; 3:13).

3:23-25 바울은 자신이 이미 말한 것을 다시금 반복하고 상세하게 설명했지만, 이제 그는 율법의 억제와 보호 기능을 시사하는 또 다른 은유를 전개한다: 율법은 그리스도께서 오시기까지 우리의 초등교사(파이다고고스)였다. 영어의 "교사"(pedagogue)가 동일 어근임에도 불구하고, 이 명사는 "교사"를 의미하지 않는다. 파이다고고스(문자적으로는 "자녀 인도자" child-leader)

38) Martyn, *Galatians*, 361.

는 그레코-로만 가정에서 자녀를 감독하고 보호하는 노예였다. 그의 책임은 그들이 학교에 오가는 길에 똑바로 행동하고 위험에 빠지지 않도록 살피기 위해 학교에 데리고 갔다가 데려 오는 것이었다.[39] 그러나 파이다고고스는 가족 구성원이 아니었으며, 자녀가 일정 연령까지 성장하면 그의 업무는 더 이상 필요치 않게 되었다. 율법은 이스라엘에게 있어서 그와 같은 것이었다고 바울은 주장한다. 그것은 모세와 그리스도 사이의 중간기 동안 하나님의 백성을 제한하고, 보호하고, 훈련시키는 일정 부분의 필수적인 역할을 했지만,[40] 중간기는 이제 끝났다(25절). 바울은 이 은유를 통해서 율법이 한때 하나님의 전체적인 계획에서 건설적인 역할을 수행했다고 인정하지만, 동시에 율법의 역할은 이제 끝났다고 주장하고 있는 것이다.

이 유비를 요약하면서, 바울은 다시 한 번 "믿음"이라는 용어를 사용하는데, 설명을 들어야 이해가 되는 수준이다. 제한된 기간은 "믿음[텐피스틴]이 계시될[아포칼립테나이] 때까지[에이스]"였다. 여기에서 "믿음"(faith)이 인간의 주관적 믿음(believing)을 가리킬 가능성은 없다. 왜냐하면 그것은 계시에 의해 온 것이며, 바울은 이 편지의 서두에서부터 계시는 인간의 가능성의 문제가 아니라고 말하고 있기 때문이다. 오히려 그것은 신적 행위의 문제이자 신적인 드러냄의 문제이다(예를 들어 1:11-12을 보라). 그 자체로 "믿음"은 "믿는 것"을 의미할 수 있지만, 현재의 문맥에서 최상의 해석은 정관사가 독자들에게 앞의 문장에서 언급한 믿음, 즉 예수 그리스도의 믿음을 다시 가리킨다는 것이다. 이 해석이 옳다는 것은 24절에서 확인할 수 있는데, 이곳에서 바울은 동일한 개념을 사용하고 있다: 우리는 "그리스도께서 오실 때까지"(23절에서처럼 eis를 시간을 가리키는 것으로 본다[역자주 - 개역개정은 "그리스도께로"라고 번역

39) pedagogue의 역할에 대한 유익한 요약은 다음을 보라. Williams, *Galatians*, 102-3. 더 자세한 설명을 위해서는 다음을 보라. D. J. Lull, "'The Law Was Our Pedagogue': A Study of Gal. 3:19-25," *JBL* 105(1986) 481-98; N. H. Young, *Paidagogos:* The social setting of a Pauline Metaphor, NovT 29 (1987) 150-76.

40) 율법이 보호 때문에 제한하는 것으로 보는 이 견해는 요세푸스에 나오는 율법의 역할에 대한 설명과 근접한 평행을 이룬다, Ap.3. 173-74 and the *Letter of Aristeas* 142. 또한 다음에 유익한 토론이 있다. Matera, *Galatians*, 139-40.

하고, 새번역은 "그리스도께서 오실 때까지"로 번역한다]) 우리는 초등교사(파이다고고스) 아래 있었다. 다시 말해 바울은 23절에서 "믿음"의 계시를 24절의 그리스도의 오심과 동의적 평행어로 설정한다. 그리스도의 오심은 믿음을 "계시한다." 왜냐하면 "그가 나를 사랑하사 나를 위하여 자기 자신을 버리셨기" (2:20) 때문이다. 하나님의 신실하심(참조. 롬 3:3)은 우리를 위한 하나님의 구원 행위인 십자가로 말미암아 이 세상에 나타났다.

이러한 해석에 비추어 볼 때, NIV의 24절 번역은 심각한 오해의 소지가 있다고 판단할 수밖에 없다. NIV의 24절은 3절과의 평행을 무시하고, paidagogos를 의역하는데, eis를 시간적 의미가 아니라 공간적 의미로 번역한다("~까지"가 아니라 "~로"). 그 결과 이 번역은 바울이 율법의 목적을 "우리를 그리스도에게 인도하는 것"이라고 주장하는 것처럼 보이게 한다. 이것은 바울이 초등교사(파이다고고스) 은유를 전개했던 방식과 완전히 어긋난다. 갈라디아서 어디에서도, 또는 다른 편지 어느 곳에서도, 바울은 율법의 점진적인 교육 기능을 주장한 적이 없다. 이 구절들에 따르면, 율법의 목적은 보호감금(protective custody)이다. 이 지점이 중요하다. 바울에 따르면, 우리는 율법의 지도 아래서 점진적으로 그리스도께로 나아가지 못했다. 오히려 그리스도께 오셨던 것이다. 다른 방식으로는 우리는 감금상태로부터 벗어날 수 없다.

그리스도께서 오신 목적은 "우리로 하여금 믿음으로 말미암아(에크 피스테오스) 바르게 됨을 받게 하려 함"이다(24b). 22-23절에서 바울이 '믿음' (피스티스)을 사용한 방식을 볼 때, 24b절이 우리를 위한 그리스도의 신실한 죽음을 다시 한 번 말한다고 보는 것이 가장 자연스러운 해석이다(26절도 마찬가지다). 율법은 우리를 해방하기 위한 하나님의 계획하신 수단인 그 사건(그리스도의 오심 -역자주)까지 우리를 가두어 두었다. 이제는 이 해방하는 사건이 우리가 사는 세계 속으로 침투해 들어왔기 때문에, "우리가 이후로는 초등교사(파이다고고스) 아래에 있지 아니하도다" (25절)라고 바울은 선언한다.

이로써 바울은 율법의 목적에 대한 자신의 논의를 중대한 결론에 이르게 한다. 바울은 갈라디아 교인들에게, 그리스도의 죽음 이후에 살고 있는 우리는 새로운 종말론적 시대에 살고 있는 것이라고 말한다. 따라서 우리는 율법의 감시를 받으며 살고 있다는 생각을 품을 필요가 없다. 율법은 자신의 목적을 따라 역할을 해왔고, 이제 그 임무는 종결되었다. 율법의 가두는 역할은 그리스도 이전 시기까지로 하나님께서 정하셨다. 따라서 율법이 악하거나 하나님과 대립하는 것도 아니었다. 그렇다고 율법을 바르게 하는 것과 생명을 위한 수단으로 이해해서는 안 된다. 무엇보다 이방 그리스도인들이 하나님께서 아브라함에게 약속하신 유업을 받기 위해 다가오는 것을 제한하게 해서는 안 된다(3:26-29에 대한 신학적 묵상을 보라).

갈라디아서 3:26-29
그리스도 안에서 우리는 아브라함의 자손이다

주석

3:26 바울은 이제 아브라함과의 약속에 대한 장황한 논의로부터 결론을 도출한다. 접속사 "왜냐하면"(γάρ가르; 개역개정에는 나오지 않는다 - 역자주)은 이 구절과 이전 문맥을 논리적으로 연결하는 역할을 한다. 이 연결은 NIV보다는 NRSV에서 더 명확하게 나타난다. 우리가 더 이상 율법의 훈육적 구속에 속박되지 않는 이유(25절)가 이곳에서 제시된다. NRSV는 또한 시작 부분에서 "그리스도 예수 안에서"를 주동사의 부사적 수식어로 위치시킴으로써, NIV가 그것을 "믿음"과 연결시킨 것보다 훨씬 더 정확하게 그 문장의 의미를 드러내 주고 있다. 이것이 바울계 문헌의 특징인 "그리스도 안에서"라는 표현이다(예. 1:22; 2:4, 17; 3:14; 5:6을 보라). 바울은 그리스도인의 실존을 그리스도와의 공동체적 연합 상태로 특징짓기 위해 이 표현을 반복해서 사용한다.

여기에서는 그리스어 본문의 첫 단어인 "다"(πάντες, pantes)가 크게 강조된다. 모든 갈라디아 신자들은 차별없이, 이미 "믿음"을 통해 그리스도 예수 안에서 하나님의 자녀(문자적으로는 "아들들")이다. 이러한 지위를 확보하기 위해 할례나 종교적 준수사항과 같은 추가 행위는 필요가 없다. 명사 "믿음"

(pistis)은 또다시 이곳에서 정관사와 함께 사용되는데, 그리스도의 믿음(신실함)을 지칭하는 22-25절의 사고의 흐름과 일치한다. 신실하게 자신을 내어주는 은혜로운 행위로 말미암아 갈라디아 교인들은 하나님의 자녀로서 그 가족에 편입된다. 동시에 그 명사가 어떤 대명사나 속격구로 한정되지 않기 때문에 그 단어의 뜻은 약간 모호하다. 그것은 그리스도의 믿음 또는 우리의 믿음을 지칭한다고 이해할 수 있다(참조. 11, 14, 24절에서도 비슷하게 모호하다).

하지만 바울의 핵심은 그리스도 안에 있는 모든 사람은 이제 하나님의 "자녀들"이라는 것이다. 이곳에서 바울이 주장하는 것이 무엇인지 보기 위해서는 "하나님의 자녀들"이라는 호칭이 구약과 유대 전승에서 하나님의 선택받은 백성인 이스라엘에 대한 호칭으로 사용되었다는 사실을 인식하는 것이 중요하다.

> 너희는 너희 하나님 여호와의 자녀이니...너는 네 하나님 여호와의 성민이라 여호와께서 지상 만민 중에서 너를 택하여 자기 기업의 백성으로 삼으셨느니라(신 14:1-2).

> 또한 주께서 모세에게 이와 같이 말씀하셨다. "내가 그들의 모순과 그들의 생각과 그들의 완고함을 알고 있다. 그리고 그들은 자신들의 죄와 그 조상의 죄를 인정하기 전까지는 순종하지 않을 것이다. 그러나 그 이후에는 온전히 정직하게 (그들의) 온 마음과 영으로 내게 돌아올 것이다. 그때 나는 그들의 마음의 포피를 벨 것이며 그 자손들의 마음의 포피를 벨 것이다. 또 나는 그들을 위하여 거룩한 영을 창조할 것이며, 나는 그들을 정결하게 하여 그날로부터 영원히 그들이 나를 따르는 데서 돌아서지 않게 할 것이다. 또 그들의 영은 나와 나의 계명에 돌아올 것이다. 또 그들은 나의 계명을 행할 것이다. *또 나는 그들에게 아버지가 될 것이며, 그들은 나에게 아들들이 될 것이다. 또 그들은 모두 "살아계신 하나님의 아들들"이라 불릴 것이다.* 그리고 모든 천사와 영들은 그들이 나의 아들들이며 나는 그들의 바르고 의로운 아버지임을 알고 인정하게 될 것이다. 그리고 나는 그들을 사랑할 것이다"(희년서 1:23-25).[41]

이러한 배경 하에서, 우리는 이방 갈라디아 교회를 향하여 그리스도 안에서 한때는 오직 이스라엘의 전유물이었던 "하나님의 아들들"이라는 영예스러운 이름이 그들에게 주어진 것이라고 바울이 말하는 것을 보게 된다. (바울은 이 주제를 4:4-7에서 더 발전시킬 것이다; 참조. 롬 8:14-16). 그래서 이 절은 "믿음으로 말미암는"(에크 피스테오스) 모든 사람은 "아브라함의 자손"이라는 바울의 앞서의(7절) 확언과 긴밀한 평행구를 형성한다. 이 두 가지를 통해서 그는 원래 이스라엘의 특권을 주장하던 칭호를 취해 이방 신자들에게까지 확대했다.

3.27 바울은 세례예식을 언급함으로써 이러한 주장에 대한 추가 근거를 제시한다. 추측컨대 갈라디아 교회의 모든 구성원들은 성인 신자로서 세례를 받았을 것이다. 왜냐하면 모든 사람이 이교도로부터 개종한 자들이었기 때문이다. 바울은 이제 그들이 새로운 삶으로 들어온 지표인 입교 경험을 상기시킨다. 그들은 "그리스도 안으로(into)" 세례를 받았다. 여기 이 표현은 예전적 문구를 직접 인용한 게 아닌 것으로 보인다. 왜냐하면 초기 기독교의 세례는 "예수 그리스도의 이름으로" 또는 그 문구를 일부 변형시켜서 수행되었기 때문이다(참조. 마 28:19; 행 2:38; 고전 6:11). 오히려 인용문이라기보다는, 세례의 의미에 대한 해석을 보여주는 바울의 표현이다. 롬 6:3-11에서처럼, 바울은 세례를 이전의 삶의 죽음과 새로운 세계로의 진입을 수반하는 그리스도와의 연합을 의미하는 것으로 해석한다(NIV가 강조). 이 새로운 세계의 특징은 28절에서 더 자세히 설명할 것이다.

"그리스도로 옷 입는 것"에 대한 언급은 아마 초기 기독교 세례 예전의 특징을 암시하는 것으로 보인다. 세례를 받는 사람들은 자신들의 겉옷을 벗고 맨몸으로 세례를 받은 다음 새로운 흰 옷을 입는데, 이것은 그들이 들어갈

---

41) 이 예와 함께 다음의 예들을 보라. 출 4:22-23; 호1:10; 11:1; 시락서 36:17; 마카비3서 6:28; 에스라4서 6:55-59; 솔로몬시편 17:26-27. 이 주제를 다룬 논의에 관하여는 다음을 보라. B. Byrne, "*Sons of God*" - "*Seed of Abraham*": *A Study of the Idea of the Sonship of God of all Christians in Paul Against the Jewish Background*, AnBib 83 (Rome: Pontifical Biblical Institute, 1979).

새로운 삶을 의미한다.[42] 이 예식에 대한 다른 암시는 롬 13:14; 엡 4:22-24과 골 3:9-10 등에서 볼 수 있다. 윌리엄스가 지적한 것처럼, 어떤 속성으로 "옷 입는다"는 말은 구약 성경 곳곳에 스며 있다. 예를 하나만 들자면, 시편 기자가 이스라엘의 제사장이 "의를 옷입"도록 기도하고 있으며, 같은 시편 후반부에서 하나님께서는 "내가 그 제사장들에게 구원을 옷 입힐" 것이라고 선언하신다(시 132:9, 16). 어떤 특징 혹은 속성으로 "옷 입는다"는 것은 그 사람이 입은 옷의 특성을 취한다는 뜻이다.[43] 그러나 윌리엄스가 제시한 구약 성경의 사례들 중 *사람(person)*으로 "옷 입는다"고 언급하는 것은 없다. "그리스도를 옷 입는다"는 바울의 말은 2:20에서 언급한 그리스도와의 신비한 인격적 연합을 기술하는 또 다른 비유법이다. 그러한 연합에서 "그리스도 안에" 있는 사람은 하나님의 자녀됨(sonship)에 참여하고 그의 특성을 옷 입는다. 따라서 이 세례에 대한 설명은 갈라디아 교인들이 경험한 정체성의 변화를 가리킨다.

3.28 그러한 변화의 완전한 의미는 사회적 차별의 폐지에 대한 언급으로 명시된다. 이 지점에서, 27절과 대조적으로, 바울은 아마도 초기 기독교의 세례 예식문을 인용하고 있는 것으로 보인다(참조. 고전 12:13; 골 3:11). 그렇다면 바울은 이제 갈라디아 교회 신자들이 세례를 받을 때 그들에게 선포된 바 있는 그 말을 상기시키고 있는 것인데, 그것은 저 경쟁 선교사들이 할례를 주장함으로써 다시 되살려보려 하는 유대인과 헬라인 사이의 장벽이 돌이킬 수 없이 허물어졌다는 것을 선언한 바로 그 말이다. 이 문구가 표현하고 있는 급진적 전망은 하나님께서 행하신 새로운 창조를 반영한다(참조. 6:15). 그리스도 안에 있는 이 새로운 세계에서는 이전 시대에서 모든 인간의 실존을 특징짓던 세 가지 이중적 대립이 해소되었다.[44] 이와 같은 각각의 대립은 주의깊

---

42) W. A. Meeks, *The First Urban Christians: The Social World of the Apostle Paul* (New Haven; Yale University Press,1983) 151.

43) Williams, *Galatians*, 105.

44) 고대종교와 철학 및 정치적 사상에 나오는 이 문구의 평행구들에 대한 더 많은

게 살펴보아야 한다.

(1) 유대인과 헬라인의 차별이 더이상 존재하지 않는다. 이것이 바울이 특히 현재의 문맥 속에서 강조하고 싶었던 것이다. 옛 시대에 율법은 유대인들의 종교적, 문화적 분리를 보호해 주었고, 다른 민족들(집단적으로 "모든 민족" [=이방인]으로 범주화된다)과 분리시켰다. 그러나, 그리스도 안에서 이러한 분리는 폐지되었다. 왜냐하면 유대인과 이방인은 하나의 새로운 하나님 백성이 되었기 때문이다(6:16; 롬 3:29-30; 15:7-13; 참조. 엡 2:11-20을 보라). 이러한 새로운 현실에 비추어 볼 때 민족적 구별은 더 이상 중요하지 않다. 물론 이것은 유대인과 이방인을 분리하는 표지로서의 할례가 더이상 중요하지 않다는 의미이다(5:6).

(2) 종과 자유자의 차별이 존재하지 않는다. 새로운 창조 안에서 사회 계급의 차별은 부정된다. "하나님의 아들"(26절)이라는 그리스도인의 정체성은 그들이 그리스도에 참여함으로써 주어진다. 결과적으로 그들은 이제 형제와 자매로서 서로 관계가 형성된 것이며, 더 이상 종과 자유자를 구별하는 사회적 계급구조에 속해 있는 자들이 아니다(몬 15-16). 세례예식문은 사회적 계급과 권세가 그리스도 안에서 정당성을 잃어버렸다고 선언한다.

물론 바울의 사상에서 "이미/아직 아니"의 긴장은 평등에 관한 종말론적인 비전이 사회적 실천에서 어느 정도까지 구체화될 수 있는지에 대해서 불확실성의 여지를 남겨 둔다. 이 문제에 대한 바울의 생각을 이해하기 위한 열쇠는 그가 교회를 계속해서 하나님의 정의에 대항하는 세계 한가운데서 새로운 창조를 미리 보여주는 대안 공동체로 보고 있다는 사실을 인식하는 것이다. 따라서 바울은 노예들에게 일어나서 자유를 요구하는 혁명을 일으키라고 요구하지 않는다. 오히려 이 구절에서 바울은 하나님께서 새로운 공동체인 교회를 창조*하셨으며*, 그 안에서 세례받은 사람들이 *이미* 평등에 참여하고 있다고 선포한다. 26-29절의 권면이 효력을 미치는 범위 내에서, 그 구절들은

토론을 위해서는 다음을 보라. Betz, *Galatians*, 189-201.

갈라디아 교인들에게 "성령으로 행할"(5:25) 것을 요구하며 그들의 일상 생활에서 새로운 공동체의 코이노니아를 나타내 보이라고 요청한다. 이 안에서는 세상을 둘로 나누는 사회적 차별이 의미를 잃게 된다. 그러나 이 세계의 현재의 사회정치적 현실은 곧 지나가버릴 운명이기 때문에, 바울은 다른 곳에서 자신의 교회 구성원들에게 회심 당시에 그들이 처해 있었던 사회적 위치에 그대로 머무르라고 조언한다(고전 7:17-24, 29-31). (믿는 자들이 "부르심을 받은 그대로 지내"야 한다는 대략적인 원칙을 할례논쟁에 적용하면, 할례를 받지 않은 이방인은 무할례자로 남아 있어야 한다는 결론이 나온다; 고전 7:18-20을 보라.) 이것은 사회적인 보수주의에 관한 문제가 아니다. 오히려 이것은 다가오는 하나님의 새로운 질서를 간절히 기다리는 종말론적 인내의 문제이다. 4장에서 바울은 종됨과 자유의 대립을 거론하면서, 갈라디아 교인들에게 그리스도 안에서 그들의 새로운 자유에 견고히 서라고 촉구함으로써 그 의미를 자세히 설명할 것이다. 이것은 바울이 교회가 세례예식문의 전망을 실제적으로 구현해 나갈 것을 기대하고 있음을 다시 한 번 보여준다.

(3) 남자와 여자의 차별이 존재하지 않는다. 바울은 이 대립을 갈라디아서 논증에서 한 번도 사용하지 않는다. 이것은 *그가* 예식문(formula)을 인용하고 있음을 시사하는 증거 중 하나이다. 눈썰미 있는 NRSV 독자는 이 세 번째 요소가 앞서 나온 대립항들의 형식적 패턴을 깨뜨리고 있다는 것을 알아차리게 될 것이다. 더 이상 a 또는(or) b는 존재하지 않는다. c 또는(or) d도 존재하지 않는다. 더 이상 남자*와(and)* 여자도 존재하지 않는다. (NIV는 이 결정적인 변화를 놓치고 있다.) 무슨 이유로 이런 변화가 발생하는 것일까? 바울은 창 1:27의 표현을 사용하고 있다: "사람을 창조하시되, *남자와 여자*를 창조하시고." 이런 창조 시에 만들어진 구별이 더 이상 유효하지 않다고 말하는 것은, 성 역할조차 이제는 상관없는, 새로운 창조가 우리에게 임했다고 선언하는 것이다(바울이 고전 12:13에서 세례 예식문을 사용하면서, 이 세 번째 항목을 생략한 것은, 성적 비행과 결혼문제로 인한 고린도교회의 어려움과 논쟁 때문인 것으로 보인다; 고전 5:1-13; 6:12-20; 7:1-40을 보라.)

갈라디아서가 성 역할에 관심을 보이지 않는다고 해서, 변혁공동체인 교회에 대한 바울의 전망 속에서 이 요소의 영향력이나 중요성이 축소되는 것은 아니다. 교회가 새로운 창조의 표지나 전조가 되고자 한다면, 그 예식문의 처음 두 부분에서 언급한 민족과 사회적 차별처럼, 성적인 차이가 분리하고 억압하는 힘을 행사하지 않는 공동체가 되어야 한다. 이 말은 공동체의 남자 구성원들이 할례를 받느냐 받지 않느냐가 무의미한 것과 같이 그리스도 안에 있는 사람들이 남자인지 여자인지도 무의미하다는 의미가 아니다. 오히려 이러한 차이는 더 이상 결정적인 정체성의 표지가 되지 못한다는 것이며, 더 이상 지위 또는 배제의 근거가 되어서도 안 된다는 것을 의미한다. 할례가 오직 남자에게만 적용될 수 있는 정체성 표지라는 사실에 주목해야 한다; 그러므로 할례를 언약에 속한 사람들의 핵심표지로 선택한 공동체는 필연적으로 남성의 정체성을 규범으로 특권화할 수밖에 없다. 바울의 편지들에는 그가 의식적으로 이 사실을 고려했다는 증거는 없지만, 남성과 여성에게 동일한 세례 예식은 "남성과 여성"에 대한 옛 구분이 그리스도 안에 있는 사람들을 더 이상 갈라놓지 못하는 공동체에 속하게 되었다는 표지로서 아주 적절한 것이다.

바울이 특별히 세례를 새로운 창조라고 선언하는 의미는 28절 마지막 문장에 요약되어 있다. "너희는... 다 그리스도 예수 안에서 하나이니라." 갈라디아 교인들이 세례를 통하여 들어가게 된 새로운 세계는 그들의 정체성에서 가장 중요한 특징이 곧 그리스도 안에서 그들이 하나가 되는 세계이다. 모든 사람이 이 연합에 참여하기 때문에, 그들은 그리스도의 믿음이 세계에 침투하여 모든 것을 바꾸어 놓기 이전의 세계의 특징인 민족적, 신분적 차별을 다시 거론하려는 경쟁 선교사들의 부당한 주장을 단호하게 거절해야 한다.

3:29 이 단락의 결론 문장은 6-29절에 나타난 전반적인 주장을 마무리하는데, 특히 15-18절의 표현을 다시 떠올리게 한다. 그리스도의 백성은 사실상 "아브라함의 자손"이다. 이렇게 단언함으로써 바울은 하고 싶은 말을 전부 표현했다. 16절에서 바울은 오직 그리스도만이 그 자손(Seed)이며, 아브라함과 맺은 약속의 단 한 사람 진정한 상속자라고 주장했었다. 그러나 이것은 보다 더 복잡한 주장으로 나아가는 첫걸음에 불과했다. 세례를 받은 사람은

그리스도와 연합하게 되었기 때문에, 그들은 그분 안에서, 그리고 그와 함께 하나의 새로운 사람이 된 것이다. 그러므로 그들은 "약속대로 유업을 이을 자"라는 특권적 지위에 동일하게 참여한다(참조. 롬 8:14-17). 마지막 구절은 18절의 표현을 다시 선택하는데, 이제 이 유업이 아브라함과 맺은 하나님의 자유롭고 은혜로운 약속을 통해서 이방인 신자들에게 주어진다는 것을 강조한다. 이것은 또한 성경이 모든 이방인이 그로 말미암아 복을 받을 것이라(8절)고 선언했던 복음이 성취된 것이다.

신학적 묵상

갈 3:6-29의 전체적 의미를 파악하기 위해서는 이 부분을 계속 이어지는 한 덩어리의 주장으로 읽어야 한다. 이 부분을 대체로 예전이나 설교 목적으로 세부 단위로 나눠서 읽으면, 난해한 파편으로 조각나기 십상이다. 하지만 바울의 주장을 전체적으로 읽어보면, 주제들이 선명해질 것이다. 바울은 갈라디아 교인들에게 자신들이 예수 그리스도와 연합함으로 하나님께서 아브라함과 맺은 약속의 상속자가 되었다는 사실을 알아야 한다고 힘주어 권고한다. 그들이 견고히 서서 이미 받은 복을 명징하게 인식한다면, 하나님의 백성 가운데서 자신의 자리를 확보하기 위해서는 할례가 반드시 필요하기 때문에 할례를 받아야 한다는 유혹에 빠지지 않게 될 것이다. 다양한 성격의 논증을 펼치면서 바울은 근본적인 신학적 묵상을 독려하는 많은 주제들을 발전시킨다.

1. *우리 정체성의 원천.* 우리의 정체성은 근본적으로 그리스도와의 연합을 통해 우리에게 주어진 것이다. 바울은 이 연합을 세례에서 형상화되고 실행되었다고 보았다. 세례를 통해 우리는 그리스도로 "옷 입는다." 우리가 그분과의 연합 속으로 들어갈 때 신분이나 정체성에 관한 다른 모든 표지들은 무의미해진다(3:27-29). 기독교가 지배하는 문화에서 수백년 동안 시행된 유아세례 때문에 초기 그리스도인들이 세례 입교식에서 목격했던 극적인 상징성은 모호해지고 말았다. 세례식에서 수세자들은 예수 그리스도께서 모든 창조물

을 다스리는 주님이심을 고백하고, 이전의 모든 삶의 방식을 벗어버린다는 의미로 옷을 벗었고, 매장을 경험하듯 물 속에 잠겼고(롬 6:3-5), 새로운 생명으로 부활하였고, 자신에게 일어난 변화를 상징하는 새로운 옷을 입었다. 세례는 그리스도의 죽음과 부활에 상징적으로 참여하는 것이며, 어느 누구도 한 생명이 끝나고 새로운 생명이 시작되었다는 사실을 인식하지 못한 사람은 세례를 받을 수 없다.

바울은 갈 3:6-29에 있는 논증 절정 부분을 위해 세례를 거론하지 않고 아껴두었다. 왜냐하면 이 부분이 갈라디아 교인들에게 말하고자 했던 것을 아주 강력하게 표현하고 있기 때문이다. 즉 그들은 예수 그리스도 안에서만 자신들의 정체성을 찾아야 한다는 것이다. 그리스도로 "옷 입은" 사람들은 하나님과 바른 관계를 맺기 위해 더 이상의 종교 의식(예를 들어 할례나 음식법)이 필요치 않다. 인간의 종교적 충동은 우리 자신을 타인과 구별하기 위해, 또는 하나님의 은혜를 구하기 위해 사용할 수 있는 새로운 표지나 예식을 끊임없이 추구한다. 바울은 그 모든 것이 그리스도 안에서 종결되었다고 주장한다.

바울은 경쟁 선교사들이 문화적 제국주의를 추구하고 있다고 보았다. 즉 그가 목격한 바처럼, 그들은 이미 그리스도 안에서 하나님의 백성이라는 결정적으로 새로운 정체성을 부여받은 이방인들에게 구체적으로 유대인의 정체성 표식을 강요하려고 했다. 그는 할례당을 "자신의 정체성이 율법의 행위로부터 나온 사람들"이라고 못마땅하게 불렀다(3:10의 주석을 보라).

이러한 종류의 민족적/종교적 "정체성 정치"(인종·성·종교·계급 등 여러 기준으로 분화된 집단이 각 집단의 권리를 주장하는 데 주력하는 정치 - 역자 주)에 대한 바울의 격렬한 거부는 우리로 하여금 조심스럽게 우리의 정체성의 근거에 대하여 반성해 보게 한다. 우리 자신의 정체성 인식은 어느 정도나 그리스도의 복음에 근거하고 있으며, 다른 요인들에 의해서는 어느 정도나 결정되고 있는가? 그러한 질문들은 우리를 불편한 결론으로 이끌 수 있다. 우리 시대에는 교회 내에서도 인종이나 민족, 성이나 성적 지향에 근거해 정체성을 규정하려는 움직임이 많이 있다. 그러한 움직임들은 바울이 맞서서 격렬하게 투쟁했던 초대교회 내의 "할례당"의 현대판이다. 바울은 그런 식으로 정체성을 결정하는 움직임에 반대하여, 우리가 세례를 통하여 그리스도와 하나가 되었다는 사실을 상기시켜 주고 있다.

혹자는 세례가 단지 또 하나의 종교적 의식에 지나지 않으며, 세례를 정체성을 규정하는 다른 관습들 보다 더 낫게 여기는 것은 또 하나의 종교적 제국주의의 표현일 뿐이라며 그것을 반대할 수도 있다. 물론 인간의 죄악은 세례 마저도 왜곡해서 비뚤어진 자만심과 분열로 몰아갈 수 있다. 바울은 고린도 교회 문제를 다루면서 이 모든 것을 너무도 잘 알게 되었다(고전 1:10-17). 그러나 핵심은 바울이 세례를 그 자체로서 목적으로 보지 않고, 믿음으로 말미암는 그리스도와 우리의 연합의 기표(signifier)로 보고 있다는 점이다. 갈 3:26-29은 바울이 자신의 정체성을 믿음에 근거를 둔 사람이 아브라함의 자손이라고 선언하는 3:6-9과 분리해서 읽어서는 안 된다. 믿음에 근거를 둔다는 것과 "그리스도 안에" 있다는 것은 바울의 신학 사상에서는 동의어이다(3:26).

바울이 선언했듯이, 예수의 죽음과 부활이 실제로 하나님께서 세상을 구원하시기 위해 선택하셨던 유일한 사건이라면, 믿음으로부터 파생한 정체성은 다른 모든 것들로부터 파생한 정체성과는 다른 것이다. 그렇지 않다면 복음은 단지 인간의 오만과 야망에 봉사하는 또 하나의 종교체제에 불과할 것이다. 우리 믿음의 특징은 그것이 바라보는 결정적인 사건에 의하여 결정된다.

2. *믿음의 의미.* 갈라디아서는 마틴 루터가 가장 좋아했던 편지다. 루터가 이 편지에서 오직 믿음으로 얻는 칭의 교리에 대한 설득력 있는 표현을 보았기 때문이다. 그러나 우리가 "믿음"을 이 편지의 중심 주제라고 말할 때, 우리는 바울이 어떤 방식으로 이 개념을 사용하고 있는지를 주의 깊게 살펴보아야 한다. 피스티스(믿음)의 어근의 의미는 "신뢰"(trust)이다(2:16의 주석을 보라). 아브라함은 믿음의 모범인데, 그것은 그가 하나님의 약속을 *신뢰했기* 때문이다. 아브라함의 믿음은 일련의 명제를 시인하는 것이나 하나님에 관한 교리 체계를 믿는 문제가 아니었다. 오히려 그것은 아브라함에게 복을 주고 많은 자손을 주겠다는 하나님의 노골적이고 직접적인 약속에 대한 원초적인 신뢰의 문제였다. 바울은 이 아브라함의 믿음에 대한 해석을 로마서 4장에서

더욱 자세하게 전개한다:

> 아브라함이 바랄 수 없는 중에 바라고 믿었으니 ... 많은 민족의 조상이 되게 하려 하심이라... 믿음이 없어 하나님의 약속을 의심하지 않고 믿음으로 견고하여져서 하나님께 영광을 돌리며 약속하신 그것을 또한 능히 이루실 줄을 확신하였으니 그러므로 그것이 그에게 의로 여겨졌느니라(롬 4:18, 20-22).

아브라함은 하나님의 말씀을 듣고 그것을 신뢰했다. 이것이 바울이 갈 3:6-9에서 환기시키려고 하는 믿음에 대한 묘사이다. 이러한 종류의 신뢰는 또한 율법 밖에 있는 이방인인 그들에게 순전히 은혜로 말미암아 하나님이 복을 주신다는, 바울이 선포한 복음의 기쁜 소식을 그들이 믿었을 때 갈라디아 교인들이 보여준 신뢰의 모델이다. 이 믿음으로 바르게 됨과 생명을 받게 되는데, 이런 종류의 생명은 율법이 줄 수 없는 것이다(3:11-12). 믿음은 기괴하거나 기적적인 것을 믿는 영웅적 능력을 발휘하는 것이 아니다. 그것은 단지 하나님께서 우리에게 주기로 선택한 선물을 우리의 자격과는 아무런 상관없이, 감사함으로 받는 것이다. 그것은 우리의 삶을 걸고 있는 유일한 진리인 하나님의 말씀을 의지하는 것이다.

우리는 믿음을 우리의 주관성이나 종교적 경험의 양상으로 여기고 빠져들어 가는 것에 주의해야 한다. 개신교 설교는 자주 믿음을 하나의 새로운 종류의 "행위," 즉 어떻게 해서든 하나님의 인정을 받을 만한 인간의 업적으로 다루려는 함정에 빠져 왔다. 이런 왜곡에 대해 윌리엄 로우(William Law)의 판단은 적절해 보인다: "한 사람은 자신의 믿음에 의존하고, 또 한 사람은 자신의 행위에 의존하고 있다고 가정하면, 한 사람의 믿음과 다른 사람의 행위는 똑같이 무가치한 더러운 걸레에 지나지 않는다."[45] 갈 3:6-29을 주의 깊게 읽어보면 이런 오류를 바로 잡을 수 있다. 바울은 여기서 믿음을 인간의

---

45) William Law, cited in A.G. Hebert, "Faithfulness" and "faith" *Theology* 58 (1955) 379.

성향으로 보는 현상학적 설명에 관심이 없다. 대신에 그는 믿음이 어떻게 "왔는지"를 이야기하고, 인간의 경험이라는 감옥을 깨뜨리고 들어와 우리를 자유케 했는지에 관심을 가지고 있다(3:23-25). 믿음은 우리에게 "계시된" 하나님의 행위이다. 그것은 단지 새로운 인간의 가능성을 조명하는 것이 아니다. 칼 바르트는 이렇게 언급했다:

> 하나님의 아들의 믿음으로, 그를 믿는 나의 믿음으로, 내가 살아간다는 사실은 하나님의 아들 그가 친히 나를 위해 먼저 믿으셨다는 사실에 근거한다 … 믿음의 놀라운 역사가 믿음으로 내가 따르는 분에 의해 행해졌다. 심지어 내가 믿기 전에도, 내가 더이상 믿지 않을 때 조차도. 그렇게 그분은 항상, 히 12:2에서 말씀하는 것처럼, 우리의 믿음의 창시자이자 완성자(아르케고스 카이 텔레이오테스)이시다… 그의 믿음이 세상을 이기고 승리하신다.[46]

갈 3:22-26에서 *피스티스*("믿음")는 예수 그리스도의 신실하심을 지칭하기 위해 사용되는 환유법(metonymy)이다. 이것은 하나님에 대한 예수 자신의 주관적 신뢰를 의미하는 것이 아니라, 하나님을 향한 자신의 충성을 표현하는 행위이다. 즉 십자가에서 자신을 내어주는 죽음(2:20)을 말하는데, 이 죽음은 인류를 속박으로부터 해방시키려는 사명을 성취한 것이었다(3:13, 23-25). 그리스도의 죽음을 통하여 이 믿음이 드러날 때까지, 우리는 죄의 권세 아래 붙잡혀 있었다. 우리를 위한 그리스도의 행위는 그 권세를 무너뜨렸고, 그래서 하나님께서 약속하신 축복은 이제 "예수 그리스도의 믿음(신실하심)으로 말미암아"(3:22; 참조. 3:14) 우리에게 주어졌다. 확실히 그 축복을 받은 우리를 "믿는 자들"(3:22)이나 "정체성이 믿음에서 나온 자들"(3:7, 9)이라고 부를 수 있고 또한 불러야 한다. 왜냐하면, 우리는 아브라함이 하나님께서 맺으신 언약적 약속에 대해 보여주었던 것과 똑같은 감사하는 믿음으로 그리스도의 십자가를 바라보고 있기 때문이다. 그러므로 "믿음"에 대한 우리의 모든 말과

46) K. Barth, *Church Dogmatics* Ⅱ/2 (Edinburgh: T.&T. Clark, 1957) 559.

설교는 예수께서 하신 일에 초점을 맞춘 바울의 선포를 마음을 기울여 존중해야 한다. 그렇지 않으면 믿음의 대화는 인간의 자기 긍정을 위한 교묘한 시도로 바뀌고 말 것이다.

3. *그리스도께서 이미 우리를 포로에서 해방하셨다.* 바울이 갈라디아서 3장에서 "죄 용서"에 관하여 침묵하고 있다는 사실은 주목할 만하다. 그리스도의 죽음의 효과를 죄 용서가 아니라 포로에서의 해방과 관련지어서 설명한다. 바울은 두 가지 은유를 사용해서 그리스도께서 우리를 해방하시기 전의 우리의 속박 상태를 설명한다. 두 가지는 신명기에서 선포하고 있는 저주 아래 있는 유배 중인 이스라엘의 상태(갈 3:10, 13)와 죄의 권세 아래에 갇혀 있는 모든 인간의 상태이다(3:22-23). 십자가 위에서의 죽음을 통해 예수께서는 유대인과 이방인 모두를 다 속박의 상태로부터 자유하게 하셨다.

이스라엘에게 있어서 유배는 끝났고 하나님께서 약속하신 성령을 부어주심으로 보여주셨던 것처럼, 하나님의 구원의 때가 도래했다(3:14의 주석을 보라). 그러나 바울은 예언자적 비전의 의미를 놀라울 정도로 수정했다. 유대인의 일반적인 기대에서는, 종말론적인 구원의 때가 되면 율법의 권위가 회복되고 이스라엘이 존경받게 하실 것으로 기대했다. 진실로 이와 같이 되는 것은 정확히 경쟁 선교사들이 갈라디아 교인들에게 가르쳤던 것이었다. 그러나 바울의 전망에서 토라 준수로의 회귀는 전혀 가능성이 없는 일이다. 율법의 저주가 풀리면서 조건부 축복과 저주라는 율법의 전체 체계는 완전히 과거에 속한 것이 되고 만다. 그리스도께서 주시는 자유는 더 이상 율법의 저주 아래 있지 않고, 성령 아래 사는 공동체를 위한 자유이다(5:16-26).

이방인에게 있어서 죄의 권세 – 3:22에서 적대적인 우주적 권세로 묘사되는(참조. 롬 6:12-23; 7:13-25) – 는 무너졌다. 하나님에 대한 무지와 소외의 상태에서 포로로 살아가지 않고, 이방인들도 이제는 자유의 상태로 풀려났고, 바르게 된 자녀로서 하나님의 가족(3:26)이 되었다. 즉 하나님의 백성이요 아브라함의 자녀로 받아들여진 것이다(3:6-9, 26-29).

바울은 4-5장에서 이런 해방의 이미지가 가진 함의를 보다 충분히 발전시킬 것이다. 그러나 이 본문은 우리의 설교가 우리를 자유케 한 그리스도의 승리를 강조해야 한다는 함의를 담고 있다. 그리스도인들은 항상 우리를 규정하고 속박하는 새로운 율법주의, 견고한 율법 체계, 혹은 도덕에 빠질 유혹을 받는다. 속박하는 체계가 1세기 바리새파 유대교이든, 로마의 제국주의 이데올로기든, 종교개혁 이전 가톨릭 계급주의든, 빅토리아 여왕 시대의 예절 규정이든, 자본주의자의 소비주의이든, 가부장적 특권이든, 혹은 후기 근대의 "정치적 올바름"이든지 간에, 갈라디아서의 해방의 메시지는 동일하다. 그리스도의 승리는 단지 죄 용서를 위한 대리적 속죄만이 아니다. 오히려 그리스도의 묵시적 승리는 속박의 구체제를 허물어뜨린다.

4. *하나님의 약속된 축복인 성령.* 그리스도 안에서 새로운 공동체에 주어지는 약속된 축복이 "성령의 약속"이라는 사실은 이전의 핵심과 밀접한 관계가 있다(3:14; 참조. 3:2-5; 4:6-7). 약속의 땅(창 17:8)에 대한 기대 대신에, 바울은 아브라함에게 주신 하나님 약속의 성취인 성령에 대해 말한다(이 사실은 바울이 이스라엘의 유배와 회복의 이야기를 은유적으로 사용하고 있다는 것을 보여준다.) 이제 그리스도 안에서 유대인과 이방인의 새로운 공동체에 주어진 "유업"은, 그들을 하나 되게 하고 그들의 신분을 하나님의 자녀로 보증하는 성령의 임재라는 관점에서 재규정된다. 비슷한 방식으로, 우리의 복음 선포는 하나님께서 우리에게 은혜로 주신 유업의 표지로서 우리의 교회에서 역사하고 계시는 하나님의 성령의 일하시는 방식을 강조해야 한다. 비록 성령의 임재에 관한 주장들은 난해할 수밖에 없지만, 우리는 바울의 사례를 통해 우리 가운데서 역사하시는 성령의 사역을 인정하고 찬양할 수 있도록 용기를 내야한다.

5. *기독교 이야기에서 율법의 위치.* 바울은 율법에 대해 열심 있는 유대인의 귀에는 신성모독이 아니라면 순전히 이단의 소리로 들릴 법한 주장을 전개해 왔다. 유대 전승은 율법을 하나님의 은혜의 선물이요 지혜와 생명의 원천으로 보았다. 갈라디아서 해석가들은 항상 이 장을 시 19:7-11을 배경으로 읽어야 한다는 것을 기억해야 한다. 이 시편은 "여호와의 율법은 완전하

여 영혼을 소성" 시킨다고 선포하며, 하나님의 법도는 "금 곧 많은 순금보다 더 사모할" 정도로 소중히 여긴다고 말한다. 이와 대조적으로, 바울은 율법을 저주의 원천이라 하고, 기껏해야 그리스도께서 오시기까지 일시적인 간수에 불과하다고 말한다. 그는 시편 기자가 찬양한 생명을 주는 율법의 능력을 명백히 부인한다(3:11-12). 신약 성경의 모든 본문 중에서, 갈라디아서가 구약성경의 율법에 대한 평가에서 가장 매몰차게 부정적인 것으로 보인다. 그래서 이 편지는 유대교를 극단적인 율법주의적 종교로 그려내고 그에 따라 율법과 구약성경을 근원적으로 거부한 마르시온 가르침을 떠올리게 한다.

그러므로 바울은 곧바로 율법을 거부하기 직전까지 갔지만, 그다음에는 다시 결정적으로 뒤로 물러섰다는 것을 인식하는 것이 중요하다(21절). 율법은 아브라함과 맺은 약속과 같이 하나님 은혜의 직접적인 표현으로 나타난 것이 아니라, 그리스도로 말미암아 세계 구원의 역사를 열어젖히는 데 있어서 중요한 역할을 부여받은 것이다. 이 가장 반율법적 편지에서조차 바울은 하나님께서 율법을 주셨다는 것을 부인하지 않는다. 그 보다는 이방인 회심자들이 할례를 받으라는 율법의 요구를 따라야 한다는 주장에 반대하는 것이다. 바울이 말하는 모든 것은 이런 특수한 상황이라는 틀 안에서 해석되어야만 한다. 로마서에서 그는 율법에 대한 이해에 대해 유연하고(diplomatic) 균형잡힌 설명을 하려고 노력한다. 이는 이전의 논쟁적인 이 편지가 불러일으킨 비판과 논쟁에 대한 반응일 것이다. 기독교에는 유대인들에게 폭력을 행사하고, 무지로 인해서 유대교를 경멸한 길고도 비극적인 역사가 있기 때문에, 갈라디아서를 해석하는 사람은 율법에 대한 바울의 진술을, 율법이 교회생활의 직접적인 기준이 되어야 하느냐 그렇지 않느냐에 대한 *기독교 내부*의 논쟁이라는 올바른 역사적 상황 속에서 보기 위해 신중을 기해야 한다.

우리는 이제까지 바울이 율법이 주어진 두 가지 목적을 밝히고 있음을 살펴 보았다. 그리스도께서 오시기 이전 시대에 죄를 범법으로 규정하고 죄의 행위를 억제하는 것이 그 목적이다. 우리가 더 이상 율법의 권세에 종속되지 않는 지금은 율법의 기능이 어느 범위까지 유효할까? 율법의 진단 기능이 교회를 위해 여전히 가치 있다는 것이 좋은 사례가 될 수 있다. 율법은 우리가 우리의 온전함을 바라시는 사랑의 하나님을 반역하고 있다는 사실을 계속해서 가르쳐 준다. 그러므로 우리의 죄의 행위는 인간 공동체를 파괴할 뿐만 아니라 거룩한 하나님께 범죄하는 것으로 이해되어야 한다. 율법이 없다면 우리는 그 사실을 알지 못했을 것이다. 한편, 율법의 이런 규율담당자의 역할은 그리스도의 오심으로 인하여 결정적으로 폐지된다. 바울에 따르면, 우리는 율법을 떠나 성령의 인도 아래 살아가는 새로운 상황에 들어와 있다(5:13-26). 토라의 "하라"와 "하지 말라"는 더 이상 기독교 공동체를 통제할 수 없다. 물론 이 주장은 바울이 이 편지에서 나중에 토론하게 될 문제들을 야기한다.

마지막으로, 갈라디아서 3장은 때때로 율법에 부여되었다는 두 가지 역할을 강하게 배제한다. 첫째로 율법은 생명과 의를 줄 수 없다. 하나님께서는 율법을 그런 목적으로 계획하신 바가 없다(3:10-12, 21). 율법이 이 목적들을 가리킬 수 있지만, 그것이 증언하는 목표들을 제공할 능력을 결여하고 있다(참조. 롬 8:1-4). 둘째로, 율법은 "우리를 그리스도께로 인도하지" 않는다(3:23-25의 주석을 보라). 율법을 복음을 위한 교육적 준비라고 가르친 기독교의 유서 깊은 역사가 있기는 하지만, 그 교육은 바울이 여기서 말하는 것과는 완전히 반대된다. 율법은 우리를 그리스도께로 인도하지 않는다; 오히려 그리스도께서는 우리가 갇혀 있었을 때 찾아오셨다. 이 차이는 기독교 설교에 있어서 결정적이다.

6. *새로운 창조: 그리스도 안에서의 연합은 사회적 분열들을 변화시킨다.* 갈 3:28의 세례신조(baptismal formula)는 사회적 정의와 평등을 추구하는 운동들을 위한 헌장으로서 널리 인용되어 왔다. 그러나 평등주의 사회 프로그램을 지지하기 위해 바울의 말을 사용하는 것은 그가 교회 내에서 노예 제도(고전 7:17-24; 골 4:1; 그리고 빌레몬서의 애매모호한 사례)와 여성의 종속성(고전 11:3-16; 14:34-35; 참조. 엡 5:21-33; 딤전 2:8-15)을 지지한 바울서신의 다른 곳에 있는 증거 때문에 많은 해석자들의 도전을 받았다.[47] 그러나 바울이 유대인과 이방인 사이의 차별 철폐를 사회적으로 실천해야 한다고 열정적으로 주장했다는 점은 제대로 평가를 받지 못했다(2:11-21의 주석을 보라). 이 사실은

바울이 세례신조를 단순히 사회적 함의를 가지고 있지 않은 하나님 앞에서의 영적 평등으로 규정한다고 이해하지 않았음을 시사한다. 게다가 이 두 가지 다른 이슈들(노예 문제, 남녀 관계)에 대한 증거는 바울의 비전이 실제로 그의 공동체에서 어떤 실천적 함의를 가질 만큼 권력에 관한 전통적 가정을 흔들어 놓았다고 주장할 수 있을 정도로 해석할 여지는 충분하다. 예를 들어 그는 부부 관계에서 상호성을 권면했고(고전 7:3-4), 여성들이 예언을 하도록 허용했으며(고전 11:5), 선교에서 지도력을 행사할 수 있게 했다(롬 16:1-7; 빌 4:2-3).[48] 이 세례신조에서 명시된 비전을 바울이 충분히 구현했는지 돌아보면서 우리가 어떻게 생각하든지간에, 그는 교회가 옛 사회적 불평등을 전복시키고 변화시키는 하나님의 은혜의 힘을 통해 나타난 새로운 공동체라고 믿었다는 점을 부인하기는 어렵다(고전 1:18-31도 보라).[49]

갈 3:28을 해석할 때, 우리는 이 편지의 논지 내에서 그것이 차지하는 위치를 명심해야 한다. 바울은 할례받지 않은 이방 그리스도인들이 하나님 나라의 이류 시민이 아니며, 자신의 신분을 예수 그리스도의 신실함에 동일하게 빚지고 있는 유대 그리스도인과 동등한 "하나님의 자녀"라고 인정하라고 열정적으로 주장하고 있다. 바울은 롬 10:12에서 "유대인이나 헬라인이나 차별이 없음이라. 한 분이신 주께서 모든 사람의 주가 되사 그를 부르는 모든 사람에게 부요하시도다"라고 말하고 있다. 바울은 이 주장을 뒷받침하기 위

---

47) 이 문제를 다루기 위하여 바울 서신을 사용한 것에 대한 토론의 역사에 대하여는 다음을 보라. W. M. Swartley, *Slavery, Sabbath, War, and Women: Case Issues in Biblical Interpretation* (Scottdale, Pa.: Herald, 1983).

48) 증거 자료에 대한 토론에 관하여는 다음을 보라. V. P. Furnish, *The Moral Teaching of Paul: Sellected Issues*, rev. ed. (Nashville: Abingdon, 1985)83-114; E. Schüssler Fiorenza, *In Memory of Her: A Feminist Theological Reconstruction of Christian Origins* (New York: Crossroad, 1983) 201-41; B. Witherington Ⅲ, *Women in the Earliest Churches*, SNTSMS 59 (Cambridge: Cambridge University Press, 1980); R. B. Hays, *The Moral Vision of the New Testament: Community, Cross, New Creation* (San Francisco: HarperSanFrancisco, 1996) 46-56.

49) 베츠는 이렇게 논평했다: "바울의 진술이 사회적 정치적 함의를 혁명적 차원까지 가지고 있었다는 것은 의심할 바 없다. 즉 고대 세계의 오래되고 결정적인 이상과 희망들이 기독교 공동체에서 실현되었다는 것이다." Betz, *Galatians*, 190.

해, 갈라디아 교인들이 아브라함의 상속자로서 유대 그리스도인들과 완전히 동등함을 인정받아야 한다는 근거로 세례신조에 호소한다. 그래서 우리는 바울이 이 신조를 교회 생활을 위한 실질적인 사회적 함의를 가진 것으로 보았다는 것을 확실히 알게 된다.

따라서 이 시대를 살고 있는 우리의 과제는 바울이 직면했던 것과 유사하다. 대부분의 교회는 이방인이 할례를 받아야 한다는 압박을 받지는 않지만, 우리는 서로 다른 인종과 민족 그룹들 사이의 수많은 분열과 적대감에 직면하고 있다. 우리의 설교와 실천들은 바울이 "유대인과 헬라인" 사이에서 상상하던 것과 동일한 흑인과 백인 그리스도인 사이의 화해를 고취시켜야 한다.

마찬가지로 우리는 교회의 "유산"과 교회 생활에 여성의 완전한 참여에 관한 지속적인 논쟁에 직면한다. 우리는 이런 문제를 다룰 때, 바울에게서 힌트를 얻을 수 있을 뿐만 아니라 우리의 신학적 묵상을 위한 중요한 출발점으로 갈 3:28의 신조를 돌아볼 수 있을 것이다. 그렇게 한다면 우리의 신학적 묵상이 어디로 인도할지 아는 것은 그리 어렵지 않다. 교회 사역에서 여성 안수와 여성의 리더십을 반대하는 사람들은, 그리스도께서 오시기 전의 옛 시대의 차별과 요구사항들을 회복하려 했던 경쟁 선교사들과 비슷한 역할을 하는 것이다. 새로운 창조의 공동체에서는, 그리스도 안에서 하나됨이 우리가 죄의 권세 아래 갇혀 있었을 때 우리를 분열시켰던 인종, 사회적 계급과 성의 차별을 극복하고 정통의 허울을 벗겨버린다. 물론 새로운 창조의 이러한 비전의 실제적인 실현은 우리가 "성령으로 믿음을 따라 의의 소망을 기다리노니"(5:5)라고 말하는 것처럼 역사 속에서 교회의 지속적인 과제로 남아 있다.

7. *성경의 목소리에 귀기울이기.* 율법의 한시적 후견인으로서의 역할이 이제는 끝났다고 확신했지만, 바울은 신앙 공동체에서의 성경의 권위에 대해 반대하지 않았다. 오히려 그는 그리스도 안에 나타난 하나님의 계시의 관점에서 새로운 눈으로 성경을 재해석하고 있으며, 신선하고 놀라운 해석을 만들어 내고 있다. 이것은 마치 바울이 경쟁 선교사들의 영역에서 토론을 통해 그들의 주장에 대답해야 했던 것과 같은 실용적 토론 전략이 아니다. 바울의

다른 편지들에서 볼 수 있듯이, 성경과의 계속적 대화는 그의 신학적 묵상의 일반적인 특징이다.[50]

바울은 갈 3:6-29에서 일곱개의 분명한 성경 인용구를 사용하고 있으며, 우리가 살펴 본 것처럼, 그의 주장의 배경에는 몇 가지 다른 중요한 암시들이 들어 있다(눈에 띄는 예는 갈 3:20에서 신 6:4을 인용한 것이다). 이러한 문장 중에 어떤 것들은 원래 경쟁 선교사들이 토론으로 끌고 들어온 것이지만(창 17:8; 레 18:5; 신 27:26), 다른 것들은 확실히 바울 자신이 제시한 것이다(창 12:3, 15:6; 합 2:4). 갈라디아서의 이 부분에서 바울이 성경을 인용하는 두 가지 특징이 특별히 주목할만하다.

첫째로 바울은 성경을 줄거리를 가진 서사로 읽는다. 성경은 단순히 규칙이나 잠언의 저장소가 아니다. 오히려 성경은 하나님께서 이스라엘을 대하면서 무엇을 하셨는지에 대하여 이야기를 한다. 아브라함과 맺은 약속은 모든 민족을 복 주시려는 하나님의 미래의 계획을 예견했다. 이 약속은 율법보다 430년 먼저 일어났다. 모세의 중재를 통해 율법을 주신 것은 모든 사람을 죄 아래 가두어 두는 효과가 있는데, 이것이 그리스도의 오심을 위한 배경이 되었다. 그리스도께서 오셨기 때문에 우리는 유업을 받았으며, 과거로 회귀하여 율법을 회복시키는 것은 말이 안 되는 일이다. *우리의 올바른 정체성과 소명을 이해하기 위하여, 우리는 이러한 줄거리와 우리가 어디에 속하는지를 이해해야 한다.* 이러한 관찰은 상당히 기초적인 것으로 보이지만, 바울의 시대에는 성경을 서사적 유형으로 읽어야 한다는 것은 당연한 결론이 전혀 아니었다. 예를 들어 필로 같은 유대인 해석가들은 이 이야기를 초월에 대한 영혼의 탐구라는 시대를 초월한 우화로 읽는다.[51] 대조적으로 바울은 성경을

50) 다음을 보라. Hays, *Echoes of Scripture in the Letters of Paul;* "The Conversion of the Imagination; Scripture and Eschatology in 1 Corinthians," *NTS* 45(1999) 391-412.

51) 예를 들어 다음과 같은 것을 보라. Philo, *On the Migration of Abraham and Who is the Heir of Divine Things?* LCL, trans. F.H. Colson and G. H. Whitaker (Cambridge, Mass.: Harvard University Press, 1932); *On Abraham*, LCL, F. H. Colson (Cambridge, Mass.: Harvard University Press, 1935)

역사에 뿌리를 둔 이야기, 그 속에서 우리의 자리를 찾아야 할 이야기로 읽게 한다. 현대 교회에서 우리는 성경의 서사적 일관성이라는 더 큰 관점을 너무 자주 잃어버리곤 한다. 우리는 성경을 파편화된 발췌문집이나 혹은 성구집에 수록된 짧은 문구로 읽거나, 그렇지 않으면 무작위로 성경을 펼쳐서 도덕적 원리나 일시적인 영적 통찰력을 찾는다. 바울은 우리에게 더 큰 서사의 틀로 성경을 보라고 권면한다.

바울의 성경 읽기에서 두 번째 놀라운 특징은 그가 성경을 살아 있는 목소리, 즉 말하고 행동하는 행위자로 여기고 있다는 점이다. 성경이 미리 아브라함에게 복음을 선포했고(3:8), 성경이 저주도 하고(3:10, 13), 축복하며(3:8-9), 약속을 말씀하며(3:11, 16), 죄의 권세 아래 모든 것을 가두기도 했다(3:22). 요컨대 바울에게 있어서 성경은 살아있고 운동력이 있다. 성경은 하나님의 계획에서 핵심적 역할을 해 왔고, 그 목소리는 신앙공동체에서 계속 들려진다. 물론 성경이 말하고 행동하는 것으로 묘사하는 것은 은유적이지만, 그렇다고해서 그것들을 심각하게 받아들이지 말라는 뜻은 아니다. 바울에게 성경은 신학적 토론과 묵상이 이루어져야 하는 모체이다. 그리고 바울에게 있어서 공동체의 중요한 임무는 성경의 목소리를 바르게 듣는 것이다. 그것은 바울의 시대 못지 않게 오늘날의 교회에서도 유효하다.

갈라디아서 4:1-11
때가 찼다

개관

이미 살펴 본 대로, 바울은 3:1-5에서 갈라디아 교회가 바울의 복음 선포에 대한 반응으로 성령을 받은 경험에 직접 호소함으로 반론을 펼친다. 그런 다음 3:6-29에서 성경을 통한 논증으로 돌아가, 갈라디아 교인들이 그리스도 안에 참여했기 때문에 그들은 이미 "아브라함의 자손"이며, 따라서 또 합법적인 하나님 약속의 상속자라고 주장한다(하나님의 약속은 3:14에서는 성령과 동일시된다. 그 본문은 성령에 대해 유일하게 언급한다). 이제 4:1-7에서 바울은 그들이 사실은 아브라함의 자녀가 아니라 하나님의 자녀라는 증거로서 다시 성령 체험을 언급한다. 성령은 그들이 하나님의 가족으로 입양되었다는 표지이다. 바울은 이러한 하나님과의 가족 관계 경험을 우주적 권세의 노예였던 갈라디아 교인들의 이전 상태와 대조하며, 그들이 만약 스스로 유대인들의 율법 아래로 들어간다면, 이전에 이교도였던 것과 동일한 노예 상태로 되돌아가는 것이라는 놀라운 주장을 한다(4:8-11).

갈라디아서 4:1-7
우리는 하나님의 상속자요 자녀들이다

주석

3:29에서 갈라디아 교인들의 "상속자" 이미지를 출발점으로 삼은 바울은, 다시 한 번 이 이미지를 갈라디아교인들, 그리고 유대인이든 이방인이든 상관없이, 그리스도께서 오셨기 때문에, 모든 믿는 자들의 현재 상태에 구체적으로 적용하면서 자신의 논지를 전개한다. 어떤 면에서 4:1-7은 던(Dunn)이 설명하듯이 3:23-29의 요약으로 읽을 수도 있다.[52)]

바울은 단순히 자기 말을 반복하는 것이 아니다. 그는 상속 유비를 갈라디아 교인들이 현재 당면하고 있는 상황에 직접 적용하는 몇 가지 새로운 요소들을 소개하고, 하나님이 아들을 보내신 것을 우주적 구원 작전으로 한층 분명하게 기술한다.

4:1-2 바울은 계속하여 상속 은유를 토대 진술을 이어간다. 이 구절에서 그는 아버지의 유언에 따라 상속자가 미성년으로 있는 동안 그의 재산을 "후견인과 재산관리인"이 관리하는 규정을 갖게 된 상속자의 상황을 설명한

52) Dunn, *The Epistle to the Galatians*, 210. 그는 여기서 약간 변화를 주어서 표를 다시 만들었다.

표2: 갈 3:23-29과 4:1-7 사이의 평행	
3:23-29	**4:1-7**
(23) 믿음이 오기 전에	(1) 유업을 이을 자가 어렸을 동안에...
우리는 율법 아래 매인 바 되고 계시될 믿음의 때까지 갇혔느니라	(2) 그는 후견인과 청지기 아래 있다. 아버지가 한 때까지
(24) 율법이 그리스도께서 오실 때까지 우리의 초등교사가 되어...	(3) 어렸을 때에 종노릇 하였다. 초등학문 아래에서
(25) 그러나 이제 믿음이 온 후로	(4) 그러나 때가 차매, 하나님이 아들을 보내사...
우리는 초등교사 아래 있지 아니하도다	(5) 율법 아래 있는 자들을 속량하시려고
(26) 너희는 모두 하나님의 자녀들이며...	우리로 아들의 명분을 얻게 하시려고
(27) 너희는 모두 그리스도로 세례를 받았고.	(6) 하나님이 그 아들의 영을 보내사
(29) 너희는 아브라함의 자손이며 약속대로 유업을 이을 자니라	(7) 네가 이제는 종이 아니요 아들이니 아들이면 하나님의 유업을 받을 자니라

*던, <갈라디아서>에서 인용. A & C. Black의 사용 허가를 받아 사용.

다. 3-5절에서 바울은 이런 설명이 어떻게 갈라디아 교인들 상황에 적용되는지를 설명할 것이다. 1절에 나온 "유업을 이을 자"(클레로노모스)는 NIV에서는 단수형이다. 하지만 NRSV는 이 단어를 포괄적으로 표현하기 위해서 복수형을 취한다. 이 주석은 바울이 실제로 차용하고 있는 이미지를 더 가깝게 유지하기 위해 NIV 용례를 채택할 것이다.[53)]

바울이 미성년 상속자는 "종과 다름이 없어서"라고 말했을 때, 바울은 자

---

53) 바울의 계속되는 은유는 그 시대의 상속 관습을 전제로 한다. 즉 재산은 보통은 남성 후손이 상속하게 되어 있었다.

신이 3-5절에서 전개할 적용을 고려해서 수사학적 과장을 사용하고 있다. 물론 상속자는 종과는 신분이 아주 다르다. 그가 재산의 합법적인 소유자이며, 결국은 그 재산을 다 차지하게 될 것이기 때문이다. 그러나 미성년으로 있을 동안에는, 그는 그 재산을 관리할 권한을 갖지 못하며, 그것은 "후견인과 재산관리인"의 손에 속하여 있다. 바울이 사용하는 용어의 정확한 법적 배경에 대해서 많은 학술적 논의가 있었다.[54] 전자의 용어(후견인)는 법적으로 지정된 보호자나 개인 교사를 말하는 반면, 후자의 용어(재산관리인)는 "청지기" 또는 "관리인"을 일컫는 일반적인 말이다. 이 단어는, 예를 들어, 예수의 여러 비유(예. 눅 16:1-9)에서 나오는 것처럼, 보통 집안 일을 감독하고 관리할 책임을 가진 종을 가리킨다. 바울은 고전 4:1-2에서 동일한 단어를 사용해서 자신을 하나님이 교회에 대한 책임을 맡기신 청지기라고 비유한다. 바울은 이곳에서 예시의 목적으로 일반적인 용어로 말하고 있는 것이며, 어쨌든 느슨하게 작동하는 유비의 정확한 법적 세부사항을 파악하려는 시도는 의미가 없다. 핵심 요지는 이 어린 상속자는 후견인의 권한 "아래"(휘포) 있다는 것이다. 이것(휘포)은 3:22-25과 4:3-5에서 동일하게 사용된 전치사로, 죄 아래 있다거나, 율법 아래 있다거나, 파이다고고스(초등교사) 아래 있다거나, "이 세상의 초등학문" 아래 있다(4:3, 9의 주석을 보라)는 것을 언급할 때 사용된다.

다른 경우와 마찬가지로, 바울의 예시에서 상속자의 종속은 한시적일 뿐이다. 상속자는 오직 "아버지가 정한 때까지"만 후견인과 재산관리자에게 종속되어 있을 뿐이다. "정해진 시간"은 상속자의 미성년기가 끝나고 그가 재산에 대한 통제권을 받는 확정된 날이다. 로마법에서 이 날은 개별 유언자의 재량에 따라 결정되지 않는다. 그것은 법으로 확정된다. 미성년자는 나이가 14세가 되기까지 개인 교사의 보호 아래 있고, 25세가 되기까지 "재산관리인"(curator)의 보호 아래 있었다. 그러나 다시 말하지만, 그 세부 사항이 정확히 상속법 조항들과 일치하는가 하는 것은 바울의 문화에서는 중요하지 않았다. 바울은 종속 상태의 종식 시점을 정하신 분이 하나님이라는 사실을 염두에 두

54) 다음을 보라. Betz, *Galatians*, 203-4; Longenecker, *Galatians*, 162-64.

면서, 4절에서 적용할 것을 미리 내다보고 있다. 여기서 중요한 단어는 3:19, 23을 상기시키고 또 4:4을 예상케 하는 전치사 "까지"(until)이다. 바울은 상속자의 종속의 한정적 특징을 강조하고 있는 것이다.

4:3 이제 바울은 자신의 예시를 적용한다. 종노릇하는 상속자에 대한 짧은 비유는 바울과 그의 독자들의 경험을 비유적으로 묘사한 것이다. 즉각적으로 우리는 결정적인 의문에 부딪힌다: 이 구절과 5절의 1인칭 복수 대명사는 누구를 지칭하는 것인가? 바울은 "우리 유대인"(2:15-16; 3:13a에서처럼 그리고 아마 3:23-25에서처럼)을 가리키는 것인가, 아니면 그의 이방인 회심자들을 포함해서 말하는 것인가?(3:14에서처럼) 3절과 8-9절이 유사한 것을 보면 후자일 가능성이 높다. 즉 모든 인류는 하나님의 아들이 오기까지 "종노릇하였"다는 것이다. 바울이 자신을 초등학문 아래 종노릇 하는 사람들의 부류에 포함시킨 것은 무엇보다도, 고전 9:21a에서처럼, 이 말을 듣고 있는 이방인들과 자신을 동일시하는 사례로 이해된다; 그러나 8-11절에서 살펴보겠지만, 바울은 인간의 곤경에 대한 보다 급진적인 분석을 염두에 두고있다. 율법 그 자체는 우리를 종으로 만드는 "초등학문들" 중 하나이다. 따라서 그는 유대인이었지만 해방되어야 했던 종노릇 상태를 갈라디아 이교도들과 공유했었다(4:8-11의 주석을 보라).

그러나 이 분석은 3절에서 두 번째 중대한 문제로 이어진다. 그 문제란 바울의 *타 스토이케이아 투 코스무*라는 표현의 의미이다. NRSV의 "이 세상의 원초적 영들"(the elemental spirits of the world)과 NIV의 "이 세상의 기초 원리"(the basic principles of the world)은 이 논란이 많은 표현에 대한 두 가지 다른 해석을 보여준다.[55)]

스토이케이아라는 용어는 지식영역의 "기초"(basics) 또는 "초보적인 원리"을 의미할 수 있다(히 5:12을 보라). 이곳에서 만약 바울이 이 뜻을 염두에

---

55) 이 용어의 정의에 대한 논의는 Martyn, *Galatians,* 393-406, 에 있는 것이다. 뒤에 나오는 많은 해석들은 이것에 기반한 것이다.

두고 있다면, 그는 다음과 같이 말하는 것이다. "우리는 종교의 기초 원리(그것이 이방 종교이든 혹은 유대교의 율법이든)에 종노릇 했지만, 지금 우리는 어른이 되었고 그 수준을 넘어섰다." 이 문장에서, 바울은 인간의 문제가 무지의 문제이고 그 해결책은 더 높은 차원의 지식을 가져다주고 우리를 성숙으로 이르게 할 수 있는 계시라고 말하는 것이다. NIV가 보여주고 있는 이 해석은 최근 여러 주석가들이 지지하고 있다.[56] 그러나 이 해석은 두 가지 심각한 반대에 부딪힌다. 첫째로, 스토이케이아가 "기초 원리"를 의미하는 고대의 유사 본문 어느 곳에서도 "*이 세계의* 기초 원리"에 대하여 말하지 않는다. 둘째이자 가장 중요한 것으로, 바울은 갈 4:1-7에서 종교의 초등 단계를 넘어 보다 발전된 단계로의 단계적 성장이나 진보에 대해 말하고 있지 않다는 것이다. 오히려 그는 하나님의 아들이 우리를 στοιχεîα스토이케이아에 종노릇하는 상태에서 구출하기 위해 이 세계에 침입한 것에 대하여 말한다.

1세기 당시에 στοιχεîα스토이케이아의 가장 일반적인 의미는 "자연계의 모든 것을구성하는 원소들"이었다. 다시 말해 전통적인 관점에 따르면, 흙, 공기, 불과 물을 뜻한다(예. 벧후 3:10, 12). 사실 이것은 그 시기에 *타 스토이케이아 투 코스무*라는 표현에 대해 바울 서신의 외부에서 입증된 유일한 의미이다.[57] 이 의미가 갈 4:3, 9에 어떻게 연결되는지 금방 눈에 들어오지는 않는다(그러나 아래의 마틴의 제안을 보라).

주후 2세기 이후의 더 후대 문헌들은 4원소와 관련해서 "원초적 영들"을 지칭하는 표현을 사용하기 시작했다. 이 의미에서 발전해서 이러한 "원초적 영들"을 천체(해, 달, 별)와 연관시키는 경향이 생겼고, 천체의 움직임이 인간의 삶을 결정적으로 – 때로는 적대적으로 – 통제하는 것으로 생각했다. 이것은 NRSV에 나오는 해석으로 몇몇 중요한 주석의 지지를 받는다.[58] 따라서 이

---

56) Longenecker, *Galatians*, 165-66; Matera, *Galatians*, 149-50; Williams, *Galatians*, 109-11.

57) 골 2:8, 20도 보라. Martyn은 골로새서를 자신의 토론에서 다루지 않았지만, 이런 표현을 사용하는 것은 Martyn의 분석과도 잘 맞을 것이다. 다음을 보라. Martyn, *Galatians*, 400-406.

58) 예를 들어, Betz, *Galatians*, 305.

독해에 따르면, 스토이케이아는 "이 어둠의 세상 주관자들과 하늘에 있는 악의 영들"과 밀접하게 연결된다. 바울이 갈라디아 교인들이 과거에 이교의 신들을 숭배한 것을 어떻게 이와 같은 공중 권세자들에 대한 종노릇과 연계시켰는지를 이해하는 것은 어렵지 않다. 그러나 이 독해의 난점은 바울이 9-10절에서 갈라디아 교인들이 유대인들의 율법 준수로 돌아선 것을 *스토이케이아* 밑에서 다시금 종노릇 하는 것이라고 말할 때 드러난다. 어떻게 이스라엘이 하나님께 드리는 율법에 따른 예배를 정사와 권세의 종노릇하는 것으로 분류할 수 있단 말인가?

마틴(Martyn)은 증거를 통해, 갈라디아의 경쟁 선교사들은 갈라디아 교인들에게 그들의 이교 신숭배는 자연의 원소들(*스토이케이아*의 두번째 의미)에 대한 무지한 숭배이며. 자연의 원소들은 보다 참된 종교를 가리키는 것이 분명한데, 대표적인 예로 아브라함은 천체를 묵상하다가 천체를 창조하시고 명령하시는 하나님을 분별한 인물이라는 것을 확신시키려고 했을 것이라고 설득력 있게 주장했다. 이러한 제안을 뒷받침하기 위해 마틴은 그리스어로 기록된 유대 문헌들에서 여러 개의 인상적인 유사 문장들을 인용한다.[59] 그렇다면 경쟁 선교사들의 복음 전략의 핵심은 율법이 자연 세계와 천체에 대한 참된 이해를 제공할 뿐만 아니라 적절한 시기에 거룩한 축제를 행할 수 있도록 인간의 종교력을 규제하는 것이라고 설득하는 일이었을 것이다. 그래서 바울이 "날과 달과 절기와 해"(10절)를 지키는 것을 비난하는 것이다. 이것은 바울이 율법 아래로 가는 것은 스토이케이아에 다시 종속되는 것이라고 당혹스러운 주장을 하는 이유를 설명해 준다(4:8-10의 주석을 보라).

어쨌든 바울은 모든 인간이 하나님의 극적인 개입이 있기 전에는 노예의 상태로 존재했다고 묘사한다. 이러한 개입이 4-7절의 주제이다.

4:4-5 "때가 차매"라는 표현은 바울 사상에 대한 묵시적 준거틀을 나타낸다. 하나님은 약속된 구속을 실행하기 위해 인류의 비극적 역사 속으로

---

59) 특히 다음을 보라. Wis 13:1-5; Philo, *On Abraham* 69-70; Josephus, *Antiquities of the Jews1*, 115-56.

뚫고 들어오기 위한 우주적 시간표와 정해진 날(2절 참조)을 가지고 계신 분으로 이해된다. (정해진 시간의 성취에 대한 또 다른 묵시적 개념에 대해서는 단 8:19; 11:35; 1QpHab 7:2; 막 1:15; 눅 21:24; 행 1:7; 3:21; 엡 1:10을 보라.) 개입의 결정은 오로지 하나님의 권한이며, 그 시간은 또한 오로지 하나님께 속한 권한이다(참조. 막 13:32. 정해진 구원의 시간을 아는 분은 아버지 뿐이시다).

이 본문은 하나님께서 무기력한 상태에 있는 인간을 구원하기 위해 아들을 보내신다는 주제를 롬 8:3-4과 공유하고 있다. 더욱이 두 본문은 모두 아들이 구원한 사람들의 공동체에서 변화시키는 능력으로 역사하시는 성령에 대한 결정적 확증으로 나아간다(롬 8:15-17도 보라). 두 본문과 요 3:16-17 및 요일 4:9-10과의 유사성은 갈 4:4-5에서 바울이 초기 기독교 공동체에서 사용하던 신앙고백인 "보냄에 대한 고백문"을 인용하고 있다는 가설을 지지한다.[60] 여러 주석가들은 이 파송 예식문이 천상의 아들의 선재를 전제하고 있는지에 대해서는 의문을 제기해 왔다.[61] "보냄" 개념은 그 자체만으로 하나님께서 예언자 혹은 사도에게 사명을 주시는 것과 관련해서 사용될 수 있기 때문에(예. 렘 7:25; 행 22:21), 선재를 함의한다고 주장할 필요는 없다는 것이 사실이다. 그럼에도 불구하고 이 고백문의 가설적 기원들과는 관계없이, 빌 2:5-11(이 또한 많은 토론이 이루어졌던 본문이다)과 승귀 기독론(예. 고전 8:6)에 대한 바울의 표현들에 비추어 보았을 때, 바울은 아들이 선재하시며, 구원 사명을 위해 하늘로부터 보내심을 받으셨다고 생각했을 것으로 보인다.

동시에 두 개의 분사 구문은 구속 이야기에서 주인공이신 아들의 온전한 인성을 표현한다. 그는 "여자에게서 나셨고, 율법 아래에서 태어나신" 분이시다. "여자에게서 나셨다"는 표현은 그분이 사람이라는 말이다(참조. 욥 14:1; 마 11:11). 여기서나 혹은 다른 곳에서, 바울이 예수의 모친의 이름을 알고 있

60) Betz, *Galatians: A Commentary on Paul's Letter to the Churches in Galatia*, 205-9, 또한 이 책에 인용된 다른 문헌들.

61) 예를 들어 Dunn, *The Epistle to the Galatians*, 215; Dunn의 다음의 책도 보라. *Christology in the Making: A New Testament Inquiry into the Origins of the Doctrine of the Incarnation* (Philadelphia: Westminster, 1980) 38-44.

다거나 예수의 동정녀 탄생 전승을 알고 있었다는 암시는 나타나지 않는다. 예수께서 "율법 아래에서 태어나셨다"는 사실은 그가 유대인이라는 뜻이다. 또한 그 말은 마치 4:2에서 상속자가 후견인과 재산관리인 아래 있는 것처럼, 바울이 이미 3:23에서 서술한 것처럼, 예수님도 자신이 율법의 보호구금 아래 있다는 사실을 자각했음을 의미한다..

바울의 이야기를 악한 소작인 비유(막 12:1-12)와 대조해서 읽으려는 시도는 매혹적이다. 여기서 포도원 주인은 악한 관리자들이 잘못 관리한 유업을 되찾기 위하여 사랑하는 아들을 보낸다. 그러자 이 관리자들은 아들에 대하여 이렇게 말한다, "이는 상속자니, 자 죽이자." 바울이 이 비유를 언급하고 있는 것이 아님은 거의 확실하다. 그러나 – 만일 바울이 4-5절에서 고백적 전승을 인용하고 있는 것이라면 – 하나님의 아들 보냄 주제는 예수의 죽음과 부활 이후에 공동체가 기억하고 해석한 예수의 비유에 그 뿌리를 두었을 수는 있다. 그러나 이러한 유사성을 어떻게 이해하든, 3절에서 분명히 알 수 있듯이, 바울은 1-2절에서 기독론적 비유를 염두에 두지 않았음이 분명하다. 그의 유비에서 상속자는 그리스도가 아니라(3:16에도 불구하고), 스토이케이아 아래에서 노예가 된 인류를 상징한다.

하나님의 아들이 율법에 종속된 상태로 태어났다는 것은 "율법 아래에 있는 자들을 속량(exagorase)하"는 사명에 있어서 결정적으로 중요한 일이었다. 이 동사는 노예로부터의 해방을 의미하는 데, 노예의 자유를 위해 대가를 지불한다는 의미를 담고 있다(참조. 고전 6:19b-20). 이것은 바울이 3:13에서 사용한 것과 동일한 동사로, 그의 편지 중에서 이 단어가 등장하는 또 다른 유일한 장소이다. 이 연계성은 아들이 십자가의 죽음으로 율법의 저주를 자기 몸에 짊어짐으로써 구속 임무를 완수했음을 분명히 한다. 그가 이것을 수행하기 위하여 이스라엘 백성 중 한 사람으로 율법 아래 태어나는 것은 필수적이었다. 비록 5절에서는 십자가가 분명하게 언급되지 않았지만, 바울이 여기서 죽음을 통해서가 아니라 아들의 성육신만으로 구속이 완성되는 것으로 생각한다고 가정하는 것은 잘못이다.[62] 바울은 이런 식으로 고백적 진술을 구분하지 않았다. 갈 3:13과 4:4-5은 동일한 이야기에 대한 두 개의 요약이며,

4:5에 언급한 "속량"의 행위는 이미 이전 본문에서 충분하게 이야기되었다.

5a절이 그리스도께서 율법의 저주에서 이스라엘을 구속하신 것을 말하는 것이라면, 5절의 두 번째 절(clause)은 그리스도의 구속적 죽음으로 가능하게 된 이방인의 바르게 됨을 가리키는 것이다.[63] 그들은 이제 하나님의 가족으로 입양되었다. (이것이 명사 휘오테시아의 단순한 의미이다. NRSV는 "입양"으로 잘 번역했지만, NIV는 쓸데없이 복잡하게 의역하고 있다. 이 단어의 다른 용례를 위해서는 롬 8:15, 23; 9:4; 엡 1:5을 보라). 이 절(clause)은 3:14a와 밀접하게 평행을 이루고 있다. "이는 그리스도 예수 안에서 아브라함의 복이 이방인에게 미치게 하고." 바울이 이제 "입양"에 대하여 말을 한다는 사실은 그가 1-2절에서 사용한 그의 유비의 틀을 넘어서고 있음을 보여주는데, 그는 1-2절에서는 출생에 의해 유업을 받게 된 사람에 대해 이야기했었다. 이와 대조적으로, 이방인들은 입양된 자녀로서 하나님의 은혜 속으로 들어온다. 이 개념은 바울이 롬 11:17-24에서 주장한 요지와 비슷하다. 여기서 바울은 이방인을 잘 자란 감람나무에 접붙여진 돌감람나무 가지로 비유하였다. 하나님의 자비는 그 백성을 "유대인 중에서뿐 아니라 이방인 중에서도"(롬 9:23) 부르셨다. 이방인이 그리스도의 죽음을 통하여 하나님의 가족으로 입양되는 비전이 에베소에서 우아하게 표현되고 있는데, 이는 갈 4:5b절에 대한 주석으로 읽을 수 있다.

> 그러므로 생각하라 너희는 그 때에 육체로는 이방인이요 손으로 육체에 행한 할례를 받은 무리라 칭하는 자들로부터 할례를 받지 않은 무리라 칭함을 받는 자들이라 그 때에 너희는 그리스도 밖에 있었고 이스라엘 나라 밖의 사람이라 약속의 언약들에 대하여는 외인이요 세상에서 소망이 없고 하나님도 없는 자이더니 이제는 전에 멀리 있던 너희가 그리스도 예수 안에서 그리스도의 피로 가까워졌느니라... 그러므로 이제부터 너희는 외인도 아니요 나그네도 아니요 오직 성도들과

---

62) Betz, *Galatians*, 207-8.

63) 만약 바울이 신앙고백문을 인용하고 있다면, 이 고백문은 본래 이방 회중들이 만들어 낸 것이 아닐까 이것이 이절에서 "율법 아래 있는 자들"이 "우리"로 전환된 것을 설명해 줄 수도 있다..

동일한 시민이요 하나님의 권속이라(엡 2:11-13, 19).

동시에 바울의 입양 은유는 또 다른 의미도 가질 수 있다. 하나님 자신의 아들과 대조적으로, 유대인 신자를 포함한 모든 인간은 오직 입양을 통해서만 하나님의 가족이 될 수 있다. 아우구스티누스는 이 본문을 주석하면서 이 점을 명쾌하게 읽어냈다: "그는 우리가 하나님의 아들의 유일성을 이해할 수 있도록 *입양*을 말하고 있다. 왜냐하면 우리는 그분의 관대하심과 자비로운 겸손을 통해 하나님의 자녀가 되었으나, 반면 그는 본성상 아들로서 아버지와 동일한 신성을 공유하신다."[64] 따라서, 입양 은유가 우선적으로는 이방인에 대한 하나님의 수용을 묘사하는 것이지만, 또한 3:26과 더불어 나란히 암시하고 있듯이, 유대인 신자들에 대한 하나님의 입양으로까지 확장되어야 한다. "너희가 *다 믿음으로 말미암아* (즉 율법을 통해서가 아니라) 그리스도 예수 안에서 하나님의 아들이 되었으니."

따라서 5절의 끝에서 바울은 상속 유비에 대한 첫 단계의 설명을 마무리한다. 하나님은 그 아들을 보내시어 우리의 감옥으로 침투시키고 우리를 자유하게 하며 또한 유대인과 이방인 모두를 하나님의 가족이 되게 함으로써 스토이케이아의 속박으로부터 우리를 해방시킨다는 것이다.

4:6 그러나 바울이 그 주제에 대한 설명을 완전히 끝낸 것은 아니다. 그는 다시 한 번 갈라디아 교인들의 성령 받은 경험을 거론한다. 그는 3:1-5에서 자신의 반론을 시작하면서 이 문제를 이야기한 바 있다. 그러나 이번에는 단순히 그 경험만을 말하지는 않는다. 그는 구원과 입양을 위한 하나님의 보냄 이야기 안에서 성령 체험에 대한 풍성한 신학적 해석을 제공한다. 입양은 어떤 의미에서는 예수의 죽음과 부활에서 "법적으로" 성취되었지만, 그것이 이 이야기의 결말은 아니다. 하나님께서 성령을 부어주심으로써 우리의 양자됨을 경험적으로 확증해 주셨다(3:14의 주석을 보라). 하나님은 아들을 세상으

---

64) Augustine, *Epistle to the Galatians,* 30[1B. 4.4-5], PL35: 2126, 다음에서 인용함. Edwards, *Galatians, Ephesians, Philippians,* 56.

로 보내셨을 뿐 아니라, 또한 "너희가 아들이므로 하나님이 그 아들의 영을 우리 마음 가운데 보내"셨다. 이것은 우리가 하나님의 자녀라는 새로운 신분에 대한 표지이자 서약이다. [NRSV는 6a절에서 "자녀들"(children)이라는 포괄적 어휘를 사용함으로써, "아들들"(sons)과 "그의 아들의 성령"(Spirit of his Son) 사이에 있는 그리스어의 연계성을 놓치고 있다; 3:28에 비추어 "아들들"이 하나님의 가족에서 남성과 여성을 모두 포함하는 은유로 이해한다면, 이 문장의 의미는 NIV에서 더 잘 전달된다.] 이 구절에서 2인칭에서 1인칭으로 전환되는 것은 어색하며(*너희*가 아들이므로... *우리* 마음 가운데 보내사), 그것은 예상대로 사본 전승의 문제점들에 이목을 집중시켰다(NRSV의 각주를 보라). 잠시 2인칭으로 전환함으로써 바울이 "이 편지의 수신자들인 갈라디아의 이방인들을 예리하게 지목하고 있다는 윌리엄스의 주장은 정당해 보인다.[65] 왜냐하면 "아들들"로서의 그들의 신분이 논쟁 중에 있기 때문이다.

기독교 해석가들은 이 구절에 암시된 이야기의 순서에 대하여 오랫 동안 고심해왔다. 이 구절은 성령을 보내신 것이 자녀로 입양한 다음에 이어지는 두 번째 행위로 보이게 만들기 때문이다. 바울이 여기서 개별 신자의 삶의 역사를 기술하는 게 아니라는 것을 인식하는 것이 중요하다. 대신에 그는 노예화된 세계에 대한 하나님이 구속적 침투를 서술하고 있다. 이 이야기에서는 아들을 보내시는 것이 처음이어야 한다. 먼저 아들이 자신의 십자가 죽음을 통하여 자신의 사역을 완수하면, 그 다음에는 이 감옥의 벽을 허물어버리는 해방의 죽음 덕분에 입양된 사람들에게 성령이 보내진다. 그러나 개별 신자의 경험의 관점에서 볼 때, 3:26-29과 평행구절이 보여주듯이, 우리의 마음에 성령을 보내시는 것은 회심/입회의 근본적 양상이다(202쪽의 표 2를 보라). 다른 말로 하면, 바울은 결코 먼저 칭의를 경험한 사람들을 위한 "두 번째 축복"(second blessing)을 설명하고 있는 것이 아니다. 성령을 보내시는 것은 우리가 하나님의 가족으로 들어가는 것에 효력을 미치고 확증하는 하나님의 행위이다.

---

65) Williams, *Galatians*, 111.

하나님께서 성령을 보내신다는 주제는 하나님의 보좌로부터 신적 지혜를 보내시는 유대 전승을 연상케 한다. 예를 들어 지혜서 9:17에서 솔로몬은 하나님께 묻는다. "당신께서 지혜를 주지 않으시고 그 높은 곳에서 당신의 거룩한 영을 보내지 않으시면 누가 당신의 뜻을 깨달을 수 있겠습니까?"(지혜서 9:10도 보라) 그러나 바울은 6절에서 성령을 하나님의 뜻과 지혜를 이해하기 위한 원천으로서가 아니라, 하나님의 은혜로운 포용에 대한 강력한 경험적 확증이라고 이야기한다. 성령께서 우리의 마음에 보내지면, "아빠, 아버지"라 외친다고 바울은 말한다. 우리는 이것을 주기도의 암송을 언급하는 것으로 이해해서는 안 된다. 오히려 이것은 황홀경을 나타내는 말인데, 우리는 바울이 생생한 분사 "외치면서"(crying out; 크라존)를 사용한 것에서 이것을 알 수 있다. 아람어 단어 "아빠"(Abba)가 하나님의 자녀로서의 새로운 신분에 대한 감사의 말로서 "수세자들이 물속에서 일어나면서"[66] 토해내는 말이라는 주장이 종종 제기되곤 한다. 한편 성령에 감동된 기도에서 "아빠"(Abba)라고 말하는 것은 예수가 기도에서 사용한 언어를 본 뜬 것으로, "예수의 기도 스타일을 반영"한 것이라는 주장도 있다(참조. 막 14:36).[67] 둘 중 어느 쪽이든, 바울의 강조점은 성령이 갈라디아 교인들의 마음에 강력히 현존하며, 그들로 하여금 예수 그리스도의 아버지를 자신들의 아버지라고 외칠수 있게 하거나 외치게 한다는 것이다.

4:7 바울은 갈라디아 교인들이 그리스도 안에서 얻은 새로운 신분을 확신시켜주면서, 이 상속 이야기를 결정적이고 의기양양한 결론으로 끌고 간다. 하나님은 아들을 세계 속으로 보냄으로써 그들을 해방시키고 종에서 아들로 변화시키셨다. 이제 그들은 하나님의 아들들이기 때문에(참조. 3:26), 그들은 이제 확실한 상속자들이다(참조. 3:29). 이 진리를 그들 한 가운데 계신 성령께서 결정적으로 확증해주신다. "하나님을 통한 상속자"(NRSV는 직역한다)라는 표현은 어색하다. 왜냐하면, 다른 곳에서는 하나님을 유업의 중개자가 아니라

66) Martyn, *Galatians*, 391-92.

67) Dunn, *The Epistle to the Galatians*, 221.

원천이라고 서술하고 있기 때문이다(NIV는 또 다시 의역을 통해 어색함을 회피하려 한다). 여기에서 일부 필사자들은 어려움을 느끼면서 "그리스도로 말미암은 하나님의 상속자"라는 해석을 포함해 다양한 신학적 수정들을 내놓았다(NRSV 각주).

6-7절의 사고의 순서는 정확히 롬 8:15-17과 일치한다. 종노릇(과 두려움)에서 떠나서, 우리는 성령을 받음으로 "아빠, 아버지!"라 부를 수 있게 되었다는 것이다. 성령은 하나님의 자녀이자 상속자인 우리의 새로운 신분을 증언한다. 바울이 로마서에서 이 주장을 반복하고 있다는 사실은 그것이 갈라디아의 상황에 대한 우발적 반응이 아니라는 것을 말해준다. 또는 좀 더 정확히 말해서, 만약 그것이 그런 상황에 대한 우발적 반응이었다면, 그는 그것을 자신의 복음에 대한 설명에서 핵심적인 요소로 생각하고 있었던 것이다(4:8-11의 신학적 묵상을 보라).

표3: 갈 4:4-6과 3:13-14의 유사점

갈 4:4-6	*갈 3:13-14*
(4) 하나님이 그 아들을 보내사 여자에게서 나게 하시고 율법 아래에 나게 하신 것은	
(5) 율법 아래에 있는 자들을 속량하시고 우리로 아들의 명분을 얻게 하려 하심이라	(13) 그리스도께서 우리를 위하여 저주를 받은 바 되사 율법의 저주에서 우리를 속량하셨으니…
(6) 하나님이 그 아들의 영을 우리 마음 가운데 보내사...	(14) 이는 그리스도 예수 안에서 아브라함의 복이 이방인에게 미치게 하고 또 우리로 하여금 믿음으로 말미암아 성령의 약속을 받게 하려 함이라

R. B. Hays, *The Faith of Jesus*, SBLDS 56 (Chico, Calif.: Scholars Press, 1983) 118에서 발췌.

갈라디아서 4:8-11
돌아갈 수 없음(No Turning Back)

주석

4:8 바울은 7절에서 의기양양한 수사학적 절정에 도달했지만, 현재 갈라디아 교인들이 처한 위험을 걱정하면서 다시금 훨씬 차분한 어조로 말한다. 그들이 이교도로 살아온 세월 동안, 그들은 "하나님을 알지 못하"였다. 유대인들은 이방인들을 늘 이런 식으로 판단했다(시 79:6을 보라). 바울은 이 무지의 시기 동안 그들이 "본질상 하나님이 아닌 자들"(참조. 3절)에게 종노릇했다는 점을 거듭 상기시킨다. 이 표현은 바울이 *스토이케이아*를 단지 이제는 폐기되어버린 기초적인 종교적 원리 같은 것으로 생각하지 않는다는 것을 보여준다. 오히려 그것들은 한때 그의 독자들의 삶에 악한 지배력을 행사했던 의인화된 세력들이었다. 다른 곳에서 바울은 "신들," "주들"(lords) "마귀들"과 "이 세대의 통치자들" 등 다양한 이름으로 불리는, 이 세상의 영적 권세의 실재와 현존을 인정한다(고전 2:8; 8:5-6; 10:20-21). 그러한 권세들은 유일하신 하나님의 주권에는 아무런 위협이 되지 않는다. 참으로 하나님께서는 그리스도를 통하여, 그것들을 파멸시키거나 굴복시키실 것이다(고전 15:23-28; 빌 2:10-11; 참조. 골 1:15-20; 2:15). 그러나 우리는 시간들(초림과 재림 -역자주) 사이의 시간 속에 살고 있기 때문에, 즉 만물이 아직 하나님께 굴복하지 않은 시대 속에 살고 있기 때문에, 이런 신 아닌 것들이 그들을 섬기는 자들에게 힘을 행사하고 억누르고 예속시키고 있다. 그러므로 우상을 섬기는 이방인들은 종으로 삼는 권세의 지배 아래 있는 것이다.

4:9 따라서 바울은 율법을 준수하는 생활을 그들의 이전 종노릇 상태와 연결함으로써, 현재 율법에 대한 갈라디아인들의 열광이 얼마나 어리석은 지를 폭로하기 위해 고안된 회의적인 질문을 제기한다. 9a절의 정교한 문장은 바울 복음의 심도 깊은 신학적 구문을 보여준다: "이제는 너희가 하나님을 알뿐 아

니라 더욱이 하나님이 아신 바 되었거늘…" 자기교정(self-correction)은 유한한 피조물인 우리가 하나님에 대한 더 탁월한 지식을 습득함으로써 스스로를 구원할 수 있다고 하는 신학적으로 "어불성설"(ungrammaticality)인 주장에 사람들의 관심을 끄는 교묘한 방법이다. (아마도 경쟁 선교사들은 갈라디아 교인들에게 이러한 방식을 따라 복음 아닌 것을 제시하고 있었을 것이다; 참조. 1:6-7.) 갈라디아 교인들이 새로운 세계에 들어간 것은 그들의 인식론적 진보 때문이 아니라, 하나님이 주권적인 사랑으로 이제 그들을 "아시기" 때문이다(고전 8:2-3의 아주 유사한 평행구를 보라; 참조. 고전 13:12). 하나님께서 이스라엘을 "알고계신다"는 표현에 대한 구약성경의 배경에 대해서는, 예를 들어 암 3:2을 보라: "내가 땅의 모든 족속 가운데 너희만을 알았나니..."

그렇게 하나님께서 아신 바 되었는데 "어찌하여 다시 약하고 천박한 초등학문(스토이케이아)으로 돌아가려 하느냐?" 고 바울은 묻는다. 그들이 율법 준수로 되돌아가는 것도 회심이라고 할 수는 있겠지만, 확실히 그것은 잘못된 방향으로의 회심이다. 동사 "돌아서다"(에피스트레포)는 회개하는 사람이 하나님께로 돌아서거나, 유일하고 참되신 이스라엘의 하나님을 섬기기 위해 이방인이 회심한 것을 기술하기 위해 특별히 사용되는 동사와 같은 단어이다. 예를 들어 바울은 이 단어를 자신의 복음 설교에 대한 데살로니가 이교도들의 반응에 사용했다: "너희가 어떻게 우상을 버리고 하나님께 돌아와서(에페스트렙사테) 살아계시고 참되신 하나님을 섬기는지와"(살전 1:9). 따라서 갈라디아 교인들이 고려하고 있는 행동은 역행하는 회심, 즉 그들의 이전의 종노릇으로의 역행이다.

이것은 아마도 논쟁적인 이 편지 전체에서 가장 충격적인 문장일 것이다. 바울은 유대교의 거룩한 규정 준수들이 결국은 이교도들이 이 세상의 원소들을 숭배하는 것과 다르지 않다고 주장하고 있다. 바울이 경쟁 선교사들의 화를 돋우기 위해서 상당히 계산된 말을 한 것 같지는 않지만, 그의 질문이 가진 수사학적 충격의 힘은 확실히 계산된 것이다. 그는 율법-복음이라는 최면적 마법에서 빠져나오도록 갈라디아 교회에게 충격을 주려고 시도하고 있는 것이다.

바울은 스토이케이아가 "약하고 천박한" 것이라고 말한다. 이것은 역설적이다. 왜냐하면, 바울도 그것을 섬기는 자들을 속박하는 힘이 그것들에게 있다고 보기 때문이다. 그렇다면 왜 그는 또한 그것들을 약하다고 말하는가? 우상은 생명이 없고 무능하다는 것은 우상숭배에 반대하는 유대인들이 논박하는 상투적인 주제이다(예. 사 46:3-5). 마틴은 지혜서 13:18-19에서 우상숭배자에 대한 풍자적인 묘사를 인용한다.[68]

> 건강을 위하여 그는 약한 것에게 호소한다;
> 생명을 위하여 그는 죽은 것에게 기도한다;
> ……
> 손에 능력이라고는 전혀 없는 것에 대고 힘이 되어 주기를 빈다.

실제로 지혜서 13:1-5로 인해서 바울이 이교의 예배와 "원소들" 사이의 연관성을 떠올리게 된 것이라면, 이 단락은 특별히 중요한 것일 수도 있다. 이것은 *스토이케이아*의 약함을 조롱하는 바울의 말을 부분적으로 설명해주는 것일 수도 있다. 그것들이 어떤 힘을 갖고 있다고 하더라도, 그것은 착각에 빠지게 하는 힘에 불과하다. *스토이케이아*는 하나님의 아들이 침입하여 얻은 승리로 이미 패배하고 말았다. 그러나 바울은 또한 율법을 특히 "약한" 것으로 생각할 수도 있다. 그는 이미 율법이 생명을 줄 힘이 없다는 것을 언급한 바 있다(3:21). 이것은 바울의 율법 비판에서 일관된 주제이다. 특히 롬 8:3이 정확하게 일치한다. 여기서 바울은 율법이 무력하다고 말하는데, 그것은 "율법이 육신으로 말미암아 연약하여"졌기 때문이다. 그리고 이어서 하나님은 그 아들을 보내심으로 약한 율법이 해결하지 못한 문제를 해결하였다고 말한다. 여기에 나오는 개념들은 갈 4:4-9와 매우 유사한 방식으로 연결된다.

4:10 바울은 계속해서 자신의 부재 중에 갈라디아 교인들이 받아들인 관습들에 대해 사실에 근거해서 진술한다. 이 설명은 바울이 율법을 *스토이케이*

---

68) Martyn, *Galatians,* 411.

*아*와 동일시하는 것이 던져주는 명백하고도 너무도 충격적인 의미를 이해하는 데 열쇠가 된다. 갈라디아 교인들은 고정된 달력의 일정을 따라가며 지키는 생활방식을 택했는데, 이는 스스로 *스토이케이아*의 지배 아래로 되돌아가고 있음을 보여주는 것이다. 유대 예배력을 지키는 것은 해와 달의 움직임에 맞추어져 있다(안식일, 월삭, 속죄일, 유월절, 그 외의 절기들). 제2성전 시대 유대교의 자료는 시간과 계절을 지키는 적합한 방식을 놓고 월력과 태양력 지지자들 사이에서 열띤 논쟁이 있었다는 것을 보여준다. 예를 들어 희년서는 태양력을 옹호하는 문헌으로서 "주께서 해를 땅 위에 큰 영광으로 두셨는데, 날들과 안식일들, 달들, 축제일, 해들, 안식년들, 희년들, 그리고 모든 해의 모든 (정해진) 시간을 위해 하셨다"(희년서 2:9)고 주장한다. 마찬가지로 10절에 대한 배경으로 에녹1서의 단락도 흥미롭다.

> 기록된 것을 정확하게 계산하는 일은 중요하다… 발광체들과 달들(months)과 절기와 해들(years)과 날들에 관하여… 그분은 하늘에 계시면서 밤과 낮을 주관하는 권세를 가지고 계시며, 태양과 달과 별과 (각자의) 궤도에서 회전하는 하늘의 정사들이 사람 위에 빛을 비추게 하신다. 이것들은 그들의 (각자의) 자리에서 계절과 절기와 달들을 설정하는 별들의 질서이다(에녹1서 82:7-9).[69)]

따라서 경쟁 선교사들은 아마도 틀림없이 갈라디아 교인들에게 할례를 받는 것의 중요성뿐만 아니라 안식일과 절기를 천문학적으로 결정된 때에 지키는 것의 중요성을 강조했을 것이다. 만일 그렇다면, 갈라디아 교인들이 유대 절기 준수에 새로이 관심을 보였는데, 이것 때문에 그들이 천체의 원소들의 권세에 종속된 상태로 돌아가게 된다는 바울의 주장은 옳은 것이다.

만약 그렇다면, 왜 바울은 골 2:16에서처럼 "절기나, 초하루나, 안식일"을 명시적으로 언급하지 않는 것일까? 왜 유대 절기 준수에 대해 구체적으로 언

---

69) 이 단락은 Dunn이 인용한 것이다. 갈 4:10에 대한 그의 토론은 많은 유익한 정보들을 얻을 수 있다. 다음을 보라. Dunn, *The Epistle to the Galatians*, 227-29. 참조. Martyn, *Galatians*, 412-18.

급하는 대신, 그는 "날과 달과 절기와 해"라는 일반적 기술을 하는 것일까? 아마 그는 빛들이 창조의 넷째 날에 "징조와 계절과 날과 해를 위해"(창 1:14) 하늘의 궁창에 놓였다고 말하는 성경의 창조 이야기를 암시하는 것일 수도 있다. 이 본문이 유대교에서 그랬던 것처럼, 특정 시간과 절기를 지키기 위한 이유가 되지 못한다면, 이는 다름아닌 그리스도 안에서 "남자와 여자"가 없는 것과 똑같은 이유 때문일 것이다. 즉 새 창조가 침투해 들어왔기 때문이다. 그럼에도 불구하고 유대 예배력의 특정 용어들을 사용하지 않고 일반적인 용어들을 사용함으로써, 바울은 율법과 *스토이케이아*의 도발적인 연결을 용이하게 만든다. 유대 절기의 특정 용어들을 벗겨내면, 그것들은 본질상 그저 또 다른 종류의 자연 종교에 지나지 않는다는 사실을 알 수 있다고 바울은 말하는 것이다. 그는 결국 이렇게 말한다. "너희가 우주의 원소들에게 종노릇 하였다; 만약에 너희가 율법 아래에로 간다면, 너희는 다시 이 같은 우주적 권세의 지배 아래로 회귀하는 것이다." 우리는 여기서 다시 한 번 바울이 능숙하고도 폭발적이며 위험이 큰 수사법을 사용하고 있는 것을 보게 된다.

4:11 마지막으로, 갈라디아 교인들이 종노릇 하는 상태로 되돌아가기를 원할 수도 있다는 당혹감을 표현한 후에, 바울은 걱정과 격분으로 자신의 노력의 실패를 인정한다. 그는 그들 가운데서 행한 자신의 모든 설교와 가르침이 끝내 뒤집히고 수포로 돌아가게 될까 두려워한다. 그의 말을 여기서 문자 그대로 번역해 보면 이렇다. "내가 너희를 위하여 수고한 것이 헛될까 두렵다." 동사 "수고했다"(코피아오)는 바울이 복음을 전파하는 자신의 수고를 묘사하기 위하여 자주 사용하는 말이다(고전 4:12; 15:10; 골 1:29; 참조. 딤전 4:10). 특히 근접 평행구인 빌 2:16을 보라: "생명의 말씀을 밝혀 나의 달음질이 헛되지 아니하고 수고도 헛되지 아니함으로 그리스도의 날에 내가 자랑할 것이 있게 하려 함이라." "헛되이"(에이케)라는 말은 또한 갈 3:4을 다시 상기시킨다. 바울은 자신이 갈라디아에 세운 교회가 복음을 버리고 그의 사역은 헛수고가 되지 않을까 비참한 생각에 잠긴다. 갈라디아 교인들 사이에서

의 그의 사역을 언급하는 것은 다음 부분으로(4:12-20) 넘어가는 전환점이 된다. 여기서 바울은 그들과 함께 했던 이전 시간을 회상하며, 그들이 바울과 가졌던 특별했던 관계를 기억하라고 호소한다.

신학적 묵상

1. 근본적인 인간 상태으로서의 노예 상태(enslavement) : 사실인가? 바울은 그리스도의 권세의 영역 바깥에 있는 삶을 우리를 사로잡는 권세에 속박된 상태로 특징지었다. 갈라디아서를 읽는 많은 독자들에게, 그 묘사는 타당해 보일 것이다: 마약과 알콜과 강박적 행위에 중독된 사람들은 자주 자신들을 압도하는 파괴적인 힘의 손아귀에 있다고 고백한다. 가난하게 살거나 정치적 억압 속에 사는 사람들은 자신들이 너무 강하여 싸울 수 없는 구조의 노리개에 불과하다는 사실을 너무나 잘 알고 있다. 그런 환경에서 살아가는 모든 사람에게, 바울의 선포는 환희에 찬 복음으로 다가온다. 하나님께서 예수를 보내셔서 우리의 고난에 함께 하시고 우리의 족쇄를 풀어주셨다. 마찬가지로, 공허한 세속적 철학의 손아귀 아래 살고 있는 많은 사람들이 이 시대에 이교주의가 취하는 일반적 형태인 물질주의와 쾌락주의의 노예화하는 권세로부터의 해방을 복음에서 발견했다. 어둠에서 빛으로의 변화를 경험해 본 사람들에게 종노릇으로부터 구원받았다는 바울의 은유는 실로 타당해 보일 것이다.

그러나 자유로운 민주주의 정치질서의 풍요로운 상황 속에서 평범하고 존경받을 만한 삶을 살아가는 사람에게는 어떨까? 그들은 결코 의도적으로 거짓 신들을 숭배하지도 않았고, 노골적인 억압 같은 것도 알지 못했다. 그들은 노예 상태에 대한 바울의 이야기를 과장이거나 자신과는 무관하다고 생각할까? 요한복음에서 예수와 대화하던 사람들이 그랬듯이, 그들은 "우리가 아브라함의 자손이라. 남의 종이 된 적이 없거늘"(요 8:33)이라고 말할 것이다. 이런 청중들에게 바울의 메시지가 어떻게 들렸을까? 이 본문의 해석자들은 바울이 이전에 이교도였던 갈라디아 교인들과 자신을 동일시 했다는 점에서 중요한 실마리를 찾을 수 있을 것이다. 그는 – 유대인 동포와 함께 – 갈라디아 교인들과 마찬가지로 스토이케이아 아래 종노릇 했다고 주장한다. 그리스도를 제외한, 모든 인류는 동일한 노예 상태에서 서로 하나가 된다. 심지어 가장 종교적으로 신실한 사람들 조차도 – 아마도 특히 그들이 – 미묘한 형태의 속박에 얽혀 있다. 우리는 이것을 오직 십자가의 빛 안에서 되돌아볼 때만 볼 수 있다. 이것은 우리 자신과 타인들 사이에서 만들고 싶어 하는 모든 차별을 무너뜨리는 포괄적인 선언이다.

따라서 우리는 모두 종이었다가 또한 지금은 모두가 똑같이 그리스도의 죽음을 통하여 구속된 사람이라는 한 가지 메시지가 다양한 청중들에게 매우 다양한 영향을 줄 것이다. 자신들의 곤핍함을 알고 있는 사람들에게, 이 메시지는 희망과 위안의 말씀이다. 또한 스스로 자유하고 자율적이라는 환상을 가진 사람에게, 이 메시지는 그들의 진정한 상태를 재평가하도록 하는 공격과 도전이다. 바울의 말에 선교사들이 화를 냈을 게 분명해보이는데, 마찬가지로 현대의 경건한 독자들도 바울이 말하는 묵시적 구속의 모습에서 못마땅한 점이 있을 수도 있다.

2. 이 단락이 보여주는 묵시적 모습에 의하면, 우리는 하나님의 개입을 통해 속박에서 구속되는데, 이 묵시적 모습이 이 편지의 전체 메시지를 잘 요약해주고 있다. 때가 차서 하나님은 우리를 구원하기 위하여 그 아들을 이 세상에 보내셨다. 그러므로 모든 것은 하나님의 시간과 하나님의 주도권과 하나님의 능력 있는 구원의 행위에 달려 있다. 그 아들은 하나님에 대한 더 좋은 정보를 주기 위해서, 또 그렇게 함으로써, 우리를 진리를 아는 지식에 점진적으로 이끌기 위해 오신 것이 아니다. 오히려 그 아들은 우리를 위해 죽으시고 우리를 자유하게 하려고 오셨다(참조. 3:13-14). 따라서 "인류가 성인이 되었다"고 외치거나 기독교를 보다 발전된 형태의 종교라고 보는 진화론적인 견해를 암시하는 그 어떤 설교도 바울의 메시지를 완전히 오해하는 것이다. 이런 오해는 아마 유업을 받게 될 미성년 상속자에 대한 바울의 비유로 인하여 고무되었을 것이다. 그러나 앞에서 살펴 보았듯이, 그 묘사는 두 가지를 강조하기 위해 사용된 것이다: 갈라디아 교인들은 노예 상태에 있었고, 그 노예

상태는 오직 한시적인 것으로서 하나님께서 정해 놓은 시간에 하나님의 구원 행위에 의해 폐지되었다. 실제로 비유적 이야기와 바울이 그것을 적용하는 것 사이에는 어떤 긴장이 흐르고 있다; 그러므로, 이 본문을 설교할 때에 방점은 예시보다는(4:1-2) 바울의 적용에 두어야 한다(4:3-7). 4:1-2로 시작하여 더 수준 높은 지식이나 신앙을 향한 인간의 발전을 이야기하기 위하여 이 이 단락을 해석하는 사람은 본문을 왜곡하는 것이다.

3. 이 본문의 수사학적 절정은 갈라디아 교인들의 마음 속에서 일어난 성령의 경험을 설명하고 있는 4:6-7에 있다. 성령으로 감동되어 하나님을 "아빠"(Abba)라 부르는 외침은 그들이 이제는 하나님의 가족이 됨으로써 하나님과의 친밀감을 누리게 되었음을 확증하는 표지이다. 그들은 하나님에 의해 입양되었고, 그러므로, 하나님의 자녀들에게 속한 모든 것을 누린다.

다시 한 번, 3:1-5에서와 마찬가지로, 우리는 바울이 갈라디아 교인들에게 성령을 소유했다는 것을 확신시키려고 노력하지 않는 것을 볼 수 있다. 오히려 성령은 바울의 주장의 근거이다. 성령은 그들 가운데에서 손으로 만질 수 있고, 들을 수 있을 정도로 현존하시며, "하나님의 자녀들"인 그들의 정체성에 대한 증거가 된다. 이 명칭은 구약성경에서 이스라엘에 대해서만 적용되던 것이기 때문에(3:26의 주석을 보라), 바울은 이방 갈라디아인들이 이제는 하나님 가족의 구성원으로서 하나님과의 언약적 관계에 들어갔다고 단언하는 것이다. (3:1-5:1에서 바울은 갈라디아 교인들이 이 지위를 확보하기 위하여 할례를 받아야 할 필요가 없다고 말한다.) 동시에 인간의 보편적 속박에 대한 바울의 급진적인 분석에 비추어 볼 때, 4:6-7이 유대인 신자를 위한 어떠한 특권적 지위도 암시하지 않는다는 것을 분명히 이해해야 한다. 이방 갈라디아 사람들과 같이 유대인 신자들도 입양된 자녀들이다. 아우구스티누스는 바울이 성령에 감동되어 아람어와 그리스어를 모두 사용해서 "아빠, 아버지"(Abba, Father)라고 외친다고 말하는 것이 바로 이런 이유 때문이라고 예리하게 지적한다. "우리가 이제 보는 것은, 그가 모든 백성, 즉 유대인과 이방 갈라디아 사람들이 하나된 믿음으로 부름 받았기 때문에, 같은 것을 의미하는 단어를 두 가지 언어에서 찾아내서, 우아하게 그리고 합리적으로, 함께 제시하는 모습이다."[70] 우리가 아버지 하나님을 향한 이 외침을 세례의 경험으로 보는 것이 맞다면, 그것은 모든 신자를 위한 공통의 토대인 것이다. 하나님 자녀로서의 정체성과 그리스도 안에서의 연합은 둘 다 그 마음에 계신 성령에 의하여 확증된다.

4. 우리 시대에는, 이 본문에 있는 "아버지"로서의 하나님의 이미지를 신중하게 묵상할 필요가 있다.[71] 왜냐하면 어떤 신학자들은 이 이미지가 억압적인 가부장적 사회 구조를 강화한다고 주장하기 때문이다. 게다가 바울이 사용하는 "아버지"라는 말은 아버지가 잔인했거나, 아버지가 없는 사람들을 배제하거나 소외시킨다는 견해도 더러 있다. 이런 우려에 대해, 갈 4:6의 해석자는 다음의 세 가지를 명심해야 한다.

첫째, 올바르게 해석된 유대교와 기독교의 신학 전통은 하나님을 성별(gender)로 이해한 적이 없다. 범접할 수 없는 빛 가운데 거하시는 하나님은 그러한 신인동형적 범주를 초월하신다. 이스라엘의 우상 제작 금지와 하나님에 대한 예술적 묘사를 금지한 결과 중 하나는 하나님을 대충 남성이나 여성으로 표현할 수 없다는 것이다. 신약의 "아버지" 이미지는 이 신학적 문법의 근본 규칙을 존중하면서 해석되어야 한다. 하나님은-프로이트나 포이에르바하의 이론과는 상반되는 분으로-단지 인간적 아버지의 투사나 실재 또는 환상이 아니다. 참으로, 인간의 아버지됨은 성경 이야기에서 우리를 창조하시고 사랑으로 돌보시는 참된 아버지됨과 동떨어진, 망가진 근사치일 따름이다. 따라서 아버지로서의 하나님 이미지는 모든 인간적인 아버지됨 개념을 판단하고 교정하는 규범을 제공한다.

---

70) Augustine, *Galatians* 31 [1B.4.6]를 다음에서 인용했다. Edwards, *Galatians, Ephesians, Philippians*, 57.

71) 이 문제에 관하여 통찰력 넘치는 토론을 원한다면 다음을 보라. Marianne Meye Thompson, *The Promise of the Father: Jesus and God in the New Testament* (Louisville: Westmister/John Knox, 2000).

둘째, 바울이 일관되게 아버지로서의 하나님 이미지를 사용하는 이유는 하나님께서는 약속된 유업을 주시는 분이라는 것을 강조하기 위해서이다. 따라서 "아버지"라는 말은 사랑하시는 백성을 위해 하나님께서 자비와 사랑을 베푸시는 것을 강조한다. 그래서 톰슨(Marianne Meye Thompson)은 다음과 같이 말한다. "만약에 우리가 하나님의 성실하심, 돌보심과 공급하심에 관한 성경 이야기에서 근거하지 않고 그 용어의 형태만을 고집한다면, 그리고 아들되신 예수를 통해, 그 분 안에서, 그 분을 통해 믿는 자들이 유산을 받는다는 특별한 약속을 추상화한다면, 아버지는 하나의 역기능적 은유로 전락하고 말 것이다."[72)]

셋째, 아버지 하나님께서 베푸신 약속된 유업은 이제 그리스도 안에서 이방인들에게로 은혜롭게 확장되었기 때문에, 하나님의 "아버지됨"은 우리가 공동으로 하나님의 가족에 속한다는 바울의 주장의 기초가 된다. 유대인과 이방인은 동일하게 하나님의 택하시는 은혜로 "입양"되었고, 그러므로 이제는 한 분 하나님을 아버지로 부를 수 있다. 갈 4:6에 있는 "아빠, 아버지"라는 외침은 하나님의 자녀로서의 우리 신분을 확증해 줌으로써 우리가 누리는 자유와 축복을 재확인해 준다. 따라서 하나님의 입양된 가족 안에서는 아무런 차별이 없고, 우리는 서로를 형제와 자매로 받아들여야 한다.

이런 것들이 이 본문에 나타난 아버지 이미지에 대해 설교하기 위해 묵상할 때 발전시켜야 할 중심 주제들이다. 바울은 하나님이나 교회의 위계에 대한 권위주의적 주장을 강화하고 있는 것이 아니다. 오히려 그는 갈라디아 교인들에게 그들이 경쟁 선교사들의 권위주의적 주장에 분명하게 저항할 수 있다는 사실을 강조하고 확신시켜 주고 있는 것이다. 왜냐하면, 하나님 자녀로서의 그들의 신분이 이미 성령으로 말미암아 확증되었기 때문이다.

이 모든 것은 이 본문에 대한 해석은 하나님과 우리의 관계, 그리고 서로간의 관계에 대한 환희에 찬 확신을 축하하는 것이어야 한다는 사실을 시사한다. 이것은 단지 우리의 일반적 인간성에 근거한 관계가 아니다. 그것은 이

---

72) Thompson, *The Promise of the Father*, 132.

미 "하나님의 아신 바"(4:9) 된 세례 받은 신자들의 공동체 내에서 그리스도의 성령(4:6)에 의하여 창조되는 관계이다. 그 공동체 안에서 하나님을 "아버지"라고 부르는 것은 감상적인 친밀감을 주장하는 것이 아니라, 하나님이 복을 주는 분이시며 우리의 연합의 기초라는 것을 인정하는 것이다.

5. 문제는 성령을 받은 사람들조차 – 당황스럽게도 – 노예상태로 되돌아갈 수 있다는 점이다. 우리는 우리를 하나님의 은혜로부터 돌아서게 해서 다시 한 번 이전의 속박 상태를 받아들이는 선택을 할 수 있다. 우리는 정해진 때가 도래한 시간 속에서 살아가고 있다는 사실을 망각하고 하나님께서 우리를 해방시키기 위해 아들을 보낸 일이 없었던 것 같은 생활로 되돌아갈 수 있다. 그러므로 바울은 이 서신의 이 부분을 책망으로 마무리한다(4:8-11). 본문의 메시지를 듣기 원하는 해석자들은 우리 시대의 교회를 향한 경고의 말씀을 반드시 듣게 될 것이다.

갈라디아 교회가 그러한 이교신앙으로 되돌아가지 않았다는 사실을 인식할 때 바울의 메시지의 온전한 힘을 느낄 수 있다. 그들은 자기들이 제시받은 복음이 이미 바울의 설교를 통해 받아들인 복음보다 더 고차원적이고, 더 영적인 형태의 복음이며, 그것이 한 단계 더 진보한 것이라고 생각하고 있었다. 그들은 복음을 거부한 것이 아니라 개선하려고 노력하고 있었다. 그러나 바울은 할례의 복음을 인간의 종교성으로 후퇴하는 단계로 진단한다. 십자가의 복음에 더 화려하거나 고차원적인 특징을 보탤 수 있는 길 같은 것은 없다고 바울은 주장한다. 그러므로 4:10에서 그는 거룩한 절기력을 준수하는 유대교와 자연계와 천체계를 숭상하는 이교도 사이의 현상학적 유사성을 설정함으로써, 유대교를 이방 종교와 연계시킨다. (이것이 바울의 가장 "급진적인 프로테스탄트" 같은 태도이다. 다른 곳에서는 절기 문제에 그렇게 단호하지는 않았다; 롬 14:5-6과 고전 16:8에 나오는 오순절에 대한 언급을 보라.)

우리 시대에는 기독교의 신앙을 유대교의 율법과 절기를 지키는 데로 나가는 예비적 단계로 생각하는 경향을 가진 사람이 거의 없겠지만, 다른 형태들의 많은 "영성"이 바울 복음의 원시적 특수성을 넘어선 보다 세련된 신앙에 대한 깨달음으로 팔리고 있다. 이런 영성들 중에서 어떤 것들은 기독교적이라고 주장하고 다른 것들은 그렇지 않다고 주장한다. 지금 대중 서점에 넘쳐나는 "뉴 에이지" 종교에 관한 많은 책이 이러한 경향을 잘 보여주고 있다. 바울의 예언자적 관점에서 보면, 영성에 대한 "뉴 에이지"의 접근들은 하나님을 조종하거나 자기 자신 안에서 하나님을 발견하려고 하는 "약하고 천박한" 시도에 지나지 않는다. 그러므로 그것들은 모두 단지 자연계의 요소들에게 종노릇 하는 데로 되돌아가려는 것이다. 그 세계는 하나님의 선한 피조물이지만, 인간이 창조주 보다는 인간 자신을 포함해 피조물을 숭배할 때, 그들은 눈이 멀게 되고(롬 1:18-25) 노예 상태에 떨어지게 된다. 무엇보다도 그런 거짓된 숭배는 하나님께서 단번에 예수 그리스도를 통해 행하신 일 보다 우리 자신의 영성에 대한 한심한 집착으로 이어진다.

바울은 의심스런 시선으로 갈라디아 교인들을 바라본다. 그들은 예수로 인하여 자연계의 원소에 종노릇 하던 데서 구원받았지만, 지금은 다시 종노릇으로 "돌아가고" 있다(4:9). 그는 마치 학대 받았던 청소년이 악당의 손아귀로부터 구출된 후에, 자신을 구출한 사람을 발로 차버리고, 또 다른 학대받는 관계에 떨어지는 기이하고 비극적인 영화를 보고 있는 것과 같다. 바울은 갈라디아 교인들에게 지금이 몇 시인지 인식하라고 애원하고 있다. 구속의 때가 찼다. 그러므로 그들은 영화를 거꾸로 돌려서는 안 되며, 이전 장면으로 되돌아가서는 안 된다. 그 대신에, 하나님께서 그들에게 주신 자유를 받아들여야 한다.

이 본문으로 작업을 하는 설교자의 과제는 오늘날 우리 회중이 어떤 식으로 이유 없이 입양과 해방이라는 하나님의 선물을 거절하고, 대신에 친숙한 파괴적인 유형의 생활과 종교성을 선택하는지를 깊이 성찰해 보는 것이다. 그리고 나서, 그런 유비와 유형을 밝힌 다음에, 4:3-7에 있는 복음, 즉 하나님께서 아들을 보내셔서 우리를 자유하게 하셨고, 또한 우리가 하나님의 자녀요 상속자라는 표지로 성령을 주셨다는 복음을 다시 선포하는 것이다.

D. 갈라디아서 4:12-20
깨진 관계를 회복하라는 호소

주석

바울은 갈라디아 교회에게 전에 자신과 맺었던 따뜻했던 관계를 떠올리게 한다. 이제 다른 방식으로 호소하는 것이다. 그는 그들에게 전에 함께 나누었던 유대감을 저버리지 말아달라고 간절하게 호소한다. 이런 주장을 하면서, 그는 경쟁 선교사들의 동기를 비판적으로 평가하며, 자신을 해산하는 어머니에 비유하는, 충격적인 은유를 사용한다. 그는 편지라는 매체를 통해서만이 아니라, 갈라디아 사람들을 직접 대면할 수 있기를 바라면서 이 부분을 결론 짓는다.

이 단락은 해석하기가 엄청나게 어렵다. 그 어려움에는 3가지 이유가 있다. (1) 편지를 쓸 때 바울은 감정적으로는 흔들리고 있었고, 주장은 다소 일관성이 없다. (2) 바울은 갈라디아 사람들은 알고 있으나 우리는 잘 알지 못하는 사건들을 짧게 암시한다. (3) 바울이 우리에게는 익숙하지 않은 수사학적 방법(*topoi*)과 관습적 표현을 사용한다. 전체적으로 생각해 볼 때, 이 요인들 때문에–특히 두 번째는–이 단락을 읽어내려면 어느 정도는 추측을 할 수밖에 없다. 어떤 질문들은 절대로 확실한 답을 얻지 못할 것이다. 그렇지만, 여전히 전체적 요점은 분명하다. 바울은 슬픔에 잠긴 어머니처럼, 자녀들이 길을 잃는 것을 보고, 그들이 자신들의 출생과 어린 시절을 되돌아보기를 간청한다는 것이다.

4:12 이 편지에서 처음으로, 바울은 갈라디아 교회에게 직접 명령한다. 그런데 이 명령이 난해하다. 바울은 갈라디아 교회가 어떤 식으로 자기와 같아지기를 원하는 것인가? 바울은 의도적으로 자신의 명령을 하나의 역설로 구성한다. 즉, 자신이 이전에 갈라디아 교회처럼 되었으니, 이제 그들이 자기처럼 되어야 한다는 것이다.

다른 곳에서도 바울은 자신을 모방하여야 할 모범으로 자주 제시하곤 했다(고전 4:16; 11:1; 빌 3:17; 살전 1:6; 2:14; 살후 3:7, 9). 요즘 같았으면 이런 말이 어떤 독자들에게는 낯설 만큼 무례한 인상을 줄 수 있지만, 고대 세계에서는 흔한 일이었다. 지혜는 생활 방식으로 구체화 되어야 하는 것이기 때문에, 철학자나 도덕 교사들은 추종자들이 본받을 모범을 보여야 했다. 자신을 모방하라고 명령하는 대부분의 구절에서, 바울은 독자들에게, 사도 자신의 행위에서 드러나는 것처럼, 다른 사람들을 위해 자기를 희생하시어 고난을 받으신 예수님의 모범을 따르라고 권고한다.

그러나 4:12에서 바울은 그 모방 주제를 다른 방향으로 전개한다. "내가 너희와 같이 되었"다고 말할 때, 그는 토라 준수를 거절하고 이방인처럼 살기로 결정한 것을 말한 것이다. 바울이 그렇게 결정한 이유는 고전 9:21에서 설명된다: "율법 없는 자에게는... 내가 율법 없는 자와 같이 된 것은 율법 없는 자들을 얻고자 함이라." 이방인들을 위한 사도로서 자신의 선교를 위하여, 그는 유대인과 이방인 사이에 있는 장벽을 "허물고"(2:18), 사실상, 이방인의 생활 방식을 받아들였다. 이 편지의 앞쪽에서 그는 안디옥 논쟁에 대해 설명하면서 이러한 결정의 결과를 이야기했다. 그는 이방인들과 함께 먹었고, 그렇게 하기를 거부하는 다른 유대 그리스도인과 대립했다(2:11-14).

역설적이게도, 갈라디아 교회가, 이들은 이방인들이고, 바울은 이 율법 없는 사람들의 생활 방식을 받아들였는데, 이제는 유대교의 율법을 준수하기 시작했다. 그래서 바울은 그들에게 이러한 행동을 중지하고, 자신을 따라 율법에 종속되지 않는 생활을 하자고 간절하게 ("구하노라") 호소한다.

갈라디아 교회가 율법 아래로 되돌아가겠다고 고집한다면, 그들은 스스로 종노릇 하는 상태로 되돌아가게 될 뿐 아니라, 바울의 사도적 사역을 헛된 것이 되게 함으로써 그에게 피해를 입히게 될 것이다(11절). 과거에 갈라디아 교회는, 바울이 12b절에서 회상하는 것처럼, 바울에게 상처를 주지 않았다. 베츠(Betz)가 주장한 것처럼, 이 단락에서 회상은 우정에 대한 일반적인 헬라적 개념을 보여주는 주제들이 모여 있는 부분에 해당한다.[73] 친구라면 서로에게 해를 입히지 않을 것이라는 확신을 가질 수 있다는 것은 헬레니즘 철학의 일반적인 격언이었다.

4:13-14 사실 바울이 처음 갈라디아 공동체에 왔을 때, 바울이 육체적 고통을 겪고 있었음에도 불구하고, 그들은 바울을 기쁘게 받아들였다. 해를 입히기는커녕, 그들은 바울을 공동체 안으로 받아들였고, 그가 가져온 복음도 받아들였다.

바울이 이 구절에서 암시하는 사건들은 역사의 안개 속에 감추어진 채 있다. 바울이 처음에 갈라디아 교회에 복음을 전한 것은 "육체의 약함" 때문이었다고 말한다. 이 말은 주로 어떤 종류의 질병을 말하는 것으로 해석되어 왔지만(NIV가 그렇다), NRVS의 보다 일반적인 번역이 그리스어 본문의 의미에 더 가깝다. 바울이 박해를 통해 입은 흉터와 상처를 언급한 것이 좋은 예가 될 수 있다(참조. 6:17; 행 14:19; 고후 6:4-5; 11:23-25).[74] 이 가설은 바울이 3:1에서 언급한 십자가의 가시적인 묘사가 실은 나중에 "예수의 흔적"(6:17)이라 부른 자신의 상처들을 말하는 것일 수 있다는 제안과 잘 들어맞는다. 13절은 어떤 면에서 고후 12:7에 나오는 "육체의 가시"에 대한 언급과 관계가 있을 수도 있다. 바울은 그것을 통하여 하나님의 능력이 "*약한 데*(ἀσθένεια아스테네이아, 고후 12:9)서 온전하여진다"는 것을 배웠다고 말하는데, 이 단어와 같은 단어가 여기에 나온다. 일반적으로 생각하는 것과는 달리, 이 "육체의 가시"는 일종의 만성 질환을 가리키는 것이 아니라, 고후 12:10이 암시하는 것처럼, 이것도 박해의 결과와 직접적으로 관련이 있는 것일 수도 있다.

이유가 무엇이든, 바울은 육체적 여건들로 인하여 갈라디아로 여행을 해야 하는 형편이었다(채찍에 맞고, 매를 맞거나, 돌에 맞은 것에서 회복되어야 했을까?).

---

73) Betz, *Galatians*, 220-37.

74) A. J. Goddard and S. A, Cummins, "Ill or Ill-Treated? Conflict and Persecution as the Context of Paul"s Original Ministry in Galatia (Galatians 4:1,12-20)" *JSNT* 52 (1993) 93-126. 이 해석을 뒷받침하기 위해서, 그들은 많은 교부들을 인용한다, 예를 들어 크리소스톰, 몹수에스티아의 테오도르, 사이러스의 테오도렛, 어거스틴 등이 있고, 토마스 아퀴나스나 마틴 루터도 인용한다(95n.7).

그러나 그 결과 바울은 갈라디아에 최초로 복음을 전하게 되었다. 다른 사람들은 그를 때렸지만, 갈라디아 사람들은 그를 친절하게 받아주었다. 정말로 그의 육체적 여건은–그것이 무엇이든–혐오감을 주었을지라도, 그들은 바울을 하나님의 천사처럼(참조. 1:8), 예수 그리스도처럼 받아들였다. "우리가 항상 예수의 죽음을 몸에 짊어짐은 예수의 생명이 또한 우리 몸에 나타나게 하려 함이라"(고후 4:10)는 말씀처럼, 사도의 상처가 그가 그리스도의 사자라는 표시였다는 것을 바로 이런 구체적인 내용이 다시 한 번 암시해준다고 볼 수 있다. 갈라디아 사람들은 바울의 육체적 고통을 빌미로 손쉽게 그를 내칠 수 있었지만(그것은 그들에게 "시험" 거리였다), 그들은 바울을 "업신여기거나 버리지" 않았다. 이 동사들 중 첫 번째 것(ἐξουθενέω엑수테네오)은 흥미롭게도 신약성경에서 예수께서 고난 가운데 경멸적인 취급을 받았던 것을 가리키기 위해 여러 번 사용된다(막 9:12; 눅 23:11; 행 4:11; 참조. 고전 1:28). 아마도 보다 의미심장한 것은, 고린도에서 바울을 비난하던 자들이 그에 대하여 말한 것을 바울이 설명할 때 똑같은 동사가 사용된다는 것이다: "그가 몸으로 대할 때는 *약하고*, 그 말도 *시원하지 않다*(ἐξουθενημένος엑수테네메노스)"(고후 10:10; 이탤릭체는 첨가된 것이다). 14a절에 나오는 두 번째 동사 ἐκπτύω엑프튀오는 문자적으로 어떤 사람에게 침을 뱉는 것을 가리킨다. 그 말은 은유적으로 "멸시하다"(despise)는 의미로 이해할 수도 있고, 문자적 의미로 사용되었을 수도 있다. 고대 사회에서는 침을 세 번 뱉으면 "저주"(evil eye)의 효과나 마귀의 영향력을 물리칠 수 있다는 생각이 일반적이었다.[75] 바울의 말이 간략하기 때문에, 그가 이 말을 문자적으로 사용했는지 은유적으로 사용했는지를 판단하는 것은 불가능하다. 그러나 어느 경우이든, 그는 갈라디아 사람들이 그렇게 하지 *않았다*고 말하고 있다. 바울을 버리기보다는, 오히려 그들은 겉으로 드러난 그의 고통을 보았고, 기쁨으로 그를 받아들였다.

4:15 이전에 갈라디아 사람들이 바울을 따뜻하게 받아들였다는 기억을

75) Dunn, *The Epistle to the Galatians*, 234.

바탕으로, 바울은 지금 그들에게 날카로운 질문을 던진다, 문자 그대로 "너희의 복이 지금 어디 있느냐"?(NIV에서처럼 "기쁨"이 아니라)는 것이다. 많은 주석가들이 반대하는 견해이지만, μακαρισμός마카리스모스라는 말은 복을 받은 상태가 아니라, 구체적으로 선언한 복을 가리킨다. 롬 4:6, 9에서도 그런 의미로 사용되었는데, 이곳이 본문 외에 바울이 이 단어를 사용한 유일한 곳이다. 바울은 갈라디아 교회에게 그들이 갖고 있던 복 받은 것에 대한 느낌에 무슨 변화가 있는지를 묻는 것이 아니다. 오히려 그는 갈라디아 교회가 바울에게 언젠가 선언했던 축복의 말에 대하여 묻는 것이다. 그들은 왜 지금은 그를 축복하는 것이 아니라 비판하는 것일까? (NRSV의 의역은 이 뜻에 근접한다.) 이것은 바울에 대한 갈라디아 교회의 태도가 왜 바뀌었는지에 초점을 맞춘 이 단락의 사고와 완전히 일치한다.

한때 그들은 바울을 위하여 자신의 눈도 빼줄 수 있을 만큼 바울을 깊이 존경했다. 이 섬뜩한 이미지는 바울의 "육체의 연약함"이 일종의 눈병이었을 것이라고 추측하게 만들었다. 그러나 베츠는 바울이 "그 시대에 거의 속담처럼 통용되던 문학적 주제를 암시한다"고 설득력 있게 주장한다. 그는 루키아노스의 *톡사리스*(Toxaris, 우정)에서 단다미스(Dandamis)가 자신의 눈을 걸고 체포된 자신의 친구 아미조케스(Amizoces)를 석방해 달라며 협상을 벌이는 이야기를 인용한다.[76] 요점은 바울이 특별히 이 이야기를 암시한다는 것이 아니라, 그가 속담 같은 주제를 사용한다는 것이다. 이것은 마치 – 우리 문화에서 상당히 친숙한 관용어를 사용하자면 – "당신의 오른 팔이라도 나를 위해 주었을 것이다"라고 말하는 것과 같다. 물론 이것이 반드시 화자의 팔에 무슨 문제가 있음을 나타내는 것은 아니다. 단지 깊고 헌신적인 우정을 묘사하는 알레고리적인 방법일 뿐이다.

4:16 그러나 그 모든 것이 이제는 바뀌었다. 선교사들이 가르친 결과로, 갈라디아 교회는 바울을 친구가 아니라 "적"으로 보기 시작했다.[77] 그들이

76) Betz, *Galatians*, 228, 여기서 Lucian, *Toxaris*, 40-41를 언급한다.

정말로 이렇게 생각했는지, 혹은 이런 싸우는 듯한 편지를 읽고 난 후에 그들이 이렇게 생각할 것이라고 바울이 예상한 것인지는 판단할 수 없다. 이 문장의 맨 나중에 있는 어구가(한글로는 마지막이 아니다－역주) 가장 의미심장하다: "너희에게 참된 말을 하므로." 바울은 자신을 진리를 올곧게 말하는 사람으로 묘사한다. 그는 율법에서 자유로운 자신의 복음이 하나님의 진리라고 주장했다. 그것은 계시로 받은 것이고(1:11-12), 그렇기 때문에 바울은 어떤 이유로도 진리에 대하여 타협하지 않을 것이다(2:5). "복음의 진리"는 유대인과 이방인이 율법의 장벽 때문에 나뉘지 않고, 그리스도 안에서 하나의 식탁에 함께 앉는 이상과 불가분의 관계에 있다(2:14). 다른 한편, 선교사들은 갈라디아 교회에게 바울은 할례와 율법준수의 온전한 유익이 결여된 희석시킨 복음을 설교했으니까 그들을 배신한 것이라고 설득했을 것이다. 만일 그렇다면 이제 바울은 갈라디아 교회의 애정을 바울에게서 멀어지게 만들려는 선교사들의 동기에 문제제기를 하는 것이다. 바울은 진리를 말하지만, 그들은 갈라디아 교회가 진리 안에 살지 못하게 막는 사기꾼들이고 아첨꾼들이다(5:7).

4:17-18 16절이 선교사들에 대한 직접적 비난이라는 것은 바울이 자신을 대적하는 자들의 이름도 말하지 않고 은근슬쩍 17절로 넘어가는 것을 보면 짐작할 수 있다. 바울이 말하는 게 누구인지 갈라디아 교회는 알아차리고도 남았을 것이다. 이 절에서만 3번 나오는, 동사 ζηλόω젤로오는 그 의미가 모호하다. "열렬히 소망하다"는 뜻도 있다. 그렇다면 이 말은 연인 관계에서처럼 열심히 누군가의 환심을 사려 한다는 뜻으로 사용될 수 있다.[78] 다른 한편으로, 이 말은 "하나님께 열심이다"(참조. 1:14)라는 종교적 의미일 수도 있다. 마지막으로 "질투하거나 부러워하다"라는 경멸적인 의미일 수도 있다. 이 셋 중 마지막 의미는 현재의 본문과 아무런 관련이 없지만, 바울은 앞의

77) "원수"라는 말은 나중에 위-클레멘트 문헌에서 분명히 바울에게 적용된다. *Ep. Petr.* 2.3을 보라.

78) Betz, *Galatians*, 220는 이 용어가 "한 친구가 다른 친구에게 가진 진실하고 깊은 관심을 묘사하는" 데도 사용될 수 있다고 주장한다.

두 의미를 영리하게 사용하고 있는 것 같다. 기본적인 의미는 첫 번째 것이다. 즉, 선교사들은 갈라디아 사람들을 얻기 위하여 "환심을 사려"하고 있다는 것이다(NIV가 이런 개념을 드러낸다). 동시에 바울이 이 젤로오 동사를 선택한 것은 역설적인 의미에서 적절했다. 왜냐하면, 선교사들은 이전에 유대교에 있던 시절에 바울이 그랬듯이(1:13-14), 율법에 대한 그들의 열심에 자부심을 가지고 있기 때문이다. 그들은 갈라디아 교회의 환심을 사려고 하는 것을 자신들의 종교적 열심의 표현으로 설명했을 것이다.

그러나 바울은 이 환심을 사는 일이 일종의 아첨이자 교활한 권력 행사라고 주장한다. 바울이 보기에 그들의 궁극적인 동기는 갈라디아 교회를 배제시켜서, 결국 갈라디아 교회가 그들에게 매달리도록 만들려는 것이었다. 언뜻 보기에는 혼란스러운 주장처럼 보인다. 어떤 주석가들은, NIV도 그렇게 하는데, 선교사들의 동기라고 하는 것은 갈라디아 사람들을 바울로부터 격리시켜서, 결국 모든 관심을 자신들에게 기울이도록 하는 것이었다고 추측한다. 그러나 이렇게 해석하려면 동사 "to shut out"(ἐκκλείω에클레이오)을 이상하게 번역해야 한다(NIV는 "소원하게 하다"로 번역한다). 이런 해석은 또한 "우리로부터"라는 말을 집어넣게 만드는데, 그리스어 본문에는 없는 말이다. 더 좋은 설명은 바울이 이미 안디옥에서 말한 시나리오에서 볼 수 있다. 즉, 유대기독교인들이 이방 기독교인들과의 교제에서 물러나는 식으로 그들을 배제했는데, 이는 이방인들로 하여금 "유대인이 되도록"(2:11-14) 그들에게 압력을 가하기 위한 것이라는 말이다. 이미 암시한 바대로, 바울은 그 상황이 갈라디아의 현재 위기와 유사하다고 보았다(2:11-21에 대한 주석을 보라). 바울은 갈라디아의 상황을 심리학적 사실주의의 관점(psychological realism, 내적 심리변화에 중점을 두고 상황과 사실을 객관적으로 서술하는 방식 - 역자 주)에서 보고 있고, 또한 유대 기독교 선교사들의 배타성 때문에 외부인들이 그들의 종교적 "모임"에 매우 호감을 갖게 된다고 본다. 갈라디아 사람들이 그 모임에 들어가려면, 그들은 할례를 수용함으로써 그 선교사들의 영향력의 영역 아래로 들어가야 한다.[79)]

그러므로 갈라디아 교회에 대한 선교사들의 "열심"은 "좋은 뜻이 아니"다.

원칙적으로 바울은 다른 교사들이 선한 이유로 방문하는 것을 반대하지 않는다(18절; 참조. 고린도 교회의 아볼로의 경우, 고전 3:5-9). 자신이 없는 동안에 일어나는 모든 일을 감시할 필요는 없다. 베츠가 언급한 것처럼, "진정한 우정은 그 친구가 없을 때에도 변하지 않는다"는 것이 우정의 관례를 나타내는 전형적인 표현들 중의 하나이다.[80] 그러나 바울은 이 경우는 갈라디아 교회가 그들과 바울의 관계만이 아니라, 복음으로부터도 멀어지게 하려고 유혹하는 자들의 그릇된 아첨에 빠져들고 있는 것이라고 생각한다.

4:19 이런 생각들 때문에 바울은 고통스럽게 절규한다. 그는 갈라디아 교회들을 자신의 "자녀"라고 다정하게 말한다. 다른 편지들에서, 바울은 자신과 공동체들 사이의 관계를 아버지와 자녀의 관계인 것처럼 말한다(예를 들어, 고전 4:14-15; 살전 2:11-12). 그러나 여기서 바울은 부모 은유에 놀라운 의미를 부여한다. 그는 갈라디아 교회가 그들의 이전 종노릇 하는 상태로 되돌아가는 것을 보면서, 자신이 그들과 완전히 다시 시작해야 하는 상황을 걱정한다. 그것은 그들이 그리스도 안에서 새 생명으로 태어난 적이 없거나, 출생의 과정이 다소 불완전한 것 같다는 걱정이다. 그래서 바울은 자신을 갈라디아 교회를 다시 한 번 낳기 위해 또 다시 산고를 겪으며, 애쓰는 어머니로 그려낸다.[81] 이 이미지는 갈라디아 교회가 스토이케이아(초등학문)의 지배를 받는 삶으로 되돌아간 것이 어리석은 행동이라는 것과 그들을 그리스도의 통치 영역으로 되돌리기 위해 몸부림칠 때 바울이 겪는 고통을 암시한다.

가벤타(Beverly Gaventa)는 "산고"는 유대교와 기독교의 묵시문헌에서 새로운 시대를 오게 하는 하나님의 종말론적 활동에 수반되는 고통을 나타내는 흔한 이미지라고 말하면서(에녹 1서 62:4; 바나바 묵시록 2서 56:6; 에스라 4서

---

79) 유익한 토론을 위해서, Dunn, *The Epistle to the Galatians*, 238을 보라.

80) Betz, *Galatians*, 232.

81) 이 알레고리에 대하여 그리고 그 알레고리로 인해 생긴 의미에 대해서는 B. R. Gaventa, "The Maternity of Paul: An Exegetical Study of Galatians 4:19," in Fortna and Gaventa, *The Conversation Continues*, 189-201을 보라.

4:2; 1QH 3:7-10; 막 13:8: 롬 8:22; 살전 5:3; 계 12:2), 바울은 자신이 갈라디아 교회를 "낳는" 것을 시대의 전환기에 겪는 우주적 진통의 한 부분으로 보고 있다고 말한다: "바울의 괴로움은... 예수 그리스도 안에서 하나님의 행위가 성취되기를 기다리는 모든 피조계의 질서가 겪는 괴로움을 반영한다."[82] 따라서 사도의 "산고"는 하나님께서 세계를 취하시고 구속하시는 종말적 갈등의 한 부분이며, 갈라디아 교회는 자신들이 이 우주적 투쟁의 갈등 속에 있음을 보게 된다는 것이다.

그러나 19b절에서, 가벤타도 주장하듯이, 바울은 그 은유를 다른 것으로 변형 시킨다: "너희 속에 그리스도의 형상을 이루기까지." 만약 그가 처음부터 줄곧 출산 이미지를 이어가기 원했다면, 그는 "너희가 그리스도 안에서 새롭게 태어날 때까지"라고 말했어야 할 것이다. 바울이 문장 중간에 자신이 사용하는 은유에 변화를 준다는 것은, 여기서 다른 무언가를 생각하고 있다는 것을 암시한다. 그는 단지 갈라디아 성도들이 개별적으로 다시 태어나는 것에만 관심을 가진 것이 아니다. 오히려 그의 소망은 공동체 전체가 그리스도의 성품을 닮는 것이다. 대명사 "너희(you)"는 복수이며, 너희 안에서(ἐν ὑμῖν 엔 휘민)라는 어구에 대한 최선의 번역은 "너희 (각자) 안에서"가 아니라, "너희 중에서, 너희 한 가운데서"이다.[83] 사도의 종말론적 산고는 예수 그리스도의 형상으로 형성되는 새로운 공동체를 탄생시킨다. 즉, 그리스도께서 바울 안에 살듯이, 그 공동체 안에 살게 될 것이다(2:20; 참조. 그리스도의 형상을 본받는다는 롬 8:29의 개념). 다른 곳에서 바울은 이 개념을 "그리스도의 몸"(롬 12:4-5; 고전 12:12, 27)이라는 이미지를 사용하여 표현한다.

그리스도와 공동체 사이의 역동적인 동일시는 바울이 3:16, 29에서 행한 주석적 논증에서 이미 근거가 제시되고 있다. 즉, 기독론적으로 정의된 "자손(seed)"은 그리스도에게 속한 모든 사람을 포함한다는 것이다. 그러나 4:19에

---

82) Gaventa, "The Maternity of Paul," 194. 마틴은 사 45:7-11이 바울이 사용하는 출산 이미지 배후의 원천이라고 제안한다. Martyn, *Galatians*, 427-29을 보라.

83) Gaventa, "The Maternity of Paul," 196. Martyn, *Galatians*, 424는 이것을 강조하여, "너희 회중 가운데 그리스도께서 이루어지기까지"라고 번역한다.

서 바울은 다른 방식의 동일시를 주장한다. 즉, 종말론적 공동체가 세상에 태어날 때, 그리스도의 형상을 취한다는 것이다. 이 은유들은 대담하고 환상적이지만, 바울에게는 이 급진적인 주장의 의미를 완전히 표현할 다른 방법이 없었다.

4:20 그러나 지금은 멀리 떨어져 있기 때문에, 바울은 분쟁의 한가운데 있는 갈라디아 교회를 돕는 것에 무력감을 느낀다. 바울은 갈라디아 교회와 함께 있기를 원했지만, 그럴 수는 없었다. (다른 편지와는 대조적으로, 그는 미래에 언제쯤 방문할지에 대해서 언급하지 않았다; 고전 4:14-21과 비교해 보면 특별히 두드러진다.) "언성을 높이려 한다"는 말은 문자적으로는 "목소리를 바꾼다"는 말이다. 이것은 이 편지에서 격하게 책망한 것과는 대조적으로(1:6-9; 3:1-5; 4:8-11; 참조. 5:12), 자신의 목소리를 부드러운 소리로 조절하고 싶은 바울의 바람을 나타내는 것으로 보인다. 다른 가능한 해석은, 바울이 글을 쓰는 것보다 말을 하며 대면하는 것을 더 선호하기 때문에, 갈라디아 사람들과의 생생한 개인적 대화를 위해서 편지의 문어적 표현을 바꾸고 싶어 한다는 것이다.

바울은 11절의 입장을 다시 정리하면서, 어쩔 수 없는 곤혹스러움에 대한 언급으로 이 단락을 마무리한다. 갈라디아 사람들이 자신들의 사도와의 이전의 따뜻한 관계를 거부했기 때문에 바울은 낙망하고 당황하게 된 것이다. "바울은 마치 더 이상 할 말이 없다는 듯이 행동한다."[84] 물론 그렇지 않다. 이것은 전에 자신들을 낳은 사도와의 관계를 저버린 갈라디아 교회로 인한 바울의 충격을 전달하기 위한 수사학적 장치이다.

따라서 12-20절의 중심 개념은 갈라디아 교회가 바울과의 관계를 깨뜨렸다는 것이다. 그들은 선교사들의 거짓되고 기만적인 술수에 미혹되어 그들이 처음에 가졌던 신의를 저버렸다. 바울은 그들이 바울과 같이 율법으로부터 자유하게 되어서, 그들이 바울과 원래 맺고 있던 관계를 다시 견고히 하자고 호소한다. 이런 주장을 하는 과정에서, 그는 전통적인 우정 주제와 자녀를

84) Betz, *Galatians*, 237, 이 수사학적 장치는 의심법(*dubitatio*)로 알려져 있다.

출산하는 어머니라는 가족적인 은유를 모두 사용했다. 이 호소는 그들의 바울과의 관계에 대한 개인적 애착을 새롭게 하려는 것이다. 만약 바울의 개인적 호소가 성공한다면, 이 편지의 다른 주장들도 – 경험에 근거하고(3:1-5; 4:1-11) 성경에 근거한(3:6-29; 4:21-5:1) – 결국 제대로 설득력을 발휘할 수 있을 것이다

신학적 묵상

1. 이 단락의 가장 두드러진 특징은 개인적 정서이다. 길고 합리적인 논쟁 끝에, 바울은 감정에 호소하는 방법을 사용한다. 할례를 거부하도록 갈라디아 교회에게 제시한 모든 이유에 덧붙여서, 바울은 진심을 다해 이제 사적인 신의에 호소한다. 바울은 그들이 조금이라도 예의가 있다면 – 그들이 변덕스런 친구가 아니라면 – 이 논쟁에서 바울의 편에 설 것이라고 암시한다.

이러한 방식의 주장을 어떻게 평가해야 할까? 많은 독자들은 가장 먼저 이것은 파렴치한 조종이자, 일종의 감정적 협박이라는 반응을 보일 것이다. 오늘날의 설교자라면 교회 안의 양극화된 문제에 대해 자기 회중의 개인적인 충성에 호소하는 것과 비슷한 방식으로 대응하면서 떳떳할 수 있었을까? 절박하고 특별한 애원으로 보이지 않을까?

아마 그럴 것이다. 우리는 우선 바울이 4:12-20에서 보여준 것과 같은 종류의 주장, 즉 정서에 호소하는 주장이 고대 지중해 세계에 익숙했던 유형의 수사법이라는 것을 인식해야 한다. 청중과 독자들은 이런 종류의 호소를 예상했고, 또 그것은 우리 시대의 회중이 민감한 것과는 달리 그들의 감성에 거슬리지 않았을 것이다. 바울은 당시 문화의 연설 관행을 능수능란하게 사용하고 있었다. 우리도 마찬가지 일 수밖에 없다. 우리는 바울의 수사학을 맹종해서는 안 된다. 오히려, 우리는 우리 문화에서 수사학적으로 설득력 있는 방식으로 복음을 호소할 방법을 찾아야 한다.

둘째로, 우리는 이같이 감정에 호소하는 것이 포괄적인 신학적 주장에 포함된 짧은 에피소드라는 것에 주목해야 한다. 이것이 전체의 주장이 될 수는

없다. 오히려 정서적으로 호소함으로써, 바울이 이 편지의 남은 부분에서 말하는 것에 독자들이 진지하게 집중할 수 있게 해준다.

마지막으로, 이런 것을 염두에 두는 것과 동시에, 바울은 복음이 신자들 사이에 깊은 개인적 관계를 만들어낸다는 사실을 전적으로 믿었다는 것에 주목해 볼 필요가 있다. 바울이 쓴 편지의 수신자들인 갈라디아 교회는 단지 조종해야 할 청중도 아니고, 자신이 팔고 있는 상품의 "시장"도 아니다. 오히려 그들은 바울의 형제요 자매이다. 복음을 전해 준 것에 대해서 이전에 그들이 바울에게 보인 감사의 마음으로 인해서 그들 사이에 사랑의 유대가 생겨났던 것이다. 바울은 그런 유대가 깨지는 것을 보게 되리라는 생각에 정말로 심란해 하고 있으며, 다급한 마음으로 자기 "자녀들"의 운명을 염려하고 있다. 이 모든 것이 그리스도 안에 있는 관계가 어떠해야 하는지에 대한 호소력 있는 모델을 제공한다. 우리는 복음 안에서 함께 누리는 기쁨 때문에 다른 지체를 위하여 우리의 눈을 빼 줄 수 있는 사람들인가? 혹은 할 수 있다면, 다른 지체를 위하여 우리의 오른팔을 내어줄 수 있는가? 아니면, 선하지 않은 목적을 위해서, 우리를 갈라놓고 냉담하게 만드는 소비지상주의를 퍼뜨리는 자들에게 아부와 유혹을 받으면서 살아왔는가?

2. 갈라디아 교회에게 자신의 모범을 따르라고 하는 바울의 호소(4:12)는 지속적으로 성찰해보아야 한다. 고대 지중해 사람들은 매우 진지하게 본받을 모범을 선택했다. 어떤 철학의 의미나 진리를 평가하기 위해서 그것을 주장한 사람의 생애를 조사하는 것은 필수적이었다. 이런 문화적 전제는 초대 교회에도 해당된다. 복음의 의미는 공동체 지도자들의 삶에서 구체적으로 드러날 것이었다. 그런 이유로 바울의 갈라디아서 첫 두 장에서의 자기 묘사는 4:12에 나오는 권고에 결정적인 배경을 제공한다. 바울은 율법으로부터 자유로운 삶, 유대인과 이방인을 한 식탁으로 불러들이는 복음의 진리를 위하여 모든 인종적, 민족적 특권을 기꺼이 희생하는 삶의 본보기가 되었다. 그것이 갈라디아 교회의 눈앞에서 바울이 보여준 모범이다.

이 모든 것은 우리에게 날카로운 질문 하나를 제기한다. 즉, 우리는 누구에게서 복음의 진리를 실천하는 모범을 보는가? 확실히 정경으로서의 신약성경은 우리에게 영원한 모범이 될 만한 사도들과 성인들의 이야기를 들려준다. 그러나 우리는 또한 우리 시대에 복음의 살아 있는 모범이 필요하다. 즉, 우리가 "그리스도 안에서 성실하게 살아간 삶이 여기에 있다"고 가리켜 말할 수 있는 우리 공동체 내의 실제 인물이 필요하다. 그것은 단지 마더 테레사와 같이 우리와 거리가 먼 사람을 가리키는 것만은 아닐 것이다. 교회 사역의 한 가지 과제는 우리 가운데에서 복음을 구현한 여성 혹은 남성을 알아내고 감사하는 일이다. 이것은 당혹스럽게도 반민주적인 것으로 보일 수도 있다. 왜냐하면 그것은 필연적으로 어떤 사람들이 다른 사람들보다 믿음을 실천하는 방법을 더 잘 안다는 뜻을 의미하기 때문이다. 기독교에서 말하는 신실함이란 단지 학습되지 않은 직관의 문제가 아니기 때문에 신실함에 대한 모든 사람의 견해가 똑같은 가치를 가지고 있는 것은 아니다. 오히려 제자도는 뛰어난 학식과 경험을 가진 다른 사람들로부터 배워야만 하는 기술(craft)이다. 바울의 모범과 선교사들의 교훈 사이에서 선택을 해야 했던 갈라디아 교회처럼, 우리는 현명하게 우리의 역할 모델을 선택하는 것을 배워야 한다.

3. 그렇게 분별해야 하기 때문에, 우리는 복음을 구현한 역할 모범을 찾기 위해 우리가 채택하는 표준에 대해 숙고해야 한다. 플루타르크가 쓴 유명한 글에서 이 질문이 날카롭게 제기되었다: 우리는 어떻게 아첨꾼과 친구를 구별할 수 있는가?[85] 자신이 진리를 말한다는(4:16) 바울의 주장은 아무런 도움이 되지 않는다. 왜냐하면 양쪽이 모두 비슷한 주장을 하기 때문이다. 감정적으로 호소하는 이 본문은 이 문제에 대해 명확하게 말하지 않지만, 그래도 두 가지 힌트를 보여준다.

첫째로 바울의 "육체의 연약함"이 복음을 설교한 결과로 그가 입은 상처를 암시하는 게 사실이라면, 고난과 진리가 상응하고 있는 것이다(4:13-14에

85) Plutarch, *How to Tell a Flatterer from a Friend*, in *Plutarch's Moralia I*, trans F. C. Babbitt, LCL (Cambridge, Mass.: Harvard University Press, 1927).

대한 주석을 보라). 예수 그리스도의 진정한 사신으로 오는 사람은 또한 그리스도의 고난에도 동참할 것이다. 이것이 갈 4:12-20의 명시적인 주제는 아니지만, 바울의 특징적인 사상이다(예를 들어 다음을 보라, 롬 8:17, 22-23; 고전 4:9-13; 고후 4:7-12; 6:1-12; 11:16-12:10; 빌 1:27-30). 이것은 하나의 역설이지만, 십자가에 못 박힌 메시아에 대한 선포에 근거한 것이다.

둘째로 거짓된 친구의 한 가지 속성이 4:17에 기록되었다: 선교사들은 갈라디아 교회의 환심을 사려고 하면서 동시에 토라 준수 집단에서는 배제한다. 따라서 그들은 그루초 마르크스(Groucho Marx)의 유명한 속담이 풍자하는 상승욕구의 허영심으로 관심을 끌고 있는 것이다: "나는 나를 회원으로 받아주는 어떤 클럽에도 가입하지 않을 거야." 참된 친구와 참된 복음의 사신은 그런 식으로 남을 배제하는 장난을 치지 않는다. 그리스도의 좋은 소식은, 가입 자격과 추가 조건 없이, 우리의 허영심을 갖고 농락하지 않고, 우리에게 온다.

4. 최종적으로 바울이 "해산의 고통"(4:19)이라는 묵시적 은유를 사용하는 것은 여기에 깨진 친구 관계 이상의 무엇인가가 위험에 처했음을 암시한다. 갈라디아 회중의 "탄생"은 새로운 세상을 만드시는 하나님 계획, 즉 할례와 무할례가 문제가 되지 않는 "새 창조"의 한 부분이었다(3:28; 6:15). 이것이 이 단락의 개인적 호소를 우주적 맥락 속에 정확하게 배치한다. 우리가 개인적 유대와 신실함에 대해 어떻게 느끼는지 상관없이, 우리는 세상의 구속을 위한 하나님의 종말론적 계획 안에서 우리 회중의 탄생과 삶을 보아야 한다. 바울의 선교 사역의 목적은 옛 문화적 경계를 초월하는 사랑의 공동체 안에서 그리스도의 모습이 나타나는 것을 보는 것이었다. 그런 문화적, 민족적 경계를 다시 세우는 방식으로 교회가 행동하는 곳마다, 새 창조는 가로막히고 부정되겠지만, 하나님께서는 우리 가운데에서, 아마도 아주 힘들더라도, 새 창조를 탄생시킬 방법을 계속해서 찾으실 것이다.

E. 갈라디아서 4:21-5:1
종노릇과 자유의 알레고리

주석

바울은 이제 경쟁 선교사들에 대한 반론을 수사학적 절정으로 몰고 간다. 이제까지 보아왔듯이, 갈라디아서의 중심 부분(3:1-5:1)은 이 침입자들의 영향을 부정하고 갈라디아 교회로 하여금 원래 바울이 설교했던 율법에서 자유로운(Law-free) 복음으로 되돌아가게 하기 위하여 계획된 일련의 주장들로 되어 있다. 4:12-20의 개인적 호소는 분위기에 정서적 변화를 만들어내고, 갈라디아 교회와 바울의 친밀한 결속을 다시 확인하도록 한다. 그렇기 때문에 이 단락의 마지막 논지는(4:21-5:1), 이방인에 대한 율법으로부터 자유로운 선교가 사실은 토라 자체에 이미 예시되었다는 것을—실제로 선교사들이 자기들의 교훈의 근거로 삼고 있는 바로 그 이야기가 예시하고 있다는 것을—보여줌으로써, 독자들을 결정적으로 설득하기 위해 고안된 가장 중요한 부분이다. 이 설명에 근거해서, 바울은 갈라디아 교회가 그리스도께서 그들에게 주신 자유 안에 굳건히 서 있으라고 요청하는 외침으로 마무리한다(5:1).

4:21-5:1을 읽을 때, 바울의 논쟁은 유대인들이나 유대교 그 자체를 향한 것이 아니라는 것을 인식하는 것이 매우 중요하다. 오히려 표적은 바울의 이방인 교회들을 혼란케 하는 유대 기독교인 선교사들이다. 이것은 이 단락에 나온 "두 언약"을 해석하는 데 중요한 의미를 지닌다.

4:21 바울은 선교사들의 본 영역에서도 전투를 벌이면서 공세를 이어간다. "좋아. 당신들 갈라디아 교회가 율법 아래에 있겠다고? 내가 대답해줄 수 있어. 일단 율법이 뭐라고 말하는지 들어보자고." "율법 아래에"라는 표현은 결정적으로 부정적인 뜻으로서 이미 논쟁에서 나왔던 말이다. "율법 아래에" 있다는 것은 풀려나야 하는 상태(4:5; 참조. 5:18), 즉 구금 상태(3:23)에 있다는 것이다. 그래서 여기서 바울이 선택한 말들은 빈정거림을 담고 있다. 갈라

디아 교회는 선교사들의 메시지에 민감하게 반응함으로써, 그들이 율법을 매력적으로 생각하고 있고 율법의 통제 아래로 들어가고 싶어 한다는 것을 보여주고 있다(4:8-11). 그러므로 바울은 율법조차도 선교사들이 제시한 복음이 아니라, 바울의 복음을 지지한다는 것을 갈라디아 교회에게 보여주겠다고 선언한다.

그리스어로 21b절은, 문자 그대로, "너희는 율법을 듣지 못하느냐"?라고 말한다(그래서 NRSV가 NIV 보다 21절의 원래 의미에 더 가깝다: 이것은 얼마나 주의를 기울여 듣느냐 하는 문제이다). 여기에는 쉐마가(신 6:4) 역설적으로 반영되고 있는 것으로 보인다: "들으라, 이스라엘. . . ." 구약성경에서 듣는 것과 순종하는 것은 밀접히 연결되어 있다. 현재 본문을 보면, 바울은 갈라디아 교회가 이 이야기를 새롭게 들으라고 강권하고 싶은 것이다. 만일 그렇게 한다면, 그들은 무엇을 해야 할지 알게 된다는 것이다. 그의 도입 질문(21절)은 30절의 결정적인 성경 인용을 가리킨다. 그 인용구는 이렇게 시작한다. "성경이 무엇을 말하느냐?" 만약 갈라디아 교회가 율법이 정말로 말하는 것을 듣는다면, 그들은 다음과 같은 말을 듣게 될 것이다, "여종과 그 아들을 내쫓으라." 이 단락의 목적은 그들이 이 지시를 제대로 해석할 수 있도록 준비시키는 것이다.

바울이 아브라함의 두 아들의 이야기(창 16-21)를 "율법"으로 언급한다는 사실은, 그가 이 개념을 폭넓게 사용한다는 것을 보여준다. 즉, 바울에게 있어서 율법은 시내산 언약의 계명(참조. 고전 14:21 여기서 바울은 이사야 인용구를 율법에 기록된 것으로 소개한다)만이 아니라, 구약성경의 서사(narrative)도 포함하는 것이다. 21절과 30절에서, "율법"과 "성경"은 같은 뜻으로 사용되는 것으로 보인다.

4:22 이 지점에서 바울은 창세기 본문을 실제로 인용하기보다, 그 이야기를 간결하게 요약한다. 바울이 이런 식으로 암시하는 방법은 갈라디아 교회가 틀림없이 이 서사에 익숙하다는 것을 의미한다. 그는 이스마엘이나 이삭이라는 이름도 언급하지 않을 뿐만 아니라, 이야기의 줄거리에 대해서도

아무런 설명이 없다. 바울이 22절에서 정관사를 사용한 것을 NIV가 잘 반영한다: "하나는 여종에게서, 하나는 자유 있는 여자에게서 났다." 다시 말하지만, 이것은 바울이, 이름을 언급하지 않고도, 독자들에게 이미 알려진 인물인 하갈과 사라를 가리키고 있다는 것을 보여준다. 바렛(C. K. Barrett)은 창 16-21장의 이야기를 바울의 반대자들이 자신들의 교훈의 일차적 근거로 사용했다고 설득력 있게 주장했다.[86] 그들의 이야기에 따르면, 이삭으로 말미암는 아브라함의 진짜 후손들은 할례 받아야만 했다. 즉, 바울을 통해 개종했지만 할례 받지 않은 이방인들은 이스마엘의 위치에 있어야 하는 것이며, 아브라함에게 약속된 유업을 잇지 못하고 결국은 쫓겨날 사생아들이라는 것이다. 이 이야기에 대한 선교사들의 해석은 희년서에서 발견되는 해석과 비슷했을 것이 분명한데, 희년서는 이삭으로 말미암은 아브라함의 육체적 자손들, 즉 유대인들에게 특권적인 지위를 부여한다:

> 그리고 이삭을 통하여 한 이름과 한 자손이 [아브라함]을 위해 불리게 될 것이다. 그의 아들들의 모든 자손은 나라들(nations)이 될 것이다. 그리고 나라들로 인정받을 것이다. 그러나 이삭의 아들 중에서 하나가 거룩한 씨가 되고, 그는 나라들에 속하지 않게 될 것이다. 왜냐하면, 그는 지극히 높으신 분의 몫이기 때문이다... 따라서 그는 주께 (속한) 백성, 모든 민족 중에서 (특별한) 소유가 될 것이며, 그리고 그는 제사장들과 거룩한 백성의 나라(kingdom)가 될 것이다. (희년서 16:17-18)[87]

만약 갈라디아 교회가 그 이야기에 대하여 그렇게 들었다면, 바울은 할례 받지 않은 이방인 개종자들이 약속의 자손인 이삭에 해당한다고 주장함으로써,

---

86) C. K. Barrett, "The Allegory of Abraham, Sarah, and Hagar in the Argument of Galatians," in J. Friedrich et al., eds., *Rechfertigung: Festschrift für Ernst Käsemann zum 70. Geburtstag* (Tübingen: Mohr, 1976) 1-16.

87) 유대 자료에 있는 하갈과 사라의 이야기의 해석사에 대한 포괄적인 조사를 위해서는, Longenecker, *Galatians*, 200-6을 보라.

이야기의 양극을 반전시키는 대담한 뒤집어 읽기(counterreading)를 하고 있는 것이다(28절).

여기서 바울이 사라라는 이름을 말하지 않고 "자유 있는 여자"라고 부른 것도 눈길을 끈다. 사실 창세기에서 하갈은 계속하여 "여종"이라 불리지만, 사라는 결코 "자유 있는 여자"라고 명시적으로 불리지 않는다. 바울은 이렇게 별칭을 사용해서 "종"과 "자유인" 사이의 대립을 강조하여, 은연중에 자신이 원하는 해석을 제시하기 위한 준비를 한다.

4:23 바울이 22절에서 아브라함의 두 아들 이야기를 처음 요약한 것에는[88] 논란거리가 없다. 그러나 23절에서 바울은 그 이야기에 대한 자신의 해석을 제시하기 시작한다. 그래서 역접 접속사 "그러나"(ἀλλά 알라 NIV와 NRSV에서는 번역되지 않았다.)로 23절이 시작되고 있는 것으로 보인다.[89] 한 아들에게는 아브라함이 "육체를 따라" 아버지가 되었지만, 다른 한 아들에게는 아브라함이 "약속으로 말미암"아 아버지가 되었다. (이것은 이삭이 성적인 관계없이 잉태되었다는 말이 아니다; 이것은 사라가 일반적인 가임기를 지난 후 하나님 언약의 능력을 통해 그가 태어났다는 사실을 가리키는 것이다; 창 18:11.) 반면 이스마엘은 하나님의 언약과는 별개로 아브라함이 사라의 애굽인 여종 하갈을 임신시키는 "육체적" 책략을 따라 잉태되었다(창 16:1-16). (NIV는 "육체"라는 말을 생략함으로써, 바울이 이스마엘을 할례라는 육체적 의식과 연계시킨 핵심어를 놓쳐버린다.)

"육체"와 "약속"사이의 대립 구도는 일단 놀랍다. 우리는 29절에서처럼 "육체"와 "성령"이 나란히 등장할 것을 예상한다. 아마도 바울은 23절에서 자신의 첫째 서사를 가능한 한, 성령에 대한 언급이 없는, 창세기 이야기에 가깝도록 유지하고 있는 것으로 보인다. "약속"에 대한 언급은 또한 바울의 이전 주장을 읽은 사람들에게는 다음과 같은 사실을 생각나게 할 것이다. 하

88) 아브라함이 나중에 그두라에게서 아들들을 더 낳은 사실은(창 25:1-6) 바울의 알레고리에 적합하지 않다.

89) Martyn, *Galatians*, 434.

나님께서 "약속으로 말미암아" 유업을 주셨고(3:18, 정확히 똑같은 어구가 4:23에서 발견된다), 이방 갈라디아 교회가 "약속대로 유업을 이을 자"(3:29)라는 사실이다. 그래서 바울은 자신의 주장을 위한(28절) 무대를 만든다. 즉 "약속으로 말미암아" 태어난 이삭이 갈라디아 교회를 예시(豫示)한다는 것이다.

4:24 바울은 아브라함의 두 아들 이야기를 은연중에 자신의 신학적 해석에 유리한 용어로 신속하게 정리한 다음에, 이제 이 이야기의 세부 사항에 대한 명쾌한 해석을 통해서 갈라디아 교회를 유도하기 시작한다. 그는 24a절에서 자신의 계획을 공표한다: "이것들은 알레고리로 해석되어야 한다." 분사 수동태인 "알레고리로 해석된다"(ἀλληγορούμενα 알레고루메나)는 말은 본문의 상징적 특성이 아니라, 독자에게 제시하는 해석의 특성을 가리킨다. 알레고리는 신들과 영웅들에 대한 고대 이야기–호머의 서사시 같은–를 수준 높은 철학적 진리의 담지자로 해석하는 잘 알려진 방법이다. 바울과 동시대 사람인 알렉산드리아의 필로는 고등 교육을 받은 유대인 철학자인데 알레고리적 방법을 이스라엘 성경 해석에 적용했다. 예를 들어 필로는 아브라함의 두 아들 이야기를 영혼(아브라함)이 어떻게 감각적 지각과 궤변(하갈/이스마엘)의 영역을 넘어 더 높은 지혜와 덕(사라/이삭)에 대한 지식까지 올라가야만 하는지에 대한 상징적 묘사로 해석한다.[90]

알레고리적 해석 방법이 불편한 많은 현대의 해석가들은 바울의 해석적 전략이 실제로는 알레고리적이라기보다는 모형적이었다고 주장해 왔다. 이런 구별이 이야기가 무시간적 철학의 진리들을 담는 암호화된 매개체라고 해석하는 알렉산드리아의 경향과 바울의 해석을 구별하는 것이라면, 그런 구별은 유용할 수도 있다.[91] 그러나 "알레고리로 해석하다"라는 동사는 이야기가 하

---

90) Philo, *Cher.* 8-9; *Sob.* 7-9.

91) 사실 모형론은 이야기의 잠재된 의미를 "고차원적인" 영적 개념이 아니라 후대의 사건에서 찾아내는, 특별한 유형의 알레고리에 지나지 않는다는 것을 인식하는 것이 훨씬 도움이 된다. 이 문제에 관하여는, Hays, *Echoes of Scripture in the Letters of Paul*, 115-16, 160-64을 보라.

나의 잠재된 의미, 즉 명백한 문자적 의미와는 구별되는 알레고리적 의미로 읽어야 한다는 것을 의미한다. 이 정의를 따르자면, 바울의 해석은 확실히 알레고리적이다. 따라서 NIV의 번역("이것들은 비유적인 것으로 볼 수 있다")은 의미를 제대로 전달한다. 바울은 알레고리의 기술적 방법에 대해 우려하지 않는다. 그는 단지 이 이야기가 숨겨진 의미를 가지고 있으며, 자신이 이제 그것을 설명할 것이라고 말하고 있을 뿐이다.

두 여자는 "두 언약"이다. 여기에는 바울이 옛 언약(율법)과 새 언약(복음)을 말하는 것이라는 결론으로 비약할 가능성이 있는 기독교 해석가들이 빠지기쉬운 함정이 있다. 그러나 우리는 하나님이 아브라함과 맺은 언약은 약속의 언약이며, 시내산 언약보다 훨씬 오래되었다는 것을(3:15-18) 바울이 힘주어 강조했던 것을 기억해야 한다. 이것은 두 언약이 "유대교"와 "기독교"를 의미하지 *않는다*는 뜻인데, 이 점이 매우 중요하다. 오히려 바울은, 바르게 이해한다면, 약속과 자유의 언약이 율법 그 자체가 교훈하는 것이라고 주장한다(신학적 묵상을 보라). 문제는 이스라엘의 유산에 대한 두 가지 해석이 경쟁한다는 것이다. 그리고 두 해석은 모두 유대 *기독교인들*(바울과 선교사들)이 전파하고 있다. 현재 문맥에서 두 언약 사이의 두드러진 차이점은 언약이 속한 각각의 시대가 아니라 결과들이다: 한 사람은 종이 될 자녀를 낳고, 다른 한 사람은 자유인이 될 자녀를 낳는다.

24c절에 대한 NIV의 번역은 NRSV의 것보다 훨씬 명확하다: "한 언약("한 여자"가 아니라)은 시내산으로부터 나온다." 그 언약, 즉 모세의 율법은 "종노릇 할 자녀를 낳"는다. 율법과 종노릇 사이의 관계는 1-11절에서 이미 강하게 암시되고 있다. 이제 바울은 그것을 드러내놓고 주장한다. 게다가 바울은 여종 하갈이 율법을 대표한다고 주장한다. 이것은 이 주장을 설명하기 위해 25-27절에서 곁길로 벗어나야 할 정도로 놀라운 주장이다. 유감스럽게도 이 탈선 때문에 바울은 두 언약에 대해 제대로 설명하지 못하게 된다. 또한 바울이 제시한 해석의 실마리에 비추어 보았을 때, 설명의 여백을 채우는 것이 그리 어렵지 않은데도, 바울은 기어이 두 언약에 대한 비교를 마무리하지 않는다(표 4를 보라).

표4: 바울 비유의 반대항 대조	
종(slave)	자유자(free)
하갈	사라
이스마엘	이삭
육체	약속/성령
시내산	--------
지금 있는 예루살렘	위에 있는 예루살렘

마틴(J. Louis Martyn)은 "아이를 낳는 것"은 선교사가 설교를 통해 회심자를 얻는 것을 가리키는 은유라고 주장했다.[92] 바울 자신이 갈라디아 교회를 "낳은 것"을 기술하기 위해 바울이 19절에서 아이 낳는 알레고리를 사용한 것에 비추어 볼 때, 이 주장은 꽤 타당하다. 19절의 "해산의 고통"이라는 은유는 22-31절에 있는 출산에 대한 알레고리적 표현과 부드럽게 이어진다. 만일 마틴이 옳다면, 하갈은, 바울로 하여금 편지를 쓰게 만든, 유대 기독교 선교사들이 선포한 언약을 나타낸다. 그들은 율법 준수의 복음을 설교하는 선교 활동을 통하여 "종노릇 할 자녀들을 낳고" 있다. 바울은 저들의 복음을 초등학문(*stoicheia*)에 속박시키는 교훈으로 보았다. 마틴의 주장은 4:21-5:1이 어떻게 이 편지의 논지를 전체적으로 강력하게 진전시키는지 이해하는데 도움을 준다.

4:25 바울은 하갈이라는 인물에 대한 알레고리적 해석을 자세하게 설명하지만, 그의 자세한 설명은 여러 세대의 해석자들을 당혹스럽게 했다. 어떤 고대 필사자는, 문장을 도무지 이해할 수 없어서, "하갈"이라는 이름을 삭제

---

92) Martyn, *Galatians*, 451-54. 이 해석은 70인 역이 하갈과 사라가 자녀를 낳은 것을 묘사하기 위해 일관되게 동사 "낳다"(τίκτω틱토)를 사용하는 반면, 바울은 4:23-24과 29절에서 동사 γεννάω겐나오로 바꾸었다는 관찰의 지지를 받는다. 이 말은 "자식을 보다" 또는 "낳다"를 의미할 수 있다. 바울은 고전 4:15에서 자신의 사역을 낳는 것에 비유해서 설명 할 때 후자의 동사를 사용한다는 것을 주목하라.

하고, "시내산은 아라비아에 있는 산"이라는 명확한 (그러나 무의미한) 진술만 남겨 놓기도 한다(NRSV의 본문비평 주석). 어떤 현대 해석자들은 바울이 하갈을 시내산과 일치시키는 것은, 그녀의 이름과 "바위"에 해당하는 아랍어 사이의 유사성을 사용한 억지 말장난에 의존한 것이라고 주장하기도 했다. 25a절을 교정하고 해석하기 위해 제시된 모든 제안들을 검토하는 것은 불가능하다.[93] 아래의 설명에서는, 바울이 틀림없이 자신의 문장을 갈라디아 교회가 알아듣게 썼을 것이라는 점을 염두에 두고, 억측은 최소한으로 줄이면서 우리 앞에 있는 본문의 의미를 이해해보도록 노력할 것이다.

한 가지 중요한 단서가 번역에서는 보이지 않는다: 바울은 하갈의 이름 앞에 중성 정관사(τό토)를 사용한다. 이것은 그가 본문에 나오는 단어인 "하갈"을 알레고리적으로 해석되어야 하는 영역에 속한 것으로 언급하고 있음을 보여준다. 이것을 영어 번역에서는 단어에 인용부호를 붙임으로써 가장 잘 표현할 수 있다: "이 '하갈'은 아라비아의 시내산이다." 창세기 본문에는 이런 주장의 명확한 근거가 나오지 않는다. 비록 하갈이 유대 구전에서 아랍 민족의 시조인 이스마엘의 어머니로 나온다는 사실과 관련이 있을지도 모르긴 하지만, 바울이 왜 여기서 이와 같은 상징적 동일시를 주장하는지를 확실히 알 수는 없다. 그러나 바울이 제시하는 알레고리가 동일시를 필요로 하는 것일 뿐이라는 것도 좋은 설명이다. 하갈은 24절에서 이미 시내산 언약과 동일시 되었다; 25절에서 바울이 하는 일은 시내산과 예루살렘 사이의 상징적 연관성을 한 번 더 해명하는 것이다.

25b절의 동사 "같은 곳이니"(correspond, συστοιχεῖ쉬스토이케이)는 전체 단락을 이해하기 위한 핵심이다. 이 말은 "대표한다"는 뜻이 아니다. 그 어근의 의미는 무엇인가와 "나란히 선다"이다. 많은 주석가들이 인정하듯이, 이 말은 피타고라스의 반대항 표를 떠올리게 한다. 이것은 구성요소 범주별로 짝을 지워서 반대편 항에 순서대로 열거하는 것이다(남성 대 여성, 뜨거움 대 차가움 등).[94] 비슷한 방식으로, 바울의 알레고리는 창세기 이야기의 상징적 요

93) Betz, *Galatians*, 244-45; Longenecker, *Galatians*, 211-12을 보라.

94) 아리스토텔레스의 *Metaphysics* Ⅰ.ⅴ.6-17(986a-987a)에 있는 토론을 보라.

소들을 두 개의 대립항으로 열거한다. 한 쪽에 있는 모든 요소들은 다른 쪽에 있는 것들과 밀접하게 연결된다.

이 방식에 비추어 보면, 25b절에 있는 바울의 진술은 훨씬 이해하기 쉽다. 그는 알레고리에서 "시내산"이 "지금 있는 예루살렘"과 같은 열에 서 있다고 말한다. 이를 근거로 바울은 시내산 언약을 실제 도시인 예루살렘과 연계시킨다. 즉, 이 둘은 모두 율법을 엄격하게 준수하는 것과 관련이 있다. 이런 관찰에 비추어 볼 때, 우리는 이제 24-26절에 대한 새로운 번역을 제시할 수 있을 것이다:

(24) 이것은 알레고리적으로 해석되어야 하는 것이니, 이 두 여자는 두 언약이다. 한 언약은 시내산에서 비롯된 것이며, 종을 낳는 언약이다: 이는 하갈이다.

(25) 지금 "하갈"은 아라비아에 있는 시내산인데, 그녀는/그것은 지금 있는 예루살렘과 동열에 서 있으니, (예루살렘)은 그녀의 자녀와 더불어 종노릇한다.

(26) 그러나 위에 있는 예루살렘은 자유로운 여자(사라)니, 곧 우리 어머니다.

이 해석에서, 25a절의 기능은 24b절과 25b절에 있는 주장들 사이의 전환을 매끄럽게 하는 것이다. 명백한 지리적 불일치에도 불구하고, 바울은 하갈이 어떻게 시내산 언약(아라비아에 있는 한 산과 연관시켜서)과 지금 있는 예루살렘 양자를 다 상징할 수 있는지 설명하고 있다. 그 연결이 타당한 것은 하갈과 시내산과 예루살렘 모두가 "종노릇"의 열에 있기 때문이라고 바울은 주장한다.

그러나 이것은 왜 바울이 현재의 예루살렘이 그녀의 자녀들과 종노릇 하는 상태에 있다고 말하는지에 대해서는 답을 주지 않는다(25b절). 일차적인 차원에서, 이것은 이미 3:23; 4:4-5; 4:8-10에서 간략하게 살펴본 모습을 단지 훨씬 더 생생하게 반복한 것에 불과하다. 즉, 율법에 복종하여 사는 것은 그 자체로서 종노릇 하는 상태이며, 그리스도께서 우리에게 주신 자유와 대조된다고 바울은 주장한다. 바울에게 많은 갈등과 문제의 근원이었던 예루살렘 교회를 "지금 있는 예루살렘"이라고 은근히 언급하는 것으로 이해한다면, 이 묘사는 특별한 효력을 발휘하게 될 것이다(참조. 2:12).[95] 예루살렘 교회는, 이방인들에게 율법을 지키게 하는 선교를 해서 얻은 자녀들과 함께, 여전히 율법의 속박 아래에 있다는 것이다.

그러나 3:10-14에 비추어 볼 때, 두 번째 단계의 의미가 가능하다(3:10-14에 대한 주석을 보라). 알레고리적 해석에 여러 층의 의미가 있는 것에 놀라서는 안 된다. 예루살렘 도성은 이스라엘을 상징한다. 그 이스라엘은, 실증적으로 말하자면, 로마의 지배 아래 종노릇 하고 있다. 율법이 선언한 저주로 인해 "멀리 땅 끝에서 한 민족을 독수리가 날아오는 것 같이"(신 28:49) 오게 했고, 그래서 예루살렘이 가이사의 발뒤꿈치 아래에 있게 된 것이다. 지금 있는 예루살렘은 종노릇 하고 있는가? 당대의 목격자들은 성전 산 바로 옆에 로마 군대가 주둔하고 있는 안토니아 요새를 바라보는 것만으로 충분했을 것이다. 이것이 갈 4:25절에서 바울이 말하려고 하는 가장 중요한 요점은 아니지만, 예루살렘의 정치적 포로 상태는 바울이 예루살렘과 여종 하갈을 상징적으로 동일시하는 것에 대한 직접적인 현실 세계의 배경이 된다. 당시의 예루살렘이 종노릇하며 사는 것이라고 말하는 것은 결코 터무니없는 환상이 아니다. 이와는 대조적으로, 바울은 그리스도 안에 있는 사람들은 이제 하늘나라의 자유 시민이며(26절; 참조. 빌 3:20), 더 이상 저주 아래 있지 않으며, 그러므로 더 이상 세상의 권위에 얽매이지 않는다고 믿는다. 그런 비전이 바울의 말에 기초가 된다는 것은, 27절에서 바울이 예루살렘의 해방과 회복을 예언하는 사 54:1를 인용한다는 사실을 통해서도 암시되고 있다.

4:26 종노릇 상태에 있는 당시의 예루살렘과 대조적으로, 바울은 자신과 갈라디아 교회를 "자유 있는 여자" 사라와 동일시되는 "위에 있는 예루살

95) Martyn, *Galatians*, 439, 457-66.

렘"과 연결한다. (여기서 NIV는 정확하게 번역했고, NRSV는 의역을 했다.) "자유자"(ἐλευθέρα엘류테라)라는 말은 당연히 하갈과 반대로 "자유 있는 여자"인 사라가 소개된 22-23절을 가리킨다. 바울은 여기에서도 창세기 이야기에 대한 자신의 알레고리적 해석을 설명하고 있다. 종말론적인 인상을 주는 "위에 있는 예루살렘"은 구약성경 사 54장과 겔 40-48장 등에서 암시되고 있고, 더 후대의 유대 묵시 문헌에서 더 자세하게 서술되고 있다(예를 들어, 제2에스드라서 7:26; 10:25-28; 13:36; 에녹1서 90:28-29; 제2바나바묵시록 4:2-6). 동일한 이미지가 히 12:22; 13:14; 계 3:12에 나타나며, 계시록 21장에서 특히 명확한 형태로 나타난다.[96] 예루살렘을 "어머니"라 부르는 은유는 예를 들어, 70인역 시 86:5, 제2에스드라서 10:7에서 볼 수 있으며. 그리고 그 은유는 예루살렘이 잉태하지 못하는 여인이지만, 궁극적으로는 회복되고 많은 자녀를 낳게 되는 하나님의 축복을 받는다고 하는, 반복적으로 등장하는 주제를 통해서도 널리 전제되고 있다.[97] 이 모든 것은 바울이 기존에 잘 정립된 묵시적 주제를 사용하고 있음을 시사한다. 즉, 하나님의 백성은, 현재의 고난과 역경에도 불구하고, 종말론적으로 계시 될 하늘 예루살렘의 자녀들이라는 것이다. 바울이 이방인 독자들을 하늘 예루살렘의 자녀들에 포함시키고 있다는 것이 새로운 것이다.

4:27 이 주장을 뒷받침하기 위해 바울은 사 54:1을 인용한다. 표면적으로는 이 인용이 논지에 어떻게 작용하는지 곧바로 드러나지는 않는다. 그러나 면밀하게 살펴보면 바울이 이 인용문을 조심스럽게 선택했다는 것이 드러난다. "잉태하지 못한 여자"라는 언급은 이삭의 출산 전에 사라가 잉태하지 못한 사실을 상기시켜준다. 이사야 54장의 문맥에서, 잉태하지 못한 여자 사

96) 더 많은 자료에 대해서는, Longenecker, *Galatians*, 214을 보라.

97) 이 주제의 역사에 대하여는, M. Callaway, *Sing, O Barren One: A Study in Comparative Midrash*, SBLDS 91 (Atlanta: Scholars Press, 1986); K. Blessing, "The Background of the Barren Woman Motif in Galatians 4:27" (Ph.D. diss., Duke University, 1996)을 보라.

라라는 전통적 주제는 유배 기간의 예루살렘의 상태와 은유적으로 겹친다. 선지자는 시온의 운명을 하나님께서 기적적으로 회복시키는 것을 선포하기 위해 하나님께서 사라에게 기적적으로 복을 주신 것을 은유로 사용한다(참조. 사 51:1-3, 창세기 이외의 구약성경에 나오는 사라에 대한 유일한 언급). 이전에 성읍이 공허하고 황폐했던 곳에 이제는 많은 아이들과 많은 주민들이 있을 것이라고 말한다. (따라서 사 54장의 저자는 창세기 이야기가 예루살렘 회복의 희망을 가리키는 것으로 이미 모형론적으로 해석하고 있다.) 바울이 중요하게 사용하는 본문인 제2이사야는 시온의 아이들이 기적적으로 늘어나는 것과 이스라엘 하나님의 정의를 인정하기 위해 이방인들이 모여드는 것을 연관시킨다(예를 들어, 사 49:6; 51:4-5; 52:10; 54:2-3; 55:5). 그래서 하늘의 도성에 대응하는 알레고리적 인물인 자유 있는 여자 사라는 이방인 개종자들을 포함하여 많은 자녀들이 "탄생"한 것 때문에 즐거이 외치게 될 것이다. 바울이 해석하듯이, 이것은 아브라함과 사라에게 하신 하나님의 약속의 궁극적 성취이다(참조. 3:8-9, 14, 29). 바울이 사 54:1을 인용한 주된 목적은 하나님께서 이스라엘을 은혜롭게 종말론적으로 회복시키시는 것과 열방의 보편적 포용이라는 제 2이사야의 중심 주제를 떠올리게 하는 것이다.

인용의 마지막 줄은 21-31절의 문맥에서 "남편 있는 자"를 하갈과 동일시하는 것으로 보이기 때문에 조금 혼란스럽다. 구체적인 내용이 창 16-21장의 서사와 잘 들어맞지 않지만, 바울은 정확하게 이런 식으로 비교하려고 한 것 같다. 사라라는 인물로 상징되는 자신의 이방인 사역은 놀랄만한 다산으로 하나님께로부터 복을 받았다. 대조적으로 하갈로 상징되는 (그녀가 육체적으로는 아브라함과 연합되긴 했지만), 이방인에게 율법준수를 요구하는 유대인의 사역은 동일한 성공을 거두지 못했다.

4:28 바울은 이제 알레고리에 대한 설명을 마무리한다. 그리고 독자에게 이 알레고리의 구체적인 적용법에 대해 설명한다. 이 결정적인 전환점에서 시작해서, 강론은 30절의 명령법을 향하여 나아간다. 갈라디아 교회를 향한 직접적인 연설("이제 *너희* 형제들아")은 바울이 자신이 주장하는 바를 납득

시키기 위해서 2인칭 화법으로 전환했던 앞부분의 논증을 떠올리게 한다:

3:26 - *너희가* 다 믿음으로 말미암아 그리스도 예수 안에서 하나님의 아들이 되었으니

4:6 - *너희가* 아들이므로 하나님이 그 아들의 영을 우리 마음 가운데 보내사

4:28 - 형제들아 *너희*는 이삭과 같이 약속의 자녀라

이 경우, 자녀와 약속의 상속자라고 하는 그들의 신분은 이삭과의 관계와 결부되어 있다. 그리스어 **κατὰ Ἰσαάκ**카타 이삭은 단지 "이삭처럼"이 아니라, "이삭의 혈통에서"[98]나 "이삭의 방식으로"[99]를 의미한다. 그들의 이삭과의 관련성은 단지 유추에 의한 것이 아니다. 그보다는 훨씬 본질적이다. 그들은 처음부터 약속을 받은 상속자들이다(참조. 3:8). 바울은 이 중요한 개념을 롬 9:7b-9에서 더 자세하게 설명한다. 여기서 그는 창 21:12을 인용한다: "오직 이삭으로부터 난 자라야 네 씨(**σπέρμα**스페르마)라 불리리라" 하셨으니 곧 육신의 자녀가 자녀가 아니요, 오직 약속의 자녀가 씨(sperma)로 여기심을 받느니라." 여기서 갈 4:23에 나오는 것과 동일한 "육체"와 "약속" 사이의 대립에 주목하라.

바울의 알레고리식 해석에 있는 결정적인 정체성에 대한 주장은 이것이다: "너희 이방인 신자들은 하나님께서 아브라함에게 약속하신 자녀들이다." 그는 자신의 이방인 개종자들에게 "이삭"의 역할을 부여한다. 그리하여 할례가 이 신분을 위한 전제조건이라고 주장하는 선교사들에게서 이삭을 빼앗아버린다. 바울이 이런 해석학적 변화를 주었고, 그 결과가 29-30에 바로 뒤따라 나온다.

4:29 바울은 이스마엘이 이삭을 박해한 것과, 그가 현재 목격하고 있는,

---

98) Matera, *Galatians*, 171.

99) Martyn, *Galatians*, 432.

율법 준수의 언약을 대표하는 자들이 율법을 준수하지 않는 신자들을 핍박하는 것 사이에서 유사점을 이끌어낸다. 비교의 대상인 양쪽 모두에 대해서 어느 정도 설명이 필요하다.

창세기 본문은 이스마엘이 이삭을 박해한 것에 대하여 아무것도 말하지 않는다. 오히려, 창세기 21장은 정반대로 말한다. 즉, 이삭을 위한 사라의 질투로 인해 사라가 죄 없는 희생자인 하갈과 이스마엘을 박해한다는 것이다. 바울은 어디서 이스마엘이 박해자라는 생각을 얻었을까? 바울은 창 21:9을 이스마엘이 이삭을 "놀린"것을 조롱이나 우상숭배나 유아추행 등의 일종의 악행으로 해석하는 유대의 주석적 전통의 관점에서 해석한다.[100] 이 전승은 바울이 이스마엘을 육체를 따라 난 자녀로, 즉 이삭의 박해자로 볼 수 있게 한다. 이삭은 여기서 처음으로 "성령을 따라" 난 것으로 묘사된다. 그래서 이삭은 성령을 받고 "아빠 아버지"라고 부르는 신자들의 알레고리적 모형이 된다(4:6-7).

그러나 바울 자신의 시대에 이 알레고리는 어떻게 작동했을까? 누가 누구를 박해하는가? 우리는 바울이 사도로 부름받기 전의 모습에 대한 바울 자신의 증언을 알고 있다. 그는 교회를 박해했고, 파괴하려 했다(1:13, 23). 이것은 29절이 유대인들이 기독교인들을 박해한다는 사실을 암시하고 있음을 보여준다. 그러나 만약 우리가 21-31절에 나온 알레고리를 두 가지 다른 초기 기독교 복음 선교 사이의 비유적 대조로 읽는 것이 옳다면, 29절을 약간 다르게 해석할 필요가 있다. 바울의 유비가 말이 되려면, 토라를 준수하는 유대 기독교인을 바울과 그의 이방 개종자들의 박해자로 특정해야 한다. 그런 주장이 바울의 독자들에게 의미가 있었을까? 아마 그랬을 것이다. 확실히 바울은 유대 기독교인들로부터 상당한 반대를 받았다. 5:11에서 그는 자신이 할례를 설교하지 않기 때문에 "아직 박해를 받는 중"이라는 의미로 말한다. 게다가 선교사들은 할례 받지 않은 이방인들을 교제에서 배척했다(2:11-14;

---

100) Meeks가 수집한 랍비문헌 자료에 대해서는, W. A. Meeks, "'And Rose Up to Play' : Midrash and Paraenesis in 1 Cor 10:1-22," *JSNT* 16 (1982) 64-78, 69-70을 보라.

4:17). 배척만 한 것이 아니라 할례를 받지 않은 채로 있는 사람들에 대한 하나님의 저주와 심판이라는 엄중한 위협도 가했을 것이다. 이런 종류의 "괴롭힘과 압박 전술"은 당연히 박해로 볼 수 있었다.[101](5:12에 나오는 "너희를 어지럽게 하는 자들"에 주목하라.) 마지막으로 우리는 갈라디아 교회가 "많은 괴로움을 받았다"(3:4)는 바울의 애매한 언급을 가볍게 무시해서는 안 된다. 그것이 무엇을 의미하든, 29절은 갈라디아 교회가 그 의미의 간극을 충분히 이해할 수 있을 것임을 보여준다. 당시에 율법에서 자유로운 신자들이 율법을 준수하는 선교를 옹호하는 자들에게 박해를 받고 있다고 갈라디아 교회가 알고 있었기 때문에, 이들은 바울의 비난을 이해할 수 있을 것이다.

4:30 이제 이 단락의 극적인 절정을 위해 무대가 차려진다. 바울은 창세기 이야기의 전통적인 대립을 뒤집는데, 덕분에 이제는 놀랍게도 율법 준수를 가르치는 선교사들이 하갈과 이스마엘의 줄에 서게 되고, 반면 이방 갈라디아 교회는 사라의 자유로운 자녀들과 동일시된다. 바울은 "율법을 듣지 못하였느냐?"(21절)라는 도발적인 물음으로 이 단락을 시작했다. 그러나 사실 27절에 나온 사 54:1의 인용 말고, 우리는 이 단락에서 율법의 소리를 아직 듣지 못했다. 바울은 요약을 할 뿐, 인용을 하지는 않는다. 여기에서는 결국 성경에게 갈라디아 교회에게 직접 말하라고 한다(참조. 3:8, 22에서는 성경에게 적극적인 역할이 부여된다). 창 21:10에서 바울이 인용한 말은 실제로는 사라가 아브라함에게 요구한 것이지만, 바울은 그 말을 그 맥락에서 끄집어내서 성경이 이 편지를 읽는 모든 사람에게 직접 주는 명령으로 취급한다. "여종과 그 아들을 내쫓으라. 여종의 아들이 자유 있는 여자의 아들과 더불어 유업을 얻지 못하리라."[102] 이것은 수사학적으로 볼 때 굉장히 멋진 순간이다. 바울은 자신이 가장 아끼는, 가장 극적인 주장을 마지막까지 아껴 두었다. 갈라디

101) Williams, *Galatians*, 131.

102) 이런 효과를 거두기 위해, 그는 인용부의 자구(字句)를 아주 조금 그리고 가장 알기 쉽게, "내 아들 이삭"(창 21:10)을 "자유 있는 여자의 아들"로 바꾼다. 사라가 아니라 성경이 말하는 것으로 들리게 하려면, 이 변화는 필수적이다.

아 교회가 바울의 알레고리에 대한 설명을 따른다면, 그들은 이 명령의 중요성을 놓치지 않을 것이다: *성경이* 경쟁 선교사들과 그들에게 돌아선 자들을 내쫓으라는 말씀을 그들에게 직접 말씀하고 있다. 유업은 당연히 자유 있는 여자의 자녀들에게 속해야 마땅하고, 그들은 그들을 종노릇 하도록 꾀는 말썽꾼들의 존재를 용납해서는 안 된다(참조. 1:8-9). 그들은 선교사들을 그들의 교회에서 쫓아내야 한다.

4:31 이 요약문은 바울이 이미 26절과 28절에서 말한 것을 간략하게 정리한다. 그러나 이번에 그는 1인칭 복수 어법으로 돌아가서 갈라디아 교회를 자신의 편으로 끌어들인다.

5:1 이 문장은 지금까지의 전체 논쟁에 대한, 특히 3:1-4:31의 반론에 대한 권고를 담은 결론이다. NIV와 일부 다른 번역과 주석들은 이 절을 새로운 단락의 시작으로 본다. 본문을 이런 식으로 나누는 것은 4장을 지배한 자유자/종이라는 반대 명제들의 절정인 이 절의 역할을 모호하게 만든다.

갈라디아서 5장 1절은 이 편지의 메시지를 단 하나의 강력한 표어로 압축한다. 이것이 바울이 독자들을 결집시키고 싶어 하는 표준이다. 이 편지의 중심 부분에서와 같이, 여기에서도 가장 중요한 강조점은 그리스도께서 행하신 것에 대한 직설적인 선포에 있다. 그리스도께서 우리를 자유케 하셨다는 것이다(참조. 3:13; 4:4-5). 그리스도께서 우리를 자유의 영역으로 해방시키셨다.[103] 직설적 선포에 뒤이어 곧바로 필연적인 요청이 이어진다: 그리스도께서 우리를 자유하게 하셨으므로, 우리는 우리에게 주어진 자유에 견고하게 서야 한다. 바울은 이미 자유에 견고히 선 모범으로서 예루살렘에서의 자신의 행위를 이야기하였으며(2:4-5), 갈라디아 교회에게도 그들의 입장을 분명히 할 것을 촉구한다. 지금 상황에서 이것은 그들이 선교사들의 가르침에 단

103) Martyn, *Galatians*, 447이 이런 해석을 따라서, "자유"라는 명사의 대격을 처소격으로 취한다. 즉, 자유는 그리스도께서 우리를 두시려고 하는 공간으로 비유적으로 개념화된다.

호하게 맞선다는 것을 의미할 것이다. 동사 "서다"(στήκετε스테케테)는 – 특히 마지막 절과 결합해서 읽으면("다시는 종의 멍에를 매지 말라") – 대체적으로 (고전 16:13; 빌 1:27; 4;1; 살후 2:1에서처럼) 묵시적인 느낌을 주는 군사적 이미지를 떠올리게 한다. 우주적 투쟁과 대립의 때에, 갈라디아 교회는 적들로 인하여 두려워하지 않고 자신들의 입장을 고수하라는 권고를 받는 것이다.

"멍에"라는 이미지는 다른 곳에서는 가르침, 특히 토라의 가르침을 통해 받는 훈련을 묘사하기 위해 긍정적인 의미로 자주 사용된다.[104] 이런 의미에서 멍에는 쓰라린 고통을 주는 것이 아니라, 안정감을 주고 길잡이가 되어 준다(참조. 마태가 예수님 교훈에 대해 이 주제를 적용한다. 마 11:29-30). 선교사들은 아마도 율법을 그런 의미의 멍에로, 하나님의 은혜로운 선물로 말했을 것이다. 그렇다면 바울은 다시 한 번 그들의 말의 본래 의미를 뒤집고 있는 것이다. 바울은 은유를 자비로운 가르침의 맥락에서 군사적 갈등의 현장으로 전환시킴으로써, 멍에를 종노릇의 상징으로 묘사한다. 여기서 선지자들은 은연중에 친절한 교사가 아니라, 갈라디아 교회를 새로운 종교 문화적 지배 체제의 구속 하에 두려고 하는, 교활한 노예감독관으로 그려진다(참조. 행 15:10).[105] 그리스도께서 갈라디아 교회를 종살이로부터 구원하셨으므로, 어떤 상황에서도 그들은 다시 종속되는 것을 결코 용납해서는 안 된다(참조. 4:8-9). 그와 같은 강력한 외침과 함께, 바울 편지의 중심 부분이 끝이 난다.

신학적 묵상

1. *율법을 복음의 증인으로 주장함.* 바울이 선교사들에 반대하는 주장을 전개하면서 율법을 전적으로 거부할 수도 있었다는 것은 쉽게 상상할 수 있다. 이 유대 기독교 복음주의자들의 활동에 분노해서, 그는 성경 읽기에 대한 중지를 선언하고, 성령의 인도를 받아서, 이스라엘의 거룩한 본문을 더 이상

---

104) *m. Abot* 3.5을 보라.

105) Dunn, *The Epistle to the Galatians*, 263을 보라.

거론할 필요도 없는, 새로운 언약을 공표할 수도 있었다. 바울은 선교사들이 할례를 포함한 율법의 요구에 관해서는 옳았다고 인정할 수도 있었고, 교회의 사상과 실천을 만들어 가는데 이스라엘의 성경은 아무 필요가 없다고 결론을 내릴 수도 있었다. 요컨대 그는 20세기에 신약학자 루돌프 불트만이 선택한 입장을 취할 수도 있었다:

> 기독교 신앙에 대하여 구약성경은, 과거에 그랬고, 유대인들에게는 지금까지 그런 것 같은, 계시가 더 이상 아니다.... 이스라엘에게 무엇인가 의미가 있었던 사건들, 하나님의 말씀의 사건들이 더 이상 우리에게는 아무 의미가 없다.... 기독교 신앙에 대하여 구약성경은 진정한 의미에서 하나님의 말씀이 아니다.[106)]

그러나 갈 4:21-5:1에서 바울은 대단히 다른 노선을 취한다. 그는 이스라엘의 토라를 반대자들의 손에 넘기는 것에 동의하지 않는다. 오히려 그는 열정적으로 아브라함의 두 아들 이야기가 직접 이방인 독자들에게 말씀하고 있다고 주장한다. 이스라엘의 율법은 어떤 다른 사람들의 책이 아니다. 왜냐하면, 갈라디아 교회 자체가 아브라함의 자녀들이요, 이삭과 같은 방식으로 약속의 자녀들이기 때문이다. 분쟁이 일어나고 있는 바로 그 시간에 무엇을 해야 할지 안내를 받기 위해서, 그들은 성경이 말씀하는 것을 들어야 한다는 것이다(4:1, 30). 전체 문단이 주장하는 바는, 바르게만 읽는다면, 성경은 이방인들을 위한 율법에서 자유로운 복음에 대한 증언을 담고 있다는 것이다.

만약에, 충분히 가능한 일인데, 선교사들이 자신들의 할례에 대한 설교를 뒷받침하기 위한 핵심 본문으로 이삭과 이스마엘 이야기를 사용하고 있었다면, 바울의 논증 전략은 훨씬 더 충격적이다. 본문에 대한 그들의 해석에 근거하여 그들과 다툼으로써, 바울은 이후의 모든 기독교 신학, 설교, 목회적

---

106) R. Bultmann, "The Significance of the Old Testament for Christian Faith," in *The Old Testament and Christian Faith*, ed. B. W. Anderson (New York: Harper and Bros., 1963) 31-32.

돌봄을 위한 결정적 선례를 제시한다. 즉, 성경이 교회의 신앙을 위한 토대라는 것이다. 기독교적 실천에 관한 규범적인 제안은 성경 해석의 토론을 통하여 결정되어야 한다는 것이다. 갈라디아서가 보여주듯이, 성경에 의지한다고 해서 단순하고 직접적인 방식으로 문제를 해결하는 것은 아니다. 성경을 바르게 해석하는 것은, 갈라디아에서 그랬던 것처럼, 격렬한 논쟁을 불러일으킬 수 있다. 그럼에도 불구하고 성경은 경쟁이 벌어져야 하는 영역이 어디인지를 정해준다.

바울이 갈라디아 교회에, "너희가 율법을 듣지 못하였느냐?"라고 물었을 때, 우리는 당연히 바울은 갈라디아 교회가 어떤 것을 듣기를 바라고 있는지 생각해 볼 수 있다. 3:1-5:1의 그의 전체적인 논지에 근거해서 어느 정도 대답 할 수 있다. 바울은 그들에게 단지 제의와 행위에 대한 규정만이 아니라, 구약성경의 서사를 포함하는 "율법"으로부터 듣기를 바라고 있다. 바울은 갈라디아 교회가 하나님으로부터 은혜로운 약속의 말씀을 듣기를 기대하는데, 그 말씀은 의를 위한 모든 인간적 노력보다 먼저 주어진 것이다. 바울은 갈라디아 교회가 전에 종노릇 하고 궁핍했던 사람들을 향한 하나님의 상상할 수 없을 만큼 넘치는 은혜를 기뻐하라는 부르심을 듣기를 원한다(4:27). 무엇보다도, 바울은 갈라디아 교회가 자신이 하나님의 자녀요, 약속의 상속자로 불리는 것을 듣기를 원한다.

그들이 율법에서 모든 것을 들은 후에, 바울은 갈라디아 교회가 한 가지를 더 듣기를 바란다. 그것은 갈라디아 교회에게 율법을 규칙 덩어리 혹은 민족적 특권의 헌장으로 읽게 함으로써 그들을 종으로 삼으려 하는 자들을 "쫓아내라"고 하는 단호한 명령이다. 많은 독자들에게는 이것이 가혹하게 들릴 것이다. 갈라디아 교회가 이 편지를 처음 읽었을 때도 그랬으리라는 것은 분명하다. 그러나 바울은 이 점에 대해서 타협은 있을 수 없으며, 타협하면 다시 종노릇으로 되돌아가게 될 것이라고 주장한다.

이 모든 것은 교회와 성경이 지속적으로 맺어야 할 관계에 대한 중요한 모범이 된다. 구약성경 본문을 부적절하다거나 낡은 것이라고 무시해서는 안 되며, 우리 책이 아니라고 해서도 안 된다. 구약성경은 기독교 교회의 경전이다. 예수 그리스도의 죽음과 부활에서 하나님의 의가 율법과 상관없이 드러났지만, 그것은 또한 율법과 선지자들이 증언한 것이다(롬 3:21). 우리는 바울이 읽었던 방식대로, 즉 구약 성경을 약속과 은혜의 이야기로 읽는 것을 배워야 한다.

그러나 이런 식으로 말하면, 적어도 두 가지 어려운 문제가 발생한다. 첫째로, 구약성경을 경전이라고 주장함으로써, 바울이 교회를 반유대적 입장으로 이끄는 대체신학(supersessionism)의 길로 인도하는 것은 아닌가? 둘째로, 바울이 구약성경의 이야기를 새롭게 활용하기 위해 사용하는 방법(이 경우에는 알레고리)은 올바른 방법인가? 이 문제들에 대해 순서대로 살펴보도록 하자.

2. *대체신학의 문제.* 해석사에서, 두 언약에 대한 바울의 알레고리는 유대교에 대한 기독교의 우위성에 대한 논증으로 자주 해석되어 왔다. 이런 해석에 따르면, 바울은 유대인들로부터 성경을 빼앗아서, 그것이 기독교 교회를 위한 것이라고 주장하려고 한다는 것이다. 그러나 우리가 주석 부분에서 이미 본 바와 같이, 이것은 본문을 잘못 읽은 것이다. 바울은 유대교 그 자체를 거절하지 않는다. 오히려 그는 유대 기독교인으로서 글을 쓰면서, 경쟁 집단인 유대 그리스도인 선교사들이 주장하는 이스라엘의 유산에 대한 해석에 이의를 제기하고 있는 것이다. 그들은 이방인들에게 자신들의 해석을 강요하는 식으로 바울의 갈라디아 회중을 혼란에 빠뜨리고 있다. 따라서 갈라디아서에서 펼쳐진 격렬한 논쟁은 경쟁관계에 있는 유대 기독교 해석자들 사이의 논쟁인데, 이들은 모두 올바른 성경 해석이 매우 긴급한 문제라는 확신을 공유하고 있다.

바울은 예수님의 죽음으로 인해 "새 언약"이 시작되었고(고전 11:25), 선교사로서 그 자신의 임무는 그 새 언약을 유대인들과 이방인들에게 선포하는 일이라고 믿고 있었다(고후 3:6). 그러나 우리는 "새 언약" 이미지가 렘 31:31-34에서 기능하는 방식을 명심해야 한다. 바울은 이 단락을 자신의 편지들에서 여러 번에 걸쳐 암시한 바 있다(예. 롬 2:15; 고후 3:3). 새 언약은 옛 약속을 번복하거나 폐기하지 않는다. 오히려, 새 언약에서 하나님은 사람들의 마음에 율법을 기록하시며, 그들의 불성실로 깨어진 하나님과의 관계를 회복시켜 주신다. 새 언약은 옛 언약을 내면화시키고 새롭게 한다.

이 문제에 대한 바울의 관점은 복잡하다. 왜냐하면 그는 시내산 언약이 심각한 한계를 가졌다고 판단하기 때문이다. 그것은 생명을 주는 힘이 없고, 오직 언약에 가입한 자들을 저주하고 감금하는 힘만 가졌다. 그러나 바울은 율법이 하나님의 목적에 정반대된다고 선언할 가능성에 마주치자, 단호하게 돌아선다(3:21). 율법은 대체되는 것이 아니라, 하나님의 더 큰 목적 안에서 일시적 역할을 담당한다는 것이다. 게다가 율법은 감금하는 기능 외에도, 증언을 하는 기능을 가졌으며, 그 기능은 약해지지 않고 계속된다는 것이다. 이런 이유로 바울은 자신의 회중들을 위한 권위 있는 참고 자료인 성경을 반복해서 인용한다. 그러나 동시에 그의 성경해석은 - 현재의 본문에서와 마찬가지로 - 과감하게 고쳐 읽으면서 변혁적이다. 그는 이스라엘의 거룩한 문헌을 전에 없던 방식으로 읽어내는데, 언제나 복음의 렌즈를 통하여 해석한다.

그렇다면 여전히 율법의 충실한 옹호자이며, 바울이 설교하는 복음을 거절하는 유대인들은 이 모든 것을 저버리고 어떻게 되는가? 우선적으로 이방인 개종자들이 율법 아래로 들어와야만 하는지의 문제에 관심을 두고 있는 갈라디아서에서는 이 질문을 묻지 않는다. 바울이 결국 복음과 관련하여 유대인들의 운명에 대한 문제를 다룰 때, 그는 하나님은 이스라엘을 버리지 않으셨고, 그들은 종말에 구원을 받을 것이라고 주장하면서 장문의 변증법적인 대답을 한다(롬 9-11장).

따라서 바울을 대체주의자로 규정하는 것은 잘못이다.[107] 갈 4:21-5:1을 해석하는 사람은 이 본문을 유대교에 대한 적대적인 일반화를 위한 발판으로 사용하지 않도록 주의해야 한다. 이 본문은 이방인 개종자들을 율법준수로부터 자유롭게 하기 위해 싸우는, 기독교 내부 논쟁으로 보아야 한다고 주장하는 것이 이 본문에 대한 최선의 해석이 될 것이다.

---

107) 이 문제에 대한 더 자세한 토론에 대하여는, Hays, *The Moral Vision of the New Testament*, 411-17을 보라.

3. *알레고리(allegory)의 타당성.* 바울은 알레고리적 해석을 도입함으로써 사라와 하갈 이야기에 대한 성공적인 해석학적 변화를 이루어낸다. 교부 신학자와 중세 신학자들 사이에서 큰 인기를 누린 이 방법이 종교 개혁가들로부터는 맹렬한 비난을 받았다. 그리고 근대의 비평적 학자들 사이에서 심각한 악평을 받았다. 왜냐하면, 이 방법은 해석해야 할 본문의 본래 문자적 의미를 무시하는 것 같았기 때문이다. 그렇다면 우리는 바울의 알레고리적 해석 행위를 어떻게 평가해야 할까? 거부해야 할 것인가, 아니면 모방해야 할 것인가?

바울의 알레고리적 독해 전략은 처음부터 끝까지 성경 이야기와 자기 시대의 사건들 사이의 상응성에 대한 서술에 의존한다. 창세기 21장의 *등장인물(dramatis personae)*과 갈라디아 교회라는 무대의 인물들이 서로 연결된다. 갈라디아 교회는 자신들을 약속의 자녀인 이삭의 역할을 하는 것으로 보며, 선교사들과 그들을 따르는 개종자들은 하갈과 이스마엘의 역할을 하는 것으로 본다. 과거의 이야기와 현재 상황 사이의 평행에 대한 이런 식의 창의적인 통찰은 성경의 이야기를 추상적 영적 진리들로 비신화화하는 필로의 알레고리와는 크게 다르다. 사실 성경의 이야기와 위기에 직면한 자신의 독자들 사이의 평행을 포착해내는 바울의 방법은, 설교자들이 자신의 시대 상황을 성경 이야기가 비춰주거나 예표하고 있음을 발견하는 곳이라면 어디에서나 변함없이 사용되었다. 따라서 모든 설교는 필연적으로, 바울이 사용하는 의미로 보자면, 알레고리적이다. 설교의 기능은 사실에 대한 역사적 보고가 아니다. 오히려 설교는 고대의 본문을 회중의 현재의 삶에 새로운 상상력이 넘치는 방식으로 연결시킴으로써, 회중들이 본문을 통해 하나님 앞에서 자신들의 삶에 대한 전망을 재구성하게 해주는 은유를 만들어 내는 것이다.

그 기준으로 볼 때, 갈 4:21-5:1에 있는 바울의 알레고리는 놀라울 정도로 성공적인 설교이다. 이 알레고리로 인해 그의 독자들은 자신들을 아브라함의 자유로운 자녀로, 그리고 하나님을 찬양하는 기쁨에 찬 노래에 사로잡힌, 종말론적으로 회복된 예루살렘의 자녀로 마음속에 그려 볼 수 있게 된다. 이 알레고리는 그들로 하여금 자신들의 불확실한 정체성에 대한 두려움을 버리고, 은혜로 주어진 자유의 선물에 견고히 서겠다는 축하할만한 결단을 하게 만든다. 복음을 선포하는 예배에서 알레고리가 그런 기능한다면, 누가 그 알레고리를 인정하지 않겠는가? 핵심적인 질문은 알레고리적 해석이 – 여기 갈라디아서에서와 같이 – 더 큰 성경 이야기의 지배를 받는지, 아니면 그 방법이 다른 개념화 작업을 위해서도 활용되는가 하는 것이다. 모든 해석의 방법도 오용될 수 있다. 역사 비평도 마찬가지다. 타당성은 결국은 방법론보다는 신학적으로 검증되어야 한다.

물론 우리가 은유적 자유를 가지고 본문을 읽을 때마다, 우리는 역설적이게도 우리 자신의 해석에 심취해서는 안 된다. 알레고리는 재미있는 방법이다. 알레고리를 가장 훌륭하게 사용하는 사람은, 바울처럼, 자신의 알레고리적 해석이 본문의 문자적 의미와 일치하지 않는다는 것을 확실하게 알고 있는 사람이다. 그럼에도 불구하고, 그들은 용기 있게 자신들의 새로운 해석이 성령의 인도를 받아서 복음 이야기에 입각해서 이루어진 것이라고 믿는다. 그렇다면 그런 해석은 이전에는 감추어져 있던 의미를 드러낼 것이고, 반면에 지금 공동체에 필요한 것들을 이끌어내기도 한다. 이런 종류의 알레고리적 해석은 일종의 예언이다. 바울은 창 21:10 본문이 갈라디아 교회에게 직접 말씀하는 것으로 "듣는다." 그리고 그의 알레고리적 해석은 그들도 그 말씀을 듣도록 돕는다.

4. *자유의 의미.* 무엇보다도, 이 편지의 수사학적 절정인 갈 4:21-5:1은 그리스도로 인하여 얻은 자유에 견고히 서라는 분명한 요청이다. 이 본문에 대한 모든 설교는 이 본문이 우리에게 자유를 누리라고 요청하고 있다는 것을 강조해야 한다. 이 본문을 해석하는 사람들은 바울이 말하는 자유와 국가주의자들이 말하는 자유를 혼동하지 않도록 주의해야 한다. 이것은 독립기념일 연설이 아니다. 또한 바울이 단순히 조악한 개인주의나 의식이나 의지의 내적 자유를 말하는 것도 아니다. 이 사실을 드러내는 결정적인 증거는 그리스도 안에 있는 자유는 그 자체가 견고한 공동체의 형성을 통해 드러난다는 것이다. 이 공동체에서는 민족과 인종과 신분과 성(gender)의 낡은 장벽이 하

나의 식탁에 둘러 앉아 교제하는 것으로 극복된다(참조. 3:26-29; 5:13-15). 요컨대 바울이 선포하는 자유는 *교회의* 자유다. 갈 5:13-6:10에서 분명하게 드러나겠지만, 그것은 교회의 공동체적 삶에서 구현되어야 한다.

이 자유는 "자율"과 뚜렷하게 구별된다. 자율이라는 말은 "자기-율법"(self-law)이라는 뜻이다. 자율적이 된다는 것은 역설적이게도 우리 자신에게 휘둘린다는 것이다. 대조적으로 바울이 말하는 자유는 그리스도 안에서의 자유다. 이 자유에 대해 바울은 이렇게 말한다, "이제 내가 사는 것이 아니요, 내 안에 그리스도께서 사는 것이다"(2:20). 그것은 고린도 사람들이 그랬던 것처럼 "모든 것이 내게 가하다"고(고전 6:12; 10:23) 외치는 자유가 아니다. 오히려 그것은 공동체 생활을 위한 자유이며, 사랑 안에서 서로를 섬기는 자유이다.

이와 같은 자유의 자리에 "견고히 선다"는 것은 무슨 뜻일까? 그것은 최소한 언약 구성원이 되기 위해서 율법이 부과하는 기준에, 혹은 다른 유사한 기준에 따르라는 압력에 저항하는 공동체를 형성한다는 의미일 것이다. 우리는 그리스도께서 오시기 전에 우리 모두가 감금되어 있던 노예 수용소에 그리스도께서 해방시키기 위해 침입하심으로 인하여, 우리가 전적으로 자유하게 된 것을 알고 있다. 그렇기 때문에 자유는 성취가 아니라, 선물이다. 자유를 그렇게 이해하는 곳에서는, 진정한 다양성을 위한 여지가 생긴다. 우리는 다른 사람을 기쁘게 해야 한다는 염려(1:10), 또는 자신들을 질서의 수호자라고 착각하는 사람들이 부과한 기대에 부응해야 한다는 걱정에 얽매일 필요가 없다. 우리는 오직 하나님께만 책임이 있으며, "하나님 안에서 섬김은 완벽한 자유이다."

견고하게 섬으로써, 진정한 자유의 공동체는–지금은 속박 상태에서 신음하고 있는–피조물에게 "하나님의 자녀의 영광의 자유"를 맛보게 해준다(롬 8:21). 우리가 지금 그리스도 안에서 알고 있는 자유는 미래 지향적 징조이며, 맛보기이며, 새 창조의 신호이다.

Ⅳ

갈라디아서 5:2-6:10

갈라디아 교회를 위한 목회적 권면

갈라디아서 5:2-6:10

갈라디아 교회를 위한 목회적 권면

개관

5-6장에서 바울은 마침내 할례 문제를 명시적으로 언급하면서, 갈라디아 교회가 선교사들의 교훈을 따를 때 겪게 될 심각한 결과에 대하여 경고한다(5:2-12). 이어서 바울은 성령의 인도하심 아래 사랑 안에서 살아가는 공동체(5:13-15)를 위한 대안적 전망을 제시한다. 진술되지 않았으나 함축하고 있는 것은 성령과 율법 사이의 비교인데, 선교사들은 육체에 대한 해결책으로서 율법을 제시하는 반면에, 바울은 육체의 욕망에 대처할 수 있는 유일한 능력이 성령이라고 칭송한다(5:16-26). 마지막으로 바울은 갈라디아 교회에게 상호 교정, 공유, 서로에게 선한 일을 하는 관행을 포함해서, 공동체로서 서로 어떻게 관계를 맺어야 하는지에 대해 가르친다(6:1-10). 이 단락을 통해 우리는 선교사들의 갑작스러운 등장으로 혼란스러워 했고, 그 결과로 불화와 갈등을 겪고 있던 것이 분명한 갈라디아 교회에 대한 바울의 목회적 관심을 보게 된다(5:15, 26; 6:1-4).

A. 갈라디아서 5:2-12

할례를 거부하라는 요구

주석

5:2-4 이 편지에서 처음으로, 바울은 자신의 뜨거운 반응을 불러일으킨 특별한 문제를 언급한다: 할례. (이것은 앞서 디도를 할례 받게 하라는 압력을 거부한 것에 대한 언급에서[2:3] 이미 암시됐었다. 그러나 이제 처음으로 우리는 할례가

갈라디아 교회를 맞닥뜨린 가장 중요한 문제임을 알게 된다.) 갈라디아 교회는 할례 받을 것을 고려하고 있는데, 바울은 그런 가능성을 재난으로 생각한다. 바울의 말은 그가 일찍이 예루살렘 교회의 기둥들과 이루어낸 합의에도 불구하고(2:1-10), 왜 할례에 대한 압박이 당시에 갈라디아 교회에 일어나게 되었는지 아무런 실마리도 주지 않는다. 뒤이어 나오는 안디옥에서의 논쟁(2:11-14)에 비추어 보면, 아마 적어도 예루살렘 교회 내부의 어떤 파벌들이 그 합의를 더 이상 구속력 있는 것으로 보지 않았기 때문인 것으로 보인다. 우리는 또한 바울이 "거짓 형제들"(2:4)이라고 부른 파벌이 애초에 합의에 참여한 적이 없었음을 기억해야 한다.

이 새로운 단락은 시작부분에서 바울 자신의 권위 있는 모습을 연설 속에 강하게 주입시키기 위해서 말을 여러 번 끊는다. "보라! 나, 바울은, 너희에게 말하노니…" 그는 자신의 입장을 견지하기 위해서 장문의 신학적 논거를 제시했다(3:1-5:1). 그는 지금까지 자신이 이미 말한 모든 것을 실제로 적용할 지점에 이르자, 할례는 갈라디아 교회가 그리스도로부터 받을 수 있는 모든 유익을 무효화 할 것이라는 직설적인 선언을 자신의 개인적 권위의 무게를 온전히 담아서 내놓는다.

이것은 아주 강한 주장이다. 바울이 유대인들이 신자가 될 수 없다거나, 아니면 유대인들은 그리스도께서 주시는 유익을 받을 수 없다고 말하는 것인가? 바울이 그렇게 말할 수 없다는 것은 분명하다. 바울 자신이 유대인으로서 할례를 받았기 때문이다(빌 3:5). 그가 말하는 것은 기독교 신앙으로 개종한 이방인들이 스스로 할례를 받을 필요가 없다는 것이다. 왜? 3장과 4장의 주장에서 몇 가지 이유를 볼 수 있다: 율법 아래의 삶으로 가는 출입문인 할례는 이야기의 초기 단계로 뒷걸음질 치는 것이며, 그 걸음이 노예 상태로 이끈다는 것이다. 그러나 5:2-4에서 바울은 자신의 입장을 더 강한 말로 표현한다. 그는 율법과 그리스도는 근본적으로 양립할 수 없는 것이라고 주장한다. 이들은 서로 다른 힘의 영역을 대표하며, 율법의 권세의 영역에 들어가기로 선택한 사람은 그리스도에게서 끊어진다는 것이다. 충성은 이쪽이나 저쪽에 해야 한다. 타협은 불가능하다. 스스로 할례를 선택하는 것은 그리스도로는 불충분하다고 여기는 것이고, 따라서 그리스도의 영향을 받는 영역을 포기하는 것이다.

그렇기 때문에 바울이 할례를 받으면 율법 전체를 행할 의무가 생긴다고 3절에서 경고하고 있는 것으로 보인다. 3:10-14의 토론에서 이미 보았듯이, 바울은 율법이 죄가 없는 완전함을 요구한다고 주장하는 것이 아니다. 왜냐하면, 율법은 죄의 속죄와 용서를 제공하는 광범위한 조문들을 포함하고 있기 때문이다. 오히려 바울은 갈라디아 교회에게 만약 그들이 할례를 선택한다면, 그들은 경계선을 넘어 율법이 지배하는 점령지로 들어가는 것이라고 말하고 있다. 율법은 하나의 총체적 삶의 길이고, 한 사람의 삶을 총체적으로 요구하는 종교 체계이다. 율법 아래 들어간다는 것은(3:23; 4:4-5, 21) 율법이 다스리는 영역으로 들어가는 것이다. 어느 명령을 따를 것인지 고르고 선택할 권한이 없다. 그것은 전체가 한 묶음이다. 들어가든지 나오든지 해야 한다. (여기서 의심의 여지없이, 조상들의 전통에 지나친 열심을 지녔던 이전 시기 동안에 율법의 포괄적인 요구를 잘 이해하고 있던, 엄격한 바리새인이었던 바울의 흔적을 본다; 1:13-14을 보라.)

학자들은 때로는 3절에 근거해서 갈라디아의 선교사들이 완전한 율법 준수를 요구하지 않고, 단지 신분 표시로서 할례를 강요한다고 추측했다. 그러나 바울의 전체적 주장에 비추어 볼 때, 그것은 개연성이 없다. 바울은 갈라디아 교회가 "율법 아래에 있고자 한다"(4:21)고 말하고 있으며, 그들은 이미 안식일 준수와 유대 절기들을 받아들였다(4:10). 게다가 할례를 옹호하기 위한 주장의 일부로, 선교사들은 뭔가를 예고하듯이 신명기를 인용했다: "누구든지 율법 책에 기록된 대로 모든 일을 항상 행하지 아니하는 자는 저주 아래에 있는 자라"(3:10). 그래서 바울이 할례가 모든 율법을 행하여야 할 의무를 만들어낸다고 했을 때, 갈라디아 교회가 아직은 모르는 것을 말했을 리가 없다. 이 경고는 바울이 그리스도와 율법을 상호 배타적인 선택으로 제시하는 방식에서 힘을 얻는데, 이 방식은 둘을 혼합시키려는 선교사들의 열망과 극명하게 대조되는 것이다.

이 배타성의 결과는 4절에서 설명된다. 즉, 율법을 통하여 의롭다 함을 받으려는 사람들은 그리스도를 헛된 것으로 만들고 은혜에서 벗어났다는 것이다. "은혜"는 여기서는 (1절의 "자유"처럼) 하나의 장소처럼 표현되는데, 갈라디아 교회가 자신들이 생각하는 행동을 실행할 때, 스스로 탈출하게 될 영역을 가리킨다. 이 생각은 바울이 베드로에게 강하게 이의를 제기한 사건의 결론을 보다 적절하게 설명한 것이다: "내가 하나님의 은혜를 폐하지 아니하노니 만일 의롭게 되는 것이 율법으로 말미암으면 그리스도께서 헛되이 죽으셨느니라"(2:21). 만약 갈라디아 교회가 할례를 받을 경우에, 바로 갈라디아 교회가 하려고 하는 그것이 하나님의 은혜를 폐하는 것이라고 바울은 경고한다. (NRSV가 4절을 "그리스도에게서 스스로 잘려 나간다(cut yourselves off from Christ)"고 번역한 것이 의미는 바르게 전달하지만, 육체를 "잘라내는 것"에 대한 말장난으로 보인다. 그리스어 본문에는 없다. NIV의 번역이 더 낫다).

바울의 경고문에는 비꼬는 듯한 내용이 들어 있다. 바울은 문자 그대로 "율법으로 바르게 되려 하는 너희는...."이라고 쓴다. 바울은 이미 아무도 율법으로 바르게 됨을 얻을 수 없다고 단언해놓고(2:16; 3:11), 비꼬듯이 할례를 통해 바르게 되려고 하는 시도는 헛된 것일 뿐만 아니라 환상에 불과한 것이라고 주장한다. 이 문장에서 바울이 동사 "의롭게 되다/바르게 되다"(δικαιόω 디카이오오)를 사용하는 것은 "바르게 됨"이 무엇보다도 하나님의 언약 백성 안에 포함됨을 가리킨다는 우리의 생각을 뒷받침 해준다(2:16에 관한 주석을 보라). 그것이 갈라디아 교회가 할례를 통하여 얻고자 했던 목적이다. 그러나 바울이 거듭 확언한 것처럼, 갈라디아 교회는 그들의 행동과 아무 상관없이 예수 그리스도의 신실하심으로 말미암아 하나님의 백성으로 이미 받아들여졌다. 따라서 그들이 다른 어떤 방법으로 언약 백성이 되려 하는 것은 그리스도 안에 있는 하나님의 은혜를 거절하는 비극을 만들어내는 것이다.

5:5-6 율법으로 말미암아 바르게 됨/의롭게 됨(δικαιοσύνη 디카이오쉬네)을 구하는 사람들과 달리, "*우리는*(이 대명사의 위치가 강조용법이다) 성령으로 믿음을 따라 [종말론적인] 의의 소망을 기다린다." 4절과 5절의 대조에 주목해야 한다. 즉, 율법으로 말미암은 의를 추구하는 사람들은 언약 백성의

자격을 현재 소유하고 있다고 주장하는 반면에, 바울과 그의 전망을 공유한 사람들은 하나님께서 미래에 종말론적 판결을 하실 것이라고 본다. 바울이 때로 예수 그리스도의 죽음과 부활을 통하여 바르게 되는 일이 이미 일어났다고(예를 들어 롬 5:1) 말하기도 하지만, 그의 변증법적 종말론은 바르게 되는 것(디카이오쉬네)은 미래 상태라고 지속적으로 주장한다. "바르게 됨"이 하나님의 백성에 포함되는 것을 말하는 것이라면, 바울의 회중들은 이미 그것을 경험한 것이며, 유대인과 이방인들이 같은 식탁에서 교제하는 것을 통하여 이 일을 증언하는 것이다. 그러나 "바르게 됨"이 하나님께서 최종적으로 정의를 세우는 것이라면, 그것은 미래의 소망인 것이다.[1]

미래에 바르게 된다는 것은 갈라디아서의 두드러진 주제는 아니지만, 바울 신학에서 중요하게 그리고 일관되게 강조하는 것이다. 5절에 있는 표현은 롬 8:18-25에 있는 것과 동일한 생각이 훨씬 더 자세하게 전개될 것을 예시한다. 그 생각은 성령을 가진 사람들은 우리의 소망이 성취되기를 간절히 기다리면서, 여전히 속박 상태에 있는 피조물과 함께 신음한다는 것이다. 여기에서 명사 "소망"만이 아니라, 동사 "간절히 기다리다"(ἀπεκδέχομαι[아페크데코마이] 5절, 롬 8:19, 23, 25)도 중요한데, 이 동사는 신자가 하나님의 영광과 은혜에 대한 궁극적인 나타남을 기대하는 즐거운 기다림을 묘사한다. 동일한 동사가 고전 1:7과 빌 3:20에도 나온다. 이 두 경우에, 이 동사는 우리를 그의 영광으로 변화시키고, 피조물들을 다스리기 위하여 그리스도께서 영광 중에 다시 오시는 것에 대한 기대를 가리킨다. 이 구절들은 바울이 "의의 소망"이란 말로 말하고자 했던 것을 보다 온전하게 이해할 수 있도록 도와준다.

바울은 간절히 기대하면서 기다리는 능력은 성령과 믿음으로 유지된다고 말한다. 이 용어들은 바울이 앞에서 설명한 것(2:16; 3:1-14, 22-26; 4:6-7)을 통해 얻게 된 온전한 의미를 5절에서 전달하고 있다. 성령은 그리스도의 신실하신 죽음으로 말미암아 유대인과 이방인들에게 똑같이 주어진 약속된 복

---

1) "의의 소망"이라는 어구는 애매하다. 이것은 "의가 소망하는 것"(주격 소유격)을 뜻하는 것인가, 아니면 "의에 있는 소망"(설명적 소유격)을 뜻하는 것인가? 후자의 해석이 선호되고 있다. Martyn, *Galatians*, 472을 보라.

이다. 성령은 우리가 하나님의 자녀임을 기다리고 있는 이 시간에도 외치고 증언한다. 바울이 여기에서 "믿음으로"(ἐκ πίστεως 에크 피스테오스)라는 표현을 사용하는 것은 아주 적합한 것이다. 이 표현은 합 2:4에서 가져 온 것인데(갈 3:11에서 인용함), 여기서 이 말은 하나님의 백성이 고난을 견뎌야 하는 것을 선지자가 불평한 것에 대한 대답이다. 하박국에게 주신 하나님의 대답은, 이것이 바울의 복음 설교에서 핵심이 되는데, 의인은 믿음으로(ἐκ πίστεως 에크 피스테오스) 살리라는 것이다. 달리 말하자면, 의인은 하나님께서 약속된 구원을 가져다주기를 기다리면서, 굳게 믿으며 기대하는 자세로서 산다는 것이다. 그것이 정확히 바울이 5절에서 서술하고 있는 입장이다.

바울이 언급한 소망의 종말론적 특성이 6절에서 강조되는데, 6절은 3:28에서 암시되고 6:15에서 완전하게 설명되는 "새 창조"주제를 강력하게 소환시킨다. "그리스도 예수 안에 있는" 사람들은 종말론적 구속이 예상되는 영역으로 이미 들어갔는데, 그곳은 "할례"와 "무할례"라는 바로 그 범주가 완전히 무효화된 곳이다. 바울은 (문자 그대로) 그것들은 더 이상 "힘"이 없다고 말한다. 이런 상황에서 선교사들이 갈라디아 사람들에게 할례를 받아야 한다고 촉구하는 것은 우스운 일이다. 그것은 십자가로 폐지된 범주들의 세계로 후퇴하는 것이다.

무효화된 이 오래된 범주들 대신에, 힘과 정당성을 가진 새로운 실체가 나타난다. "사랑으로써 역사하는 믿음"이다. "*역사하*는 믿음"이라는 표현은 이 편지의 첫 번째 독자들에게는 모순어법(oxymoron)처럼 보였을 수도 있다. 바울은 "믿음"과 "행위"를 서로 완전히 반대되는 것으로 말하지 않는가(3:10-12)? 6b절은 바울이 이 두 개념으로 무슨 말을 하려고 한 것인지 다시 살펴보게 만든다. 바울이 "행위들"을 격렬하게 비판한 것은 선행을 폄하하는 것이 아니다(6:9-10도 보라). 오히려 바울은 모세의 율법이 정하고 있는 유대 민족의 구성원 자격을 나타내는 구체적인 복종의 행위인, "*율법*의 행위들"을 표적으로 하고 있다. 이것이 갈라디아 교회가 직면한 문제였지만, 선행으로 구원을 얻을 수 있느냐 없느냐의 문제는 아니었다(3:10에 대한 주석을 보라). 동시에 "믿음"은 단지 주관적인 정신적 태도나 교리적 신념의 목록이 아니다.

그것은 – 아브라함의 사례와 같이 – 실제로 삶으로 보여준 신뢰(trust)를 의미한다. 이것이 6절보다 더 선명한 곳은 없다. 믿음은 수동적인 정지 상태가 아니다. 그리스도 안에서 믿음은 사랑을 통하여 실제로 행하여진다.[2)]

"사랑"(ἀγάπη아가페)은 바울이 좋아하는 주제인데, 이 편지에서는 이곳 6절에서 처음으로 등장한다. 더 정확하게 말하자면, 명사형으로는 이것이 처음이다. 바울은 전에 이 편지에서, 그리고 이 동사의 의미를 상당히 정확하게 규정하는 문맥에서 이 동사를 한번 사용한 적이 있다. 바울은 이제는 "나를 *사랑하사* 나를 위하여 자기 자신을 버리신 하나님의 아들의 믿음으로"(2:20) 산다. 하나님의 아들의 사랑은 우리를 위해 자신을 주시는 행위를 통해 드러난다. 이 자신을 주는 것은 결국 그의 믿음의 실행으로 이해된다. 따라서 갈 2:20은 "사랑으로 역사하는 믿음"의 전형적 모습을 보여준다. 그것이 무엇처럼 보이는가? 그것은 십자가의 예수님처럼 보인다. 그것이 새 창조에서 유일하게 중요한 것이라고 바울은 말한다. 교회는 십자가 이야기와 상응하는 방식으로 사랑으로 역사하는 이 믿음을 구현하도록 부르심을 받았다. 할례의 요구는 이 부르심과는 완전히 어긋난다.

5:7-10 5-6절에서 바울은 그리스도로 말미암는 바르게 됨을 기다리며, 사랑으로 역사하는 믿음으로 살아 움직이는 신앙 공동체에 대한 긍정적인 전망을 그려낸다. 그러나 7절에서는 비틀거리며 전망을 상실할 위기에 처한 갈라디아 교회로 인해 다시 한 번 바울의 마음이 슬퍼진다. 그는 달음질이라는 은유를 사용한다(참조. 고전 9:24-27; 빌 3:12-14; 딤후 4:7). 갈라디아 교회는 "달음질을 잘하고 있었다". 동사는 미완료 시제인데, 이는 달리는 사람이 순조롭게 앞으로 달려가듯이, 바울이 떠나고 얼마 동안 그들이 계속 진보하고 있었다는 것을 보여준다. 그러나 이제 그들을 넘어뜨릴 일이 일어났다. NIV("누가 너희를 막았느냐"?)는 그리스어 본문을 정확히 표현하는 반면에, NRSV는

---

2) 던은 이렇게 주석했다: "여기서 바울은 그 어느 때보다도 야고보에게 더 가까이 다가간다(약 2:18)." Dunn, *The Epistle to the Galatians*, 272.

그 은유를 잃어버렸다. 갈라디아 교회는 이제 그들의 길을 막고 밀쳐서 균형을 깨뜨린 다른 주자 때문에 달리기를 포기한 주자 같은 모습이다. 뿐만 아니라, 바울이 선택한 동사는 재치 있는 중의법인 것이 거의 확실하다. 선교사들이 갈라디아 교회에게 포피 살을 자르라고(cut) 함으로써, 그들을 "가로 막는다"(cut in)는 것이다.

선교사들이 끼어든 결과로 갈라디아 교회가 "진리에 순종하는 것"에서 방향을 바꾸게 되었다.[3] 뿐만 아니라, 2:5, 14에서와 같이, 우리는 "진리"가 어떤 행위를 이끌어 내거나, 또는 어떤 경우에는 더 좋은 공동체의 삶을 이루어낸다는 것을 알고 있다. 진리는 단지 인정해야 할 개념이 아니다. 그것은 따르고 실천해야 할 실체이다. 진리는 지적인 동의가 아니라 실천적 순종을 요구한다. "순종하다"로 번역된 동사는 "설득되다"라는 의미도 담고 있다. 선교사들은 바울이 갈라디아 교회에 설교한 복음에 대한 신뢰를 약화시켜서 갈라디아 교회의 균형을 깨뜨렸는데, 이로 인해서 그들이 이전에 진리를 배웠지만, 그 진리가 이제는 갈라디아 교회를 완전히 설득하지 못하게 된 것이다.

선교사들은 수사학적인 설득을 주요 전략으로 사용했다. 그러나 바울은 이 설득이, 겉보기에는 매력적이라고 하더라도, 하나님("너희를 부르신 이"; 참조. 1:6)으로부터 온 것이 아니라고 단언한다. 갈라디아 교회는 하나님이 보내시지도 않았고, 교묘한 수사법을 사용하는 자 때문에 그들의 원래의 부르심에서 벗어나게 되었다. 이런 생각의 흐름은 1:6-9을 떠올리게 하는데, 거기에서 바울은 하나님으로부터 오지 않은 교훈을 설교함으로써 혼란을 일으키는 어떤 사람들에게 저주를 선언한다. 주석가들은 때로 8절은 사탄이 선교사들의 그릇된 설득력의 원천이라는 것을(참조. 고후 12:7; 살전 2:18) 암시한다고 주장하지만, 그런 추론은 바울이 여기서 말하는 것을 넘어간다. 그의 주된 강조점은 그의 적수들의 설득력 있는 수사법에 대한 그 어떤 신적 권위도 부정하는 것이다. "누가 너희를 막았느냐?"라는 질문은 답을 요구하는 것이 아니다. 바

---

3) 이 전체 주제에 관하여는, J. M. G. Barclay, *Obeying the Truth: A Study of Paul's Ethics in Galatians*, Studies of the NT and Its World (Edinburgh: T.&T. Clark, 1988)을 보라.

울과 그의 갈라디아 독자들은 그가 누구에 관해 이야기하는지 너무나 잘 알고 있다.

9-10절에 있는 사고의 전환은 갑작스럽고 이해하기 어렵지만, 처음 눈에 보이는 것보다는 훨씬 일관성이 있다. 사고의 흐름을 이해하기 위한 핵심은, 4:30-5:1에서와 같이, 바울이 갈라디아 교회들에게 그들의 공동체로부터 선교사들을 쫓아내라고 요구하고 있다는 것을 인식하는 것이다.[4] 그것이 그가 "적은 누룩이 온 덩이에 퍼지느니라"(9절)라는 격언을 인용하는 이유이다. 이것은 거짓된 가르침과 행위가 갖고 있는 교묘하게 부패시키는 능력에 대하여 경고하는 말이다. 고전 5:6에서 바울은 고린도 교회에게 명백한 성 범죄자를 교회에서 쫓아내라고 했던 자신의 명령을 뒷받침하기 위해 정확하게 같은 격언을 인용한다. 9-10절에서 말하는 문제는 다르지만, 요점은 같다. 즉, 교회는 암이 퍼지기 전에 그것을 제거함으로써 교회의 순수성을 지키기 위한 행동을 취해야 한다는 것이다. 선교사들의 가르침은 하나님에게서 오지 않았고(8절), 그래서 그것이 공동체를 부패시키기 전에 뿌리 뽑아야 한다. 바울은 4:30의 지시를 반복하지 않았지만, 강조점은 분명하다. 9절의 격언은 그들이 강력한 배제 조치를 해야 할 이유인 것이다.

10절은 9절에 대한 이러한 이해를 논리적으로 따라간다. 바울은 갈라디아 교회가 이 문제에 대한 자신의 견해를 받아들이고 그에 따라 행동할 것이라고, 즉 그들이 바울과 경쟁하던 선교사들을 쫓아낼 것이라고 확신한다. 물론 이러한 자신감의 표현은 그 자체가 과장된 것이며, 그들의 지지를 얻기 위해 의도된 수사적 책략이다. 이 상황에 대한 덜 낙관적인 관점에 대하여는 4:11, 20을 보라. 그러나 바울은 갈라디아 교회가 진리를 알게 될 것이라고 "주 안에서"(10절) 확신하고 있다. 그는 하나님께서 자신의 사역이 무너지도록 둘 것이라 믿을 수 없었다.

10절 하반절도 이런 사고의 흐름과 맞아떨어진다. 그는 문자 그대로 "너희를 요동하게 하는 자는 누구든지 심판을 받으리라"라고 쓴다. 궁극적으로 바

---

4) Williams, *Galatians*, 140-41.

울이 말한 심판은 분명히 하나님의 심판이지만, 보다 가까운 의미에서는 문제를 일으키는 자들을 공동체에서 배척하는 심판 행위에 대하여 말하고 있을 것이다. 이러한 해석에 비추어 볼 때, 우리는 7-10절 말씀을 다음과 같이 풀어 설명할 수 있다. 설명을 위해 추가된 부분은 이탤릭체로 표현했다:

> 너희는 달음질을 잘 하였다. 누가 너희를 막고 *너희의 균형을 무너뜨려서* 너희로 진리를 순종하지 못하게 했느냐? 그들의 교묘한 수사학은 너희를 부르신 하나님에게서 난 것이 아니다. *만약 너희가 그들의 말을 듣는다면, 그들은 너희를 타락하게 할 것이다. 그러므로 너희는 그들을 너희 공동체에서 쫓아내야 한다.* 왜냐하면 적은 누룩이 온 덩이에 퍼지기 때문이다. *만약 너희가 그들을 너희 가운데 머무르게 둔다면, 그들은 온 교회를 부패시킬 것이다.* 나는 너희가 아무 다른 마음을 품지 아니하고 *또한 내 말대로 할 줄을* 주 안에서 확신한다. *비록 이 말이 가혹하게 들릴지라도, 그것은 하나님께서 판단하실 것이다.* 너희를 요동하게 하는 자는 누구든지 심판을 받을 것이다.

1:7과 5:12에서 대적자들을 복수로 표현한 것과 달리, 바울은 왜 10b절에서 단수로 경고의 말을 했을까? 세 가지 설명이 가능하다. (1) 바울이 선교사들의 활동을 지도하는 한 사람을 생각하고 있는 것이다. (2) 갈라디아 교회들이 여럿이기 때문에, 아마도 각 교회마다 한 사람의 선교사가 활동했을 것이다.[5] (3) 그 경고는 갈라디아 교회에 문제를 일으킬 수 있는 모든 개인에게 적용되도록 일반적인 용어로 작성된 것이다. 가장 간단한 설명, 따라서 가장 좋은 설명은 세 번째인 것으로 보인다. 만일 바울이 단 한 명의 적수를 생각하고 있었다면, 2:11-14에서 게바의 이름을 언급한 것처럼, 바울이 그의 이름을 부르는 것을 주저할 이유가 없다. 동시에 "누구든지"라는 불확정적인 표현은 선교사들이 주장하는 권위에 대한 의도적 무시를 보여준다. 이것은 2:6, 9에서 "기둥 같이 여기는 이들"이라는 비꼬는 듯한 표현이, 바울은 그들의

5) Dunn, *The Epistle to the Galatians*, 278.

평판에 영향을 받지 않는다는 것을 암시하는 것과 똑같은 것이다. (NIV가 NRSV보다 이런 느낌을 더 잘 포착한다.)

5:11 갑자기 바울은 인신공격적인 비난에 답한다. 아마도 10b절에 있는 갈라디아 교회를 요동하게 하는 그의 적수들의 활동에 대해 말하다가 갑자기 하게 된 말인 것 같다. 바울의 대답이 너무 짧고 모호해서 무엇에 반응한 것인지 확신하기가 어렵다. 어떤 이유 때문인지, 선교사들은 바울이 때로는 할례를 전파했다고 주장하고 있었다. 바울의 편지에 대한 우리의 지식에 비추어 볼 때, 그 주장은 이상하게 보인다. 바울의 경쟁자들은 무슨 말을 하고 싶었던 것일까? 많은 억측들이 있지만,[6] 가장 그럴듯한 것은 문제를 일으키는 자들이 갈라디아 사람들에게 사실은 바울도 다른 공동체들의 다른 상황에서는 할례를 옹호했지만, 하나님의 언약에 대한 이 핵심적인 지식을 갈라디아 교회에게는 감추었다는 것이다. 그리고 이는 아마도 그가 갈라디아 교회가 거부감을 일으킬 것을 두려워하는 "사람을 기쁘게 하는 사람"(참조. 1:10)이었기 때문이라는 것이다. 행 16:1-3에 나오는 이야기는 이 소문이 만들어진 방앗간에 공급된 재료를 보여준다. 바울은 루스드라와 이고니온(즉 "남 갈라디아")의 신자들에게 잘 알려진 디모데의 할례에 사실상 찬성했다는 것이다.[7] 요컨대 선교사들은 바울이 다른 곳에서는 할례의 중요성을 정말로 인식하고 있었다는 것을 행동으로 보여주었으면서도, 갈라디아 교회에게는 장황하게 말만 늘어놓고 하나님의 요구사항에 대한 모든 진실을 말하지 못했다는 것이다.

이런 비난에 반박하기 위해, 바울은 유대인 신자들의 손에 박해를 당한 자신이 경험을 언급한다. 바울은 이렇게 말한다. "내가 할례를 전한다면 이 열광적인 유대인들이 나에게 계속해서 박해를 가하지는 않았을 것이다." 그러

---

6) 도움이 되는 여섯 가지 선택지의 목록에 대하여는, Dunn, *The Epistle to the Galatians*, 278-80을 보라.

7) 누가는 디모데의 어머니가 유대인(행 16:1)이라는 것을 조심스럽게 지적했다. 유대인들의 전통에서는, 이것이 그를 이방인이 아닌 유대인으로 만들었다.

나 사실상 바울은 자주 할례파들에게 박해를 당하고 있기 때문에, 그것이 바울이 그들의 입장을 지지하지 않는다는 것을 입증한다. 만일 그가 이방인들을 위해 율법에서 자유로운 복음 전하는 것을 포기했다면, 갈등의 여지는 없었을 것이다. (그리스도인들에 대한, 그리고 바울에 대한 박해에 대해서는 다음을 보라, 1:13, 23; 4:29; 6:12, 17; 아마도 4:13-14까지.) 바울이 말하는 박해가 특별히 유대인 기독교 권위자들로부터 비롯된 것인지(4:29은 그것을 암시한다), 아니면 비기독교 회당에서 비롯된 것인지는(1:13-14; 행 14:19; 17:5-14) 논쟁의 여지가 있다.

또한 바울은 "할례를 전하는 것"(이 어구는 아마 선교사들의 율법준수 복음을 바울이 간략하게 요약한 것으로 보인다)에 대하여 자신이 반대하는 신학적 이유를 제시한다. 만약 그가 할례를 전한다면, "십자가의 거치는 것(문자적으로는 걸림돌[σκάνδαλον스칸달론])이 제거되었을 것"이라는 것이다. 이 문장의 논리는 *스칸달론*을 좋은 것으로 이해할 것을 요구한다. 바울은 마치 자신의 갈라디아 독자들이 그의 뜻을 이해할 것이라고 예상하는 것처럼 이 말을 내뱉는다. 바울이 이전에 갈라디아 교회에 설교했을 때 이 용어를 사용했을 것으로 보이지만, 이 편지에서는 그것에 대한 사전 설명이 없다. 여기에는 바울이 고전 1:18-2:5에서 전개한 일련의 생각이 전제되어 있다. 즉, 십자가의 선포가 "유대인에게는 *스칸달론*이고 이방인에게는 미련한 것이로되, 오직 부르심을 받은 자들에게는 유대인이나 헬라인이나 그리스도는 하나님의 능력이요 하나님의 지혜라"(고전 1:23-24)는 것이다. 십자가는 모든 인간의 종교와 철학과 모든 인간의 지혜를 당황하게 한다. 그것은 하나님께서 오래된 세계를 분쇄하고 새로운 세계를 가져오시는 이상한 도구이다(참조. 2:19-21; 3:13-14; 6:14-15). 그래서 11b절의 압축된 문장에서 바울은 (자신이 이전에 그랬던 것처럼, 1:13-14) 할례를 전하던 때로 돌이킬 수 없다고 말한다. 그렇게 하는 것은 하나님께서 자신에게 계시하신, 세상을 변화시키는 복음의 능력을 부정하는 것이 될 것이기 때문이었다. 그것은 할례가 유대인들을 나머지 세계와 멀어지게 하는 표지 노릇을 해주는, 그런 세계에서 늘 하던 일로 돌아가는 것이 될 것이었다. 이전에 갖고 있던 신앙적 세계관에서 볼 때, 십자가는 걸림돌이었다. 십자가는 세계의 총체적 의미를 구성하는 유대인과 이방인, 성과 속의 구별을 부인하기 때문이다.

그래서 11절에서 바울은 자신이 다른 교회에서 할례를 옹호했다고 교묘하게 암시하는 것을 간략한 두 가지 방향의 반응으로 반박한다. 바울이 할례파로부터 계속해서 괴롭힘을 당했다는 경험적 증거는 이 고발이 거짓임을 입증한다는 것이고, 어쨌든 만일 그가 할례를 옹호했다면 그것은 복음을 부인하는 것이나 다름없다는 것이다. 이는 갈라디아 교회가 할례를 행하기로 결정할 경우에, 갈라디아 교회가 복음을 부인하게 되는 것과 같은 것이다.

5:12 선교사들이 바울의 진짜 입장을 터무니없이 왜곡했다는 생각에 바울은 분노가 끓어올랐다. 바울은 적들에게 맹렬하게 조롱을 퍼부었다. 바울은 노골적으로 조롱했다. "만약에 그들이 그렇게 남성 성기를 자르는 것에 열을 올린다면, 나는 그들이 스스로 거세하기를 바란다." 상상해보건대, 이 편지가 갈라디아 교회에서 낭독되었을 때, 이 대담한 비난 때문에 회중들 사이에서 숨이 몇 번은 멎었을 것이고, 이어서 바울의 지지자들은 웃었을 것이고, 바울을 비난하는 자들은 분노하였을 것이다. 우리는 이런 종류의 거친 농담이 바울의 주장에 거의 도움이 되지 못한다고 생각할 수 있지만, 여기서도 바울은 이 편지의 다른 부분과 마찬가지로 독자들이 자신의 주장을 택하도록 설득하기 위해 사용할 수 있는 수사학적 기술을 활용한 것이다.[8)]

---

8) 베츠는 이렇게 언급한다. "거세된 남자를 조롱하는 것은 비방을 일삼는 설교자들이 언제든 써먹을 수 있는 소재였다." 이것은 바울이 말한 것과는 전혀 다르지만, 비슷한 점은 있다. 주석가들은 "북 갈라디아"의 도시인 페시누스에 있는 유명한 신전에서 거행되던 키벨레라는 이교 제의를 오랫동안 주목해 왔다. 이곳에는 거세된 제사장들이 있는 것으로 유명했다. Betz, *Galatians*, 270를 보라. 바울의 이 잔인한 농담은 아마 선교사들이 할례를 강조하는 것과 이런 종류의 이교 제의를 연결시키려는 의도인 것을 보인다. 5:12는 유대교를 스토이케이아(stoicheia) 아래에 있는 이방 종교의 또 하나의 변종으로 보는, 유대교에 대한 바울의 도발적 묘사의 다른 예를 보여준다. 4:8-11; Martyn, *Galatians*, 478을 보라. 그러나 유대 전통에서 성기 훼손 행위는 공포로 여겨졌다. 바울도 잘 알고 있던 바와 같이, 선교사들이 옹호한 율법은 엄격한 규칙을 제시한다: "고환이 상한 자나 음경이 잘린 자는 여호와의 총회에 들어오지 못하리라"(신 23:1). 만약 바울의 끔찍한 소원이 이루어진다면, 할례 옹호자들은 자기 백성들로부터 끊어지게 될 것이다.

바울이 대적자들을 공격하기 위해서 그토록 극단적인 수사법을 사용한다는 사실은 그가 논쟁 중인 문제를 얼마나 심각하게 생각하고 있었는지, 그리고 선교사들이 자신의 신념을 왜곡해서 설명한 것과, 그들이 그의 회중을 "요동하게 한 것"에 대해 바울이 얼마나 분노했는지를 보여준다. 한편 바울이 할례와 거세를 연결시켜 빈정댄 것은 선교사들의 입장에서는 악의적인 명예훼손으로 받아들여 질 수도 있었다. 어쨌든 논쟁은 볼썽사나워졌다.

신학적 묵상

1. *묶음 상품식 구성원 자격 요건은 불가함.* 할례에 관한 바울의 논평이 교회 생활에서 때때로 일어나는 다른 문제들에 어떻게 적용될 수 있는지를 보기 위해서 엄청난 상상력을 동원할 필요는 없다. "물론 당신은 예수 그리스도로 말미암은 하나님의 은혜를 믿어야 하지만, *그러나* 만약 당신이 정말로 하나님의 백성이 되고자 한다면 당신은 한 가지를 더 해야 합니다...."라는 부가적인 단서가 복음 설교에 붙는 어디에서나 우리는 비슷한 도전에 직면한다. "한 가지 더"가 무엇이건 간에, "그러나"가 이끄는 절이 치명적이다. "그러나"가 이끄는 절이 국가적 또는 민족적 정체성에 대한 어떤 조항을 포함하는 경우에, 갈라디아의 상황과의 유사성은 특히 높아진다. 바울은 복음을 부가적 구성원 자격 요건을 포함한 묶음 상품의 한 부분으로 묶으려는 모든 노력에 대한 영원한 적이다. 그런 모든 일괄 거래의 시도는 하나님의 은혜를 거부하는 것이 되고 만다.

2. 앞에서 언급한 요점의 귀결은 그리스도께서 우리의 삶 전체를 요구하신다는 것이다. 그 어떤 분열된 충성심이나, 타협이나, 우리가 자율적인 중개인으로 남아 있는 영역은 있을 수도 없다. 칼 바르트는 이 점을 강력하게 표현한다:

> 왜냐하면 이 언약을 통해 예수 그리스도의 죽음과 부활의 사실로 말미암아 우리를 끌어안으시는 것만이 아니라.... 또한 우리를 성화시키

> 시고, 우리를 자신에게 끌어당기시고, 그럼으로써 그의 언약의 동반자로서 우리를 복종에 눈 뜨게 하실 그의 살아있는 명령을 통해 (비어있거나 중립적인 영역 없이 아주 가깝게) 우리를 끌어안으신다.[9]

우리의 삶은 어떤 "중립 지역"도 없이 그리스도께서 모두 끌어안으셨다. 율법은 경쟁하는 상징적 세계인데, 정확히 그것 때문에 율법은 절대적으로 거부될 수밖에 없다. 다른 상징적 세계는 있을 수 없다. 왜냐하면, 우리는 그리스도의 권능과 은혜의 영역에 둘러싸여 있기 때문이다. 만약 우리가 그것을 인식하고 그것을 따라 산다면, 우리는, 역설적이지만, 자유의 의미를 알게 될 것이다.

3. *의의 소망.* 갈 5:5은 이 편지에서 우리가 믿는 의가 미래의 소망으로 남아 있다는 가장 분명한 진술이다. 우리는 하나님께서 종말에 모든 것을 바르게 할 것이라고 믿으며 미래를 바라본다. "간절히 기다림"이라는 묵시적인 말이, 우리가 바라지만 아직 보지 못한(참조. 롬 8:24-25), 하나님의 새로운 세계에 대한 기다림을 표현한다. 그러나 동시에, 이미 새로운 세계로 들어가 살고 있는 우리를 본다. 왜냐하면, 그리스도 안에서 할례와 무할례가 유효한 범주가 되지 못하기 때문이다(5:6). 5:5과 5:6 사이의 긴장은 "아직 아니"와 "이미"의 변증법적 긴장이다. T.S. 엘리어트가 "죽음과 탄생 사이 긴장의 시간"[10]이라고 불렀던 변칙적 시간인, 그의 부활과 영광 중에 다시 오심 사이의 낯선 시간에 우리가 살아가고 있기 때문에, 이러한 긴장은 그리스도 안에 있는 삶에 대한 근본적인 진리인 것이다. 선교사들의 교훈에 있는 문제들 가운데 하나는, 할례라는 구체적 행동에 의하여 상징되는 율법 아래의 삶에서, 바르게 됨을 당장 가능하게 함으로써 이 긴장을 없애버리려고 하는 것이다. 바울의 복음은 그러한 종결에 반대하며, 희망을 가지고 미래를 바라보면서,

---

9) Barth, *Church Dogmatics* Ⅱ/2, 708.

10) T. S. Eliot, "Ash Wednesday," in *The Complete Poems and Plays*, 1900-1950 (New york: Harcourt, Brace & World, n.d.) 66.

십자가로 인해 불안정해진 세계에서 살라고 요청한다.

4. *사랑으로 역사하는 믿음.* 그리스도 안에 있는 새로운 삶은, 유대인과 이방인을 나누는 범주인 할례와 무할례라는 고정된 범주가 아니라, “사랑으로 역사하는 믿음”이라는 역동적 실체가 특징이다. 하나님이 이끄시는 믿음은 반드시 행동으로 나타날 것이다. 믿음의 행위의 성격은 “나를 사랑하사 나를 위해 자기를 버리신 하나님의 아들의 믿음”(2:20)이라는 말을 통해 분명하게 드러난다. 따라서 사랑으로 힘입은 믿음은 다른 사람을 위한 희생적인 봉사에서 드러날 것이다(참조. 5:13-14).

바울이 이 “사랑으로 역사하는 믿음”이라는 표현에서 사용한 분사는 동사 ἐνεργέω에네르게오(참조. 영어 어원 “energy”)에서 왔다. 바울은 이 말을 거의 항상 인간 안에서 그리고 인간을 통해 작용하는 외부의 힘을 묘사할 때 사용한다. 때로 외부의 힘은 정욕(롬 7:5)이나 죽음(고후 4:12) 또는 “불법의 비밀”(살후 2:7)처럼 악하기도 하지만, 더 많은 경우에 성령을 통해 나타나는 하나님의 능력을 가리킨다(고전 12:6, 11; 갈 2:8; 3:5; 골 1:29; 살전 2:13; 참조. 엡 1:11, 20; 3:20). 후자와 관련된 성구들 중에서 상징적인 것이 빌 2:13이다: “너희 안에서 행하시는(ἐνεργῶν에네르곤) 이는 하나님이시니, 자기의 기쁘신 뜻을 위하여 너희에게 소원을 두고 행하게(ἐνεργεῖν에네르게인) 하시나니.” 그렇기 때문에 인간이 경험하는 “사랑으로 역사하는 믿음”은 우리를 통하여 실제로 세계 안에서 역사하시는 하나님의 능력과 다를 바 없다. 자신의 삶 속에서 하나님의 능력을 경험한 사람들은 바울과 함께 “이제는 내가 사는 것이 아니요 내 안에 그리스도께서 사시는 것이라”고 말할 것이다. 우리가 경험한 믿음은 “예수 그리스도의 믿음”인데, 그가 모범이기 때문만이 아니라, 행동의 원천이기 때문이다. 그래서 그리스도의 믿음은 항상 사랑 안에서 그 자신을 드러낸다(고전 12:31b-13:13을 보라). 행동하는 사랑으로 구현되지 않는 정통 교리는 바울이 말한 믿음이 아니다.

5. *바울의 논박.* 논쟁의 열기 속에서, 바울은 경쟁 선교사들에 대해 열정

적으로 저항하다가, 그들이 스스로 거세했으면 좋겠다(5:12)고 하는 격한 바람을 발설하게 되었다. 이 본문은 격렬하게 논쟁하는 오늘날의 교회에 토론의 모델을 보여주는 것인가? 어떤 의미에서, 그 대답은, "당연히, 아니오"이다. 인신공격과 지나친 조롱은 논쟁의 평화로운 해결을 이끌어낼 것 같지가 않다. 바울의 감정 폭발은 특이하게도 5:6의 "사랑으로 역사하는 믿음"에 대한 바울의 요청과 나란히 나온다. 어떤 사람은 바울이, 후에 이 일을 돌아보면서, 자신의 단어 선택에 대해 변명했을 것이라고 생각하기도 한다. 그러나 이런 적대적인 발언을 하게 된 더 큰 맥락을 보는 것이 중요하다. 바울은 분명히 갈라디아 교회에 그들의 교회에서 외부의 선동가 집단을 쫓아내라고 요청한다. 바울이 볼 때 그들은 복음을 전복시키고 사람들을 그리스도로부터 멀어지게 하는 자들이다. 그들은 갈라디아 사람들이 은혜로부터 멀어지게 하고 있다. 이것은 심각한 일이다.

바울의 독설은 하나님과 하나님의 백성의 원수에게 벌을 내려달라고 기도하는 시편을 연상시킨다(시 137:8-9는 가장 악명 높은 예이다). 여기에서 분별이 필요하다.

한편으로는, 그런 본문이 정경 내에 존재한다고 해서 반드시 화자들의 목소리에 들어있는 적개심을 권장하는 것은 아니다. 성경은 인간, 특히 하나님의 사랑을 받는 선택된 인간을 냉정한 현실에 비추어서 보여주는 본문들로 가득하다. 아브라함, 야곱, 다윗처럼 바울도 거친 면을 갖고 있다. 그런 의미에서, 그는 우리 보다 더 나을 것이 없으며, 갈 5:12은 바울의 성화 되지 못한 분노의 일면을 보여준다. 이상하게도 우리는 사도들조차 판단의 실수를 할 수 있다는 것을 알면서도, 그런 오류가 드러날 때 위로를 느낀다.

그리고 다른 한편으로는, 바울의 분노에는 깊고 심각한 이유가 있는데, 우리는 이 점을 너무 쉽게 간과해서는 안 된다. 이 근본적인 분노는 이 한 절에만 있는 것이 아니다. 1:6-9 이후로, 억눌려진 분노가 편지 전체의 어조를 좌우한다. 그리고 선교사들이 실제로 바울의 교회를 하나님의 은혜로부터 멀어지게 한다는 바울의 확신을 인정한다면, 그 분노는 충분히 정당화될 수 있다. 그것은 예수께서 성전의 환전상들에게 분노한 것이나, 하나님께서 마음이 굳어지고 믿음이 없는 이스라엘에게 분노한 것(예를 들어, 신 32:15-22)과 같은 것이기 때문이다. 만일 우리가 선을 그어야 하고 악을 악으로 불러야 할 때가 있다고 믿는다면(1:6-9의 주석과 신학적 묵상을 보라), 분노의 시간도 있는 것이다(참조. 전 3:8). 기독교 신앙은 파괴적인 힘들을 아무렇지도 않게 받아들이라고 명령하지 않는다. 실제로 갈 5:12은 복음에 대한 교회의 신앙을 부패시키고 분열시키는 사람들에게 우리가 마땅히 그랬어야 할 만큼 화를 내지 못한 것은 아닌지 잠시 멈추어 생각하게 한다.

6. 마지막으로 바울의 "십자가의 걸림돌"(11절)이란 말은 복음에 대한 근본적인 교훈, 즉 십자가에 달리신 예수 그리스도의 이야기(3:1, 13)를 상기시켜준다. 항상 우리는 십자가를 모호하게 하고 축소하는 방식으로 그 교훈을 다른 모습으로 내놓으려는 교묘한 유혹과 마주치게 된다. 우리는 정말로 십자가를 이야기의 중심에서 옮기고 싶어 할 수도 있다. 왜냐하면, 그렇게 되면 우리는 다른 종교적인 세계관과 철학적인 세계관과 일종의 합의와 조화를 이룰 수 있기 때문이다. 그렇게 되면 우리는 할례와 예수를 함께 설교할 수 있었을 것이고, 그 예수는 아마도 계몽된 지혜 교사의 모습이었을 것이다. 그러나 그것은 신앙일 수 없다. 십자가라는 걸림돌이 없으면 복음은 없다. 왜냐하면, 십자가는 인간의 모든 자기 정당화 계획을 끝장내기 때문이다. 바울은 후기(6:12-14)에서 이 점으로 돌아갈 것이다. 바울과 마찬가지로, 우리의 설교도 거기로 거듭거듭 돌아가야 한다.

B. 갈라디아서 5:13-15
사랑할 자유
주석

5:13 많은 주석가들이 13절을 이 편지의 마지막 주요부분의 출발점으로 생각한다. 그리고 2-11절은 편지의 중심 논지(3:1-5:11)의 결론으로 보고, 5:13-6:10은 논쟁의 중심 부분에 첨부된 교훈 단락(도덕적 권고)으로 본다. 이

런 분석에는 상당한 이유들이 있다. 가장 중요한 것은 오직 5:13-6:10에만 명령과 권고의 가정법 동사들이 집중된다는 것이다. 대조적으로 2-12절은 경고와 책망으로 되어있다. 그럼에도 불구하고, 그리스어 본문의 구조적 이정표들은 이 주석이 따르고 있는 다른 구분법을 암시한다. 명백한 분기점은 바울의 강한 어조의 감탄사가 나오는 2절이다. "보라, 나, 바울은, 너희에게 말하노니...." 13절에는 그렇게 분명한 새로운 시작이 없다. 이 절은 단지 접속사 "그러므로"(γάρ가르)로 시작하고, 13a절의 내용이 앞서 나온 진술들에 대한 논리적 근거를 제공한다는 것을 암시하고 있을 뿐이다(NRSV는 이 접속사를 번역했고, NIV는 번역하지 않았다). 11-12절은 바울이 잘못된 비난을 반박하느라고 약간 벗어난 것이며, 13절의 *gar*는 2-10절의 주장을 재개하고 보충하는 것으로 이해되어야 한다. 그리고 7-10절은 갈라디아 교회에게 경쟁 선교사들을 쫓아내라는 암묵적 요구로 이해되어야 한다(5:7-10에 대한 주석을 보라). 2절에서 13절에 이르는 생각의 흐름은 아래와 같이 의역될 수 있다:

> 너희가 할례를 받으면, 너희는 그리스도로부터 끊어질 것이다(2-4절). 할례는 그리스도께서 이루신 새 창조와 맞지 않는다(5-6절). 그러므로 너희는 할례를 거절하고 할례를 요구하는 선교사들을 쫓아내야 한다. 나는 너희가 내가 말하는 대로 할 것을 믿는다(7-10절). 너희가 이것을 행하여야 하는 이유는 너희가 자유를 위해 부름 받았기 때문이다(13a절).

따라서 5:2-6:10을 이 편지의 최종 주요 단락으로 보는 것이 더 낫다. 이 부분은 갈라디아 교회에게 공동체로서 어떻게 함께 살아가야 하는지를 보여주려는 바울의 목회적 관심이 전체를 아우르고 있다.

구조적으로 말하자면, 13절이 새로운 단락의 시작을 나타내지는 않지만, 13절은 중요한 전환점의 기능을 수행한다. 문장의 첫 부분은 이 편지의 중심 주제를 요약하면서("너희가 자유를 위하여 부르심을 입었으나"), 독자들에게 5:1의 결정적인 선언을 상기시킨다. 우리를 부르신 이는 하나님이시며(1:6; 5:8), 그리스도로 말미암아 자유를 얻게 되었다는 것이다(1:4; 2:20; 3:13; 4:4-5; 5:1).

그러나 복음의 선포를 요약한 바울은 이제 새로운 도전에 직면한다. 그리스도께서 주신 자유는 우리를 도덕적으로 방치해 놓는가? 바로 그 문제를 13bc절에서 끄집어내서 대답한다: "그러나 그 자유로 육체의 기회를 삼지 말고, 오직 사랑으로 서로 종노릇 하라."

만일 율법이 이제는 그리스도에 의하여 직무에서 해임된 임시 관리인이었고, 또한 율법이 이제는 인간의 삶을 규제하지 않는다면, 우리는 도덕적 혼란의 바다에서 표류하고 있는 것인가? 의심의 여지없이 이것은 선교사들이 제기한 중요한 주장 중 하나였다. 그들은 바울이 무책임하게도, 인간의 악한 충동("육체")를 제어하기 위해 필요한 것이었다고 자기들이 주장했던, 그 율법에 대해서 제대로 교육도 하지 않은 채 세례를 주었다고 갈라디아 교회를 설득하려고 했다. 율법은 죄와 오류에 빠지지 않도록 우리를 안내한다는 것이다(참조. 5:1의 "멍에"의 은유). 이것이 유대인들의 표준적인 가르침에서 말하는 율법의 영광스러운 혜택 중 하나이다.[11] 이러한 도전에 비추어 볼 때, 바울은 자신의 복음이 어떻게 신앙 공동체의 일상생활에 충분한 도덕적 지침을 제공하는지에 대한 새로운 설명을 제공해야 한다. 베츠는 13절에서 도덕적 권면으로 전환하는 이면의 논리를 설명한다:

> 바울은 단지 할례와 율법(5:2-12 ...)을 반대하는 비판만으로는 이 갈라디아의 문제를 제대로 다룰 수 없다는 것을 알고 있다. 거기에는 반드시 악행과 실패, 즉 "육체"를 어떻게 효과적으로 다룰 수 있는지에 대한 적극적이고 실행할 수 있는 제안이 있어야 했다.[12]

---

11) Barclay, *Obeying the Truth,* 107, 은 여러 가지 근거들을 제시한다. 한 가지 예만으로도 충분하다: "(모세는) 도덕성에 대한 실제적 훈련을 애매모호하게 남겨두지 않았다; 그는 율법의 문자들이 작동하지 않는 것을 용인하지 않았다.... 아무리 하찮은 일이라도 개인의 재량과 변덕에 맡겨두지 않았다. 어떤 고기를 삼가야 하는지, 무엇은 누릴 수 있는지, 어떤 사람과 사귈 수 있는지, 어떤 기간에 힘든 노동을 해야 하고 또 쉬어야 하는지. 이 모든 것에 대해 우리의 지도자는 기준이자 법칙인 율법을 만들었는데, 그것은 마치 우리가 아버지나 스승 아래에 있는 것처럼 그 아래에서 살 수 있도록 하는 것이며, 고의로나 무지 때문에는 어떤 죄도 짓지 않도록 하는 것이다." (Josephus, *Against Apion* 2, 174).

12) Betz, *Galatians,* 273.

그래서 5:13-6:10 단락 전체는 공동체가 "육체"의 문제를 어떻게 다룰 것인지에 관한 바울의 적극적 제안을 제공한다. 즉, 그들은 율법이 아니라, 하나님의 성령의 인도하심 속에서, 사랑으로 살도록 부름 받았다는 것이다. 13절에서 바울이 사용한 정확한 표현을 신중하게 주목해야 한다. "사용하다(use)"라는 동사는 동사가 없는 생략 문장을 완성하기 위해서 NRSV와 NIV가 부가한 것이다. 마틴의 제안도 마찬가지로 생각을 채워 넣기 위해 가능한 방법이다: "오직 자유가 ...로 *바뀌지 않도록*"[13](그리스어 본문은 "*너의 자유*"라고 말하지 않는다; 이 소유대명사도 번역할 때 첨가된 말이다.) 자유와 바꾸어서는 안 되는 것은 ἀφορμὴν τῇ σαρκί아포르멘 데 사르키(육체의 기회)이다. 이 점에 대한 NIV("죄의 본성에 빠지다")와 NRSV("방종의 기회")의 차이는 이 어구를 적절하게 번역하는 게 어렵다는 증거이다. 명사 ἀφορμή아포르메는 문자 그대로 군사 행동을 위한 집결지 혹은 작전기지를 뜻한다.[14] 이 말은 헬라시대의 그리스어에서는 은유적으로 "기회"(NRSV)라는 뜻으로 사용되었지만, 바울은 아마도 원래의 문자적 의미를 어느 정도 의도적으로 반영해서 이 말을 사용하고 있는 것으로 보인다. 갈라디아 교회는 우주적인 분쟁에 휘말려있으며, 따라서 그들은 그리스도께서 그들을 위해 승리하신 영역이 육체의 적대적 힘이 반격하는 발판이 되지 않도록 주의해야 한다는 것이다.

"육체"(σάρξ사르크스)는 이 설명에서 또 다른 핵심어이다. NIV와 NRSV의 의역은 의미의 일부만을 담고 있을 뿐이다. 이 말은 보통은 필멸성 혹은 필멸의 한계라는 의미로(1:16; 4:13-14; 참조. 롬 8:3), 물리적 몸이나 몸을 구성하는 물질(2:20; 6:13)을 뜻하는 중립적 의미로 사용될 수 있다. 다른 한편, 5:13-26 전체에 걸쳐 그런 것처럼, 이 말은 하나님을 대적하는 인간 실존에 있는 죄의 능력을 가리키기 위해 사용될 수도 있다. 갈라디아서에서 바울은 종종 이 모호함을 3:3과 4:23, 29의 경우처럼 교묘하게 사용한다. 어떤 문맥에서는, 바울이 이 말을 하나님으로부터 멀어진 상태에 있는 타락한 인간 피

---

13) Martyn, *Galatians*, 479.

14) BAGD, 127.

조물을 묘사하기 위하여 환유적으로 사용하는지, 아니면 그가 "육체"를 모든 인간의 외부에 존재하는 하나의 적대적 세력("죄"와 "죽음"처럼)으로 생각하고 있는지 분별하기가 어렵다. 실제로 이 모호함은 특히 5:13-26 전반에 걸쳐 더욱 심하다. 바울이 이 단락 전체를 통해서 군사적 은유를 사용한 것은 그가 육체가 준-인격화된(quasi-personified) 적대 세력이라는 인상을 – 적어도 바울이 권면에 극적인 인상을 주기 위해서 – 적용하고 있다는 것을 암시한다. 그래서 13b절은 이렇게 말한다. "자유가 육체의 적대적 능력을 위한 작전기지가 되도록 하지 말라."

바울이 육체에게 통제권을 주는 것에 대한 해결책으로 긍정적인 권고를 주는 것이 놀랍다. 우리는 그가, "자유가 육체의 적대적 능력의 작전 기지가 되지 않도록 하라. 그러나 전력을 기울여 죄의 욕망에 저항하라," 혹은 그와 비슷한 권면을 할 것이라고 예상했다. 그러나 그는 이렇게 쓴다: "사랑으로 서로에게 종노릇 하라." 그는 종노릇을 강하게 거부했기 때문에(4:8-9, 25-26; 5:1), 이런 교훈은 충격적인 역설로 다가온다. 갈라디아 교회는 그들의 자유를 종이 되기 위해 사용해야 하는 것이다! (동사 δουλεύω[둘류오]를 "섬기다"[serve]로 번역함으로써 NIV는 이 역설을 축소시키며, 그래서 먼저 나온 종노릇이라는 이미지와의 명확한 연관성을 놓쳐 버린다.) 바울은 하나님과 그리스도에게 혹은 "의"(참조. 롬 6:15-23)에 대해 종이 되는 것에 대하여 말하지 않는다. 오히려 바울은 그들이 서로를 종으로서 섬겨야 한다는 것이다. 육체가 작전기지를 확보하지 못하도록 하는 방법이 사랑과 상호 섬김이라면, 이는 육체의 능력이 자부심, 경쟁, 자율성을 통해 자신을 드러내려고 할 것이라는 의미이다. 그래서 바울의 처방은 대화를 공동체 안에 있는 관계들의 영역으로 이동시키는 것이었다. 이는 권고의 나머지 부분(5:13-6:10)에서 확인될 것이다.

서로 종노릇 하라는 바울의 역설적 처방은 헬라 사람들의 귀에는 이상하고 불쾌하게 들렸을 것이다. 헬라 철학 특히 스토아 철학의 이상은 자율적으로 거리두기를 할 수 있는 위치를 갖는 것이었다. 에픽테투스가 내린 자유에 대한 고전적 정의는 다음과 같다:

> 이런 사람이 자유로운 사람이다. 자기가 원하는 대로 살고, 억압이나 방해나 힘에 굴하지 않으며, 자신의 선택이 무엇엔가 구속되지 않고, 그 욕구가 결과를 얻으며, 혐오하는 것을 마주치지 않는 사람.[15]

이런 지배적인 이념의 맥락에서 보면, 바울이 갈라디아 교회에게 스스로 종이 되라고 요청하는 것은 기이해 보였을 것이다. 그러나 직관에 어긋나는 바울의 조언은 종노릇의 의미와 맥락을 이상하게 바꿔놓는다. 섬김의 행위가 상호적인 것으로 인식되는 곳에서 "서로에게 종"이 되는 것은, 특성상 필연적으로 상하 관계가 될 수밖에 없는, 종노릇의 개념을 재규정하게 된다.[16]

육체를 거스르기 위한 바울의 처방에서 또 다른 주요 요소는 "사랑"이다. 이것은 확실히 13절을 앞에 있는 "사랑으로 역사하는 믿음"(6절)과 연결시키는데, 이 "사랑으로 역사하는 믿음"은 할례를 강조하는 율법을 대체하는 효과적인 능력 가운데 하나이다. 바울이 다음으로 보여주려고 하는 것은 바울이 육체에 대한 해결책으로 조언한 사랑이 바울과 경쟁하던 선교사들이 선호한 해결책과 어떻게 관련되는지 하는 것이다.

5:14 또 하나의 수사학적 충격이 첫 번째 충격에 못지않다. 바울이 종노릇에 대하여 역설적이게도 긍정적으로 말한 것을 보고 충격을 받았다면, 이 구절에서 갑자기 율법이 긍정적 가치가 있는 것으로 간주되는 것을 발견하면 마찬가지로 놀랄 것이다. 이 편지의 이 지점까지 율법은 주로 저주, 감금, 종노릇의 수단으로 묘사되었다. 그런데 이제 갑자기 바울은 율법의 중심적 의미가 레위기의 한 절에서 발견된다고 선언한다. "네 이웃 사랑하기를 네 자신과 같이 사랑하라"(레 19:18). 이 놀라운 전세의 역전은 조심스럽게 검토해 보아야 한다. 바울은 어떻게 "온 율법이" 이웃을 사랑하라는 것에서 이루어졌다고 말하게 된 것일까?

첫째, 우리는 바울이 4:21-5:1에서 율법을 할례파의 소유물로 남겨두는 것

---

15) Epictetus, *Diss.* 4.1.1.

16) Barclay, *Obeying the Truth*, 109.

에 반대했다는 것을 기억해야 한다. 바울은 만약에 갈라디아 교회가 정말로 "율법을 듣고자" 한다면, 그들은 율법이 그들에게 언약의 자손이라고 선언하는 소리를 듣게 될 것이라고 주장했다. 실제로 그들은 할례를 요구하는 자들을 내쫓으라는 율법의 소리를 듣게 될 것이다. 이것은 바울이 이미 복음에 비추어서 율법에 대한 새롭고 다른 이해, 즉 극적인 해석학적 수정을 주장했다는 것을 암시한다. 예수님의 십자가와 부활을 통해–또한 이방 신자들의 공동체 안에서 성령의 경험을 통해–얻게 된 렌즈를 통해 율법을 해석함으로써, 바울은 이제는 율법에서 이전에 자신이 열심 있는 바리새인이었던 기간 동안에 파악할 수 있었던 것과는 전혀 다른 의미를 보고 있는 것이다. 율법은 해석학적 변화를 겪었고, 이제 율법은 복음의 증인이 되었다(참조. 롬 1:2; 3:21; 10:5-13; 15:4; 고전 10:11; 고후 3:12-18).

둘째, NIV와 NRSV에서 "수렴되다"(summed up / 한글 성경에서는 "이루어졌다"로 번역됨–역주)로 번역된 동사(πεπλήρωται페플레로타이)를 신중하게 살펴보아야 한다. πληρόω플레로오의 보통의 뜻은 "가득 채우다" 혹은 "이루다"이다. 이 말은 일반적인 유대식 표현인 "율법을 행함"(참조. 3:12)과 "계명을 지킴" 등과는 구별되어야 하는데, 이 둘은 모두 율법의 특정한 요구들에 대한 구체적인 복종을 가리킨다.[17] 이와는 대조적으로 "율법을 이루다"라는 표현은 유대교 문헌에는 전혀 나오지 않는다. 우리가 현존하는 자료에 근거해서 말 할 수 있는 한에서, 그것은 기독교 고유의 어투이다, 바울이 이런 용어를 의도적으로 사용하고 있다면, 바울은 "유대 전승에 전례가 없는 말을 사용하고 있는 것이다."[18] NIV와 NRSV 번역자들은 바울이 여기서 율법의 모든 요구들을 "행하는 것"이란 뜻에서 율법의 요구들을 "이룸"이라고 말한다는 인상을 피하기 위하여 "수렴되다"를 선택한 것으로 보인다. 그러나 마틴이 지적하는 바와 같이 번역자들은 14절을 롬 13:9과 상당히 유사하다는 입장에서 읽고 있는데, 바울은 롬 13:9에서 "수렴되다"라는 뜻을 가진 다른

17) Betz, *Galatians*, 275; S. Westerholm, "On Fulfilling the Whole Law (Gal 5:1, 14)," SEÅ, 51-52 (1986-87) 229-37.

18) Barclay, *Obeying the Truth*, 138. å

동사를 사용하고 있다.[19]

게다가 바울은 이 동사를 갈 5:14에 완료 시제로 사용한다. 대부분의 주석가들은 여기의 완료 시제가 일반적 격언을 표현하는, "격언 완료"를 가리키는 보기 드문 예로 본다.[20] 그러나 적어도 바울이 더 일반적인 방식으로 완료 시제를 사용하고 있을 가능성이 고려되어야 한다. 즉, 효과가 현재까지 계속되는 과거의 행동을 서술하는 것이다. 그렇다면, 이 구절을 최대한 직역하면 다음과 같이 읽을 수 있다. "온 율법은 한 말씀(λόγῳ로고 ; '계명'이 아님)에서 *이루어져왔다.*"

마지막으로, 우리는 율법이 이루어졌다고 바울이 말하는 성경 본문이 레 19:18이라는 것을 주목해야 하는데, 이 본문은 신 6:4-5과 함께 *예수님*이 율법의 의미를 요약해주는 본문으로 마가복음과 마태복음에서 인용되었다(마 22:34-40; 막 12:28-34; 참조. 마 19:19; 눅 10:25-28; 약 2:8). 바울이 인용하는 문장의 구성은 그 인용문이 이미 갈라디아 교회에게 친숙했다는 것을 암시한다(문자적으로는 "온 율법은 '네 이웃 사랑하기를 네 자신 같이 하라' [말씀]하신 한 말씀에서 이루어져왔다"). 아마도 예수님이 가르치신 이 내용에 대한 초기 기독교 전승이 널리 유포되었다는 것을 바울이 알고 있었고, 바울이 이 공동체를 세우는 동안에 갈라디아 교회에게도 그것이 전달되었던 것으로 보인다.[21]

후대의 랍비 자료들에 보면 소수의 계명들이나 기본 원칙들에 따라 율법을 요약하거나 구성하는 방법에 관한 랍비들 사이의 다양한 논쟁이 나오지만,[22] 이런 문헌들은 한 가지 결정적인 면에서 갈 5:14과 다르다. 즉, 랍비들

---

19) Martyn, *Galatians*, 519-23.

20) BDF #344 (p.177)는 이런 의미로는 완료형이 "드물게 사용된다"고 말한다. 사실은 이 완료 시제의 "격언적" 용례는 오직 두 번이 있는데(마 13:46과 약 1:24), 실수의 사례로 설명된다: "부정과거와... 완료가 부정확하게 섞여 있다는 강한 의심이 있다." 여기에 갈 5:14은 인용되지 않는다.

21) Dunn, *The Epistle to the Galatians*, 291-92.

22) 특히 b. *Sabb.* 31a를 보라: "또 한 번은 이런 일이 있었다. 어떤 이방인이 샴마이 앞에 와서 그에게 말했다. "나를 개종시켜보시오. 단 조건은 내가 한 발로 서 있는 동안에 내게 전체 토라를 가르쳐주면 그렇게 하겠소." 그러자 그는[샴마이] 손에 들고 있던 건축가의 규빗으로 그를 내쫓았다. 그가 힐렐 앞에 갔을 때 그는[힐렐] 그에게 말했다, "당신이

은 자신들이 요약한 범주들이 율법의 특정한 계명을 대체할 수 있다거나, 할례, 음식법, 혹은 안식일과 같은 계명을 지킬 필요가 없게 만들 수 있다는 생각을 한 적이 없다.[23] 그래서 이런 문헌들은, 그것들이 1세기까지 소급되는 전승을 갖고 있더라도, 바울이 이 구절에서 의미한 것을 이해하기 위해서는 전혀 사용될 수 없다.

이 모든 증거에 비추어 볼 때, 바울이 갈 5:14에서 주장하는 것을 어떻게 이해해야 할까? 선교사들은 갈라디아 교인들의 삶의 질서와 도덕적 안전을 위해서 할례를 받고 율법이 요구하는 바를 행하라고 촉구하고 있었다. 그러나 바울은 "그리스도 예수 안에서" 새로운 현실이 나타났다고(참조. 5:6) 선언한다. 즉, 율법이 성취되었다는 것이다. 누구를 통해서? 바울에게는 오직 하나의 답이 가능할 뿐이다. 예수를 통해서인데, 그는 "나를 사랑하사 나를 위하여 자기 자신을 버리신 하나님의 아들"(2:20)이다. 율법의 완전한 뜻이, 이전에는 이스라엘에게 가려져 있었으나(고후 3:14-15), 이제는 예수에 의하여 종말론적으로 드러났고 또한 이루어졌다. 예수께서는 어떻게 율법을 성취하시는가? 이 질문에 대해서는 두 단계로 답할 수 있다. 첫째로, 예수는 율법의 가장 깊은 의미가 레 19:18에 표현되어 있다고 가르쳤다. 둘째로, 다른 사람들을 위한 그의 사랑의 죽음을 통하여, 그는 갈 2:20이 가리키는 바대로, 그 가르침의 의미를 구현했다. 예수는 그의 가르침과 희생적 죽음을 결합하여 율법의 새 국면을 열었고, 완성하셨다. 그것이 바울이 14a절에서 완료 시제를 사용한 이유를 설명해준다.

이 해석은 결국 14절이 갈라디아 교회를 위한 행동 지침이 아니라는 뜻인가? 결코 그렇지 않다. 14절은 13절의 명령에 대한 근거(γάρ가르를 다시 주목하라)를 제시한다. 풀어 설명해보자: "사랑을 통하여 서로에게 종이 되라. 왜? 예수께서 그 가르침과 이웃 사랑을 구현하심으로써 율법을 완성하셨고, 레 19:18을 율법의 진정한 목적으로 강조하셨기 때문이다." 갈라디아 교회는 사

싫어하는 것을 이웃에게 행하지 마시오. 그것이 전체 토라이고, 나머지는 그 주석이오. 가서 그것을 배우시오." 더 많은 자료에 대해서는, Longenecker, *Galatians*, 243-44를 보라.

23) Martyn, *Galatians*, 515-18.

랑의 섬김(13절)을 통하여 율법의 완성에 참여하라는 권면을 받는데, 그 사랑의 섬김은 예수님의 사랑에 부합한 것이며, 예수님의 사랑을 보여주는 것이다. 이 권면의 논리는 3:16, 29과 비슷하다. 여기에서는 그리스도가 모든 아브라함의 후손 중에 첫째이기 때문에 그리스도에게 속한 모든 사람은 아브라함의 자손이 된다. 또는 3:22에서는 약속이 예수 그리스도의 신실함에 근거하여 모든 믿는 사람에게 주어진다. 이 각각의 평행 본문들에서, 믿는 자들은 그리스도의 신실하심과 유업과 사랑에 참여하며, 그래서 그들 자신의 삶과 성품에서 이런 복들과의 상관관계를 드러낸다. 그들은 "그가 큰 가족 중에서 맏아들이 되게 하기 위해서, [하나님의] 아들의 형상을 본받는다."(롬 8:29).

13-14절의 근거가 되는 신학적 논리는 롬 8:3-4에서 보다 자세하게 설명된다.

> 율법이 육신으로 말미암아 연약하여 할 수 없는 그것을 하나님은 하시나니, 곧 죄로 말미암아 자기 아들을 죄 있는 육신의 모양으로, 그리고 속죄제로 보내어,[24] 육신에 죄를 정하사 육신을 따르지 않고 그 영을 따라 행하는 우리에게 율법의 요구가 이루어지게 하려 하심이니라

따라서 갈라디아 교회가 성령을 따라 행하기만 하면, 그리스도께서 주신 자유라는 선물을 육체가 왜곡하게 하지 않을 것이다. 오히려 그들은 예수께서 우리를 위한 종이 되신 것과 같이(참조. 빌 2:3-8), 서로에게 종이 됨으로써 그리스도를 닮게 될 것이다. 이런 식으로 그들은 사랑의 의미를 구현하게 될 것이다.

이러한 해석은 또 하나의 실험적인 주석 상의 제안을 하게 만든다. 바울이 레 19:18을 계명이 아니라 예언의 약속의 말씀으로 읽었을 가능성은 없을까? 무엇보다 우리는 바울이 14절에서 "계명"이나 "명령"이라는 단어를 사용하지 않는다는 것을 기억해야 한다. 이 단어들은 번역가들이 "말", "문장", "격언"을 의미하는 단순한 단어인 λόγος로고스를 번역할 때 대체어로 사용하는 것

24) 여기에서는 NRSV의 번역을 따른다.

들이다. 게다가 레 19:18의 그리스어 인용문의 "사랑하다"라는 동사는 명령법보다 미래 직설법 형태 ἀγαπήσεις아가페세이스를 사용함으로써, 70인 역을 따른다. 이것은 70인 역 관용구의 규칙적인 특징인데, 히브리어 명령법은 종종 그리스어에서 미래 직설법으로 번역된다. 바울은 확실히 이 70인 역 문체의 특이성을 잘 알고 있었다. 그러나 그것 때문에 바울이 이 본문에서 새롭게 창조된 공동체에서 성령께서 새롭게 만들어내실 실체에 대한 영감 받은 예언을 못 듣지는 않았을 것이다: "온 율법은 [예수 그리스도께서 하신] 한 가지 [예언의] 말씀에서 이루어져왔다. 즉, '너는 네 이웃을 네 자신과 같이 사랑*할 것이다*'" 이것이 그리스어 본문이 말하는 것으로 보인다. 바울이 성경에 있는 아브라함의 복에서 이방인의 바르게 됨이 예시된 것으로 보았듯이, 사랑으로 서로 섬기는 그리스도의 공동체가 율법에 예시되어 있는 것으로 본 것이다.

5:15 이웃사랑에 대한 이 종말론적 전망으로부터, 바울은 갈라디아 교회의 암울한 당장의 현실로 시선을 돌린다. 이 구절은 이 교회들이 경쟁과 불화의 내부 문제들로 싸우고 있다는 것을 분명하게 보여주는 첫 번째 증거이다. 바울이 여기서 순전히 신학적 가능성에 대하여 이야기하고 있다고 생각할 아무런 이유가 없다. 26절에서 바울이 경쟁과 질투에 대한 비슷한 경고를 다시 하고 있다는 사실은, 그가 갈라디아의 "현장에서" 벌어지고 있는 실제 상황에 대해 이야기하고 있다는 것을 암시한다. 이런 근거들을 통해서 선교사들이 도착하기 전에 이미 불화가 일어나고 있었는지(이 경우에 그들은 율법을 갈라디아 교회의 내부 문제의 해결책으로 제시했을 수 있다), 혹은 갈라디아의 어떤 사람들이 할례와 율법준수를 택하고 자신들의 지도를 따르지 않는 사람들에 대한 영적 우월성을 주장해서, 사실상 내분이 선교사들의 가르침으로 인하여 일어났는지를 분명하게 말하는 것은 불가능하다. 7절에 있는 바울의 발언은 후자의 가설을 지지하는 것 같다. 즉, 선교사들이 등장하기 전에 갈라디아 교회는 달음질을 잘하고 있었는데, 지금은 그들의 교회 안에서 갈등을 겪고 있는 것이다. 이 시나리오는 안디옥 교회에서 일어난 일에 대한 바울의

이야기와 정확하게 일치한다(2:11-14).

15절의 이미지는 격렬한 난투극의 이미지인데, 갈라디아 교인들이 송곳니를 드러내고 서로를 물어뜯는 모습으로 묘사되었다. 여기에서 사용된 동사들은 결국에는 서로를 파멸시키는 것으로 끝나는 악화되는 갈등을 보여준다. 13절과는 더 이상 비교가 불가능할 정도로 다르다. 바울은 갈라디아 교회에서 육체가 우위를 차지할 것을 걱정한다. (5:15-26에 대한 신학적 묵상을 보라.)

C. 갈라디아서 5:16-26
육체의 활동과 성령의 열매

주석

5:16-18 이제 바울은 공동체가 율법이 없는 상태에서 어떻게 도덕적 지도를 받을 수 있는지에 대하여 언급한다. 우리가 본 바와 같이, 선교사들은 오직 율법만이 도덕적 혼란을 초래하는 제멋대로인 인간의 충동을 억제하고 훈련시킬 수 있다고 주장해왔다. 16절에서 바울은 명제 형식으로 반론을 제시한다. "그러나 *내가* 이르노니 [선교사들이 말하는 것과는 달리] 너희는 성령을 따라 행하라 그리하면 육체의 소욕을 이루지 아니하리라."

이 명제의 첫 번째 동사는 갈라디아 교회에게 성령의 인도를 따라 "행하라"(περιπατεῖτε페리파테이테)고 명하는 명령법이다. (NIV와 NRSV는 모두 이 은유적 동사를 더 무미건조한 "살다(live)"로 번역한다.) "행함"이라는 바울의 은유는 (특정한 방식으로 자신의 삶을 영위하는 모습) 일반적인 히브리어 관용어에 바탕을 두고 있다. 즉, 동사 הלך할라크는 구약성경에서 통상적으로 이런 의미로 사용된다. 이 동사가 명사 הלכה할라카의 어근인데, 할라카는 일상생활에서 율법을 준수하는 방법에 대한 유대교 교육 전통의 본체를 가리키는 말이다.

번역 문제에 있어서 훨씬 중요한 지점은 두 번째 절의 동사 "이루다"(τελέω텔레오; 보다 문자적으로는 "수행하다" "완성하다")이다. NRSV는 문장의 첫 번째 동사에 맞춰서 명령법처럼 해석했다: "성령을 따라 살고, ...을 이루지 말라" 반면 NIV는 그것을 첫 번째 절의 명령법에 순종했을 경우에 나타날 결과를 말하는, 부정과거 가정법으로 정확하게 번역했다: "성령을 따라 살라, 그러면 ....을 이루지 *아니하리라*" 이것이 크게 다른 두 가지 해석이다. 첫 번째는 명령이고, 두 번째는 약속이다. 문법적 신학적 이유로, 사람들은 NIV를 훨씬 선호한다. 이중 부정 οὐ μή[우 메]은 부정과거 가정법에 흔히 나타나는 것으로서 미래 가능성을 강하게 부정한다. 이렇게 읽게 되면, 이 문장은 조건부 약속이다: "성령을 따라 행하라, 그리하면 너는 결코 육체의 소욕을 이루지 아니하리라."

"육체의 소욕"이라는 표현("소욕"[ἐπιθυμία[에피튀미아]] 은 그리스어 본문에서 단수이지 복수가 아니다)은 아마 드러나지 않은 히브리어 표현 יצר בשר[예세르 바사르]의 그리스어 표기인 것으로 보인다. 이 히브리 표현은 인간의 죄의 근간이 되고, 죄를 작동하게 하는 육체적 악한 충동을 묘사한 것이다.[25] "육체의 소욕"은 오로지 성적 욕정을 가리키는 말이 아니라는 것을 인식하는 것이 중요하다. 실제로 19-21절에 나오는 "육체의 일"의 목록은, 비록 성적 비행을 뜻하는 세 가지 용어로 시작되기는 하지만, 다른 잘못들을 훨씬 더 강조한다. "육체"는 자의에 따라 타락한 인간의 영역에 대한 포괄적 용어로서 하나님께 대항하는 것으로 여겨진다. "육체"는 이기적인 인간적 욕구로 하나님의 뜻과 공동체의 하나 됨에 저항하는 모든 곳에서 자신을 드러낸다. 선교사들이 이 악한 충동의 두려운 힘과 그것을 극복하기 위해 율법을 따라야 할 필요에 대해 열변을 토했을 것으로 보인다. 그들의 주장과는 달리, 바울은 이러한 충동에 저항하기 위해 율법이 필요하지 않다고 갈라디아 교회를 안심시킨다. (실제로 바울이 로마서 7장에서 보다 자세하게 주장하고 있듯이, 육체의 소욕이라는 문제에 대항하는데 율법은 사실상 효과가 없다.) 하나님의 성령은 육체의 소욕을 이길 만큼 강력한 유일한 주체이다.

육체의 소욕을 효과적으로 억제하기 위해서는 왜 성령을 따라 행하여야 하는가? 바울은 계속하여 성령과 육체는 근본적으로 서로 거스른다고 설명한다. 육체의 단 하나의 욕망(여기서는 13절에서와 같이, 악한 세력으로 그려지

---

25) J. Marcus, "The Evil Incarnation in the Letters of Paul," *IBS* 8 (1986) 8-21.

고 있다)은 하나님의 성령을 거스르는 것인데, 반면 성령은 근본적으로 육체를 거스른다. 바울이 설명하듯이, 이 둘은 마치 전장에서 마주 도열해 있는 군사들처럼 서로 대립하고 있다. 이러한 대립을 고려해 볼 때, 최후의 승자에 대한 바울의 생각은 확고하다. 즉, 하나님께서 마침내 모든 원수를 이기신다는 것이다(참조. 고전 15:20-28). 하나님의 성령의 능력으로 행하는 사람들은 육체를 굴복시키는 데 필요한 권한(empowerment)을 부여받을 것이다. 바울이 싸움의 결과에 대해 그런 자신감을 표현할 수 있는 이유가 바로 그것이다.

성령과 육체를 개인적 인간성 안에 있는 영속적인 이중성을 나타내는 인간학적 개념으로 이해한다면, 이 전체 단락은 심각하게 잘못 해석되고 말 것이다. "육체"는 어떤 의미에서는 인간학적 개념일 수 있다. 그러나 육체가 십자가에 못 박힌 후에도 인간 자신의 도덕적 주체로서 온전하게 남아있다는 점에 주목해야 한다(24절). 한편 성령은 인간의 영이 아니다. 성령은 하나님의 영이다. 성령은 그리스도의 죽음과 부활 후에 인간의 세계로 보내졌다(3:13-14; 4:6). 이것은 육체와 성령 사이의 대립이 그리스도 이후에 생겼다는 것을 의미한다. 17절에 기록된 성령과 육체 사이의 전쟁은 하나님께서 종노릇 하는 세계를 구속하시는 종말론적 구원 사역의 한 부분이다.[26)]

17절의 마지막 절은 해석하기 어렵다. 왜냐하면, 16절에서 바울이 주장했던 것을 약화시키는 것 같기 때문이다. 육체가 성령의 목적을 좌절시킬 수 있다면 혹은 육체와 성령이 서로 대치 상태에 있다면, 바울이 어떻게 성령으로 행하는 것이 육체의 소욕을 이길 수 있다고 자신 있게 주장 할 수 있을까? 존 바클레이는 전투의 은유가 17절의 결론을 해석하는 데 결정적인 실마리를 제공한다고 설득력 있게 주장한다:

> 전쟁은 어떤 선택권을 배제하고, 다른 것을 요구하기도 한다. 만약 그들이 성령 안에서 행한다면, 그들은 이 같은 갈등을 떠안게 될 것인데, 그것은 원하는 것은 무엇이든지 행할 자유를 가진 것이 아님을 뜻한다 – ἵνα μὴ ἃ ἐὰν θέλητε ταῦτα ποιῆτε 히나 메 아 에안 텔레테 타우타 포

26) Martyn, *Galatians*, 494.

이에테(5:17) – 그와 같은 갈등 때문에 그들의 자유는 절대적인 것이 될 수 없다. 왜냐하면 그들이 성령 안에서 행하면 육체와 대적하게 될 것이고, 따라서 반드시 따라야 하는 윤리적인 선택이 결정되기 때문이다.[27]

이렇게 해석하면 다음과 같이 약간 다르게 번역할 수도 있다: "이들이 서로 대적함으로 너는 [정말] 네가 원하는 것을 하지 못하게 될 수도 있다." 이 해석의 장점은 17절이 바울의 주장을 어떻게 진전시키는지를 보여준다는 것이다. 바울은 자신이 갈라디아 교회를 도덕적 지도를 하지 않은 채로 버려두었다는 비난에 대하여 반박하고 있다. 그는 성령을 따라 행하는 사람들은 육체의 소욕을 행하지 않는다고(16절) 주장하는 것으로 대답한다. 왜냐하면, 육체와 성령은 싸우고 있고, 따라서 성령은 "그들이 육체를 *배척*하도록 동기를 부여하고 통제하는 저항력을 제공하기"[28] 때문이다. 결과적으로 그들은, 선교사들이 비난하는 것처럼, 단지 자기들의 변덕을 따르고 자기들이 원하는 것을 마음대로 할 처지가 못 된다. 사실 그들에게는 매우 명확한 진군 명령이 내려졌다.

그런 확신은 정확하게 18절로 이어진다. 비록 그들이 율법 아래 있지 않더라도, 그럼에도 불구하고 그들은 선명한 목적을 가지고 행할 것이다. 왜냐하면, 그들은 성령의 인도를 받기 때문이다. "율법 아래"라는 표현은(3:23-25; 4:4-5; 참조. 롬 6:14) 종노릇하고 있는 상태를 가리키는데, 그리스도께서는 그것으로부터 자기 백성을 해방시키신다. 하나님의 성령에 의하여 인도된다는 개념은 롬 8:14에도 나타나는데, 그 구절은 육체를 따라 살지 않고 성령을 따라 산다는 것에 대한 훨씬 긴 토론(롬 8:1-17)의 한 부분이다. 그 전체 단락은 여기에서 훨씬 간략하게 설명한 개념을 확장한 것으로 볼 수 있다.

따라서 16-18절의 핵심은 성령께서 종말론적 전쟁이 벌어진 장소로 묘사되는 세계 속에서 강력한 인도하심과 지침을 제공한다는 것이다. 율법으로

27) Barclay, *Obeying the Truth*, 112.

28) Barclay, *Obeying the Truth*, 115.

충분히 육체를 극복할 수 있다고 말하는 사람들은 교회가 중대한 국면에 처해 있음을 모르는 것이다. 즉, 갈라디아 교회가 율법이 없어서 훈련되지 못할 것이며 혼란에 빠질 것이라고 비난한 사람들은 성령의 능력을 모른다는 것이다.

5:19-21 바울은 이어서, 누구든지 이 세계에서 일어나고 있는 일에 대하여 혼동할 이유가 없는 것이, "육체의 일은 분명하기" 때문이라고 말한다. 다시 말해서 그런 것을 확인하는 일에 율법은 필요 없다는 것이다. 그래서 그는 그런 일에 해당하는 15가지의 목록을 제시한다. 그 목록은 물론 전체를 담은 것은 아니다. 그것은 단지 육체가 작전 기지가 되는 경우에 발생하는 인간 행동의 사례들을 보여주는 목록이다(비슷한 악행 목록들에 대하여는 다음을 보라. 막 7:21-22; 롬 1:29-31; 고전 6:9-10; 고후 12:20). 이 목록은 어떤 면에서는 극히 평범하다. 이 목록은 첫 세 항목을 성적 범죄로 시작해서, 우상숭배와 주술에 대한 두 가지 용어가 이어지고, 방탕하게 먹고 노는 것을 가리키는 두 가지 용어로 끝을 맺는다. 그러나 가장 흥미로운 특징이 나타나는 곳은 목록의 가운데 부분이다. 그것은 공동체의 화합을 해치는 분열과 악행을 강조하는 여덟 개 항목의 긴 목록이다. 즉, 원수 맺는 것과 분쟁과 시기와 분냄과 당 짓는 것과 분열함과 이단과 투기이다. 바울이 공동체를 파괴하는 이러한 행위들에 집중하는 것은 그의 주된 관심이 갈라디아 교회의 화합과 평화였다는 것을 보여준다(참조. 15, 26절). 그것은 또한 "육체의 일"이 단지 관능적 악행이 아니라는 것을 뒷받침 한다. 육체를 따라 행한다는 의미는 고린도의 분열된 그리스도인들에게 던진 바울의 질문에서 분명해진다: "너희 가운데 시기와 분쟁이 있으니, 어찌 육신에 속하여 사람을 따라 행함이 아니리요"?(고전 3:3).

NIV의 21절 번역인 "이렇게 사는 자들"은 현재 분사 πράσσοντες프라손테스의 연속적인 성격을 보여주려는 시도이다. 즉, 그것은 시간이 지남에 따라 계속되는 행위를 말하는 것이며, 단 한 번의 위반을 말하는 것이 아니다. 예를 들어, 바울은 단 한 번이라도 분노를 터뜨리면 하나님 나라에서 제외된다고 말하는 게 아니다.

바울은 자신이 갈라디아 교회에게 이러한 끔찍한 경쟁 행위에 대하여 경고한 것이 이번이 처음이 아니라고 지적한다. 바울이 이 편지에서 그들에게 이전에 쓴 것에 대한 언급이 없는 것을 보면, 바울이 갈라디아 교회와 함께 있을 때 이미 그들에게 그런 경고를 한 것으로 보인다.

대중적인 헬라 철학 문헌들에 있는 악행의 목록과는 달리, 바울의 목록은 단지 독자들에게 어떻게 덕스러운 성품을 개발하고 악한 습관들을 피할 것인지를 충고하기 위한 것이 아니다.[29] 오히려 바울의 목록은 종말론적인 경고의 역할을 한다. 즉, 육체의 일을 행하는 사람들은 "하나님의 나라를 유업으로 받지 못한다"는 것이다.[30] 바울은 예수님의 가르침의 주요 주제였던 "하나님의 나라"를 가끔씩만 언급한다(롬 14:17; 고전 4:20; 15:24; 골 4:11; 살후 1:5; 참조. 엡 5:5; 골 1:13; 살전 2:12; 딤후 4:1, 18). 나라를 "유업으로 받는다"는 것은 하나님의 자녀들에게 약속된 종말론적 복을 받는다는 뜻이다(마 5:5; 25:34; 고전 6:9-10; 15:50; 레 21:7을 보라). 유업의 은유가 3-4장의 논지에서 중심적 역할을 한 갈라디아서의 문맥에서(특히 3:15-18; 3:29-4:7), 바울의 언어선택은 매우 중요하다. 선교사들은 할례가 하나님 나라를 유업으로 받는 데 필수적이라고 가르쳤다. 반면에 바울은 육체에게 지배당해서 공동체를 분열시키는 행위, 즉 정확히 말하자면 바울이 보기에는 할례파의 정치로 인해 발생한 결과(2:11-14; 4:17; 5:15, 26; 6:13)들 때문에 유업에서 배제된다고 지적한다.

5:22-23 여러 가지 다양한 육체의 "일"과는 대조적으로, 성령께서는 공동체에 단 하나의 "열매"를 만드시는데, 이 구절들이 나열하는 은혜로운 성품들이 그 열매의 특징이다. 우리는 이 열매를 단지 개인의 성품을 특징짓는 말로 해석해서는 안 된다. 바울은 일차적으로 성령의 일이 공동체 안에서 나타나는 방식에 관심을 둔다. 이 목록은 앞서 말한 육체의 일의 목록처럼 전체를 담고 있기 보다는 사례들로 이해해야 한다. 바울은 롬 12:6-8과 고전

---

29) Matera, *Galatians*, 207-10.

30) Matera, *Galatians*, 208-9, 는 갈 5:19-23과 1QS 3:13-4:26에 있는 "두 가지 길"에 대한 설명 사이에 있는 여러 개의 평행에 주목한다.

12:7-11에서 성령의 은사와 사역에 대한 다른 목록을 제시한다. 여기 갈라디아서에서 바울은 성령의 사역의 평화롭고 공동체를 세워가는 특성을 강조한다.

우리는 바울이 갈라디아 교회에게 이런 자질을 기르라고 직접적으로 권고하지 않았다는 것에 주목해야 한다. 오히려 그는 성령의 열매들을 거두는 장면을 묘사하면서 설명하듯이 말하고 있다. 열매의 은유는 바울의 가장 중요하게 생각하는 것들 중 하나를 암시한다. 즉, 열매는 인간이 만들어낼 수 없다는 것이다. 그것은 오직 하나님께서 자라게 하시듯이, 유기적으로만 자랄 수 있는데, 이 경우에는 생명을 주시는 성령의 능력을 통해서 자라는 것이다 (참조. 롬 8:9-11).

이 열매에 대한 바울의 목록 각 항목마다 주석을 달아야 할 필요는 없지만, 이 목록이 "사랑"으로 시작하여 "절제"로 끝난다는 것은 주목할 만하다. 성령으로 만들어지는 사랑은 공동체가 함께 생활할 때 일어나는 모든 것의 분위기를 결정한다(참조. 5:5, 13; 고전 13). 절제(ἐγκράτεια 엥크라테이아)는 바울 편지에서 오직 여기에서만 나오는 말인데, 육체의 일의 목록을 결론짓는 술 취하고 방탕한 것과 의도적으로 대비되는 자리에 둔다. 바울은 성령께서 화평과 정돈된 절제를 만들어주신다고 주장하는 것으로 성령의 열매 목록을 끝맺는다. 이것은 선교사들이 오직 율법만이 육체의 악한 충동을 제어하는 수단이 될 수 있다고 주장한 것에 대한 반응이기 때문에 특히 중요하다.[31]

마지막으로 우리는 성령의 열매 한가운데에 충성(πίστις 피스티스)이 있다는 것에 주목해야 한다. 이 말은 이 편지의 다른 곳에서 믿음(faith)이라고 번역된 것과 같은 말이다. 22절에서 이 단어를 "충성" 으로 번역한 것은, NIV와 NRSV의 번역자들이 그 단어의 적절한 의미론적 범위를 알고 있다는 뜻이다. 교회에 성령의 열매로 주어진 이 충성은 이방인들을 바르게 해주는 *피스티스*와 전혀 다르지 않고(3:8), 예수 그리스도의 *피스티스*와도 전혀 다르지

31) 그리스-로마 사상에서 자제력의 중요성에 대해서는, S. K. Stowers, *A Rereading of Romans: Justice, Jews, and Gentiles* (New Haven: Yale University Press, 1994) 42-82를 보라.

않다(2:16, 20; 3:22). 믿음(충성)은 성령의 임재와 사역의 표지이다.

바울은 성령의 열매 목록을 "이 같은 것을 금지할 법이 없느니라"라는 다소 과격한 말로 끝맺는다. 이 말이 갖고 있는 힘은 유대인들이 일반적으로 이방인을 "율법 없는" 죄인들이라고 규정하는 것을 배경으로 이해 할 때 가장 잘 이해가 될 것이다. 갈라디아 교회는 할례를 받지 않으면 도덕적 혼란에 빠질 것이며, 하나님의 율법에 어긋나는 일을 저지를 것이라고 선교사들로부터 경고를 받았을 것이다. 이에 대한 응답으로 바울은 비록 할례를 받지 않은 이방인 신자들이지만, 이들 중에서도 성령으로부터 은혜로운 행동이 흘러나온다는 것을 설명하고, 그런 다음에 살짝 비꼬는 듯한 말투로, 이런 행위를 금지할 율법은 없다고 말한다. 그 결과는 바울이 롬 2:25-29에서 한 주장과 비슷한데, 여기서 바울은 "본래 무할례자가 율법을 온전히 지키면 율법 조문과 할례를 가지고 율법을 범하는 너를 정죄하지 아니하겠느냐"(롬 2:27)고 말한다.

5:24-26 이 단락을 요약하는 문장 속에서, 바울은 분명히 13절과 16절에서 제기된 문제로 되돌아간다. "그리스도께 속한 사람들"(참조. 3:29)은, 선교사들의 경고에도 불구하고, 육체의 충동에 압도되지 않을 것인데, 왜냐하면 그들은 "육체와 함께 그 정욕과 탐심을 *십자가에 못박았기*" 때문이다. 이 낯선 문장은 바울 신학의 일반적인 구문에 위배되는 것처럼 보인다. 일반적으로 바울은 예수 그리스도를 하나님의 대적들을 이기는 주체로 말하고, 다른 사람들은 그리스도의 은혜를 베푸는 행위의 수혜자라고 말한다. 그들은 그리스도의 십자가와 죽음에 신비스럽게 참여하고(2:19; 6:14; 롬 6:6), 그럼으로써 그리스도의 십자가 죽음을 통해서 그 권세가 무너진 죄로부터 해방된다는 것이다. 그러나 여기에서는 그리스도의 백성들이 육체를 십자가에 못 박는 주체라고 말한다(참조. 롬 8:13). 바울은 무슨 뜻으로 이렇게 말하는 것일까? 가장 그럴 듯한 해석은 24절이 세례를 가리킨다는 것이다. 즉, 세례받기를 선택함으로써, 신자들은 기꺼이 그들의 옛 육체의 정체성을 죽인다는 것이다. 그들은 적극적으로 그리스도의 십자가 처형과 죽음을 자기와 동일시한

다. 이렇게 함으로써 그들은 육체를 "십자가에 못 박고," 그 분열적인 욕망을 뒤로 하는 것이다.

이 세례와 관련한 해석은 다음에 나오는 25절의 바울의 주장을 통해 뒷받침되는데, 여기서 그는 마찬가지로 세례와 강하게 결부된, 성령의 생명을 주는 역할을 언급한다. 25절은 16절과 아주 비슷하지만, 16절과 다른 점은 명백하게 권면이라는 것이다. NIV의 25절 번역이 도움이 된다. 바울은 그와 그의 독자들이 성령께서 주시는 새로운 삶의 경험을 공유하는 것을 당연한 것으로 받아들인다(3:2; 4:6-7). 그렇기 때문에, 즉 성령이 생명을 주시는 능력이기 때문에, 바울은 갈라디아 교회에게 "성령으로 행하라"(keep in step with the Spirit)고 권면한다. 여기에서 동사 στοικχέω스토이케오가 사용되었는데, 앞에서 언급한 억압하는 존재인 στοιχεῖα스토이케이아(4:3, 9)와 재미있게 대비시키기 위해 사용된 것 같다. 그리스도께 속한 사람들은 스토이케이아(초등학문)의 얽매임 아래 강요당하지 않고, 이제는 성령과 함께 "나란히 행한다"는 것이다. 성령을 강요하지 않는 자유와 억압하지 않는 질서를 주신다.

26절에서 바울은 다시 한 번 갈라디아 교회에게 다툼을 버리라고 촉구한다. 15절에서 바울은 이것을 야생 동물들이 으르렁거리는 것과 비교하면서 호소한 바 있다. 여기 26절에서 그는 문자 그대로 그들에게 오만함, 질투 그리고 투기하는 행위를 포기하라고 권면한다. 15절에서 보았던 대로, 이 경고는 특히 선교사들의 활동 때문에 필요한 것일 수 있는데, 그들의 교훈과 수법(*modus operandi*) 때문에 집단 간에 경계가 예리하게 그어졌고, 율법을 지키지 않는 사람들과 율법을 준수하는 기독교인 사이가 갈라졌기 때문이다. 바울이 보는 그대로, 그들의 전략은 시기를 조장하는 것이다(4:17). 이와는 달리, 교회들을 향한 바울의 전망은 교회들은 성령의 열매라는 특징이 나타나는 방식으로 그리스도의 사랑을 구현해야 한다는 것이었다. 육체에 새겨진 언약을 옹호하는 선교사들로 인해 발생한 갈라디아 교회의 분열은 육체의 권세가 교회를 혼란에 빠뜨리기 위해 작용하고 있다는 명백한 증거다. 그래서 바울은 그들에게 성령의 인도 아래 겸손과 하나 됨을 회복하라고 긴급히 촉구한 것이다.

신학적 묵상

1. 갈 5:13-26은 성경 어디에서보다도 믿음의 공동체를 인도하시는 성령의 충족성에 대하여 가장 열정적으로 옹호한다. 율법이 공동체를 질서 있게 통제하도록 해야 한다는 선교사들의 교훈은 갈라디아 교회에게 강력한 매력이 있었다. 왜냐하면 그 주장은 규칙과 체계에 대한 깊고 집요한 인간적 필요를 이용했기 때문이다. 우리는 확실한 지침이 없으면 혼란으로 빠져들 것이라고 두려워한다. 선교사들은 이러한 필요에 응답하는 복음을 가져왔다. 그들은 성경에 대하여 완전히 설득력 있는 해석을 제시할 수 있었을 뿐만 아니라, 갈라디아 교회가 그들의 삶을 어떻게 살아야 할 것인가에 대해서도 선명한 지침을 제시하였다. 그들의 율법준수 복음은 고대의 거룩한 전승에 뿌리를 둔 것이라고 주장할 수 있었다. 복음에 반응하여 자신들의 생활을 재정립할 방법을 찾기 위해 애쓰는, 최근에 회심한 사람들의 모임 중에서 경청하는 사람들이 나타났다는 것은 당연한 것이다.

그러나 바울은 율법이 주는 안전은 거짓된 안전이고, 복음은 그리스도에게 속한 자들에게 자유롭게 살라고 한다고 주장한다. (*개정공동성서정과*[The Revised Common Lectionary]는 다행히도 5:1을 5:13-25 말씀과 결부시킨다. 그러나 이 성서정과는 5:26을 제외시켰고, 그래서 그 본문을 5:25의 긍정적 권면으로 끝맺고, 경쟁과 투기에 대한 바울의 특별한 경고는 삭제한다.) 바울의 권면은, 성령이 공동체를 인도하고 형성해 가는 한, 교회는 모세의 율법에 복종하지 않아도 살 수 있다는 것을 교회가 믿도록 촉구하는 대담한 권면이다. 왜냐하면 공동체는 기본적으로 성령이 맺게 하시는 열매를 맺을 것이기 때문이다. 바울의 소망의 말씀으로 인도받은 교회는 유연하고 자유로운 공동체를 일구어 낼 것이며, 하나님의 성령의 예측할 수 없는 해방 운동을 향한 개방성을 가지고 살 것이다. 이것은 급진적이고 고무적인 전망이다. 교회는 최선을 다해 기꺼이 바울이 권하는 모험을 받아들였으며, 성령의 인도하심에 미래를 걸었으며, 하나님을 믿고 어떤 안전망도 없이 실천했다. 어떤 이들은 사도행전에 나오는 초대교회, 탄광 광부들에게 설교하기 위해 야외로 나갔던 존 웨슬리, 시민 인

권 운동 시대에 성령의 인도를 받은 미국 흑인 교회의 이야기를 떠올리기도 한다.

그러나 바울이 옳은 것일까? 우리는 정말 공동체를 인도하시는 성령을 믿을 수 있을까? 아니면 교회에 대한 바울의 전망은 인간 경험의 실용주의적 시험을 견뎌낼 수 없는 이상에 불과한 것일까? 그러므로, 바울의 대적들이 비난했던 것처럼 그것은 재앙을 낳는 처방인 것일까? 바울 자신이 고린도 교회에서 보았던 것처럼, 규칙과 전통을 내팽개치고 순전히 영적 자발성으로 살려고 하는 공동체에는 위험이 있다는 것은 모든 사람이 알고 있다. 성적 비행과 재정적 무책임과 공동체 리더에 의한 교묘한 학대에 대해 조심성이 없어지는 것에 대해, 심지어 그런 것들을 은폐하기 위해서 너무도 쉽게 성령에 대해 떠들어댄다. 생활의 지침이 되는 이스라엘의 토라가 없는 상황에서, 성령의 인도를 받는 교회는 불가피하게 어떤 새로운 종류의 율법, 즉 규칙으로 통제되는 체계로 자리 잡아야 하는 게 아닐까? (이러한 경향은 신약 성경 안에 있는 목회서신에서 이미 그 예를 볼 수 있다.) "은혜의 제도화"는 필연적이고 불가피한 발전인가?

이 질문들에 대한 답은 우리가 우리 가운데 정말로 성령께서 임재하시며 활동하시는지를 믿느냐에 달려 있을 것이다. 바울은 기록된 법전을 넘어서는 인간 도덕의 직관과 자발성을 이론적으로 호소하지 않는다. 바울이 갈라디아 교회에게 성령으로 살라고 조언할 때(5:25), 그는 성령을 하나의 신학적 추상으로 생각하거나, 인간의 주체성에서 비롯된 추론으로 생각하지 않았다. 오히려 그는 성령을 공동체 안에서 능력을 행하시고(3:5), 교회의 예배에서 큰 소리로 외치게 하시는(4:6) 하나님의 적극적인 임재로 생각했다. 이런 성령님의 임재를 아는 교회만이 바울의 조언을 믿을 만한 것으로 생각할 수 있다. 동시에 바울은 성령의 인도하심이 육체에게 영향을 받은 행위들과 구별된다고 인정할 수 있는 특징(5:22-23)을 갖게 될 것이라고 분명하게 공언한다. 모든 것을 고려할 때, 성령의 인도를 따르려고 노력하는 위험은 율법의 억압적이고 분열을 낳는 규정 아래 사는 위험보다는 적다.

2. 성령과 육체 사이의 대립(5:17)은 인간학적 이원론이 아니며, 인간 개인 속에 있는 죄 있는 저급한 본성과 고상한 더 나은 자아 사이의 갈등이 아니다. 오히려 이 대립은 하나님의 구속적 능력과 반역하는 타락한 창조물 사이의 우주적 갈등이다. 이 갈등은 부분적으로는 분열된 자아의 영역에서 나타날 수 있지만(롬 7:14-15), 갈 5:13-16이 말하는 그 전쟁은 인간의 정신 안에서 일어나는 전쟁으로 축소될 수 없다. 바울의 특별한 관심을 끄는 무대는 육체가 파당과 불화를 일으키려고 하고(5:20), 성령께서는 평화를 가져다주시는 교회의 공동생활이다(5:22). 그러나 우리는 우리의 시야를 교회적 관심으로 한정 지을 필요는 없다. 이 세상 분쟁이 있는 곳이라면 어디든지 육체는 걷잡을 수 없다. 그리스도에게 속한 사람들은 폭력을 반대하되 대항폭력–그것은 육체의 속임수에 굴복하는 것이 되고 말 것이다–으로 하지 않고, 그리스도의 성령과 보조를 맞추면서, 살인적인 반대에 부딪쳐도, 성령의 열매를 드러냄으로써 반대할 것이다.

3. 앞에서 말한 요점에서 비롯되는 당연한 귀결은 성(sex)이 유일한 문제는 아니라는 것이다. 육체의 권세는 성적 악행에 제한되지 않는다. 육체의 문제는 훨씬 크고, 성적 악행은 그 현상의 하나에 불과하다. 주목할 점은 갈라디아서에서 바울은 오직 관습적 악행의 목록을 열거할 때만 성적 죄악들을 언급하고(5:19b), 이 문제에 대하여 더 이상 논의하지 않는다는 것이다. 육체의 일에 대한 그의 경고는 오히려 투기와 험담과 경쟁을 강조한다(5:15, 20, 26). 이 편지의 많은 청취자들은–특히 성적인 자극이 너무 많은 우리 문화의 청취자들은–"육체"라는 말을 들으면 곧장 성적 추문을 생각할 것이다. 그렇기 때문에 바울의 신학적 어휘의 온전한 의미를 회복하는 것이 해석자들의 과업 중에서 중요한 역할을 차지한다. "육체"는 하나님과 대립하면서 사는, 스스로 타락한 인간의 영역이다.

4. 성령으로 행하라는 부름에 더하여, 이 말씀들에서 듣게 되는 또 다른 주된 명령은 5:13에서 발견된다. 우리가 육체에게 작전기지를 주지 않는 길

은 사랑으로 서로에게 종이 되는 것이다. 바울이 자신의 독자들에게 행하라고 촉구하는 것은 바로 그것이다. 그리스도로 말미암아 얻게 된 자유는 그리스도께서 우리를 얻기 위해 자신의 자유를 사용하신 것처럼 사용되어야 한다. 육체의 경쟁에 대한 해독제는 자기를 비우는 사랑이다. 바울에 의하면, 바로 그런 사랑을 통하여 그리스도께서 율법을 완성하신다. 그리고 바로 그런 사랑이 우리 서로 간의 관계를 지배해야 한다.

D. 갈라디아서 6:1-10
교회에서의 공동생활
주석

갈라디아 교회를 향한 바울의 목회적 권면의 마지막 부분에서(6:1-10), 그는 공동체가 성령으로 행하여야 한다는 것이 무슨 뜻인지에 대하여 몇 가지 짤막한 지침을 제시한다. 바울이 갈라디아 교회에 권유한 특별한 실천들은 서로에 대한 상호 교정(1-2절), 자기반성(3-5절) 그리고 공동체의 교사들에 대한 재정적 지원(6절)이다. 7-8절을 통해서 바울은 이 조언을 하나님의 종말론적 심판과 육체와 성령 사이의 대립을 요약하는 맥락에 둔다. 마지막으로 그는 모든 사람과 특히 공동체 안에 속한 다른 사람들에게(9-10절) 선을 행하라는 일반적 훈계로 권면 자료를 끝맺는다.

6:1-2 바울은 교회를 확대된 가족으로 생각한다(10절). 거기서 구성원들은 서로에게 책임을 져야 한다. 그는 갈라디아 교회의 지체들이 자신들을 누가 가장 경건할 수 있는지를 살피는 경쟁자로 보는 것이 아니라, 영적 전쟁의 위험한 시기를 살아가면서 서로를 돕는 형제와 자매(ἀδελφοί아델포이)로 여기기를 원한다. 그들은 서로에게 책임을 갖고 있기 때문에, 가족의 다른 지체가 길을 잃는 것을 아무렇지도 않게 그냥 둘 수는 없다. 그들은 예수님의 신실한 제자로 살기 위해 서로를 책임져야 할 의무가 있다. 동시에 잘못을 범

한 지체들을 바로 잡는 책임은 큰 온유와 겸손으로 실행되어야 한다. 그래야 공동체의 징계가 공동체가 섬기는 주님의 성품을 반영하게 될 것이다.

1절에 그려진 상황은 성격상 가상적이고 일반적이다. 교회의 어떤 지체든 잘못한 것(transgression: NRSV가 맞고, NIV의 "범죄"[sin]는 아니다)이 "드러났다"(caught, NIV)면 다른 지체들은 행동을 취해야 한다. 이 지침은 바울이 자기 회중의 인간적 불완전성을 현실적으로 평가하고 있음을 보여준다. 5:16의 확언에도 불구하고, 그는 신자들이 실제로 비행에 빠져들 수 있음을 알고 있다. 그러므로 교회는 그러한 상황에 어떻게 대처할 것인지 지침을 가지고 있어야 한다. 그들은 상호교정의 실천을 위해 노력해야 한다.

"신령한 너희는"이라는 어구는 공동체의 모든 사람들을 일컫는 말이며, 선택된 영적 지도자 그룹을 일컫는 말은 아니다(NRSV는 "성령을 받은 너희"라고 풀어서 번역을 함으로써 이 점을 선명하게 하려고 한다). 갈라디아 교회에게 이렇게 말함으로써, 바울은 그들에게 설명을 받아들이고 또 그렇게 살도록 부드럽게 요구한다. 즉, 그들은 성령을 통해 정체성이 결정된 사람들이어야 한다는 것이다. 이 경우 "신령하다"는 것은 공동체의 개선, 즉 질서와 평화의 회복을 위해 행동한다는 것을 뜻한다. 즉, 그것은 "육체적"이 되는 것과 정반대인데, 육체적인 것은 갈등으로 이끌 것이기 때문이다. "바로잡고"(restore)로 번역된 동사(καταρτίζ카타르티조)는 예를 들어 막 1:19에서는 그물 수선을 묘사하기 위해 사용된다. 그리고 바울은 공동체 내에서의 하나 됨의 회복을 말하기 위해 이 말을 사용한다(고전 1:10).

당시 그리스-로마 문헌에는 타인들을 꾸짖고 바로잡는 철학자들의 책임에 대하여 말하는 글들이 많이 있는데,[32] 1절에 근접한 정경 이외의 평행본문이 사해 사본에 있는 공동체의 규칙에서 발견된다.

> 그들은 진리와 겸손과 자비 안에서 서로를 책망해야 한다. 어느 누구도 그의 동료에게 분노나 성급함이나 완고함 혹은 악한 영의 충동을 받은 시기심으로 말하지 못하게 하라(참조. 갈 5:26)... 그러나 동료가

---

32) 참고 문헌에 대해서는, Betz, *Galatians*, 297를 보라.

> 그 자신 때문에 죄를 범하지 않도록, 바로 그 날 그를 책망하라. 또한 아무도 자신의 동료를 먼저 증인 앞에서 훈계하지 않고는 회중 앞에서 동료를 비난해서는 안 된다(1QS[쿰란 공동체 규칙서] 5:24-6:1)

이 단락은 이스라엘의 하나님께 예배하고 섬기는 데 헌신하는 공동체의 공동생활 안에서 벌어지는 책망과 교정을 담고 있기 때문에, 갈 6:1이 제시하는 모습과 놀라울 정도로 비슷하다.[33] 고후 2:5-11은 바울이 일반적으로 그의 교회에서 그런 실천을 옹호했다는 것을 보여준다. 마 18:15-18, 눅 17:3-4, 그리고 약 5:19-20 같은 본문들은 다른 초기 기독교 공동체들에서도 유사한 훈련 과정이 있었음을 증언해준다. 이런 모든 본문의 근저에 있는 것이 레 19:17이다: "너는 네 형제를 마음으로 미워하지 말며, 네 이웃을 반드시 견책하라. 그러면 네가 그에 대하여 죄를 담당하지 아니하리라." 이 훈계가 바울이 율법의 요약이라고 생각하는 "네 이웃을 사랑하기를 네 자신과 같이 사랑하라"(레 19:18)는 명령 바로 앞에 있다는 것은 결코 우연의 일치가 아니다. 이웃을 책망하는 것은 이웃 사랑의 표현인 것이다.

바울은 교정해주는 말을 했다는 *것*에만 관심을 가진 것이 아니다. 그는 그것을 *어떻게* 언급했는지에 대해서도 똑같이 관심을 가진다. 책망은 "온유한 심령으로" 해야 한다. 즉, 성령으로 맺은 열매("온유," 5:23)와 일치해야 한다. 또한 바울은 훈계의 말을 하는 사람에게 경고한다. 그리고 여기서 그는 주어를 2인칭 복수에서 2인칭 단수로 바꿈으로써 강조점을 선명하게 한다: "너 자신을 살펴보아, 시험을 받을까 두려워하라." 유혹은 다음의 두 형태 중 어느 것이라도 될 수 있다. 즉, 훈계하는 사람이 죄를 범한 지체와 같은 죄를 범하는 유혹에 빠질 수도 있고, 혹은 훈계하는 사람이 자만이나 생색내는 태도의 유혹을 받을 수 있다. 바울은 이 문제들 중에 자신이 어떤 것을 염두에 두고 있는지에 대해서는 구체적으로 말하지 않는다. 그 둘 사이에서 어느 하나를 택할 필요는 없다. 상호교정의 실행은 함부로 건방지게 행동할 위험이

33) Barclay, *Obeying the Truth*, 174.

많으며, 뿐만 아니라 우리 모두가 공통된 인간의 약점을 가졌다는 것을 인정하는 것으로 충분하다. 여기서 바울의 경고는 정말로 날카로운 심리학적 통찰을 담고 있다. 즉, 우리는 우리 자신이 가장 취약한 약점들에 대해 가장 가혹하게 비난할 수도 있다는 것이다.

2절은 특별히 1절과의 연결 속에 이해되어야 한다. 즉, 만약 갈라디아 교회가 서로를 이렇게 바로잡을 책임이 있다면, 그들은 사실상 "짐을 서로 지게(bear)" 된다는 것이다. (바울은 동사 "지다"[βαστάζω바스타조]를 롬 15:1-2에서도 같은 방식으로 사용했다: "믿음이 강한 우리는 마땅히 믿음이 약한 자의 약점을 *담당하고(bear)*, 자기를 기쁘게 하지 아니할 것이라. 우리 각 사람이 이웃을 기쁘게 하되 선을 이루고 [교회를] 세우도록 할지니라.") 성령의 인도 아래 사는 것은 상호의존의 관계 가운데 사는 것이다. 우리가 공통적으로 갖고 있는 죄의 성향으로 인해 우리는 서로에게 고통을 안겨주고, 또 서로에게 무거운 짐을 지워줄 수 있기 때문에, 이것은 큰 희생이 필요한 일이 될 수 있다. 다른 사람의 행위를 책임질 것에 대한 걱정 없이 자율적인 개인으로 살아가는 것이 훨씬 쉬울 것이다. 그러나 그것은 그리스도 안에 있는 삶이 될 수 없다. 물론 짐을 지기 위해서는 서로 훈계하는 실천보다 더 많은 것이 필요하다. 또한 압박과 슬픔의 나눔, 경제적 나눔의 실천, 그리고 서로에게 종이 되기 위해 상상할 수 있는 모든 종류의 방법이 동원되어야 한다(5:13).

서로의 짐을 지라고 하는 감당하기 어려운 명령의 근거는 무엇인가?[34] 바울은 이 중요한 질문에 대해 주저하지 않고 대답한다. 갈라디아 교회가 그들의 형제와 자매의 짐을 진다면, 그들은 "그리스도의 법을 성취하"게 될 것이다. 그 법이 다른 사람의 죄로 인해 부과된 무게를 짊어질 의무의 출처이다.

그런데 "그리스도의 법"이라는 말로 바울은 무엇을 의미하려고 한 것일

34) Betz, *Galatians*, 299, 는 바울이 이 명령을 "헬라 철학 전통"(예를 들어, Xenophon, *Memorabilia* 2.7.1-14; Aristotle, *Nicomachean Ethics* 9.11.1-6)의 관습적 격언에서 얻어냈다고 주장하였다. 바울의 명령의 논리가 궁극적으로 예수 그리스도의 사례에 근거하고 있다는 또 다른 관점에 대해서는, R. B. Hays, "Christology and Ethics in Galatians: The Law of Christ," *CBQ* 49 (1987) 268-90을 보라.

까?[35] 5:6의 "역사하는 믿음"과 같이 이 표현은 처음에는 모순어법처럼 보인다. 편지의 많은 부분에서 바울은 "율법"과 "그리스도"를 서로 예리하게 대립시켰다(2:16, 21; 3:13; 5:4). 율법은 그리스도께서 우리를 거기에서 해방하려고 하시는 얽매는 힘으로 묘사된다. 그런데 어떻게 바울이 갑자기 "그리스도의 법"을 말하는 것일까?

중요한 실마리는 동사 "성취하다"(ἀναπληρόω^아나플레로오^)에 있다. 이 동사는 5:14에서 사용된 동사의 영향을 받은 것인데, 5:14에서 그리스도께서는 한 말씀에서 율법이 이루어졌다고 말씀하신다(레 19:18). 그 한 말씀은 다름 아닌, 이웃 사랑이 율법의 핵심 교훈이라는 것을 미리 말하고 있는 말씀이다. 그리스도께서는 자신의 자기희생적 죽음(1:4; 2:20)을 통하여 율법을 "성취하신다." 그 죽음은 사랑의 의미를 분명하게 구현했다. 또한 그렇기 때문에 율법의 진정한 의미를 구현했다(참조. 롬 13:8-10; 15:1-4; 5:13-14의 주석을 보라). 이와 같이 그리스도는 율법을 지배하셨고, 그것을 해석학적으로 변화시키셨다. 그의 죽음 이후로 율법은 그리스도의 법으로 새롭게 이해될 수 있으며, 그 율법은 그리스도를 통해 규정되고 그리스도에게 속한 것이 된다.[36]

그래서 갈라디아 교회는 그리스도께서 율법을 성취한 사건을 재현하라는 요구를 받고 있는 것이다. 반복의 개념은 동사 아나플레로오에 들어 있는 접두어 ana를 통해 드러난다고 할 수 있다. 마틴은 이렇게 풀어서 번역한다, "서로의 짐을 지라. 그리하면 너희 자신이 그리스도께서 하신 일을 반복하게 될 것이며, 그리스도께서 이웃을 사랑하는 것에 대한 말씀에서 이미 완성하신 율법을 너희 공동체 안에서 완성하게 될 것이다."[37] 그러므로 그리스도의 법을 성취하는 것은 공동체의 삶에서 예수께서 그의 죽음에서 보여주신 자기희생적 사랑의 모범을 거듭거듭 실현하는 것이다.

---

35) 학자들의 다양한 제안들에 대해서는, Matera, *Galatians*, 219-21를 보라.

36) Barclay, *Obeying the Truth*, 132-35; Martyn, *Galatians*, 554-58. 이 해석은 Hays, "Christology and Ethics"에 있는 내 입장을 수정한 것이다. 이 논문에서 나는 "그리스도의 법"은 전혀 토라와 상관이 없으며, 오히려 그리스도의 은혜의 자기희생에 의하여 예시된 원칙이나 유형을 가리킨다고 주장했다.

37) Martyn, *Galatians*, 547-48.

6:2의 구문은 5:16과 비슷하다. 즉, (공동체의 계속적인 행위를 규정하는) 현재 명령법 동사로 시작하여 (명령법을 따를 경우, 발생할 결과를 묘사하는) 미래 직설법 동사의 절로 문장이 끝난다.[38] 그리스도의 법은, 교회에서 매일 같이 일어나는, 서로에게 책임을 지는 소박한 행위의 결과로 성취하게 될 것이다.

확실히 바울의 놀라운 어구인 "그리스도의 법"은 역설적이면서도 되받아치는 날카로움을 갖고 있는 것으로 보인다. 바울과 대립하던 선교사들은 – 그들이 이 표현을 정확히 사용했든 아니든 – 그리스도를 율법과 연결했고, 아마 예수를 모세의 토라에 대한 권위 있는 해석자라고 설교하기까지 했을 것이다.[39] 그렇기 때문에 6:2에서 – 4:21과 5:14에서처럼 – 바울은 자신의 복음이 그리스도와 율법 사이의 참되고 확실한 관계를 설명한다는 주장으로 반론을 시작한다. 그리고 6:2의 설득력은 다음과 같은 의역으로 설명될 수 있다:

> 경쟁 선교사들은 너희가 그리스도의 사람, 진정한 아브라함의 자손이 되기 위해서는 할례를 받고, 시내산 율법의 명령에 순종해야 한다고 말하고 있다. 그러나 나는 오히려 너희에게 말하는데, 만약 너희가 서로의 짐을 지고 사랑으로 서로에게 종이 된다면 – 선교사들이 너희에게 행하도록 인도한 것처럼 치열하게 경쟁하는 대신 서로를 바로 잡아 준다면 – 너희는 그리스도께서 재정의한 율법을 성취하게 될 것이다.

이것은 바울이 고전 9:21에서 사용한 역설적인 수사학적 반전과 비슷하다: "율법 없는 자에게는, 내가 하나님께는 율법 없는 자가 아니요 도리어 그리스도의 율법 아래에 있는 자이나, 율법 없는 자와 같이 된 것은 율법 없는 자들을 얻고자 함이라."[40] 두 경우 모두 그리스도께서 "율법"의 뜻을 극적으로 재정의하는데, 이로 인해서 전통적 해석에서 볼 때 분명히 율법 없는 자들이

---

38) NRSV 각주가 가리키는 바와 같이, 어떤 그리스어 사본들은 두 번째 절의 동사도 명령법으로 기록하고 있다: "다른 사람의 짐을 지라. 그리하여 그리스도의 법을 성취하라." NRSV와 NIV에 있는 미래 직설법이 더 선호된다.

39) Betz, *Galatians*, 300-301.

40) "율법"에 대한 비슷한 수사학적 반전에 대하여는, 롬 3:27; 8:2을 보라.

오히려 율법의 의미를 구현한 자들이 된다.

6:3-5 이 절들과 앞서 나온 문맥의 연관성이 즉각적으로 명백한 것은 아니다. 여기에 있는 바울의 조언은 5:26과 6:1b에서 표현된 경고의 연속으로 이해하는 게 가장 좋다. 갈라디아 사람들은 유대교 율법준수의 필요성 문제에 대하여 서로 간에 심각한 갈등에 빠졌다는 것을 알았다. 아마 율법을 이미 준수하기 시작한 어떤 사람들은 갈라디아 교회의 다른 지체들보다 자신들이 영적으로 더 뛰어나다는 환상도 가지게 되었을 것이고, 다른 사람들에 대해 대단히 비판적인 태도를 취하고 싶은 유혹을 받았을 것이다(참조. 6:13b). 5:26에서 바울은 그들에게 이런 태도를 버리라고 직접적으로 권고한 바 있다. 6:1-2에서 바울은 그리스도의 방식에 근거한 다른 모범을 제시하는데, 그것은 성령의 온유하심 안에서 서로를 바로 잡아주는 것이다. 이어서 3-5절에서 그는 공동체의 각 개인에게 말하면서 교만에 대해 경고한다. 즉, 스스로 다른 사람들과 비교하고 서로 자랑하지 말고, 냉정하게 자기 평가를 해야 하고 스스로 자부심을 가져야 한다는 것이다.

각 사람이 자신의 "일"[단수]을 살펴야 한다는 조언은 믿음과 대립되는 "율법의 일들[복수]"을 비난하는 편지에서는 놀라워 보인다. 그러나 이 자기 반성에 대한 도전은 바울 신학에서 흔한 주제다. 고린도후서에 있는 아주 유사한 내용이 특히 그런 모습을 분명하게 보여준다: "너희는 믿음 안에 있는가 너희 자신을 시험하고 너희 자신을 확증하라. 예수 그리스도께서 너희 안에 계신 줄을 너희가 스스로 알지 못하느냐 그렇지 않으면 너희는 버림받은 자니라!"(고후 13:5; 참조. 롬 12:3; 고전 11:28). 바울은 진정한 믿음은 행동으로 나타나고(갈 5:6), 그리스도와 성령은 그런 믿음의 행동에 힘을 주신다고 확신한다(2:20; 5:22-25). 그러므로 자신의 "일"을 시험하는 것은 그것이 실제로 그리스도의 사랑의 성품을 실현하는지를 살피는 것이다.

바울은 하나님께서 우리의 행위를 마지막 때에 심판하실 것(예를 들어 고전 3:10-15)이라는 굳은 확신을 갖고 있고, 바울은 자신의 사도로서의 사역이 "자랑할 만하다"고 여러 번 이야기 한다(롬 15:17; 고전 9:16; 고후 1:12-14; 빌

2:16). 각 사람은 종말에 하나님으로부터 각자에게 합당한 칭찬을 받을 것이다(고전 4:3-5). 그러나 현재 우리는 우리 자신에 대해서 자기 평가를 해야 한다. 그것이 4절이 의미하는 것인데, 번역을 이렇게 개선해 볼 수 있다. "각각 자기의 일을 시험해보아야 한다. 그러면 그는 자기의 자랑을 자신에게만 하고 이웃에게는 하지 않을 것이다."[41] 이렇게 번역하면, 3-4절은 5:26에 나온 경쟁에 대한 경고와 잘 어울린다. 이 권면은 또한 논리적으로 6:1b의 경고성 언급과 연결되는 것으로 볼 수 있다. 즉, 다른 사람을 바로잡는 사람은 자신의 동기를 주의 깊게 검토해 보아야 한다는 것이다. 만약 자신의 형제나 자매를 바로잡는 것이 실제로는, 다른 사람들을 자신의 높은 도덕적 성품과 악의적으로 비교함으로써 자기의 권력을 강화하기 위한 교묘한 수단이라면, 서로를 바로잡아 주는 일은 교묘한 형태의 영적 "우월의식"이 될 것이다.

그러나 2절과 명백하게 모순으로 보이는 5절을 어떻게 이해할지에 대한 문제가 여전히 남아 있다. 갈라디아 교회에게 서로의 짐을 지라고 말한 다음에, 바울은 왜 말을 바꾸어서 "모든 사람이 각각 자기의 짐을 질 것이라"고 쓴 것일까? 두 절은 모두 같은 동사(바스타조, "bear" "carry" 지다)를 사용하지만, 두 번째 것은 첫 번째 것을 뒤집은 것처럼 보인다. 바울은 단지 표제어들로 연결된 전통적인 격언들을 함께 묶어 놓았을 뿐이고, 그렇기 때문에 이 단락에는 일관적인 사고의 흐름은 없는 것일까? 그는 1세기의 폴로니우스처럼 가식적이면서도 모순된 태도로 허튼 소리를 하고 있는 것일까? 아니면 이 문장들을 나란히 둔 것이 생각을 불러일으키도록 고안된 교묘한 역설인 것일까? 2절과 5절이 일관된 방식으로 조화를 이루는 방식을 이해하기 위해서 두 가지 열쇠가 필요하다.

첫째, 우리는 논증 안에서 이 두 문장이 다른 기능을 하고 있다는 것을 알아야 한다. 2절은 명령으로서 공동체 전체가 잘못한 사람을 사랑으로 회복시키는 서로의 책임을 실행하도록 요청한다. 한편 5절은 각각 개인이 자신의 행동을 시험하도록 하는 조언에 대한 근거의 역할을 한다. 그래서 이것은 바

---

41) Barclay, *Obeying to the Truth*, 160.

울 신학의 토대가 되는 기본 진리를 확증한다. 즉, 하나님께서는 세계를 심판하실 것이며, 각 사람에게 책임을 물으신다는 것이다(참조. 2:6-10; 3:19). 이 두 진술을 문맥 속에서 보았을 때, 이들은 모순적이기보다는 보완적이다. 바울은 우리가 모두 개인적으로 하나님께 설명할 책임이 있으며, *그리고* 서로를 바로잡아 주는 훈계를 통해서 서로를 돕는 공동체를 형성하도록 부름 받았다고 말한다.[42]

둘째, 5절 말씀은 하나님의 종말론적 심판에 대한 암시로 해석되어야 한다.[43] 5절은 유대 묵시 사상과 동일한 전통에 속한 것인데, 바울 편지보다 한 세대 이후에 저술된 에스라 4서에서 더 자세한 설명을 볼 수 있다:

> 심판의 날은 피할 수 없으며 모든 진리의 봉인에도 나타난다. 아버지가 자기 아들을, 아들이 아버지를, 주인이 그 종을, 친구가 가장 사랑하는 친구를 자신을 대신해서 병들게 하거나, 잠자게 하거나, 먹거나, 낫게 하려고 보내지 않는 것과 같이, 그날에는 아무도 다른 사람을 위해 기도하지 않고, *그 누구에게도 짐을 지우지도 않을 것이다; 왜냐하면 그때 모든 사람은 자기 자신의 의와 불의를 짊어질 것이기 때문이다*(에스라4서 7:104-105)

5절에 있는 바울의 간결한 표현은 같은 방향을 가리킨다. 우리 각각의 "일"은 마지막 심판 때 하나님 앞에서 낱낱이 드러날 것이다. 그때는 다른 아무도 우리를 대신할 수 없고 우리의 짐을 져줄 수도 없다. 그래서 동사의 미래시제 "질 것이라"(will bear)는 잠언에서 사용되는 시간을 초월한 격언적 미래가 아니라, 실제 시간상의 미래이다. 이 결론은 7-9절의 종말론적 심판에 대한 분명한 언급을 통해 강화된다. 또한 5:10도 종말론적 심판을 언급하는데, 하나님의 심판에 대하여 말하기 위해 6:5에서 사용하는 것과 동일한 동사인 바스

---

42) Barclay, *Obeying to the Truth*, 162.

43) D. Kuck, "Each Will Bear His Own Burden: Paul's Creative Use of an Apocalyptic Motif," *NTS* 40 (1994) 289-97; Matera, *Galatians*, 215. 반대 견해로는, Betz, *Galatians*, 304가 있다.

타조를 사용한다.

따라서, 갈 6:1-5의 논리는 다음과 같이 진행된다:

(1-2) 현재 우리는 상호 조언과 훈계를 통하여 교회에서 서로를 돕고 지지하라는 요청을 받는다; 이렇게 각기 다른 사람들의 짐을 짐으로써 우리는 그리스도의 재구성된 율법을 실현한다.

(3-4) 서로를 바로잡으면서, 우리는 합당한 겸손을 행하고 우리 자신의 일을 살핀다.

(5) 마지막 심판에서 우리 각 사람은 자신의 짐을 져야한다; 즉 우리는 서로에게 판단 받기 위하여서가 아니라, 하나님께 판단 받기 위하여 소환될 것이다.

따라서 2절과 5절 사이의 긴장은 바울이 함께 묶어서 제시하는 상호 책임과 개인적 의무라는 주제를 강조하기 위한 수사적 목적을 위한 것이다.

6:6 가르침을 받는 자(ὁ κατηχούμενος[호 카테쿠메노스] – 영어 "catechumen" 동족어의 어원)에게 주는, "말씀을 가르치는 자와 모든 좋은 것을 함께 하라"고 하는 이 명령은 공동체에서 가르치는 사역을 수행하는 사람들을 위해 재정적 지원을 제공하라는 지침으로 이해되어야 한다. 바울이 제도화된 "교리 교육과정"을 언급한 것이라거나, 6절이 세례준비 교육에만 국한된다고 가정할 만한 아무런 이유가 없다. 바울은 이 동사를 교회에서 예언을 통하여 주어진 교훈이나(고전 14:19) 또는 유대인이 율법에서 받은 교훈을 지칭하기 위해(롬 2:18; 신약성경에서 이 단어를 사용한 다른 예로는, 눅 1:4; 행 18:25; 21:21, 24을 보라) 고정적이지 않은 방식으로 사용한다. 그러나 바울은 갈라디아 교회에서 "말씀"의 교사들이라고 불리는 사람들이 있다는 것을 알고 있는 것으로 보인다. 이 "말씀"이라는 것은 성경 해석에 대한 교육이나, 막 생겨난 초기 기독교의 전승에 대한 교육을 가리키는 것이었을 수도 있다. 아마도 바울은 이 둘을 예리하게 구별하지 않았을 것이다. 바울이 쓴 글들을 보면 성경 교

육이 교회를 세우는 사도적 사역의 기본적인 부분임을 알 수 있다.[44] 바울이 마음에 품고 있었던 교육의 종류는 학문적인 훈련이 아니다. 그것은 가르치는 사역을 통해 섬김으로써 그리스도의 몸을 세우라고 하나님께서 주시는 성령의 은사이다(롬 12:7; 고전 12:28).

마틴은 6절에서 말하는 가르치는 자는 바울이 떠난 후에도 갈라디아 교회에서 계속해서 복음을 가르치는 권한을 부여받은 사람들인데, 바울과 경쟁하던 선교사들이 바울이 세운 교사들을 신뢰하지 않고 쫓아내려고 했다는 가설을 세웠다.[45] 만일 그렇다면, 바울이 공동체에게 목회적 조언을 하면서 이런 주제를 언급한 이유가 설명된다. 한편 만약 상황이 마틴이 상상한 대로라면 바울이 그 문제에 대해 고립되어 있고 논쟁적이지도 않은 단 하나의 문장만 할애한 이유를 이해하기 어렵다. 바울이 교사들을 지원하라고 말한 것은 그것이 성령의 인도를 받아 살아가는 공동체의 전체적 전망에 합당한 것이기 때문일 가능성이 더 높다. 그 전망은 믿음 안에서 한층 성숙해지기 위해, 지체들이 서로 훈계하고 겸손하게 자신을 살피며 질서 있는 교육과 학습을 공유하는 것이다.

6:7-8 바울은 이제 편지의 권고 부분을 요약하고 마무리하는 방향으로 나아간다. 7절의 진술은 바울이 갈라디아의 상황에 적용하는 잠언 조각들이다. 두 잠언은(7절에는 두 개의 잠언이 들어 있다 - 역자 주) 모두 하나님의 마지막 심판의 확실성을 가리킨다. 하나님은 "업신여김을" 받지 – 즉 깔보고 무시당하지 – 아니하신다. 왜냐하면, 세상에 대한 하나님의 심판은 포괄적이고 정의롭기 때문이다. 바울은 사실상 갈라디아 교회에게 이렇게 말하는 것이다. "기억하라. 네가 여기서 만나고 있는 분은 *하나님*이시다. 그는 네 멋대로 만든 이미지가 아니다. 너는 무슨 일이든 피할 수 있다고 생각하지 말라. 결국에는 하나님이 모든 것을 판단하실 것이기 때문이다." 씨를 뿌리고 수확하는

---

44) Hays, "The Conversion of the Imagination," 391-412.

45) Martyn, *Galatians*, 552.

것에 관한 잠언은 행위는 결과를 낳는다는 것을 경고하는 보편적인 격언이다. 예를 들면, "악을 뿌리는 자는 재앙을 거두리니"(잠 22:8, 참조. 욥 4:8)라는 잠언이 있다.[46] 바울은 이 잠언을 적용해서 하나님의 최후 심판의 날에 우리가 "거둘 것"에 대하여 말한다.

이 경고들은 왜 필요한가? 이 편지에는 갈라디아 교회들이 특별히 자유방임적인 행위나 혹은 하나님의 뜻에 대한 부주의한 태도 때문에 고통 받았다는 증거는 전혀 없다. 오히려 그들은 하나님께서 요구하시는 일에 성실하게 관심을 기울였다. 그래서 선교사들이 갈라디아로 간 것이다. 최선의 설명은 바울은 갈라디아 교회가 예수 그리스도 안에 있는 하나님의 은혜로운 선물을 평가절하하고 다른 수단들을 통해 의롭게 되려고 함으로써, "하나님을 업신여길" 위험에 처해 있다고 본 것이다(참조. 2:21; 5:4). 그러므로 바울은 하나님의 은혜를 거역하는 것은 반드시 끔찍한 결과를 낳는다고 경고하는 것이다(참조. 히 12:25). 두 번째 잠언의 농경적 이미지는 갈라디아 교회가 선교사들의 조언을 따라갈 경우 그들이 직면하게 될 위험한 전망에 관한 명확한 경고로 가는 전환점이 된다.

바울은 무슨 의미로 "육체를 위하여" 심는다는 말을 사용한 것일까? ("만족시키기 위해"[to please]라는 말을 추가하고 σάρξ사르크스를 "죄 있는 본성"으로 본, NIV의 8절 번역은 바울이 우선적으로 신체적 성적 욕망에 관심을 가졌다는 것을 암시한다. 그러나 이 해석은 바울의 뜻을 왜곡한다. NRSV는 비록 번역자들이 성 포괄적인[gender-inclusive] 읽기를 위해 2인칭을 사용한 조건문 형식으로 문장을 바꾸어 놓기는 했지만, 훨씬 문자적으로 번역했다.) "육체"의 의미는 앞에 나온 3:3과 5:13-26의 바울의 용례에서 이미 형성되었다. 바울은 이미 수사학적 솜씨를 발휘해서 "육체"라는 항목으로 할례와 방종을 함께 묶어낸다. 그리고 바울은 공동체를 분열시키는, 시기하면서 자기주장을 내세우는 욕망과 이 둘을 결부시켰다(5:13-26에 대한 주석을 보라). 그리하여 "육체"를 위하여 심는다는 것은

46) 다른 평행에 대하여는, Dunn, *The Epistle to the Galatians*, 329-30; Barclay, *Obeying the Truth*, 164을 보라.

미래를 위한 확신과 소망을 육체를 베어내는 세속적 방편, 즉 할례에 둔다는 뜻이 될 것이다.

바울이 이미 할례를 "육체"의 다른 의미와 묶어서 다루는 것을 보여주었기 때문에, 6:8에서 이끌어낸 결론은 놀랍지 않다. 즉, 할례에 기대서 육체를 위하여 심는 자들은 육체에게 작전기지를 내주는 것이며(5:13), 그들은 그러므로 육체로부터 오직 썩은 것만, 즉 쇠퇴와 죽음만을 거둔다는 것이다. ("썩은 것"[φθορά프토라]이라는 말의 유사한 용례는 고전 15:42, 50을 보라. NIV와 NRSV는 모두 "썩기 쉬운 것"[that which is perishable]이라고 번역한다.)

이것과 대조적으로, "성령을 위해 심는 것"은 확신과 소망을 하나님의 성령의 일하심에 두는 것을 뜻한다. 바울은 공동체에서 활동하는 성령의 성과를 나타내기 위해 이미 "열매"라는 이미지를 사용했기 때문에, 수월하게 추수의 은유로 넘어갈 수 있다. 성령과 관련된 추수는 "영생"이다. 바울이 이 용어를 자주 사용하지는 않지만, 이 말을 사용하는 다른 경우들을 보면 그는 이 말을 죽음과 대립시킨다. 그리고 거기에는 분명히 종말론적 의미가 있다(롬 2:7; 5:21; 6:22-23). 따라서 우리는 아마도 8b절을, 다른 유대 묵시 전통에서처럼(예를 들어, 단 12:2; 마카비 2서 7:9; 솔로몬의 시편 3:12),[47] 몸의 부활을 암시하는 것으로 이해해야 할 것이다. 8절에 있는 "썩어질 것"과 "영생" 사이의 대립(참조. 고전 15:42-48)도 바울이 죽은 자의 부활을 생각하고 있다는 추론에 힘을 더한다. 우리는 롬 8:9-13에서 비슷한 개념들의 연결을 본다. 즉, 바울은 죽음을 낳는 육체의 능력과 몸의 부활과 관련된 생명을 주는 성령의 능력을 대립시킨다.

이런 식으로 이해한다면, 8절은 편지 전체의 교훈을 압축하고 있는 것이다. 그것은 감각적 방종에 대한 도덕적 경고가 아니다. 오히려 그것은 무엇이든지 연약한 인간의 영역에 속한 모든 것, 특히 할례에 확신을 두는 것에 대한 경고이다. 바울은 오직 하나님의 성령만이 생명을 주는 능력이 있다고 주장한다.

---

47) Dunn, *The Epistle to the Galatians*, 331.

6:9-10 이제 바울은 선한 일을 지속하라는 일반적인 격려의 말로 권고를 끝맺는다. 우리가 성령으로부터 영생을 거둘 것이라는 약속에 입각해서, 바울은 갈라디아 교회에게 약해지거나 포기하지 말고, 반대에 부딪치더라도 끝까지 신실하게 견딜 것을 촉구한다(참조. 눅 18:1; 고후 4:1, 16-18). 종말론적 보상의 약속과 부활의 희망으로 충성스럽게 일하도록 촉구하는 주제는 바울 사상 중에서 반복해서 등장하는 것이다(예를 들어, 롬 8:18-39; 고전 15:58; 빌 3:10-14; 3:20-4:1; 살후 3:13을 보라). "때"(the proper time: NIV)에 대한 언급도 마찬가지로 종말론적 심판의 날을 암시한다.

이 결론적인 구절들에서 "선행"을 강조하는 것은 바울이 옳은 일을 하려는 인간의 노력에 원칙적으로 반대하지 않는다는 것을 명백히 보여준다. 그러므로 바울이 앞에서 "율법의 행위들"에 대해 논쟁한 것은 특히 모세 율법과 언약 구성원을 민족적으로 제한하는 율법의 표지들에 대한 것으로 이해해야 한다(2:11-21과 3:10-14에 대한 주석을 보라). 물론 5:22-25이 보여주고 있는 것처럼, 선행을 하려는 우리의 노력은 자율적인 성취가 아니라, 우리 안에서 성령께서 부어주시는 능력을 통해서 드러나는 하나님의 일하심으로 이해되어야 한다(참조. 2:20). 따라서 6:9-10에서 말하는 선을 행하는 것은 "사랑을 통하여 역사하는 믿음"(5:6)과 같은 뜻이다.

우리는 "기회 있는 대로"라는 어구에서 종말론적 뉘앙스를 읽어야 한다(문자적으로는, "시간이 있는 대로"[καιρός카이로스]). 그는 "기회가 남아 있는 동안, 선을 행할 순간을 포착하자"고 말하고 있다(참조. 롬 13:11-14; 고전 7:29; 고후 6:2; 골 4:5; 참조. 엡 5:16). 그래서 NRSV의 "기회가 있을 때마다"는 종말론적 긴급성을 약화시키기 때문에 오해의 소지가 있다.

10절은 공동체가 보편적으로 그리고 특별하게 노력해야 할 범위를 설명한다. 바울은 그의 독자들에게 "모두에게" 선행을 하라고 권고한다. 그리하여 도덕적 관심의 영역을 세계로 확대한다. 이 단락에 대해서 크리소스톰은 이렇게 언급한다: "은혜로부터 말미암는 삶의 방식은 온 땅과 바다를 자비의 식탁으로 삼는다."[48] 동시에 바울은, 특히 10절을 여는 단어들을 통해 제시된 종말론적인 표현에 비추어 볼 때, 다른 사람들에게 선행을 하려는 갈라디아 교회의 인간적 한계를 인정하고 있다. 결국 그는 특히 "믿음의 가정"에 속하는 사람들에게 힘을 집중하라고 갈라디아 교회에게 조언한다(참조. 엡 2:19; 딤전 3:15). 고대 그리스 로마 세계에서 "가정"은 혈족에 제한되지 않는다. 그런데 NIV와 NRSV는 모두 바울의 말을 "가족"으로 바꾸어 놓는데, 가족이라는 말이 우리 시대 독자들에게는 더 공감되는 의미이다. "가족"을 이해할 때, 우리는 모두 은혜의 입양을 통해서만 하나님의 가족이 된다(4:4-7)는 바울의 주장을 기억해야만 한다. 그렇게 할 때, 우리가 이 은유를 오해하지 않게 될 것이다.

던은 바울이 사용한 "믿음의 가정"이라는 표현은 바울이 구약 성경의 일반적 표현인 "이스라엘의 집"에 일부러 맞추어서 만든 것일 수도 있다고 주장한다. 이 주장은 개연성이 없다. 왜냐하면, 여기서 바울의 표현은 "이스라엘의 집"이라는 어구의 70인 역 번역과 정확히 일치하지 않기 때문이다. 만약 바울이 이 표현을 반영할 생각이었다면, "그리고 특히 믿음의 집"(τὸν οἶκον τῆς πίστεως[톤 오이콘 테스 피스테오스])이라고 썼을 것이다. 그럼에도 불구하고, 던이 바울의 교회에 대해 설명하면서 "이 가정을 묶어주는 특징은 믿음이다. 이스라엘 민족의 구성원이 되는 것도 아니고, 토라도 아니다"라고 본 것은 옳은 것이다.[49] 이렇게 공동체의 성격을 규정함으로써, 바울의 마지막 권면은 갈라디아 교회에게 한 번 더 그들이 하나님 백성 공동체의 지체가 된 것이 처음부터 끝까지 믿음에 근거한 것임을 상기시켜주고, 또한 그러므로 그들이 서로 하나의 끈으로 묶여 있다는 것도 상기시켜준다.

10절은 또한 우리가 유대교의 특수주의와 바울 기독교의 보편주의를 쉽게 구별할 수 없다는 것도 보여준다. 바울은, 그의 유대 기독교인 반대자들과 마찬가지로, 하나님의 은혜의 특별한 수혜자와 하나님의 말씀의 심부름꾼으로 하나님께서 특별한 공동체를 선택하셨다고 믿었다. 바울과 선교사들 사이의

---

48) John Chrysostom, "Homily on Galatians 6:9-10," *Interpretatio Omnium Epistularum*, ed. F. Field (Oxford: Clarendon, 1849-62) 4.97, Edwards, *Galatians, Ephesians, Philippians*, 98에서 인용.

49) Dunn, *The Epistle to the Galatians*, 333.

주된 차이는 그 공동체의 한계를 어떻게 정할 것인가 라는 문제에 있다. 선교사들에게 핵심적 정체성 표지는 할례와 율법준수였다. 바울에게 있어서 결정적인 정체성 표지는 믿음과 성령이었다. 바울이 보기에, 성령의 능력을 받은 공동체에게는 선을 행하고 온 세계에 화해의 말씀을 전할 과업이 부여되었다(참조. 고후 5:18-21). 그러나 그 화해의 사역은 신자들의 공동체 안에 있는 가정들에서 시작되어야 했다. 할례 옹호자들이 불러일으키는 적대감 때문에 경쟁과 시기가 가득했기 때문에(5:15, 26), 하나님의 일은 방해 받고 있었다. 그러므로 바울이 갈라디아 교회에게 믿음의 가정에게 선을 행하라고 하는 마지막 호소는 할례의 분열적 메시지를 거절하라는 또 다른 간청이자, 또 다른 해결책이었다.

신학적 묵상

만약 갈라디아 교회가 자신들의 삶의 질서를 잡아줄 구체적인 청사진을 찾고 있었다면, 그들이 보기에 바울의 편지는 정교하고 상세한 모세 율법을 삶의 길잡이로 지목하는 선교사들의 가르침에 비해 훨씬 덜 만족스러웠을 것이다.[50] 이와는 대조적으로, 바울은 성령으로 인도되는 공동체를 아주 간략하게만 묘사할 뿐이다. 그렇게 밖에는 할 수가 없었다. 인도하시는 분이 성령이라면, 미리 상세하게 규정하는 것은 불가능하기 때문이다. 만약 바울이 어쨌든 갈라디아 교회 사람들이 원하는 포괄적인 지침서를 제공했다면, 그것은 새로운 율법을 제시하는 것이 되었을 것이고, 본인의 주장을 철회하는 것이 되었을 것이다. 그럼에도 불구하고 바울은 6:1-10에서 몇 번의 짤막한 설명을 통해서 성령이 인도하는 공동체의 공동생활을 특징짓는 놀랍도록 풍성하고 함축적인 설명을 내놓았다.

1. *서로를 책임지는 확대 가족으로서의 교회.* 바울은 교회가 신자들이 서

50) Barclay, *Obeying the Truth*, 170.

로의 삶에 대한 책임을 나누는 공동체가 되어야 한다고 주장한다. 성령 안에서의 삶은 홀로 분투하는 삶도 아니고, 개인 생활 영역에 한정된 삶도 아니다. 오히려 그것은 공동체 안에서 사는 삶이다. 교회는, 형제자매로 구성된 확대가족처럼, 지체들의 상호의존이 특징이다. 이 상호의존은 도움이 필요할 때 서로 돕는 것뿐만 아니라, 필요할 때에는 훈계하는 말로 기꺼이 서로를 직면하는 것이기도 하다. 현대 서구의 개인주의적 문화에서는 바울의 조언이 낯설고, 또 많은 그리스도인들은 신앙의 형제자매들이 책임을 져주는 것을 모욕적으로 생각할 것이다. 그러나 우리는 상호 지원과 상호 책임이 동전의 양면이라는 것을 알아야 한다. 이 둘은 모두 우리가 같은 부르심과 같은 정체성을 가진 하나의 백성이라는 확신에 근거하고 있다. 우리는 그리스도 안에서 한 몸의 지체들이기 때문에, 우리 모두의 안녕은 각 지체의 영적 건강에 달려있다. 또 우리는 서로가 신실하게 행하도록 도와야 할 책임이 있다. (레 19:17-18이 암시하는 것처럼, 상호 책망과 이웃 사랑은 함께 가는 것이다.) 바울의 목회적 지도를 진지하게 받아들이는 교회는 공동체의 다른 지체들이 제공하는 부드럽고 시의적절한 교정에서 유익을 얻는 쪽으로 공동생활의 방식을 개선하려고 할 것이다. 뿐만 아니라, 상호교정을 실행하는 교회에 대한 바울의 전망은 신약성경 안에서 홀로 존재하지 않는다. 갈 6:1은 항상 마 18:15-21 말씀과 함께 읽어야 하는데, 여기에서 예수께서는 사도들에게 동료들 중에 잘못한 일이 생길 때 서로를 개방적으로 직면해야 하며, 잘못을 인정하면 자유롭게 서로를 용서해야 한다고 가르치신다,

2. *그리스도의 법과 그리스도 본받기.* 갈라디아 교회에게 서로의 짐을 지라고 촉구함으로써, 바울은 그들의 생활을 자기희생적인 예수님의 생활 방식에 맞추라고 요청한다. 비록 바울은 갈라디아서에서 "그리스도 본받기"라는 말을 명시적으로 사용하지는 않지만, 바울은 고전 11:1, 빌 2:1-13, 그리고 살전 1:6-7 같은 구절에 있는 바울의 권면의 특징이 되는 신학적 패러다임 안에서 말하고 있는 것이다. 예수님의 자기희생적 죽음은 사랑의 의미를 밝혀주는 모범이 된다. 그러므로 "그리스도 안에" 있는 사람들은 십자가에 달

리신 주님과 일치하는 삶의 방식에 참여하는 것이다. 우리가 우리의 유익이 아니라 타인의 유익을 추구할 때(빌 2:4), 우리는 우리를 사랑하여 우리를 위하여 자신을 내어주신(갈 2:20) 하나님의 아들의 인격을 제대로 보여주는 것이다. 갈 6:1-10에 대한 모든 해석은 갈 6:2의 변혁적 통찰을 강조해야 한다. 그리스도께서 율법의 의도를 성취하신 것은 사랑의 섬김(참조. 5:13-14)을 통해서였다. 따라서 우리는 서로에 대한 사랑의 섬김으로 그 성취에 참여한다는 것이다. 율법을 우리의 이웃을 가로막는 장벽이나 자기 권력을 강화하려는 열망을 위한 사다리로 만들려는 교활한 유혹은 항상 있다. 율법은 십자가라는 렌즈를 통해 읽을 때만, 그리스도의 법이 된다.

3. 교회에서 경쟁과 갈등의 포기. 바울이 공동체 내의 불일치와 경쟁의 문제에 집중하는 것은(5:15, 20-21, 26; 6:1-5) 이것이 갈라디아서가 다루고 있는 중심적 문제 가운데 하나라는 것을 암시한다. 이 점에서 갈라디아 교회와 오늘 우리 시대의 교회들 사이에 명백한 평행이 있다. 그렇기 때문에 갈등의 원인에 대한 바울의 진단은 상당히 흥미롭다. 그는 자랑과 다툼이 "육체를 위하여 심는 것"으로부터 온다고 주장한다. 우리가 본 바와 같이, 원래 문맥에서 이 어구는 할례와 연약한 인간이 행하는 율법의 행위에 확신을 두는 것을 가리키는 것이다. 그러나 우리 시대에 교회를 끊임없이 유혹하는 것 가운데 하나는 인간의 성(sexuality)에 관한 다양한 종류의 이론과 설명에 우리 정체성을 부여함으로써 "육체를 위하여 심는" 것이다. 바울은 그 결과를 충분히 예측할 수 있다고 말할 것이다. 즉, 교회가 그 정체성을 육체의 행위들에 근거를 두는 곳이라면 어디든지, 그리고 특히 그런 행위들과 관련해서 정통적 "당파 노선"에 대한 헌신이 공동체 구성원 자격에 대한 배타적인 기준이 되는 모든 곳에서, 우리는 썩은 것을 거둘 것이라는 것이다. 틀림없이 우리는 교회에서 형제자매들이 서로 물고 뜯는 것을 보게 될 것이다(5:15). 성령을 위하여 심는 공동체는 그 소망을 성(sexuality)에 의하여 규정되는 정체성에 두지 않고, 그리스도 안에서 성령에 의하여 우리에게 주어진 공동의 정체성에 둔다(참조. 3:26-29; 4:6-7).

4. *개인적 책임과 자기 검증.* 우리 각 사람이 자기 자신을 살펴보고 스스로 자부심을 가져야 한다는(6:3-4) 훈계는 교회에서 듣기 어려운 조언이거나 귀 기울이지 않는 조언이다. 우리는 이미지를 의식하는 시대를 살고 있어서, 항상 우리 자신을 다른 사람과 비교하고, 내가 남들의 눈에 어떻게 보일까를 끊임없이 걱정한다. 만약에 우리가 하나님을 기쁘시게 하고 하나님에 대한 우리의 삶의 진실성을 유지하기 위해 정말로 우리 자신을 시험한다면(6:4), 그것은 다른 사람과의 관계를 부패시키는 자기 방어적인 가식을 없애는 데 크게 도움이 될 것이다.

5. *하나님의 종말론적 심판 아래 있는 공동체.* 자기 검증에서 중요한 기준은 단순히 우리가 스스로 정한 가치들이 아니다. 그것은 하나님의 기준이다. 왜냐하면, 우리는 궁극적으로 하나님께 해명해야 하기 때문이다(6:5, 7:9; 참조. 고전 4:3-5). 우리가 이 세상에서 아무리 성공적으로 진실함과 경건한 이미지를 드러내더라도, 우리의 마음과 우리 일의 진정한 가치를 아시는 하나님을 속일 수는 없다. 종말적 추수의 때에는 성령의 열매를 맺는 일만이 가치가 있을 것이다. 바울의 마지막 권고의 주된 기능 중 하나는 우리가 하는 모든 일을 하나님의 마지막 심판의 검증 아래 두는 것이다. 이것은 즉각적으로 두 가지의 결과를 초래한다. 그것은 겸손한 마음을 갖게 하고(6:3-5), 고된 일과 역경 속에서도 우리의 전망과 소망을 유지하게 한다(6:9-10). 수많은 설교가 갖고 있는 한 가지 문제점은—적어도 개신교 주류 속에서는—하나님의 심판이라는 종말론적 지평에 대한 관점을 잃어버렸다는 것이다. 그로 인해서 교회는 방향을 잃고, "이 악한 세대"로부터 영향을 받게 된다(1:4). 갈 6:1-10을 해석하는 사람은 하나님께서 심판하시고 최종적으로 우리를 옳다고 하실 것이라는 확신을 새롭게 하기 위해 노력해야 한다.

이런 식으로 문제를 처리하면 곧장 한 가지 의문점이 생긴다. 6:5에 나오는 경고는 오직 우리를 위한 그리스도의 승리에 참여함으로써만 우리가 바르게 된다는 바울의 주장과 어떻게 연결이 되는가? 6:5의 잠언은 마치 우리가 우리 자신의 행위에 근거해서만 심판을 받아야 하는 것처럼 들린다(참조. 롬

2:6-11; 고후 5:10). 이 복잡한 신학적 문제는 여기에서 제시할 수 있는 것보다 더 자세한 대답이 필요하지만, 대답이 진행될 방향에 대해 몇 가지 암시를 제공할 수는 있다. 핵심은 우리의 “일”(6:4)이 독립적인 성취가 아니라는 것을 인식하는 것이다. 오히려 그것은 빌 2:12b-13이 역설적으로 암시하는 바와 같이, 우리 안에서 그리고 우리를 통하여 일하시는 성령의 열매다(5:22-23): “두렵고 떨림으로 너희 구원을 이루라. 너희 안에서 행하시는 이는 하나님이시니 자기의 기쁘신 뜻을 위하여 너희에게 소원을 두고 행하게 하시나니.” 성령은 이미 우리에게 생명을 주셨으므로, 그 성령은 우리 삶이 하나님의 뜻에 일치하는 길로 가도록 인도하실 것이다(5:25). 우리는 자율적인 도덕적 주체가 아니고, 이 세계에서 일하시는 하나님의 도구들이다. 또는 다른 이미지를 사용하자면, 오직 우리 안에 사시는 그리스도로 인하여(갈 2:20) 우리는 그리스도의 법을 성취할 수 있고, 그래서 하나님의 심판 앞에 두려움 없이 하나님의 나라를 유업으로 받을 소망으로 설 수 있는 것이다.

6. *가르침의 중요성.* 비중이 작지만 그래도 중요한 것은, 6:6에서 가르침이 강조되고 있다는 것이다. 교회는 말씀으로 다른 사람들을 가르치는 사람들의 사역이 필요하다. 그리고 교회는 가르치는 사역이 가능할 수 있도록 자원을 공유해야 한다. 어떤 이는 바울이 갈라디아 교회에 적절한 교육이 특별히 절실하다고 생각했을까를 미심쩍어한다. 다른 필요들이 더 긴박하고 실제적이며, 그래서 교육은 교회를 위한 선택적 호사라고 생각하려는 유혹이 늘 존재한다. 그러나 열심히 가르치지 않으면 교회는 갈라디아 교회가 그랬던 것처럼 금방 길을 잃고, 방향감각을 잃어버린다. “말씀”은 공동체의 삶을 위한 필수적인 지향점이다.

7. *성령에 대한 우리의 신뢰를 “심는 것”*. 마지막으로, 바울은 분명한 양자택일을 제시하는 것으로 자신의 권고를 매듭짓는다. 우리는 육체를 위하여 “심거나” 성령을 위하여 “심는다.” 묵시적 사상가인 바울에게 중간 지대는 없다. 우리가 뿌리는 씨는 이쪽에 떨어지거나 혹은 다른 쪽에 떨어질 것이다.

이것은 우리가 항상 우리의 소망과 우리의 정력과 우리의 자원을 어디에 쏟아부을 것인가라는 선택에 직면한다는 뜻이다. 이런 선택을 할 때, 우리는 우리의 삶을 거는 것이다.

갈라디아 교회는 자신들을 할례의 복음("육체를 위하여 심는 것")에 헌신하는 것과 율법으로부터 자유로운 복음("성령을 위하여 심는 것")에 헌신하는 것 사이에서 선택해야만 했다. 이후의 역사적 전개를 감안할 때, 오늘날 기독교의 복음을 유대교에 비해서 결함이 있고, 골격만 남긴 것으로 간주할 유혹을 받고 있는 회중들에게 설교할 사람은 거의 없을 것이다. 만일 우리가 바울의 신학용어에 있는 "육체"라는 말의 범주를 염두에 둔다면, 육체를 신뢰하는 것에 대한 바울의 경고는 여전히 의미가 있다. 그것은 하나님의 약속이 아닌 다른 것에서 안전을 구하는 모든 주제넘은 행위이다. "육체"를 이런 식으로 정의 할 때, 우리는 우리 회중들이 민족적 배타성을 통해서나, 물질적 소유 혹은 폭력을 통해서 스스로를 정의하고 방어하려는 유혹을 받을 때마다 "육체를 위하여 심으려는" 유혹에 직면한다는 것을 알 수 있다. 이런 것들이 우리가 직면하고 있는 심각한 위험들이다. 따라서 바울의 복음이 우리 시대에도 울려 퍼지게 하려면, 민족적 배타성에서는 증오를 거둘 것이며, 욕심으로부터는 부패를 거둘 것이고, 폭력으로부터는 폭력을 거두게 될 것이라고 큰 소리로 선언해야 한다. 이 모든 것과 반대로, 만일 우리가 성령을 신뢰한다면, 우리는 더 훌륭한 길을 발견하게 될 것이다.

V

갈라디아서 6:11-18

추신: 십자가와 새 창조

갈라디아서 6:11-18
추신: 십자가와 새 창조

주석

편지를 마무리하기 위해 바울은 친필로 쓴 추신을 덧붙인다. 이것이 헬라식 편지의 일반적 관습이었다. 대필자 혹은 서기가 편지의 본체 부분을 쓰고, 발신자는 마지막 인사나 요약을 덧붙이곤 했다. 갈라디아서의 경우 이 종결부는 형식적인 끝맺음 이상의 의미가 있다. 이것은 편지의 *결론(peroratio)* 역할을 하는데, 편지의 교훈을 세심하게 압축해서 결론부에서 다시 한 번 핵심적인 내용을 돌아보도록 구성했다.[1] 이런 이유로 추신은 편지의 주요 관심사를 이해하는 열쇠가 된다. 바울은 종결 문장들을 절박하고도 열정적인 마음으로 기록하여, 자신이 전한 복음의 핵심을 마지막으로 한 번 더 보게 한다. 그것은 십자가와 새 창조이다.

대개의 경우 바울 편지의 종결부는 수신지 공동체의 여러 개인에게 보내는 인사와 안녕을 비는 말로 되어 있다. 갈라디아서 마지막 단락에 그런 친밀한 말이 없는 것은 편지 서두에 감사가 없는 것과 상통한다. 이 두 가지는 모두 사도와 갈라디아 교회들이 긴장관계에 있다는 것을 암시한다.

6:11 "큰 글자"는 바울이 이제 펜을 들어 맺음말을 쓰기 시작했다는 것을 나타낸다. 어떤 사람들은 바울이 어떤 신체적 장애나 시력의 약화 때문에 글자를 크게 쓴 것이라고 추측했다(앞에 있는 4:13-15에 대한 주석을 보라). 그러나 본문에는 바울이 이 부분에서 자신의 신체적 상태에 대해 주의를 끌고 있다는 인상이 전혀 없다. 큰 글자라는 말은 단지 그가 이 단락에서 쓸 내

1) Betz, *Galatians*, 313.

용을 특별히 강조하는 역할일 가능성이 더 크다. 독자들의 특별한 관심을 끌기 위해서 큼지막하고 굵은 글씨로 추신을 쓰고 있는 것처럼 보인다.

바울이 마지막 부분에 개인적인 추신을 쓴 다른 구절들 대하여는, 고전 16:21; 골 4:18; 몬 19; 참조. 살후 3:17을 보라. 롬 16:22에는 서기 더디오가 쓴 인사말이 있다.

6:12-13 바울은 즉시 자신과 대립하던 선교사들에게 인신공격적인 비난을 던지고, 그들의 동기를 매우 경멸스러운 말로 표현한다. 그는 선교사들이 단지 자신들을 좋게 보이게 하고, 박해도 피하고, 자랑할 근거로 삼기 위해서 갈라디아 교인들에게 할례를 받으라고 권하고 있다고 주장한다. 물론 선교사들은 자신들의 동기에 대하여 전혀 다르게 설명 할 것이다. 갈라디아 교회는 누구를 신뢰할 것인지 결정해야 한다.

12-13절에서 할례를 강조하는 것은 바울이 화가 나서 편지를 쓰게 만든 문제가 무엇인지를 보여주는 결정적인 증거이다. 바울은 선교사들이 "억지로 너희에게 할례를 받게" 하려 한다고 말한다. 놀랍게도 "억지로 하게 하다" (compel; ἀναγκάζω[아낭카조])는 바울이 2:4절에서 "거짓 형제들"에게 그리고 2:14에서 베드로에게 사용했던 것과 같은 동사다. 이 두 경우 모두에서 바울은 엄격하게 율법을 준수하는 유대인들이 이방인들을 율법 아래로 들어오도록 조종하거나 강압한다고 말한다. 바울은 그들이 이렇게 한 이유는 "육체의 모양을 내려는 것"이라고 주장한다. 바울은 할례라는 육체적 행위를 암시하는 동시에, (성령의 영역에 맞서는, 단지 인간의 영역에 불과한) 육체라는 말의 부정적인 함의를 끌어내면서 다시 한 번 언어유희를 한다. NIV는 이 어구를 "외적으로 좋은 인상을 주다"라고 번역함으로써 이런 함의를 잃어버렸다. 좋은 육체적 인상이란 오직 유대인의 눈에만 좋은 것이었을 것이다. 그리스 로마인들은 할례를 외모에 손상을 주는 혐오스런 관습으로 여겼다.

바울은 또 선교사들이 할례를 옹호하는 것은 "그리스도의 십자가로 말미암은" 박해를 피하기 위한 전략이라고 주장한다. 문제의 박해는 유대인이나 유대 그리스도인(Jewish Christians)에게 받는 박해이다. 이 기간 동안에 로마의 공식적인 기독교 박해는 없었다. 그리고 어쨌든 로마가 할례를 받지 않았다는 죄목으로 누군가를 박해했을 가능성은 거의 없다![2] 이 편지의 앞부분에서 바울은 자신이 교회를 박해했던 사실을 언급했는데(1:13, 23), 이는 당시에 율법을 준수하는 유대 기독교인들이 율법을 지키지 않는 기독교인들을 박해하였다는(4:29; 5:11) 것을 암시하는 것이다. 그런 박해 행위의 동기에 대해서는 여전히 추측만 할 수 있을 뿐이다. 로버트 쥬윗(Robert Jewett)은 이 시기에 예루살렘 교회가 열심당에서 영감을 받아서 일어나던 민족주의 운동으로부터 압력을 받았는데, 이는 이들이 신생 유대 기독교인 그룹이 이방인들과 밀접한 관계를 맺고 있다는 이유로, 예루살렘 교회를 의심스러운 집단으로 보았기 때문이었다고 제안했다. 그래서 이 유대인 출신 유대 기독교인들이 열광적인 유대 동포들의 비판을 가라앉히려는 목적으로 이방인 기독교인들에게 할례를 받으라고 설득했다는 것이다.[3] (2:11-14의 주석을 보라). 이 이론은 하마터면 우리를 혼란스럽게 했을 바울의 6:12 진술을 설명해주는 장점이 있다. 즉, 그 선교사들은 그들, *유대 기독교인들이 박해를 피하기 위해 이방 갈라디아 교회*를 할례 받게 하려고 한다는 것이다.

한편, 박해에 대한 언급은 보다 일반적으로도 이해할 수 있다. 즉, 바울의 경우처럼, 누구든지 십자가를 설교하는 사람은 민족적, 사회적, 종교적인 모든 특권과 차별의 종식을 선언하는 복음이 반대하는 세계로부터 반대와 박해를 받게 될 것을 예상 할 수 있는 것이다. 십자가는 그러한 모든 체제에 종지부를 찍었다(14-15절). 그러나 그 선교사들은 복음을 순화시키고 시내산 율법의 종교를 살짝 개량한 것으로 바꿔버림으로써, 복음의 급진적인 의미를

---

2) 유대교는 *religio licita*, 즉 합법 종교였기 때문에, 이방 기독교인들이 유대인들의 관습을 받아들이기 원했다는 주장이 종종 제기되기도 한다. 이 이론을 따르자면, 로마인들에게 스스로를 유대인이라고 소개함으로써 기독교인들이 황제 숭배 제의에 참여해야 하는 압박을 피할 수 있었고 아울러 박해도 피할 수 있었다는 것이다. 그러나 갈라디아서에는 그런 정황에 대한 증거가 전혀 없다. 황제 숭배 제의에 대하여 아무런 말이 없을 뿐 아니라, 박해에 대한 이 편지의 모든 언급은 기독교인에 대한 박해가 유대인 쪽에서 왔다는 것을 암시한다.

3) Jewett, "The Agitators and the Galatian congregation," 198-212.

회피하고, 이를 통해서 복음을 공인된 종교의 범주에 더 잘 어울리는 것으로 만들려고 했다. 이렇게 해서 바울이 지속적으로 겪었던 박해들을 그들은 피해갈 수 있었다(아래에 있는 17절에 대한 설명을 보라). 그렇다고 해서 그들이 설교에서 예수의 십자가를 말하지 않았다는 것은 아니다. 아마도 이야기 했을 것이다. 그러나 그들은 십자가를 바울과 같은 방식으로, 즉 종교적 상징주의와 의무가 나타내는 옛 세계에 대한 묵시적 종결로 해석하지 않았다.

13a절에서 제기하는 비난은 두 가지 이유로 이해하기 어렵다. "할례를 받은 그들"(οἱ περιτεμνόμενοι αὐτοί호이 페리템노메노이 아우토이)이라고 번역된 분사의 뜻에 대한 의문이 있고, 바울이 "할례를 받은 그들"이 율법을 지키지 않는다고 고발하는 것이 무슨 뜻인지 선명하지 않다. 이 분사는 현재 중간태/수동태이므로, 어떤 해석자들은 그것을 "할례를 받는 자들"로 번역하여야 하고, 따라서 아직 유대 율법의 전체적 준수는 받아들이지 않았으나, 선교사들의 할례의 요구를 받아들인 이방인 갈라디아 신자를 언급한 것으로 이해해야 한다고 주장한다. 그게 아니라면, 그것은 단지 "할례 받은 사람들"을 뜻할 뿐이었고(NRSV), 그래서 갈라디아 교인들을 불안하게 하는 유대 기독교 선교사를 가리키는 포괄적인 용어로 사용된 것으로 볼 수 있다는 것이다. 당시 상황에서는 후자의 해석이 더 적절해 보인다. 12절과 13b절은 확실히 유대 기독교 선교사를 가리키기 때문이다.

그렇다면, 왜 바울은 그들이 율법을 지키지 않는다고 말하는 것일까?[4] 우리는 이 본문이 율법을 지키는 것이 불가능하다는 생각을(3:10-12에 대한 주석을 보라) 나타내는 것으로 해석해서는 안 된다. 그들이 율법을 정확하게 지키는데 실패한 까닭은 "유대인으로서의 관습"(="율법의 행위")에 의존했기 때문이라고 하는 – 따라서 그들의 언약적 특권을 남용하고 교만하게 되었기 때문이라는 – 던의 주장도 우리는 받아들일 수 없다. 이런 식으로 해석하면, 바울은 율법이 믿음을 하나님과의 관계의 기초라고 가르친다는 것을 깨닫는 사람들만이 제대로 율법을 순종하는 것이라고 주장하는 것이 되고 만다.[5] 이

4) 해석할 수 있는 다른 가능성들에 대해서는 다음을 보라, Dunn, *The Epistle to the Galatians*, 338-39.

런 절묘한 해석은 바울이 13절에서 사용한 동사 때문에 좌초된다: "지키다" (to keep φυλάσσω필라소). 이 동사는 전형적으로 율법의 특별한 명령을 수행하는 것을 가리킨다. 바울은 그들이 율법을 "이루지" 못하였다고 말하지 않는다(참조. 5:14, 6:2). 다만 그들은 율법이 요구하는 것을 하지 않는다고 말한다. 그렇다면 바울의 이 고발은 무슨 뜻일까?

우리가 갈라디아서에서 얻을 수 있는 최선의 실마리는 이것이 바울이 2:14에서 베드로를 비난했던 것과 비슷한 비난이라는 것이다. 즉, 자기도 율법을 철저하게 지키지 않으면서, 왜 안디옥의 이방인들에게 유대인처럼 살게 하려 하느냐는 것이다. 다른 말로 하자면, 6:13a절은 2:14과 마찬가지로 위선에 대한 비난으로 이해되어야 한다는 것이다. 바울이 말하고 있는 것은 할례 옹호자들은 오직 율법 애호가일 뿐, 율법의 전체적인 요구들을 수행하는 사람들이 아니라는 것이다. 이 고발은 율법의 전체적 요구에 대한 바울의 엄격한 해석을 반영한다(스스로 당대 유대인들보다 "더 열심"이었다고 한 1:14의 자기묘사를 보라). 이전에 열심 있는 바리새인이었던 바울이 보기에(빌 3:6), 단지 할례를 행하고 절기를 준수하는 자들은 율법이 요구하는 모든 것에 완전히 부합하게 사는 것이라고 주장할 수 없다는 것이다. 율법을 부분적으로 혹은 선택적으로 지키는 것 같은 것은 없다는 것이다(5:2-4에 대한 주석을 보라).

이 해석은 13b절에 있는 선교사들에 대한 바울의 최종 논평을 통해 뒷받침된다. 바울이 주장하는 것은, 그들은 율법을 지키는 것에 진정으로 관심이 있는 것이 아니라는 것이다. 왜냐하면 갈라디아 사람들을 할례 받게 하려는 그들의 진정한 동기가 "그들이 너희의 육체로 자랑하려 함"이었기 때문이라는 것이다(참조. 6:3-4에 있는 자랑에 대한 경고). 사실상 바울은 경쟁자들이 자신들의 설득력이 승리했다는 전리품으로 갈라디아 사람들의 포피를 진열하려 한다고 말하고 있는 것이다. 이러한 자기중심적 허영에 대한 비난은 선교사들이 갈라디아 사람들에게 영향력을 행사하기 위해 오히려 갈라디아 사람들을 배제하려 한다는 바울의 이전의 경고(4:17)와 일치한다.

5) Dunn, *The Epistle to the Galatians*, 338-39.

자랑을 금하는 것은 바울의 편지에서 반복되는 주제이다. 로마서에서 바울은 특히 하나님의 율법에 대한 지식 때문에 유대인들이 도덕적 종교적으로 우월하다고 여기는 것을 자랑과 동일시한다(롬 2:17-18). 바울은, 그런 자랑은 "믿음의 법"(참조. 갈 6:2), 즉 유대인과 이방인이 똑같이 오직 믿음을 통하여 의롭게 된다는(롬 3:27-30) 가르침에 의해 배척된다고 주장한다. 6:13b절에 있는 바울의 비난에서도 비슷한 것이 보인다. 여기에서 바울은 그 선교사들이 할례 받지 않은 이방인들에게 할례를 받으라고 강요하는 방식으로 유대인들의 종교 전통이 우월하다는 것을 내세우려 한다고 경고하고 있다. 따라서 갈라디아 사람들의 새로 할례 받은 육체는 이 유대 기독교 선교사들이 불순종하는 이방인들을 정복한 것을 자랑할 근거가 될 것이다. 요컨대, 바울은 그 선교사들이 할례를 강요하는 것을 일종의 광신적인 종교적 과시라고 규정짓고 있는 것이다.

6:14-15 이런 거만한 개종 전문가와 대조적으로, 바울은 자신은 결코 어떤 것도 – "주 예수 그리스도의 십자가외에는" – 자랑하고 싶지 않다고 선언한다. 십자가를 자랑한다고 말하는 것은 굉장한 역설이다. 왜냐하면, 십자가는 바로 모든 인간의 노력과 오만이 끝나는 자리이기 때문이다. 십자가는 하나님의 행위이며 우리의 것이 아니다. 그래서 십자가를 "자랑"하는 것은 우리의 수고는 사망으로 인도하고, 우리의 담대함은 오직 우리를 이 악한 세대에서 구원하시는 하나님의 은혜 안에서만 유지될 수 있다는 것을 인정하는 것이다. 다른 곳에서 바울은 렘 9:24을 인용하여 같은 점을 강조한다. "자랑하는 자는 주 안에서 자랑하라"(고전 1:31; 고후 10:17). 그런 종류의 자랑은 자기 확대를 불가능하게 한다. 왜냐하면, 그것은 철저히 "십자가에 못 박히신 예수 그리스도"(고전 2:2)와 그의 고난과 영광을 나누고자 하는 우리의 소망(롬 5:2-3, 11)에 초점을 맞추기 때문이다.

바울의 서사 세계에서 십자가는 사물들의 옛 질서를 끝장내는 변혁적 사건이며, 그것을 통하여 "그리스도로 말미암아 세상이 나를 대하여 못 박히고 내가 또한 세상을 대하여 그렇게" 되는 사건이다. 이 놀라운 이미지는 바울이 이전에 믿고 소중하게 생각했던 모든 것을 하나님께서 격렬하게 그리고 돌이킬 수 없게 끝장내셨음을 나타낸다. 십자가에 비추어 볼 때, 그는 자신의 모든 민족적 자부심과 개인적 성취를 완전히 잃어버린 것으로 여기게 되었다(빌 3:4-11). 그의 이전의 정체성은 완전히 사라졌고, 그의 새로운 정체성은 오직 그리스도 안에 참여함으로써만 그에게 주어지는데, 그리스도는 그가 지금 사는 삶에 생명을 불어넣어주신 분이시다(갈 2:19-20). 그렇기 때문에 바울은 그리스도께 속한 사람은 그 육체가 십자가에 못 박혔다고 말할 수 있는 것이다. 그들은 상징적으로가 아니라 실제로 그의 죽음에 참여한다. 그러므로 그들은 새로운 종말론적 세계에 들어간 것이다. 이곳에서는 그리스도의 생명을 통해 공동체가 "생명의 새로움 안에서 걷"는 힘을 얻고, 스스로를 "죄에 대하여 죽고 하나님에 대하여 산다고"(롬 6:4, 11) 여기게 된다.

세상이 십자가에 못 박혔다는 이 말을 단지 개인적 신자의 정신 안에서 일어난 사건으로 이해해서는 안 된다. 코스모스(**κοσμος**)가 십자가에 못 박힌 것이지, 단지 코스모스에 대한 바울의 생각이 못 박힌 것이 아니다. 세상의 원소들(**στοικεῖα το κόσμου**스토이케이아 투 코스무)은 그리스도의 죽음과 부활로 전복되고 폐지되었다(참조. 골 2:13-15). 새로운 현실이 나타났고, 그것이 창조의 세계 전체의 운명을 결정한다. 그것이 바울이 "새로 지으심"에 관하여 말하는 다음 문장으로(15절) 옮겨가는 이유다. 새로 지으심 안에서는 옛 질서의 범주들이 아무 것도 아닌 것이 된다. 그것은 단지 할례가 만물의 새로운 체계에서 덜 중요하게 되었다는 말이 아니다. 오히려 할례와 무할례 사이의 모든 이항 대립은 문자 그대로 무효가 된 것이다. 그래서 "지금 지나가버린 세계는 유대교 그 자체가 아니라, 모든 종교적 차별의 세계이다."[6)]

바울은 편지의 앞부분에서 그리스도 안에서 유대인과 헬라인, 종과 자유자, 남성과 여성이라는 범주의 효력이 끝났다는 전면적인 선언을 통해 이런 점을 주장했고(3:28), 할례 문제와 연관하여 이 진리의 목회적 함의를 이끌어

---

6) Martyn, *Galatians*, 565, 강조 표시는 원본에 있는 것이다; pp.570-74도 보라; Williams, *Galatians*, 165.

내기도 하였다(5:6). 교회 안의 유대인과 이방인의 관계에 대한 이 교훈의 의미는 엡 2:15-16에서 잘 해석되었다:

> 법조문으로 된 계명의 율법을 폐하셨으니 이는 이 둘로 자기 안에서 한 새 사람을 지어 화평하게 하시고 또 십자가로 이 둘을 한 몸으로 하나님과 화목하게 하려 하심이라.

이제 바울은 편지의 내용을 최종적으로 요약하면서, 이런 놀라운 주장의 바탕이 되는 근본적 이유를 알려준다: "할례나 무할례가 아무것도 아니로되, 오직 *새로운 창조!*" 문장의 구문이 깨진 것은 폐지된 세상과 새로운 세계 사이의 완전한 단절을 나타낸다. 이 문장을 끝낼 방법이 없다. 바울은 오직 "새로운 창조!"라고 불쑥 외칠 뿐이다. (불행히도, NIV와 NRSV는 그 틈새를 메꾸고, 바울의 감탄사를 완성된 문장으로 매끄럽게 다듬어 놓는 바람에 문학적 효과를 지워버렸다.) 우리는 바울이 새 창조를 이야기하는 다른 곳에서 동일한 사고의 흐름을 볼 수 있다:

> 그런즉 누구든지 그리스도 안에 있으면 – 새로운 창조! 이전 것은 지나갔으니 보라 새 것이 되었도다! (고후 5:17, 저자의 번역)

바울은 여기서 "새로운 종교의 창설"[7]이나 각 개인의 영적 재탄생에 대하여 말하는 것이 아니다. 그는 세계를 지으신 하나님께서 그것을 되찾아 변혁하시기 위해 오셨다고 선언한다.

이 소망은 그 근거를 이스라엘의 성경에 두고 있는데, 이 성경에는 궁극적인 변혁을 일으키는 하나님의 정의에 대한 선지자적 전망이 나온다. 특히 사 65:17-25이 중요한데, 이 본문은 놀라운 약속으로 시작한다:

> 보라 내가 새 하늘과 새 땅을 창조하나니
> 이전 것은 기억되거나
> 마음에 생각나지 아니할 것이라. (사 65:17)

---

7) Betz, *Galatians*, 320.

하나님의 새 창조에 대한 이 전망은 바울 신학의 근본이다. 즉, 그는 영혼들의 구원만을 선언하는 것이 아니라, 피조물에 대한 하나님의 종말론적 구속 또한 선언한다(롬 8:19-23을 보라; 참조. 계 21:1-5).[8)]

이 새 창조에서 선교사들의 할례 관습에 대한 압박은 전혀 의미가 없다. 그것은 이전 상태로의 복귀이며, 십자가로 지워진 상징 세계로 다시 들어가려는 시도이다. 이렇게 해서 바울은 갈 6:14-15로 자신의 주장에 대한 단호한 요약을 마무리 짓는다.

6:16 바울은 복음을 왜곡하는 자들에 대한 저주로 편지를 시작했다(1:8-9). 이제 바울은 독자들이 할례를 거부하고 성령의 인도를 받는 이방인으로 살아가라는 그의 주장에 설득되기를 바라는 마음으로 독자들에 대한 축복으로 편지를 마무리하려고 한다. 그러나 자신의 편지가 이루어 낼 효과를 그는 알 수 없기 때문에, 그는 조건부 축복을 한다. 축복은 갈라디아 교회 전체에게 선언 된 것이 아니고, 특별히 "이 규례를 행하는 자에게" 선언된다(미래 시제에 주목하라). 동사 "행하다(따르다 will follow, στοιχήσουσιν[스토이케수신])"는 5:25의 권고에서 사용된 것과 같은 말이다: "만일 우리가 성령으로 살면 또한 성령으로 행할지니." 이 두 문장은 확실히 서로를 해석한다. 즉, 성령으로 행하는 것은 6:14-15의 규례를 따르는 것이며, 또한 이 규례를 따르는 것은 성령의 인도를 받아 새 창조를 분별하는 것이다. 이 규례에 주의를 기울이는 독자들만이 사도가 말하는 "평화와 자비"를 받는 사람들이다.

"규례"(κανόνι[카논])라는 말은 문자적으로는 막대 자를 가리킨다. 여기에서 바울은 이 말을 15절에서 (그리고 아마 14절에서도) 설명하고 있는 진리와 행위의 척도를 가리키기 위해 은유적으로 사용한다: 오직 십자가만 자랑하라. 옛 세상은 폐기되고, 우리는 새 창조의 임재와 소망 안에서 살고 있기 때문이다. 바울이 다른 곳에서 자랑에 대해 자주 경고하는데, 이는 14절이 바울이

---

8) 다른 유대 본문에 나오는 새 창조 주제의 언급에 대하여는 다음을 보라, 희년서 4:26; 에녹1서 72:1; 제4에스라서 7:75; 바나바의 묵시 32:6; 1QS 4:25; 1QH 11:10-14; 13:11-12. 또한 다음을 보라, Martyn, *Galatians*, 565, n.64.

말하는 규례에 속한다는 해석을 뒷받침한다.

바울이 선언한 축복은 특징상 매우 전통적이고 유대적이다(참조. 시 125:5; 128:6; 솔로몬의 시편 9:11; 11:9). "평화"와 "자비"는 샬롬(שָׁלוֹם)과 헤세드(חסד)에 해당하는데, 이는 하나님의 복과 은혜라는 의미와 상당히 일치하는 히브리어 단어들이다. 갈 6:16과 가장 놀라운 평행은 회당에서 정기적으로 사용된 기도문인, 쉐모네 에쉬레(Shemoneh Esreh 바벨론 개정판)의 제19 축복기도에서 볼 수 있다: "*평화와 행복과 축복과 은혜와 사랑의 친절과 자비를 우리 위에 내리시고,* 당신의 백성, *온 이스라엘 위에 내리소서.*"(이탤릭체는 첨가된 것이다)[9] 바울 시대에 회당에서 이 특별한 축복기도를 사용했다는 것을 문서로 확인하는 것은 불가능하지만, 바울이 이런 기도를 알고 있었고, 그것을 본떠서 갈라디아 사람들에 대한 자신의 축복기도를 작성했을 가능성은 있다. 이 기도에서 "우리"는 기도를 하는 회중을 의미하는 반면, "온 이스라엘"은 별개의 두 번째 집단이 아니라는 것을 주목하는 것이 중요하다. 오히려 "온 이스라엘"은 더 큰 언약 공동체이며, 기도하는 공동체("우리")가 속한 하나님의 백성이다.

갈 6:16의 어찌보면 애매모호 할 수도 있는 표현 때문에 "하나님의 이스라엘"이라는, 즉 바울 편지 다른 곳에서나 유대교의 제2성전 시대의 현존 문헌이나 랍비문학에서 전혀 나타나지 않는, 이 독특한 표현의 의미에 대한 많은 논란이 발생했다.[10] 순수하게 구문론적 관점에서 볼 때, 축복을 해석하는 두 가지 방법이 있다. 문제는 바울이 단 하나의 집단을 언급하고 있느냐(NIV), 아니면 두 개의 서로 다른 집단을 언급하고 있느냐(NRSV) 하는 것이다. 가능성은 다음과 같다:

(a) 이 규례를 따르는 사람들에게, 평화와 자비가 그들 위에
 - 즉, 하나님의 이스라엘 위에.

(b[1]) 이 규례를 따르는 사람들에게, 평화와 자비가 그들 위에
 - 그리고 (또한) 하나님의 이스라엘 위에.

---

9) Betz, *Galatians,* 321.
10) Longenecker, *Galatians*, 299.

두 번째 방식에 변화를 주어서, 평화의 축복을 바울의 주장을 받아들이는 기독교인들에게 적용하는 것으로 해석하고, 자비의 축복은 두 번째 또 다른 축복의 말로서 바울이 여전히 하나님의 자비를 경험하기를 소망하는 비기독교 유대인들에게 적용되는 것으로 해석하는 방법이 있다. 다음과 같이 번역해 볼 수 있다:

> (b^2) 이 규례를 따르는 사람들에게, 평화가 그들 위에
> - 그리고 자비가 하나님의 이스라엘 위에.

b^1과 b^2를 주장하는 학자들은 로마서 9-11장의 논증을 근거로 제시하는데, 특히 자비라는 말이 "온 이스라엘이 구원을 받을 것이라는" 바울의 확신과 함께 두드러지게 등장하는 롬 11:25-32에 의지한다.

그러나 만약 바울이, 당시에 복음 선포를 거부한 사람들을 포함한, 유대민족의 궁극적 구원을 말한 것이라면, 그는 갈라디아의 독자들에게 이에 대해서 아무런 단서도 제공하지 않고 있는 것이다. 그는 아직 로마서를 쓰지 않았고, 갈라디아서는 어느 곳에서도 이스라엘에 대한 하나님의 신실하심의 문제나 유대인들의 궁극적 구원 문제에 대하여 다루지 않는다. 사도는 그의 이방인 회중들에게 율법 준수자가 되라고 하는 요구로 인해서 제기된 전혀 다른 종류의 문제에 관심을 두고 있다. 논증 과정에서 그는 가능한 한 가장 강력한 용어로, 갈라디아 교회들의 이방인 지체들이 아브라함의 자손들이자 하나님께서 약속하신 복의 상속자들이며(3:6-9, 29), 이삭을 통한 언약의 정당한 상속자이며(4:28, 31), 사라의 후손들이라고 주장했다. 그들이 바로 율법을 성취하는 자들이라는 것이다(5:1; 6:2). 이런 주장에 비추어 볼 때, 원래의 독자들이 갈 6:16의 복을 이해할 수 있는 유일한 방법이 있다. 즉, 하나님의 이스라엘은 그리스도 안에 있는 모든 사람을 가리킨다는 것이다(즉 a의 번역).[11]

---

11) Betz, *Galatians*, 322-23; Longenecker, *Galatians*, 298-99; Martyn, *Galatians*, 574-77.

그것은 유대인과 이방인 모두로 구성된 선택된 종말론적 믿음의 공동체를 의미한다. 그것은 "믿음의 가정들"이란 말과 의미가 같다(6:10). 따라서 하나님의 이스라엘은 새 창조의 규례를 따르는 사람들의 또 다른 이름인 것이다.[12)]

바울이 "이스라엘"이라는 말을 이런 식으로 사용한 것은 정말로 대담한 행동이지만, 확실히 이방 갈라디아 사람들이 아브라함의 자손이며 이삭 계열의 언약의 자손들이라고 한 주장에 비하면 그리 놀라운 것도 아니다. 실제로 이 표현은 본질적으로 그 주장과 동일한 것이다. 그래서 바울이 편지의 마지막에서 선언하는 복은 편지의 중심 주제를 다시 한 번 강하게 재확인한다.

6:17 바울은 마지막 수사학적 표현에서, 선교사들의 주장에 답변하고 그들의 비난을 논박하는 번거로움을 감내하는 것에 대한 당혹감을 드러낸다. 그는 이제 아무도 자신을 더 이상은 이 문제로 괴롭게 하지 말아 달라고 하면서 그래야 하는 아주 놀라운 이유를 말한다. 그가 자기 몸에 예수 그리스도의 흔적(στίγματα스티그마타)을 가졌기 때문이라는 것이다. 이 표현은 그가 사도로서 활동하는 중에 입은 상처를 말한다. 그의 증언에 의하면, 바울은 수많은 채찍질과 매질을 당하였고, 한 번은 돌에 맞기도 했다(고후 11:23-25; 참조. 고후 6:4-5; 행 14:19). 그러한 폭행은 의심의 여지없이 그의 몸에 상흔을 남겼을 것이다. 아마 그의 갈라디아 첫 방문의 이유가 되었던 어떤 육체적 고통에 대한 언급의 배후에는 이런 경험이 있을 것이다(갈 4:13-14).

바울은 이러한 몸의 상처를 자신이 십자가에 못 박히신 주님과 하나가 되었다는 증거로 해석한다. 실로 바울에게 있어서 그의 매 맞은 몸은 십자가 복음을 가시적으로 설명해주는 것이었다. 그가 자신을 "예수의 죽음(νέκρωις 네크로시스)을 몸에 짊어짐은 예수의 생명이 또한 우리 몸에 나타나게 하려 함이라"(고후 4:10)라고 묘사했을 때, 그는 이것을 염두에 두고 있었을 것이다.

---

12) 이렇게 이방인 신자를 "이스라엘"에 포함시키는 것은 고린도 전서에 나오는 바울의 목회 전략과 상응한다. 고린도에 있는 이방인이 다수를 구성하는 교회에 편지를 쓰면서, 바울은 광야의 이스라엘을 "우리의 조상들"(고전 10:1)이라 묘사하고 독자들의 과거를 "너희가 이방인으로 있을 때"(고전 12:2)라고 언급한다. 요컨대 그는 이방인인 고린도 성도들을 이스라엘 백성이라고 이야기하는 것이다.

상처 입은 사도는 "예수 그리스도, 그리고 그가 십자가에 못 박히심"13)이라는 메시지의 걸어 다니는 증거가 된다. 이런 확신은 바울이 갈라디아 교회에게 "예수 그리스도께서 십자가에 못 박히신 것이 너희 눈앞에 밝히 보이거늘"(3:1)이라고 처음 설교했을 때 바울이 하려고 했던 말이 무엇인지 설명해 준다.

갈 6:17의 요점은 바울의 전투의 상처들이 그의 진실성과 그 교훈의 진실성을 보여준다는 것이다. 박해를 피하려는 경쟁 선교사들과는 달리(12절), 바울은 복음을 위하여 박해를 기쁘게 그리고 거듭 겪었다. 따라서 갈라디아 교회는 십자가에 못 박히신 주님을 따르는 대가를 치르지 않고 언변만 좋은 침입자 무리의 말을 듣지 말고, 그의 말을 들어야 한다는 것이다.

"예수의 흔적"이라는 바울의 말은 또 다른 것을 암시하는 것처럼 보인다. 고대 지중해 지역 문화에서 전통적으로 종은 그가 누구의 소유인지를 나타내는 낙인이 찍혀 있었다. 바울은 자신을 그리스도의 종으로 여겼기 때문에(1:10), 그는 자신의 신체에 있는 상처들이 자신을 십자가에 못 박힌 주인 예수의 소유임을 알려준다고 말하는 것일 수도 있다. 이 경우에 6:17은 바울은 그의 주인의 명령과 권위 아래 일하고 있기 때문에, 선교사들이 이제 바울을 괴롭히는 것을 중지해야 한다는 뜻일 것이다. 그들이 바울의 사도로서의 사역을 방해하려는 시도는, 실은 바울만이 아니라 예수님을 방해하는 것이다.

6:18 이 편지에서 드러나는 괴로움과 분노야 어찌되었든, 추신의 마지막 문장은 독자들에게 간단한 축복의 말을 한다. "우리 주 예수 그리스도의 은혜"라는 문구가 이런 격렬한 논쟁 전체를(1:3; 6:18) 감싸고 포용한다. 은혜는 하나님의 사랑하는 호의를 가리키는데, 이 세상에서는 그리스도의 죽음을 통하여 그 효력을 발휘한다. (갈라디아서에 있는 은혜에 대한 다른 언급들에 대하여는 다음을 보라. 1:6, 15; 2:9, 21; 3:18; 5:4.) 은혜로부터 끊어져서는 안 된다고

---

13) 다음을 보라, S. Kraftchick, "Death in Us, Life in You: The Apostolic Medium," in *Pauline Theology, vol. 2: 1 & 2 Corinthians*, ed. D. M. Hay (Minneapolis: Fortress, 1993) 156-81.

갈라디아 교회들에게 엄중하게 경고한 후에, 마지막으로 사도는 그리스도의 은혜가 그들의 심령에 머물기를 위해 기도한다. 바로 여기에서 그리고 이 편지에서는 오직 여기에서만 "심령"(spirit)이라는 말이 하나님의 영을 가리키지 않고 인간학적인 용어로 사용된다.

거의 동일한 축복이 빌 4:23과 몬 25에서 발견된다. 그러나 갈 6:18에서 바울은 저 구절들에서는 나오지 않은 단어를 하나 더 사용했다: 형제들(ἀδελφοί[아델포이])이라는 말이다. 이것은 "아멘" 앞에 나온 마지막 말, 즉 끝에서 두 번째 말인데, 갈라디아 교회가 바울의 호소에 대답해야 할 자리에 들어 있는 침묵 앞에 이 형제라는 말이 나온다(그리스어 본문은 "우리 주 예수 그리스도의 은혜가 너희 심령에, 형제들아, 아멘"이라고 되어 있다 - 역자 주). 추신의 이 마지막 호흡에서 가슴에 사무치게 형제요 자매인 자신의 독자들에게 호소함으로써, 바울은 그들이 복음으로부터 돌아서지 않을 것이며 그들이 계속하여 그의 형제와 자매들로 믿음의 가족 안에 남아 있기를 바라는 변치 않는 소망을 표현한다.

신학적 묵상

1. *문화적 제국주의 문제.* 역사적 관점에서 봤을 때, 우리는 선교사들에 대한 바울의 냉혹한 비판이 공정했는지 평가할 위치에 있지 않다. 우리에게는 선교사들의 저술도 없고, 갈라디아 교회의 상황에 대한 정보를 줄 다른 문서들도 없다. 우리에게는 오직 이 문제에 대한 바울의 설명만이 있을 뿐이다. 그들은 정말로 바울이 주장하는 대로 광신적 애국주의이며 자기중심적이었는가? 아마 그럴지도 모르지만, 인간의 동기란 복잡한 것이다. 아마도 그들은 스스로 하나님의 뜻에 복종할 이유를 고취시키고 있다고 믿었을 것이다. 우리가 이 본문을 들여다보면서, 선교사들과 그들의 동기에 대해서 추측하고 심리적인 분석을 한다고 해도 많은 것을 알아내지는 못할 것이다. 우리는 그들의 행동이 갈라디아의 이방인 신자들에게 미치는 영향에 집중하는 것이 더 나을 것이다.

바울이 선교사들의 교훈을 반대한 가장 큰 이유는 그들이 이미 율법에서 해방되었음을 가르치는 바울의 복음을 접한 이방인들에게 그들의 유대 종교 문화를 덧붙이려 한다는 것이었다. 그들이 할례를 주장하는 것은 하나님의 백성이라는 새로운 공동체에 온전히 참여한다는 이유로 이방인들로 하여금 유대인의 굴레 안으로 뛰어들게 하는 결과를 낳았다. 이런 문화적 제국주의가 바울에게는 혐오스러운 것이었다.

우리는 바울이 이 문화적 제국주의를 왜 그렇게 불쾌하게 여겼는지에 대해 주의 깊게 생각해 볼 필요가 있다. 그것은 바울이 이방인의 문화적 관습들에 어떤 내적 가치가 있다고 믿었기 때문도 아니며, 각 사람이 자신의 종교적 취향을 선택 할 권리가 있다고 믿었기 때문도 아니고, 개종시키는 것이 선험적으로 잘못된 것이라고 믿었기 때문도 분명히 아니었다. 어쨌든 바울은 복음을 통해 회심하는 사람을 얻고, 바울이 개척한 교회가 속한 이방인 공동체의 문화를 변화시키고자 하는 평생의 사업에 투신한 사람이다. 바울이 선교사들의 문화적 제국주의에 반대한 것은 그것이 하나님의 은혜를 무효화하는 결과를 가져오기 때문이다. 이방인들이 이미 성령을 받은 공동체에서, 그들의 경험은 무엇인가 결핍된 것이며 하나님의 생명의 약속에 온전히 참여하기 위해서는 유대인들의 종교적 관습을 따라야 한다는 말을 듣고 있었다. 그러니까 그들은 교묘하게도 예수 그리스도의 구속 사역이 자신들의 소망의 유일한 근거라는 것을 무시하고, 그것을 인간의 종교의식 체계로 대체하는 쪽으로 유도되고 있었다. 그래서 바울은 할례파를 단호하게 배척한 것이다.

그러므로 우리가 갈라디아서를 성경이라는 관점에서 고찰할 때, 우리는 성령의 인도 아래 새롭고 토착적인 방식으로 복음에 반응하고 있는 공동체에 우리의 종교적 문화를 - 심지어 특정한 교회 전통들의 문화까지 - 덧씌우려고 하는 위험이 있는 부분은 없는지 자문해 보아야 한다. 이런 일은 기독교 선교사가 비서구 문화를 접했을 때만 일어나는 것은 아니다. 기성 교회가 은사주의적인 교회들이나 일반적인 교단 구조 바깥의 독립 교회들에게 눈살을 찌푸릴 때에도 발생할 수 있다. 나이 든 기독교인들이 젊은 기독교인들의 음악적이고 예술적인 형태의 예배에 반대할 때에도 이런 일은 일어날 수 있다.

민족적 자부심이나 민족주의가 복음을 흡수하는 모든 경우에 가장 확실하게 이런 일이 일어난다. 갈라디아서를 주의 깊게 읽고 나면, 우리는 우리의 교회가 복음의 핵심과는 무관한 명시적 혹은 암시적 신자의 자격요건을 통해, 의도하지 않았지만 하나님의 은혜를 무효화하고 있는 것은 아닌지 면밀히 살피게 될 것이다.

2. *십자가를 자랑함.* 바울의 추신은 십자가가 기독교 가르침의 핵심이라는 것을 일깨워준다. 그것은 모든 자부심을 무너뜨린다. 십자가로 말미암아 온 세계가 십자가에 못 박혔기 때문이다. 이 놀라운 은유는 지속적으로 성찰해야 한다. 만약 우리가 재물이나 지식이나 성공을 자랑하고 싶은 욕심이 생긴다면, 우리는 헛된 길을 추구하는 것이다. 가장 은밀한 유혹은 – *갈라디아에서 직면한 것인데* – 도덕적 또는 종교적 우월성을 자랑하고자 하는 유혹이다. 십자가는 그런 모든 자랑을 무너뜨리고 우리의 눈을 예수께 향하게 한다. 예수의 자기를 내어주는 사랑은 믿을 수 있는 단 하나의 진실, 즉 우리를 향한 하나님의 사랑이라는 진실을 드러낸다. 그것이 우리가 오직 "우리 주 예수 그리스도 안에서만" 자랑할 수 있는 이유이다. 십자가를 "자랑"하는 것은 당연히 전혀 자랑하지 않는 것이다. 즉, 역설이 이 동사를 재정의 하는데, 자랑이 십자가에 못 박힌 예수에 대한 예배와 환호가 된다. 더 나아가서, 우리가 십자가에 주의를 집중할 때, 우리는 오직 그를 본받아 우리가 사랑 안에서 서로에게 종이 되어야 십자가에 못 박힌 주님께 참된 영광을 돌리는 것임을 알게 된다(5:13). 진정으로 십자가 안에서 자랑하는 것은 십자가가 하나님 사랑의 계시라는 것을 말뿐만 아니라 행동으로도 선포하는 헌신의 행위에 우리 자신의 목숨을 거는 것이다.

3. *새 창조.* 바울의 복음에는 단지 종교, 가치와 도덕이라는 옛 세계의 파괴를 선언하는 부정적인 말만 있는 것은 아니다. 복음은 또한 하나님께서 모든 것을 새롭게 하신다는 것도 선언한다. 바울의 몸에 새겨진 예수의 흔적이 증언하듯이, 새 창조의 도래는 쉬운 것도 아니고 우리 시대에 완성되는

것도 아니다. 하나님의 구속하시는 능력이 침입하여 옛 질서에서 기득권을 차지한 세력들과 큰 희생이 따르는 갈등이 촉발되었다. 사도의 소명은 – 그리고 교회의 소명도 – 하나님의 정의의 새 질서가 도래했음을 꾸준히 증언하는 것이다. 그러나 새 창조는 단순히 꿈이나 전망이 아니다. 새 창조는 더불어 사는 삶이 이미 복음의 화해시키는 능력을 증명하고 있는 하나님 백성의 공동체 안에서 경험적 실체로 구현된다. 이것이 바울이 이방인이 할례 받지 말아야 한다고 고집한 이유 중의 하나이다. 할례의 정책은 이방인 개종자들이 유대교로 흡수되는 것처럼 보이게 만들 뿐이었지만, 바울은 "하나님의 이스라엘"은 새로운 종말론적 실체이며, 그 안에서는 할례와 무할례의 구별이 더는 사람을 나누는 기능을 하지 않는 공동체라고 주장했다. 그것이 바울이 성령의 인도 아래 행하는 것에 대한 식별 기준으로 언급한 규례이다. 즉, 육체적인 구분은 더 이상 없다. 우리가 이 편지의 앞에서 보아온 대로, 예수 그리스도의 은혜가 일하는 곳에서, 하나님의 백성은 하나의 식탁에 둘러앉아 있지, 따로 떨어진 식탁으로 나뉘어 있지 않을 것이다. 할례자와 무할례자가 사랑으로 함께 앉아 있는 하나의 식탁은 새 창조의 표지이자 전조이다.

우리 시대의 많은 독자들에게, 가장 심각한 민족적 분리는 유대인과 이방인들 사이의 분리가 아니라 심지어 교회 안에서도 존재하는, 다른 인종적 집단 사이의 분리일 것이다. 슬프게도, 마틴 루터 킹이 한 세대 전 오전 11시에 말했던 것처럼, 그것은 여전히 사실이다. 주일은 미국에서는 가장 인종차별적인 시간이다. 만약 우리가 바울의 이 편지를 고대 갈라디아인들 만이 아니라 우리에게도 이야기한 말씀으로 듣는다면, 우리는 그것을 인종적 화해의 요청으로 듣게 될 것이다. 우리가 갈 6:15을 읽고 그것을 우리의 심장에 "흑인과 백인이 아무것도 아니며, 오직 새 창조!"라는 고백으로 울리게 할 수 있다면, 평화와 자비가 정말 우리에게 임할 것이다.

약어표

BCE	before the Common Era
ca.	circa
CE	Common Era
cent.	century
cf.	compare
chap(s).	chapter(s)
d.	died
Dtr	Deuteronomistic historian
esp.	especially
fem.	feminine
HB	Hebrew Bible
l(l).	line(s)
lit.	literally
LXX	Septuagint
masc.	masculine
MS(S)	manuscript(s)
MT	Masoretic Text
n(n).	note(s)
neut.	neuter
NT	New Testament
OG	Old Greek
OL	Old Latin
OT	Old Testament
par(r).	parallel(s)
pl(s).	plate(s)
SP	Samaritan Pentateuch
v(v).	verse(s)
Vg	Vulgate
\\	between Scripture references indicates parallelism

Names of Pseudepigraphical and Early Patristic Books

Apoc. Abr.	*Apocalypse of Abraham*
2–3 Apoc. Bar.	Syriac, Greek *Apocalypse of Baruch*
Apoc. Mos.	*Apocalypse of Moses*

Ascen. Isa.	*Ascension of Isaiah*
As. Mos.	*Assumption of Moses*
Barn.	*Barnabas*
Bib. Ant.	Pseudo-Philo, *Biblical Antiquities*
1–2 Clem.	*1–2 Clement*
Did.	*Didache*
1–2–3 Enoch	Ethiopic, Slavonic, Hebrew *Enoch*
Ep. Arist.	*Epistle of Aristeas*
Gos. Pet.	*Gospel of Peter*
Herm. Sim.	Hermas, *Similitude(s)*
Ign. Eph.	Ignatius, *Letter to the Ephesians*
Ign. Magn.	Ignatius, *Letter to the Magnesians*
Ign. Phld.	Ignatius, *Letter to the Philadelphians*
Ign. Pol.	Ignatius, *Letter to Polycarp*
Ign. Rom.	Ignatius, *Letter to the Romans*
Ign. Smyrn.	Ignatius, *Letter to the Smyrnaeans*
Ign. Trall.	Ignatius, *Letter to the Trallians*
Jub.	*Jubilees*
POxy	B. P. Grenfell and A. S. Hunt (eds.), *Oxyrhynchus Papyri*
Pss. Sol.	*Psalms of Solomon*
Sib. Or.	*Sibylline Oracles*
T. Benj.	*Testament of Benjamin*
T. Dan	*Testament of Dan*
T. Iss.	*Testament of Issachar*
T. Job	*Testament of Job*
T. Jud.	*Testament of Judah*
T. Levi	*Testament of Levi*
T. Naph.	*Testament of Naphtali*
T. Reub.	*Testament of Reuben*
T. Sim.	*Testament of Simeon*

Names of Dead Sea Scrolls and Related Texts

CD	Cairo (Genizah text of the) Damascus Document
DSS	Dead Sea Scrolls
8ḤevXII gr	Greek scroll of the Minor Prophets from Naḥal Ḥever
Q	Qumran
1Q, 2Q, etc.	numbered caves of Qumran, yielding written material; followed by abbreviation of biblical or apocryphal book
1Q28b	Rule of the Blessings (Appendix b to 1QS)
1QH	Thanksgiving Hymns (Qumran Cave 1)
1QM	War Scroll (Qumran Cave 1)
1QpHab	Pesher on Habakkuk (Qumran Cave 1)
1QpPs	Pesher on Psalms (Qumran Cave 1)
1QS	Rule of the Community (Qumran Cave 1)
1QSa	Rule of the Congregation (Appendix a to 1QS)
1QSb	Rule of the Blessings (Appendix b to 1QS)
4Q175	Testimonia text (Qumran Cave 4)
4Q246	Apocryphon of Daniel (Qumran Cave 4)
4Q298	Words of the Sage to the Sons of Dawn (Qumran Cave 4)
4Q385b	fragmentary remains of Pseudo-Jeremiah that implies that Jeremiah went into Babylonian exile. Also known as ApocJer^{C} or 4Q385 [illegible] (Qumran Cave 4)

4Q389a	several scroll fragments now thought to contain portions of three pseudepigraphical works including Pseudo-Jeremiah. Also known as 4QApocJer[e]. (Qumran Cave 4)
4Q390	contains a schematized history of Israel's sin and divine punishment. Also known as psMos[e]. (Qumran Cave 4)
4Q394–399	Halakhic Letter (Qumran Cave 4)
4Q416	Instruction[b] (Qumran Cave 4)
4Q521	Messianic Apocalypse (Qumran Cave 4)
4Q550	Proto-Esther[a-f] (Qumran Cave 4)
4QFlor	Florilegium (or Eschatological Midrashim) (Qumran Cave 4)
4QMMT	Halakhic Letter (Qumran Cave 4)
4QpaleoDeutr	copy of Deuteronomy in paleo-Hebrew script (Qumran Cave 4)
4QpaleoExod	copy of Exodus in paleo-Hebrew script (Qumran Cave 4)
4QpNah	Pesher on Nahum (Qumran Cave 4)
4QpPs	Psalm Pesher A (Qumran Cave 4)
4QPrNab	Prayer of Nabonidus (Qumran Cave 4)
4QPs37	Psalm Scroll (Qumran Cave 4)
4QpsDan	Pseudo-Daniel (Qumran Cave 4)
4QSam	First copy of Samuel (Qumran Cave 4)
4QTestim	Testimonia text (Qumran Cave 4)
4QTob	Copy of Tobit (Qumran Cave 4)
11QMelch	Melchizedek text (Qumran Cave 11)
11QPs[a]	Psalms Scroll (Qumran Cave 11)
11QT	Temple Scroll (Qumran Cave 11)
11QtgJob	Targum of Job (Qumran Cave 11)

Targumic Material

Tg. Esth. I, II	First or Second Targum of Esther
Tg. Neb.	Targum of the Prophets
Tg. Neof.	Targum Neofiti

Orders and Tractates in Mishnaic and Related Literature

To distinguish the same-named tractates in the Mishnah, Tosefta, Babylonian Talmud, and Jerusalem Talmud, *m.*, *t.*, *b.*, or *y.* precedes the title of the tractate.

'Abot	'Abot
ʿArak.	ʿArakin
B. Bat.	Baba Batra
B. Meṣ.	Baba Meṣiʿa
B. Qam.	Baba Qamma
Ber.	Berakot
Dem.	Demai
Giṭ.	Giṭṭin
Ḥag.	Ḥagigah
Hor.	Horayot
Ḥul.	Ḥullin
Ket.	Ketubbot
Maʿaś.	Maʿaśerot
Meg.	Megilla
Menaḥ.	Menaḥot

Mid.	Middot
Mo'ed Qaṭ.	Mo'ed Qaṭan
Nazir	Nazir
Ned.	Nedarim
p. Šeqal.	pesachim Šeqalim
Pesaḥ.	Pesaḥim
Qidd.	Quddušin
Šabb.	Šabbat
Sanh.	Sanhedrin
Soṭah	Soṭah
Sukk.	Sukkah
Ta'an.	Ta'anit
Tamid	Tamid
Yad.	Yadayim
Yoma	Yoma (=Kippurim)

Other Rabbinic Works

'Abot R. Nat.	'Abot de Rabbi Nathan
Pesiq. R.	Pesiqta Rabbati
Rab.	Rabbah (following abbreviation of biblical book—e.g., Gen. Rab. = Genesis Rabbah)
Sipra	Sipra

Greek Manuscripts and Ancient Versions

Papyrus Manuscripts

$\mathfrak{P}^{1}$	third-century Greek papyrus manuscript of the Gospels
$\mathfrak{P}^{29}$	third- or fourth-century Greek papyrus manuscript
$\mathfrak{P}^{33}$	sixth-century Greek papyrus manuscript of Acts
$\mathfrak{P}^{37}$	third- or fourth-century Greek papyrus manuscript of the Gospels
$\mathfrak{P}^{38}$	fourth-century Greek papyrus manuscript of Acts
$\mathfrak{P}^{45}$	third-century Greek papyrus manuscript of the Gospels
$\mathfrak{P}^{46}$	third-century Greek papyrus manuscript of the letters
$\mathfrak{P}^{47}$	third-century Greek papyrus manuscript of Revelation
$\mathfrak{P}^{48}$	third-century Greek papyrus manuscript of Acts
$\mathfrak{P}^{52}$	second-century Greek papyrus manuscript of John 18:31-33, 37-38
$\mathfrak{P}^{58}$	sixth-century Greek papyrus manuscript of Acts
$\mathfrak{P}^{64}$	third-century Greek papyrus fragment of Matthew
$\mathfrak{P}^{66}$	second- or third-century Greek papyrus manuscript of John (incomplete)
$\mathfrak{P}^{67}$	third-century Greek papyrus fragment of Matthew
$\mathfrak{P}^{69}$	third-century Greek papyrus manuscript of the Gospel of Luke
$\mathfrak{P}^{75}$	third-century Greek papyrus manuscript of the Gospels

Lettered Uncials

ℵ	Codex Sinaiticus, fourth-century manuscript of LXX, NT, Epistle of Barnabas, and Shepherd of Hermas
A	Codex Alexandrinus, fifth-century manuscript of LXX, NT, 1 and 2 Clement, and Psalms of Solomon
B	Codex Vaticanus, fourth-century manuscript of LXX and parts of the NT

C	Codex Ephraemi, fifth-century manuscript of parts of LXX and NT
D	Codex Bezae, fifth-century bilingual (Greek and Latin) manuscript of the Gospels and Acts
G	ninth-century manuscript of the Gospels
K	ninth-century manuscript of the Gospels
L	eighth-century manuscript of the Gospels
W	Washington Codex, fifth-century manuscript of the Gospels
X	Codex Monacensis, ninth- or tenth-century manuscript of the Gospels
Z	sixth-century manuscript of Matthew
Θ	Koridethi Codex, ninth-century manuscript of the Gospels
Ψ	Athous Laurae Codex, eighth- or ninth-century manuscript of the Gospels (incomplete), Acts, the Catholic and Pauline Epistles, and Hebrews

Numbered Uncials

058	fourth-century fragment of Matthew 18
074	sixth-century fragment of Matthew
078	sixth-century fragment of Matthew, Luke, and John
0170	fifth- or sixth-century manuscript of Matthew
0181	fourth- or fifth-century partial manuscript of Luke 9:59–10:14

Numbered Minuscules

33	tenth-century manuscript of the Gospels
75	eleventh-century manuscript of the Gospels
565	ninth-century manuscript of the Gospels
700	eleventh-century manuscript of the Gospels
892	ninth-century manuscript of the Gospels

Names of Nag Hammadi Tractates

Ap. John	Apocryphon of John (also called the Secret Book of John)
Apoc. Adam	Apocalypse of Adam (also called the Revelation of Adam)
Ep. Pet.	Letter of Peter to Philip
Exeg. Soul	Exegesis on the Soul
Gos. Phil.	Gospel of Philip
Gos. Truth	Gospel of Truth

Ancient Versions

bo	the Bohairic (Memphitic) Coptic version
bo^{mss}	some manuscripts in the Bohairic tradition
d	the Latin text of Codex Bezae
e	Codex Palatinus, fifth-century Latin manuscript of the Gospels
ff^2	Old Latin manuscript, fifth-century translation of the Gospels
Ir^{lat}	the Latin translation of Irenaeus
latt	the whole Latin tradition (including the Vulgate)
mae	Middle Egyptian
sa	the Sahidic (Thebaic) Coptic version
sy	the Syriac version
sy^s	the Sinaitic Syriac version

Other Abbreviations

700*	the original reading of manuscript 700
ℵ*	the original reading of Codex Sinaiticus
$ℵ^1$	the first corrector of Codex Sinaiticus
$ℵ^2$	the second corrector of Codex Sinaiticus
𝔐	the Majority text (the mass of later manuscripts)
C^2	the corrected text of Codex Ephraemi
D*	the original reading of Codex Bezae
D^2	the second corrector (c. fifth century) of Codex Bezae
f^1	Family 1: minuscule manuscripts belonging to the Lake Group (1. 118, 131, 209, 1582)
f^{13}	Family 13: minuscule manuscripts belonging to the Ferrar Group (13, 69, 124, 174, 230, 346, 543, 788, 826, 828, 983, 1689, 1709)
pc	a few other manuscripts

Commonly Used Periodicals, Reference Works, and Serials

AAR	American Academy of Religion
AASOR	Annual of the American Schools of Oriental Research
AB	Anchor Bible
ABD	*Anchor Bible Dictionary*
ABR	*Australian Biblical Review*
ABRL	Anchor Bible Reference Library
ACNT	Augsburg Commentaries on the New Testament
AcOr	*Acta Orientalia*
AfO	*Archiv für Orientforschung*
AfOB	Archiv für Orientforschung: Beiheft
AGJU	Arbeiten zur Geschichte des antiken Judentums und des Urchristentums
AJP	*American Journal of Philology*
AJSL	*American Journal of Semitic Languages and Literature*
AJT	*American Journal of Theology*
AnBib	Analecta Biblica
ANEP	J. B. Pritchard (ed.), *The Ancient Near East in Pictures Relating to the Old Testament*
ANET	J. B. Pritchard (ed.), *Ancient Near Eastern Texts Relating to the Old Testament*
ANF	*Ante-Nicene Fathers*
ANRW	*Aufstieg und Niedergang der römischen Welt*
ANTC	Abingdon New Testament Commentaries
ANTJ	Arbeiten zum Neuen Testament und Judentum
APOT	R. H. Charles (ed.), *The Apocrypha and Pseudepigrapha of the Old Testament*
ASNU	Acta Seminarii Neotestamentici Upsaliensis
ATANT	Abhandlungen zur Theologie des Alten und Neuen Testaments
ATD	Das Alte Testament Deutsch
ATDan	Acta Theologica Danica
Aug	*Augustinianum*
AusBR	*Australian Biblical Review*
BA	*Biblical Archaeologist*

BAGD	W. Bauer, W. F. Arndt, F. W. Gingrich, and F. W. Danker, *Greek-English Lexicon of the New Testament and Other Early Christian Literature*, 2nd ed. (Bauer-Arndt-Gingrich-Danker)
BAR	*Biblical Archaeology Review*
BASOR	*Bulletin of the American Schools of Oriental Research*
BBB	Bonner biblische Beiträge
BBET	Beiträge zur biblischen Exegese und Theologie
BBR	*Bulletin for Biblical Research*
BDAG	W. Bauer, W. F. Arndt, F. W. Gingrich, and F. W. Danker, *Greek-English Lexicon of the New Testament and Other Early Christian Literature*, 3rd ed. (Bauer-Danker-Arndt-Gingrich)
BDB	F. Brown, S. R. Driver, and C. A. Briggs, *A Hebrew and English Lexicon of the Old Testament*
BDF	F. Blass, A. Debrunner, and R. W. Funk, *A Greek Grammar of the New Testament and Other Early Christian Literature*
BEATAJ	Beiträge zur Erforschung des Alten Testaments und des antiken Judentum
BETL	Bibliotheca Ephemeridum Theologicarum Lovaniensium
BEvT	Beiträge zur evangelischen Theologie
BHS	*Biblia Hebraica Stuttgartensia*
BHT	Beiträge zur historischen Theologie
Bib	*Biblica*
BibInt	*Biblical Interpretation*
BibOr	Biblica et Orientalia
BJRL	*Bulletin of the John Rylands University Library of Manchester*
BJS	Brown Judaic Studies
BK	*Bibel und Kirche*
BKAT	Biblischer Kommentar, Altes Testament
BLS	Bible and Literature Series
BN	*Biblische Notizen*
BNTC	Black's New Testament Commentaries
BR	*Biblical Research*
BSac	*Bibliotheca Sacra*
BSOAS	*Bulletin of the School of Oriental and African Studies*
BT	*The Bible Translator*
BTB	*Biblical Theology Bulletin*
BVC	*Bible et vie chrétienne*
BWA(N)T	Beiträge zur Wissenschaft vom Alten (und Neuen) Testament
BZ	*Biblische Zeitschrift*
BZAW	Beihefte zur Zeitschrift für die alttestamentliche Wissenschaft
BZNW	Beihefte zur Zeitschrift für die neutestamentliche Wissenschaft
CAD	*The Assyrian Dictionary of the Oriental Institute of the University of Chicago*
CB	*Cultura Bíblica*
CBC	Cambridge Bible Commentary
CBOTS	Coniectanea Biblica: Old Testament Series
CBQ	*Catholic Biblical Quarterly*
CBQMS	Catholic Biblical Quarterly Monograph Series
ConBNT	Coniectanea Neotestamentica or Coniectanea Biblica: New Testament Series
ConBOT	Coniectanea Biblica: Old Testament Series
CP	*Classical Philology*
CRAI	Comptes rendus de l'Académie des inscriptions et belles-lettres

CRINT	Compendia Rerum Iudaicarum ad Novum Testamentum
CTM	*Concordia Theological Monthly*
DJD	Discoveries in the Judaean Desert
EB	Echter Bibel
EI	*Encyclopaedia of Islam*
EKKNT	Evangelisch-katholischer Kommentar zum Neuen Testament
Enc	*Encounter*
EncJud	C. Roth and G. Wigoder (eds.), *Encyclopedia Judaica*
EPRO	Etudes préliminaires aux religions orientales dans l'empire romain
ErIsr	*Eretz-Israel*
EstBib	*Estudios bíblicos*
ETL	*Ephemerides Theologicae Lovanienses*
ETS	Erfurter theologische Studien
EvQ	*Evangelical Quarterly*
EvT	*Evangelische Theologie*
ExAud	*Ex Auditu*
ExpTim	*Expository Times*
FAT	Forschungen zum Alten Testament
FB	Forschung zur Bibel
FBBS	Facet Books, Biblical Series
FFNT	Foundations and Facets: New Testament
FOTL	Forms of the Old Testament Literature
FRLANT	Forschungen zur Religion und Literatur des Alten und Neuen Testaments
FTS	Frankfurter Theologische Studien
GBS.OTS	Guides to Biblical Scholarship. Old Testament Series
GCS	Die griechischen christlichen Schriftsteller der ersten [drei] Jahrhunderte
GKC	Emil Kautzsch (ed.), *Gesenius' Hebrew Grammar*, trans. A. E. Cowley, 2nd ed.
GNS	*Good News Studies*
GTA	Göttinger theologischer Arbeiten
HALAT	*Hebräisches und aramäisches Lexikon zum Alten Testament*
HAR	*Hebrew Annual Review*
HAT	Handbuch zum Alten Testament
HBC	*Harper's Bible Commentary*
HBT	*Horizons in Biblical Theology*
HDB	*Hastings' Dictionary of the Bible*
HDR	Harvard Dissertations in Religion
HeyJ	Heythrop Journal
HNT	Handbuch zum Neuen Testament
HNTC	Harper's New Testament Commentaries
HR	*History of Religions*
HSM	Harvard Semitic Monographs
HSS	Harvard Semitic Studies
HTKNT	Herders Theologischer Kommentar zum Neuen Testament
HTR	*Harvard Theological Review*
HTS	Harvard Theological Studies
HUCA	*Hebrew Union College Annual*
IB	*Interpreter's Bible*
IBC	Interpretation: A Bible Commentary for Teaching and Preaching
IBS	*Irish Biblical Studies*
ICC	International Critical Commentary

IDB	*The Interpreter's Dictionary of the Bible*
IDBSup	supplementary volume to *The Interpreter's Dictionary of the Bible*
IEJ	*Israel Exploration Journal*
Int	*Interpretation*
IRT	Issues in Religion and Theology
ITC	International Theological Commentary
JAAR	*Journal of the American Academy of Religion*
JAL	Jewish Apocryphal Literature Series
JANESCU	*Journal of the Ancient Near Eastern Society of Columbia University*
JAOS	*Journal of the American Oriental Society*
JBL	*Journal of Biblical Literature*
JETS	*Journal of the Evangelical Theological Society*
JJS	*Journal of Jewish Studies*
JNES	*Journal of Near Eastern Studies*
JNSL	*Journal of Northwest Semitic Languages*
JPS	Jewish Publication Society
JQR	*Jewish Quarterly Review*
JR	*Journal of Religion*
JRH	*Journal of Religious History*
JSJ	*Journal for the Study of Judaism in the Persian, Hellenistic, and Roman Periods*
JSNT	*Journal for the Study of the New Testament*
JSNTSup	Journal for the Study of the New Testament Supplement Series
JSOT	*Journal for the Study of the Old Testament*
JSOTSup	Journal for the Study of the Old Testament Supplement Series
JSP	*Journal for the Study of the Pseudepigrapha*
JSS	*Journal of Semitic Studies*
JTC	*Journal for Theology and the Church*
JTS	*Journal of Theological Studies*
KAT	Kommentar zum Alten Testament
KB	L. Koehler and W. Baumgartner, *Lexicon in Veteris Testamenti libros*
KEK	Kritisch-exegetischer Kommentar über das Neue Testament (Meyer-Kommentar)
KPG	Knox Preaching Guides
LCL	Loeb Classical Library
LTQ	Lexington Theological Quarterly
MNTC	*Moffatt New Testament Commentary*
NCBC	New Century Bible Commentary
NHS	*Nag Hammadi Studies*
NIB	*The New Interpreter's Bible*
NIBC	*The New Interpreter's Bible Commentary*
NICNT	New International Commentary on the New Testament
NICOT	New International Commentary on the Old Testament
NIGTC	The New International Greek Testament Commentary
NJBC	*The New Jerome Biblical Commentary*
NovT	*Novum Testamentum*
NovTSup	Supplements to Novum Testamentum
NPNF	*Nicene and Post-Nicene Fathers*
NTC	New Testament in Context
NTG	New Testament Guides
NTS	*New Testament Studies*
NTT	*Norsk Teologisk Tidsskrift*

OBC	*The Oxford Bible Commentary*
OBO	Orbis Biblicus et Orientalis
OBT	Overtures to Biblical Theology
OIP	Oriental Institute Publications
Or	*Orientalia* (NS)
OTG	Old Testament Guides
OTL	Old Testament Library
OTM	Old Testament Message
OTP	*Old Testament Pseudepigrapha*
OTS	*Oudtestamentische Studiën*
PAAJR	*Proceedings of the American Academy of Jewish Research*
PEFQS	Palestine Exploration Fund Quarterly Statement
PEQ	*Palestine Exploration Quarterly*
PGM	K. Preisendanz (ed.), *Papyri Graecae Magicae*
PTMS	Pittsburgh Theological Monograph Series
QD	Quaestiones Disputatae
RANE	Records of the Ancient Near East
RB	*Revue biblique*
ResQ	*Restoration Quarterly*
RevExp	*Review and Expositor*
RevQ	*Revue de Qumran*
RSRel	*Recherches de science religieuse*
RTL	*Revue théologique de Louvain*
SAA	State Archives of Assyria
SB	H. L. Strack and P. Billerbeck, *Kommentar zum Neuen Testament aus Talmud und Midrasch,* 6 vols. 1922–61
SBAB	Stuttgarter biblische Aufsatzbände
SBB	Stuttgarter biblische Beiträge
SBL	Society of Biblical Literature
SBLDS	SBL Dissertation Series
SBLMS	SBL Monograph Series
SBLRBS	SBL Resources for Biblical Study
SBLSCS	SBL Septuagint and Cognate Studies
SBLSP	SBL Seminar Papers
SBLSS	SBL *Semeia* Studies
SBLSymS	SBL Symposium Series
SBLWAW	SBL Writings from the Ancient World
SBM	Stuttgarter biblische Monographien
SBS	Stuttgarter Bibelstudien
SBT	Studies in Biblical Theology
SEÅ	*Svensk exegetisk årsbok*
SJLA	Studies in Judaism in Late Antiquity
SJOT	*Scandinavian Journal of the Old Testament*
SJT	*Scottish Journal of Theology*
SKK	Stuttgarter kleiner Kommentar
SNTSMS	Society for New Testament Studies Monograph Series
SOTSMS	Society for Old Testament Studies Monograph Series
SP	Sacra Pagina
SR	*Studies in Religion/Sciences religieuses*
SSN	Studia Semitica Neerlandica
ST	*Studia Theologica*
SUNT	Studien zur Umwelt des Neuen Testaments
SVT	Supplements to Vetus Testamentum

SVTP	Studia in Veteris Testamenti Pseudepigraphica
SWBA	Social World of Biblical Antiquity
TB	Theologische Bücherei: Neudrucke und Berichte aus dem 20. Jahrhundert
TD	*Theology Digest*
TDNT	*Theological Dictionary of the New Testament*
TDOT	*Theological Dictionary of the Old Testament*
TextS	Texts and Studies
THKNT	Theologischer Handkommentar zum Neuen Testament
TLZ	*Theologische Literaturzeitung*
TOTC	Tyndale Old Testament Commentaries
TQ	*Theologische Quartalschrift*
TSK	*Theologische Studien und Kritiken*
TSSI	*Textbook of Syrian Semitic Inscriptions*
TToday	*Theology Today*
TynBul	*Tyndale Bulletin*
TZ	*Theologische Zeitschrift*
UBS	United Bible Societies
UBSGNT	*United Bible Societies Greek New Testament*
UF	*Ugarit-Forschungen*
USQR	*Union Seminary Quarterly Review*
UUÅ	Uppsala Universitetsårsskrift
VC	*Vigiliae Christianae*
VT	*Vetus Testamentum*
VTSup	Supplements to Vetus Testamentum
WA	M. Luther, *Kritische Gesamtausgabe* (= "Weimar" edition)
WBC	Word Biblical Commentary
WBT	Word Biblical Themes
WMANT	Wissenschaftliche Monographien zum Alten und Neuen Testament
WTJ	*Westminster Theological Journal*
WUNT	Wissenschaftliche Untersuchungen zum Neuen Testament
ZAH	*Zeitschrift für Althebräistik*
ZAW	*Zeitschrift für die alttestamentliche Wissenschaft*
ZNW	*Zeitschrift für die neutestamentliche Wissenschaft und die Kunde der älteren Kirche*
ZTK	*Zeitschrift für Theologie und Kirche*

Memo

Memo

갈라디아서

2021년 10월 30일 초 판 1쇄 인쇄
2021년 11월 1일 초 판 1쇄 발행

저 자 • 리차드 B. 헤이스(RICHARD B. HAYS)
공 역 • 안 영 혁 · 이 성 하
발행인 • 조 경 혜
발행처 • 도서출판 그리심
07030 서울시 동작구 사당로2길 72 인정 B동 (B01)

등록번호 • 제 7-258호(1998. 4. 23)
출 판 사 • 전화 523-7589 팩스 523-7590
전자우편 • grisimcho@hanmail.net
홈페이지 • grisim.net
• http://smartstore.naver.com/grisimgrisim

값: 표지 뒷면에

ISBN 978-89-5799-463-4 (93230)